Uni-Taschenbücher 2061

UTB
FÜR WISSEN
SCHAFT

Eine Arbeitsgemeinschaft der Verlage

Wilhelm Fink Verlag München
A. Francke Verlag Tübingen und Basel
Paul Haupt Verlag Bern · Stuttgart Wien
Hüthig Fachverlage Heidelberg
Verlag Leske + Budrich GmbH Opladen
Lucius & Lucius Verlagsgesellschaft Stuttgart
Mohr Siebeck Tübingen
Quelle & Meyer Verlag · Wiesbaden
Ernst Reinhardt Verlag München und Basel
Schäffer-Poeschel Verlag · Stuttgart
Ferdinand Schöningh Verlag Paderborn · München · Wien · Zürich
Eugen Ulmer Verlag Stuttgart
Vandenhoeck & Ruprecht in Göttingen und Zürich

Manfred Botzenhart

1848/49: Europa im Umbruch

Ferdinand Schöningh
Paderborn · München · Wien · Zürich

Der Autor:
Manfred Botzenhart, Prof. Dr. phil., geb. 1934, war von 1977 bis zu seiner Emeritierung 1997 Professor für neuere und neuste Geschichte an der Universität Münster. Zahlreiche Veröffentlichungen zur neueren deutschen und europäischen Geschichte, u.a. *Deutscher Parlamentarismus in der Revolutionszeit 1848-1850* (1977); *Reform, Restauration, Krise. Deutschland 1789-1847* (1985); *Deutsche Verfassungsgeschichte 1806-1949* (1993).

Titelbild: »Die Zukunft der Völker«. Lithographie von F. Lentze, um 1848 (nach einer französischen Lithographie von F. Sorrieu, 1848).
Photo: Deutsche Gesellschaft für Hochschulkunde e. V., Würzburg (Slg. d. Verbandes Alter Corpsstudenten im Institut für Hochschulkunde, Universität Würzburg).

Die Deutsche Bibliothek – CIP-Einheitsaufnahme

Botzenhart, Manfred:
1848/49 – Europa im Umbruch / Manfred Botzenhart. – Paderborn; München; Wien; Zürich: Schöningh, 1998
(UTB für Wissenschaft: Uni-Taschenbücher; 2061)
ISBN 3-506-97003-8 (Schöningh)
ISBN 3-8252-2061-3 (UTB)

Gedruckt auf umweltfreundlichem, chlorfrei gebleichtem und alterungsbeständigem Papier ♾ ISO 9706

(Verlag Ferdinand Schöningh GmbH, Jühenplatz 1, D-33098 Paderborn)
ISBN 3-506-97003-8

Printed in Germany
Herstellung: Ferdinand Schöningh, Paderborn
Einbandgestaltung: Alfred Krugmann, Freiberg am Neckar

UTB-Bestellnummer: ISBN 3-8252-2061-3

INHALT

Karten

Für

NENA und MARTIN

VORWORT

Aus deutscher Sicht werden die drei Jahrzehnte zwischen dem Wiener Kongreß und der Revolution von 1848 vielfach als eine Periode relativer Ruhe und Beschaulichkeit im Zeichen des Biedermeier gedeutet. Für die europäische Geschichte dieser Zeit wäre ein solches Bild jedoch völlig verkehrt. Seit 1820 wurde Europa vielmehr von einer auf- und abschwellenden Welle von Revolutionen, Aufständen, Bürgerkriegen und sozialen Konflikten erschüttert, die auf dem Hintergrund einer schweren gesamteuropäischen Agrar- und Wirtschaftskrise in den Revolutionen des Jahres 1848 kulminierte. Bei diesen Kämpfen ging es um die Neuordnung des 1815 restaurierten vorrevolutionären europäischen Staatensystems nach nationalstaatlichen Grundsätzen. Es handelte sich um die Verwirklichung der allgemeinen Menschen- und Bürgerrechte, die seit der amerikanischen und der französischen Revolution als Leitlinien menschlichen Zusammenlebens aus dem politischen Bewußtsein Europas nicht mehr zu verdrängen waren. Das Volk verlangte eine stärkere Beteiligung an der Handhabung der politischen Macht, und es wurde außerdem evident, daß der Wandel von der älteren Agrargesellschaft zur bürgerlichen Industriegesellschaft eine Neuordnung der sozialen Strukturen verlangte.

Diese allgemeinen Konfliktfelder zeigten sich nicht erst in den Revolutionen von 1848, und sie wurden von ihnen auch nicht ausgeräumt. Der Blick für die Probleme wurde jedoch geschärft, und einige der 1848/49 offen gebliebenen Fragen waren ein Menschenalter später beantwortet: Die Errichtung des italienischen Nationalstaates, die Verselbständigung Ungarns, die Gründung des Deutschen Reiches, die Verwirklichung freiheitlicher Grundrechte und die Durchsetzung des konstitutionellen Verfassungssystems in weiten Teilen Mitteleuropas. Auch die soziale Lage der handarbeitenden Klassen verbesserte sich, je mehr die Industrialisierung voranschritt.

In den Revolutionen von 1848 spitzte sich dieser Prozeß eines säkularen Umbruchs krisenhaft zu, und diese Krise ist der Gegenstand des Buches. Die Vorgänge im Deutschen Bund und in der Habsburger Monarchie stehen dabei im Mittelpunkt des Interesses, doch der weitere europäische Hintergrund wird in stärkerem Maße berücksichtigt, als es bisher bei Darstellungen der deutschen Revolution von 1848/49 üblich war.

Das Manuskript war Ende 1997 abgeschlossen. Die aus Anlaß des Revolutionsjubiläums 1998 erschienene Literatur konnte nicht mehr berücksichtigt werden, doch ohne die reiche ältere Literatur zur Geschichte der europäischen Revolutionen von 1848 hätte dieses Buch nicht geschrieben werden können. In welchem Ausmaß es der früheren Forschung verpflichtet ist, konnte wegen der Vorgaben des Verlages leider nicht immer so im einzelnen deutlich gemacht werden, wie der eine oder andere Leser (im Verein mit dem Autor) es vielleicht gewünscht hätte.

Ein abschließender Dank gilt meiner Frau sowie Herrn Dr. Lothar Snyders, Herrn Lutz Trautmann und Herrn Frank Wiggermann für ihre kritischen Hinweise bei der Durchsicht des Manuskripts und für ihre bereitwillige Hilfe bei der Beschaffung der Literatur, dem Lesen der Korrekturen und der Herstellung des Registers.

M.B.

EINLEITUNG

In den europäischen Revolutionen des Jahres 1848 kulminierte eine Welle politischer Bewegungen und sozialer Unruhen, die sich in stetem Auf- und Abschwellen seit der napoleonischen Zeit und der europäischen Neuordnung aufgebaut hatte. Schwere außenpolitische Konflikte und große Kriege blieben Europa in dieser Zeit erspart. Schon 1821 aber kam es in mehreren Staaten Italiens zu Erhebungen gegen die 1814 eingeleitete Politik konservativer Restauration, und ein Jahr später geschah das gleiche in Spanien, das danach für etwa 20 Jahre Schauplatz erbitterter Bürgerkriege blieb. Ähnliches gilt für Portugal. Bereits 1821 hatte der Kampf der Griechen um ihre Befreiung von der Herrschaft des Osmanischen Reiches begonnen, der zwar ein unabhängiges, aber von inneren Krisen geprägtes Griechenland enstehen ließ. In Frankreich wurde die wiedereingesetzte Dynastie der Bourbonen durch die Julimonarchie von 1830 gestürzt, doch das nachfolgende »Bürgerkönigtum« Louis Philippes aus dem Hause Orléans entwickelte sich schnell zu einer Klassenherrschaft des Großbürgertums. Noch im gleichen Jahr sagten sich Flamen und Wallonen von den Niederlanden los und gründeten das Königreich Belgien. In den Rußland zugesprochenen Teilen des ehemaligen Königreichs Polen erhob sich die Bevölkerung zum vergeblichen Kampf für die Wiedererrichtung eines polnischen Nationalstaates. Scharfe Kritik und Massenproteste gegen den Immobilismus der englischen Innenpolitik führten seit 1829 wiederholt an den Rand von Bürgerkrieg und Revolution, doch durch elastisches Nachgeben der politischen Führungsschichten wurde diese Gefahr immer wieder rechtzeitig gebannt. Konflikte zwischen konservativen und liberalen Kantonen lösten in der Schweizer Eidgenossenschaft einen kurzen Bürgerkrieg aus. Die Ausstrahlungen der französischen Julirevolution hatten auch in einigen Staaten Deutschlands zu revolutionären Erhebungen und Verfassungszugeständnissen geführt. Die antiliberale Repressionspolitik des Deutschen Bundes und die innenpolitische Stagnation in Österreich und Preußen blieben jedoch unverändert und wurden in zunehmendem Maße Gegenstand öffentlicher Kritik.

Was stand hinter diesen politischen Bewegungen und was waren die treibenden Kräfte der europäischen Revolutionen von 1848?

Für die Völker, die noch nicht in verfestigten Nationalstaaten lebten, war das Verlangen nach Gründung eines eigenen, souveränen Staates von zentraler Bedeutung. Die Überzeugung, daß Völker eine von ihrer Geschichte, Sprache und Kultur geprägte individuelle Eigenart haben und die in ihnen liegenden Gaben nur in einem jede Fremdbestimmung verhindernden, nach Außen und Innen freien nationalen Staat entfalten können, gehört zu den geschichtsmächtigsten Ideen des 19. Jahrhunderts.

Daß dieser Nationalstaat nur in der Form des Verfassungsstaates organisiert sein dürfe, war zumindest für das europäische Bürgertum selbstverständlich: Gewaltenteilung, Mitwirkung einer frei gewählten Volksvertretung an Gesetzgebung und Steuerbewilligung, am Vorbild der Französischen Revolution orientierte Grundrechte: dies waren die wichtigsten prinzipiellen Forderungen. Wie sie im einzelnen umgesetzt werden sollten, wurde zu einem Hauptgegenstand der Parteikämpfe der Revolutionszeit.

Europa befand sich in der Mitte des 19. Jahrhunderts in einem säkularen wirtschaftlichen und gesellschaftlichen Strukturwandel. Die Zeit der ständischen Agrargesellschaft ging zuende, der Aufbruch der bürgerlichen industriellen Gesellschaft hatte begonnen. Dies führte zu Verwerfungen, sozialen Konflikten und neuen Ansprüchen auf Teilhabe an der politischen Macht. Vor allem wurden die bis in feudale Zeiten zurückgehenden Besitzverhältnisse nicht mehr ohne Widerspruch akzeptiert. Das Verlangen nach Aufhebung von Grundlasten und Umverteilung des Landes wurde zu einem zentralen Anliegen der bäuerlichen Bewegungen.

Die Existenz großer Teile der europäischen Bevölkerung war von äußerster Armut und bitterer Not geprägt. In einigen Regionen lebten etwa zwei Drittel der Menschen in tiefem Elend. Die Ursachen dafür waren vor allem ein starkes Bevölkerungswachstum, der Niedergang der Heimarbeit im Textilgewerbe und die Tatsache, daß infolge von Rationalisierung und Steigerung der Produktivität viele Arbeitsplätze in der Agrarwirtschaft verloren gingen, ohne daß in Handwerk oder Industrie ein Ersatz geschaffen werden konnte.

Diese langfristig begründete und nur durch den Prozeß der Industrialisierung in der zweiten Hälfte des 19. Jahrhunderts aufhebbare Strukturkrise wurde in den Jahren 1845 und 1846 durch schwere Mißernten und Hungersnöte noch verschlimmert. Ein großer Teil der Kaufkraft mußte auf den Erwerb von Nahrungsmitteln verwendet werden, der Absatz von Handwerk und Gewerbe ging zurück, gesteigerte Arbeitslosigkeit und sich häufende Betriebszusammenbrüche waren die Folge. Die soziale Not und die wirtschaftliche Krise haben die Revolution nicht alleine herbeigeführt. Sie haben jedoch das Vertrauen in das herrschende politische und gesellschaftliche System nachhaltig erschüttert.

Die Kritik an diesem System haben die politischen Denkströmungen des europäischen Vormärz formuliert, die auch durch Zensur nicht zu unterdrücken waren und deren Vertreter über die Landesgrenzen hinweg in lebhaftem Kontakt zueinander standen: Die vor allem auf freie Entfaltung der Persönlichkeit drängenden Liberalen, die darüber hinaus gleiche politische Rechte für jeden Bürger fordernden Demokraten und schließlich die Sozialisten und Kommunisten, die in einer prinzipiellen Neuordnung der Eigentumsverhältnisse den Schlüssel für ein menschenwürdiges Dasein jedes Individuums sahen.

Nicht überall in Europa sind diese Elemente der Revolutionen von 1848 zum Tragen gekommen, und wo sie zum Ausbruch kamen, haben sie ein jeweils anderes Gewicht gehabt und sich unterschiedlich zueinander verhalten. Sie konnten sich auch gegenseitig hemmen oder ganz paralysieren. Dies gilt nicht zuletzt für die sozialen Trägerschichten der revolutionären Bewegungen und die unterschiedlichen Formen ihrer Aktionen. So entzieht sich die Revolution von 1848 auch jeder pauschalisierenden Kennzeichnung wie z. B. »Revolution des Bürgertums«. Gerade das Verhältnis bürgerlicher Schichten zur Revolution im strengen Sinn des Wortes war äußerst zwiespältig. Die Revolutionen von 1848 zeigen allerdings die bürgerliche Gesellschaft auf der Suche nach neuen Formen ihrer Selbstorganisation in allen Lebensbereichen. Darin liegt das Gemeinsame in der Vielfalt ihrer Ereignisse.

1. Kapitel

EUROPA ZWISCHEN RESTAURATION UND REVOLUTION

1.1 Reform statt Revolution: England seit der Reformbill von 1832

Das politische System Großbritanniens hat in der ersten Hälfte des 19. Jahrhunderts ein hohes Maß an Elastizität und Reformfähigkeit gezeigt, das England im Jahre 1848 eine Revolution ersparte. Die im Parlament herrschenden adelig-großbürgerlichen Schichten scheuten zwar vor scharfer Repression politischer, religiöser und sozialer Massenbewegungen nicht zurück, bewiesen jedoch genug Augenmaß und Einsicht, um einzulenken, wenn immer England am Rande einer Revolution stand. Dies galt schon im Falle der von Irland ausgehenden Bewegung für die politische Gleichberechtigung der Katholiken, welche O'Connell seit 1825 mit seiner »Katholischen Assoziation« durch das Parlament vorantrieb und die wesentliche Impulse auch aus der sozialen Unterdrückung und wirtschaftlichen Not der irischen Landbevölkerung empfing. Der Zusammenschluß der Katholiken wurde zur bis dahin größten Massenorganisation Englands. Um die Jahreswende 1828/29 stand England vor einem Bürgerkrieg, der jedoch durch Verabschiedung des Emanzipationsgesetzes von 1829 vermieden werden konnte. Auch die protestantischen »Dissenter«, die der anglikanischen Staatskirche ablehnend gegenüberstanden, waren bereits 1828 durch Aufhebung der »Testakte« von 1673 von ihrer politischen Diskriminierung befreit worden. Damit war ein wesentlicher Schritt in Richtung auf staatsbürgerliche Gleichheit und konstitutionelle Freiheit vollzogen worden.

Die bereits im ausgehenden 18. Jahrhundert einsetzenden Repressivmaßnahmen gegen die Anfänge der englischen Arbeiterbewegung fanden ihren Höhepunkt 1819 im »Massaker von Peterloo« in der Nähe von Manchester, bei dem eine rund 60 000 Teilnehmer zählende Arbeiterversammlung durch Militär auseinandergetrieben wurde. Durch die anschließend erlassenen sechs »Knebelgesetze« wurde die Vereinigungs- und Versammlungsfreiheit stark beschnitten. Zum führenden Kopf der Arbeiterbewegung wurde jetzt William Cobbett, der die Arbeiter dazu aufrief, auf dem Weg der Parlamentsreform die Besserung ihrer sozialen Lage in Angriff zu nehmen, wobei er dem Ideal eines vorindustriellen und vorkapitalistischen Gesellschaftssystems nachhing. Auch der bekannte Unternehmer und Frühsozialist Robert Owen war kein revolutionärer Arbeiterführer, sondern eher ein unpolitischer Philanthrop und Sozialreformer, während der radikale Politiker Francis Place mit Hilfe zielstrebiger Organisation Bürgertum und Arbeiterschaft zum Kampf gegen das herrschende System zusammenführen wollte. Er wurde dabei von dem Philosophen Jeremy Bentham unterstützt, dem das »größte Glück der größten Zahl« als Leitbild einer neuen Gesellschaftsordnung vorschwebte. Im Unterschied zu Cobbett und Bentham betonten Arbeiterverbindungen, die sich in Manchester, Newcastle, London und anderswo bildeten, die Klassengegensätze zwischen Arbeiterschaft und Bürgertum. Ab Ende 1829 gelang es dann jedoch dem Bankier Thomas Attwood, alle entschiedenen Anhänger von Reformen von den Arbeitern bis zu den bürgerlichen Industriellen in seiner »Birmingham Political Union for the Protection of Public Rights« zu vereinigen. Die Union führte die wirtschaftliche Notlage, unter der das Land litt, auf fünfzehn Jahre aristokratischer Mißwirtschaft zurück und forderte eine wesentliche Erweiterung des Wahlrechts. Attwood entfesselte einen Sturm von Petitionen an das Parlament, scheute sich aber auch nicht, mit einer Militarisierung der Bewegung und organisierter Auflehnung zu drohen.

Das englische Parlament war im Grunde seit der Zeit Königin Elisabeths I. (1558-1603) nicht reformiert worden. Das aktive Wahlrecht wurde durch Zensusbeschränkungen auf etwa 500 000 Bürger beschränkt, und die unverändert gebliebene Wahlkreiseinteilung hatte groteske Ungleichheiten zur Folge. Rund die Hälfte der Wahlkreise wurden von adeligen Patronen und der Krone vergeben, während viele große Industriestädte überhaupt nicht vertreten waren. Trotzdem scheiterte die am 1. März 1831 eingebrachte Reformbill zweimal am Widerstand des Oberhauses, und es kam daraufhin zu revolutionären Unruhen, die sich noch steigerten, als die Lords die Bill im April ein drittes Mal verwarfen. Dabei gelang den Führern der Bewegung ein taktisches Meisterwerk, indem sie einerseits Berichte über eine bevorstehende Massenerhebung ausstreuen ließen, welche jetzt auch die Londoner City ernsthaft beunruhigten, andererseits ihre Anhänger von Gewaltaktionen abzuhalten vermochten. Eine Protestwelle von bislang unbekanntem Ausmaß erfaßte besonders die städtische Bevölkerung. Die Bildung eines konservativen Kampfkabinetts unter dem Herzog von Wellington, dem Sieger von Waterloo, erwies sich als unmöglich, und so gab das Oberhaus im Juni 1832 schließlich nach. Von den 360 Peers waren allerdings nur 128 bei der Abstimmung anwesend. Mitte Mai 1832 »war Großbritannien einer Revolution näher denn jemals zuvor seit 1688« (Mommsen in Nr. 12, S. 355), und die Reformbill war das äußerste, was »das alte System noch ohne Blutvergießen hinnahm« (Kluxen Nr. 21, S. 555). Die mächtigste und fortschrittlichste Nation der Zeit wurde mit ihr auf den Bahnen einer friedlichen Entwicklung gehalten, und insofern war die Reform »eines der größten Ereignisse der Zeit« (Kluxen S. 555).

Die Parlamentsreform brachte eine neue Wahlkreiseinteilung und eine Erhöhung der Zahl der Wahlberechtigten von rund 500 000 auf etwa 813 000 Wähler (ungefähr 13 Prozent der volljährigen Männer). Die soziale Zusammensetzung des Unterhauses änderte sich nach der Reform kaum. Nach wie vor gehörte die Mehrheit der Abgeordneten der Hocharistokratie und dem einfachen

Landadel an, während das zunehmend an gesellschaftlichem Gewicht gewinnende Großbürgertum kaum vertreten war.

Der zugunsten des Unterhauses ausgegangene Machtkampf führte dazu, daß dieses jetzt den Schwerpunkt des politischen Lebens bildete, während das Oberhaus ihm zwar formal gleichgestellt blieb, sich künftig jedoch mit der Rolle einer Revisionskammer begnügte, die nicht mehr als ein suspensives Vetorecht in Anspruch nahm. Auf dieser Grundlage entwickelte sich in den folgenden Jahrzehnten der englische Parlamentarismus in seiner klassischen Form. Seit dem Sturz Melbournes im Jahre 1841 hat kein englischer Premierminister mehr gegen die Mehrheit des Unterhauses regiert.

In den 1830er und 1840er Jahren erlebte England den vollen Durchbruch der industriellen Revolution in Gestalt eines jetzt sämtliche Wirtschaftszweige erfassenden Prozesses von Mechanisierung und technologischer Innovation. Dieser vollzog sich freilich nicht in gleichmäßigem wirtschaftlichem Wachstum, sondern unter erheblichen Konjunkturschwankungen, die immer wieder zu Firmenzusammenbrüchen und starken Fluktuationen auf dem Arbeitsmarkt führten. Infolge einer völlig ungeregelten Zuwanderung aus den ländlichen Regionen Englands und Irlands wuchsen die Städte in den industriellen Ballungszentren explosionsartig an. Wegen des starken Bevölkerungswachstums führte dies jedoch zu keiner Entspannung der sozialen Lage auf dem Lande. Hier wurde die Krise durch den Niedergang der Heimweberei zusätzlich verschärft. Wohnungsnot, Arbeitslosigkeit, Krankheit und extreme Verelendung der »labouring poor« waren in ganz England und Irland während der »hungry forties« die Regel. Die Arbeitslöhne lagen am Rande des Existenzminimums.

Die Unterschichten, die mit ihrem Druck die Verabschiedung der Reformbill erzwungen hatten, waren von ihrem Inhalt tief enttäuscht. Ihre Verbitterung erhöhte sich, als 1834 in einem Armengesetz anstelle der bisherigen gemeindlichen Zuschüsse zu den niedrigen Löhnen Arbeitshäuser als Zwangsanstalten zur Konzentration, dürftigen Unterbringung, Versorgung und strengster Beaufsichtigung der Arbeitslosen eingerichtet wurden.

Die von der Parlamentskommission für die Vorbereitung der »Poor Act« von 1834 gesammelten und 1842 veröffentlichten Materialien vermittelten der politischen Öffentlichkeit Englands und Europas erstmals genaue Informationen über die soziale Not in England. Friedrich Engels konnte sie für seine Darstellung der Lage der arbeitenden Klassen in England aus dem Jahre 1844 benutzen. Eine ausgedehnte Publizistik beschäftigte sich mit dieser Thematik und appellierte nicht ohne Erfolg an das soziale Gewissen der englischen Mittel- und Oberschichten. Charles Dickens ist das bis heute bekannteste Beispiel für die Behandlung der sozialen Frage in der englischen Literatur.

Die Verbesserung der Lage der Arbeiter wurde zum Ziel unterschiedlicher Organisationen und Initiativen. Eine von Robert Owen (s. S. 17) ins Leben gerufene »Grand National Consolidated Trade Union« entwickelte bald so ausgeprägt klassenkämpferische Züge, daß Regierung und Unternehmer mit Massenverhaftungen, Aussperrungen und Entlassungen reagierten. Auch andere gewerkschaftliche Organisationen mußten bald erkennen, daß sie gegenüber der vereinten Macht von Staat und Unternehmerschaft hoffnungslos unterlegen waren. Nennenswerte Erfolge hatten die Anfänge der englischen Gewerkschaftsbewegung nicht.

Größere Bedeutung bekam hingegen die Chartistenbewegung, die sich seit 1838 von London aus über ganz England verbreitete. Sie hatte ihre Bezeichnung von der »People's Charta«, in der sechs Forderungen verkündet wurden: Wahlrecht für alle Männer, Gleichheit der Wahlbezirke, geheimes Wahlverfahren, jährliche Parlamentswahlen, Abschaffung des Zensus für das passive Wahlrecht und Einführung von Diäten für die Abgeordneten. Gespeist von der Erbitterung über das Elend und die Not der Mehrheit der Bevölkerung wurde der Chartismus schnell eine Massenbewegung, die sich im Prinzip gegen die moderne Industriegesellschaft richtete. Er umfaßte heterogene Elemente und war vor allem in der Frage nach dem Recht zur Anwendung von Gewalt zerstritten. Eine seiner Zeitungen war der »Northern Star«, für den auch Karl Marx vorübergehend tätig war. Der Chartismus wurde bald durch Versammlungsbeschränkungen, Verhaftung von Agitatoren, Beschlagnahme von Waffenlagern, Gerichtsverfahren und dgl. bekämpft und stellte in den vierziger Jahren keine ernsthafte revolutionäre Bewegung mehr dar. Seine Aktivitäten richteten sich jetzt besonders auf die Verabschiedung von Massenpetitionen. Die letzte aus dem April 1848 erhielt immerhin rund zwei Millionen Unterschriften und wurde nach einer Versammlung im Hyde Park in drei Kutschen zum Unterhaus gebracht, das sie jedoch wiederum verwarf .

Am einflußreichsten aber war letztlich die auf Jahrzehnte hinaus richtungweisende Freihandelsbewegung. In ihrem Sieg dokumentierte sich der endgültige Übergang Englands zur Industrienation und zum kapitalistischen Wirtschaftssystem. Ihre Initiatoren waren der in Manchester ansässige Kattundruckerei-Besitzer Richard Cobden und der Baumwollspinnerei-Betreiber John Bright. Die »Manchesterschule« sah in der Besteuerung von Industriegütern und im Einfuhrzoll auf Rohstoffe und Getreide die Ursache für die wirtschaftlichen Schwierigkeiten Englands. Freihandel und freier Wettbewerb statt unproduktiver Sozialfürsorge wurden als Heilmittel auch gegen die soziale Not angesehen. Cobden gelang es, Unternehmer und Arbeiter unter dem Banner des Kampfes gegen die Getreide-Einfuhrzölle zu vereinigen: die Unterschichten mit der Aussicht auf Senkung der Lebensmittelpreise, die Unternehmer mit der Perspektive auf bessere Absatzchancen für ihre Produkte. Die Vision einer auf freien Wettbewerb und freien Handel gegründeten Weltzivilisation hatte für Cobden die Faszination eines revolutionären Prinzips der Weltgeschichte.

Die Stärke der Freihandelsbewegung lag nicht zuletzt darin, daß sie eine einfache und schlagkräftige Parole hatte: Senkung der Einfuhrzölle auf Getreide. Die

1840 gegründete »Anti-Corn-Law-League« aktivierte alle damals möglichen Formen von Massenagitation: Petitionen, Versammlungen, Bankette, Teegesellschaften, Konferenzen, Versand von Broschüren in Millionen-Auflage. Die auch England und vor allem Irland heimsuchende Mißernte von 1845/46 erlaubte es den englischen Konservativen nicht, für die Beibehaltung der Kornzölle einzutreten. Sie wurden 1846 aufgehoben, und dies war in prinzipieller Hinsicht ein »Sieg des Mittelstandes über den Adel und der Interessen der Industrie über die Landwirtschaft« (Kluxen Nr. 21, S. 573). England hatte damit die endgültige Weichenstellung in Richtung auf die industrielle Gesellschaft vollzogen, und auch die bisher industriefeindlich eingestellte Arbeiterschaft begann sich mit diesem System zu arrangieren. Es entstanden Organisationen zur korporativen Selbsthilfe, Wohnungsbaugenossenschaften und Konsumvereine. Gewerkschaften leisteten Hilfe bei Arbeitslosigkeit, Krankheit oder Invalidität, und der um 1848 einsetzende glänzende wirtschaftliche Aufschwung der imperialistischen Weltmacht Großbritannien ließ die Überlegenheit ihres politischen und wirtschaftlichen Systems zur allgemein akzeptierten Ideologie werden. Das Zeitalter der Königin Victoria hatte begonnen, wenn auch unter erheblichen Geburtswehen.

Neben den privaten oder korporativen sozialpolitischen Initiativen war auch der Staat seit 1832 nicht untätig geblieben. Auf Grund von Untersuchungen über die Arbeitsverhältnisse in Bergwerken und Fabriken wurden Gesetze über die zeitliche Begrenzung der Kinderarbeit (1832), das Verbot von Frauen- und Kinderarbeit unter Tage (1842) und die Beschränkung ihrer Arbeitszeit auf zehn Stunden am Tag erlassen (1847). Eine »Public Health Act« von 1848 brachte bescheidene Anfänge einer staatlichen Sozialpolitik. Mit der Städteordnung von 1835 wurde durch Demokratisierung des Wahlrechts die kommunale Herrschaft von städtischen und ländlichen Oligarchien begrenzt, den bürgerlichen Mittelklassen das Tor zur Kommunalverwaltung geöffnet und die Trennung von Justiz und Verwaltung eingeleitet. Gleichzeitig begann eine Reform des »Civil Service« auch auf der zentralen Ebene in Richtung auf ein von persönlicher Protektion oder Parteieinfluß freies, unabhängiges Berufsbeamtentum.

Die europäische Wirtschaftskrise der Jahre 1845 bis 1848 traf auch Großbritannien. Die Folgen der Mißernte bei Kartoffeln in den Jahren 1845/46 waren wohl nirgendwo in Europa entsetzlicher als in Irland. Der Hungersnot und ihren Folgen sind dort etwa eine Million Menschen (ein Achtel der Bevölkerung) zum Opfer gefallen, und Irland wurde vielleicht deshalb zum einzigen Gebiet Großbritanniens, in dem es 1848 zu einer brutal niedergeschlagenen Rebellion kam. Die gewerbliche Wirtschaft Englands sah sich einer schweren Rezession gegenüber, und die Londoner Banken wurden durch die internationale Finanzkrise bis an den Rand ihrer Leistungsfähigkeit belastet.

Im Frühjahr 1848 hielt es die Regierung daher für nötig, Vorsichtsmaßnahmen gegen drohende Unruhen zu ergreifen. Am Vorabend der Massendemonstration der Chartisten vom 10. April 1848 (s. S. 20) forderte sie alle respektablen Personen von den Peers bis zu den Büroangestellten auf, sich als Hilfspolizisten zur Verfügung zu stellen, um die öffentliche Ordnung zu schützen und die wichtigsten Gebäude zu besetzen. Nach Angaben der »Times« sind nicht weniger als 150 000 Personen diesem Appell gefolgt. Die These, daß diese polizeilichen Präventivmaßnahmen England im Frühjahr 1848 vor einer Revolution bewahrt hätten und auch andere europäische Staaten auf diese Weise den Ausbruch von Unruhen hätten verhindern können (Langer in Nr. 15, S. 50), ist allerdings zu vordergründig. Wichtiger ist vielmehr, daß das Land seit 1828 einen keineswegs spannungs- und gewaltfreien Prozeß politischer, wirtschaftlicher und sozialer Umgestaltung von außerordentlichen Dimensionen bewältigt und auf diese Weise den auch hier reichlich vorhandenen revolutionären Zündstoff entschärft hatte.

1.2 Bürgerkrieg statt Revolution: Portugal, Spanien und Griechenland

Die Staaten der iberischen Halbinsel wurden von der Welle europäischer Revolutionen im Jahre 1848 nicht ergriffen, obwohl es auch hier im Vormärz schwerste innenpolitische Konflikte gegeben hatte.

In *Portugal* schien 1847 sogar der Fortbestand der Monarchie überhaupt gefährdet. Hier hatte schon der Tod König Johanns VI. im Jahre 1826 einen vierjährigen Bürgerkrieg ausgelöst, in dem sich Liberale und Absolutisten gegenüberstanden. Die Liberalen forderten vor allem die Wiederherstellung der 1822 erlassenen, 1823 aber durch einen vom König nachträglich legalisierten Militärputsch aufgehobenen Verfassung und die Rückkehr zu einer liberalen Reformpolitik. Der nach einem langen Thronfolgestreit 1827/28 eingesetzte König Miguel betrieb eine extrem reaktionäre Politik und löste dadurch Aufstände auch im Militär aus, die mit äußerster Brutalität niedergeschlagen wurden. Dank englischer Hilfe konnten sich die Liberalen wenigstens auf Madeira und den Azoren halten. England, Frankreich und Spanien entschlossen sich dann zur militärischen Intervention in Portugal und zwangen König Miquel 1834 zur Abdankung.

Das Land kam aber auch danach nicht zur Ruhe. Die 1834 auf den Thron gelangte Königin Maria II. war erst 15 Jahre alt und schon deshalb nicht in der Lage, die ständigen Regierungskrisen zu verhindern, welche die Staatsgewalt lähmten. Die katastrophale Lage der öffentlichen Finanzen erschütterte das Wirtschaftsleben, Revolution und Gegenrevolution stürzten das Land von einer Krise in die andere, bis im Jahre 1842 Costa Cabral durch einen Militärputsch die Macht eroberte. Er übte eine diktatorische Gewalt aus, sicherte mit den Mitteln des Polizeistaates die öffentliche Ordnung und führte auch wichtige Reformen durch, provozierte durch seine Steuergesetzgebung aber 1846 eine neue Aufstandsbewegung. Da das Militär ihm die Gefolgschaft verweigerte, trat er im Mai 1846 zurück und floh nach Spanien. Die Folge war ein allgemeines politisches und wirtschaftliches Chaos und ein blutiger Bürgerkrieg, der schließlich nur durch eine erneute Intervention Englands, Frankreichs und Spaniens im Juni 1847 beendet werden konnte. Danach allerdings stabilisierten sich die innenpolitischen Verhältnisse auf der Grundlage eines Zweiparteiensystems, in dem sich die gemäßigten liberalen Reformer (die »regeneradores«) und die fortschrittlichen Demokraten (die »históricos«) in der Regierung abwechselten. Portugal war gleichsam ausgebrannt, als die europäische Revolutionsbewegung einsetzte.

Auch *Spanien* hatte in der Zeit der europäischen Revolutionen um 1848 schon Jahrzehnte der Revolution, des Bürgerkriegs und des inneren Chaos hinter sich. Nach dem Ende der französischen Zwangsherrschaft hatte König Ferdinand VII. eine reaktionäre Innenpolitik eingeleitet, die zu einer revolutionären Gegenbewegung führte, welche das von Napoleon importierte Gedankengut der französischen Revolution bewahren und weiterentwickeln wollte. Der König sah sich im Jahre 1820 gezwungen, die 1812 von der antifranzösischen Nationalbewegung in Cadiz verabschiedete Verfassung zu bestätigen, doch erbitterte Parteikämpfe trieben Spanien erneut in Bürgerkrieg und Anarchie. Der König selbst bat die europäischen Großmächte um Intervention, und während England mit den liberalen Kräften in Spanien sympathisierte, übernahm Frankreich in Übereinstimmung mit Österreich, Preußen und Rußland die Aufgabe, Monarchie und konservatives Gesellschaftssystem in Spanien zu stabilisieren. Trotz aller Warnungen der europäischen Mächte ließ Ferdinand VII. danach die Entstehung eines Systems extremer absolutistischer Reaktion und grausamer antiliberaler Exzesse zu, und bei seinem Tod im Jahre 1833 stand Spanien vor einem neuen Bürgerkrieg.

Dabei scharten sich die Parteien um zwei Kronprätendenten: Die hochkonservativen Absolutisten begünstigten den Prinzen Karl, den Bruder des verstorbenen Königs, während die Liberalen das umstrittene weibliche Thronfolgerecht seiner dreijährigen Tochter Isabella anerkannten, für die ihre Mutter Maria Christina die Regentschaft führte. In dem erneut ausbrechenden Bürgerkrieg standen die Konservativen, die Kirche und die baskischen, aragonesischen und katalanischen Autonomisten hinter dem Prinzen Karl, während die bürgerlichen Kreise, die Liberalen und der größte Teil des Heeres die junge Königin unterstützten.

Die »Karlistenkriege«, in denen die Anhänger der Königin schließlich die Oberhand gewannen, waren ein wilder Guerillakrieg mit unsäglichen Grausamkeiten auf beiden Seiten. Das beiderseitige Morden schonte auch Frauen und Kinder nicht. Von den europäischen Mächten unterstützten England und Frankreich die Königin, wobei sie untereinander um den vorherrschenden politischen und wirtschaftlichen Einfluß in Spanien rivalisierten, während die konservativen Ostmächte mit den Karlisten sympathisierten.

Auf Grund seiner Erfolge im Karlistenkrieg meldete General Espartero im Jahre 1840 mit einem liberalen Reformprogramm Ansprüche auf die politische

Führung in Spanien an, Maria Christina wurde im Oktober 1840 zur Abdankung gezwungen und Espartero von den Cortes, dem spanischen Parlament, zum Regenten gewählt. Doch auch er konnte keine stabile Regierung errichten. Die hinter ihm stehenden Fortschrittlichen spalteten sich in drei Richtungen, in Barcelona etablierte sich eine von der Arbeiterschaft getragene revolutionäre Junta, und die gemäßigten Liberalen betrieben die Rückkehr der Regentin aus ihrem französischen Exil. Der Bürgerkrieg brach erneut aus, Espartero mußte im Jahre 1843 nach England ins Exil gehen, Isabella wurde im November 1843 für volljährig erklärt und bestieg den spanischen Thron. Ihre Verheiratung war Gegenstand eines internationalen Ränkespiels im Stil der Kabinettspolitik des 18. Jahrhunderts, bei dem es letztlich um die Frage ging, ob England oder Frankreich (das sich durchsetzte) künftig den beherrschenden Einfluß in Spanien ausüben würde.

Der im Mai 1844 zum Ministerpräsidenten ernannte General Narvaéz regierte mit diktatorischen Vollmachten. Er stand den Liberalen nahe, leitete ein gemäßigtes Reformprogramm ein, suchte aber trotzdem den Ausgleich mit der katholischen Kirche, und so gelang es ihm, mit harter Entschiedenheit und, falls nötig, brutaler Härte eine fast vierzigjährige Periode von Krieg, Grausamkeit, Anarchie und unsäglichem Leid des spanischen Volkes zu beenden. Als Ende 1847 die Welle der europäischen Revolutionen aufbrandete, war in Spanien die Sehnsucht nach Stabilität und Ordnung selbst um den Preis eines diktatorischen Regimes übermächtig. Am 29. März 1848 brach zwar in Madrid eine Studentenrevolte aus, und einzelne Militäreinheiten beteiligten sich an republikanischen Putschversuchen, doch diese wurden von den königlichen Truppen ohne Schwierigkeit niedergeschlagen. Im Verlauf des Revolutionsjahres bildete sich dann aber auch in Spanien eine demokratische Partei, und es zeigten sich die Anfänge einer sozialistischen Bewegung.

Das im Februar 1830 von den europäischen Großmächten aus der Taufe gehobene Königreich *Griechenland* zeigt beispielhaft die Schwierigkeiten bei der Gründung eines Nationalstaates im Europa der ersten Hälfte des 19. Jahrhunderts. Nachdem der Aufstand der Griechen gegen die osmanische Herrschaft im Jahre 1821 ausgebrochen war, wurde er in ganz Europa mit einer Welle philhellenischer Sympathie verfolgt. Rußland, Großbritannien und Frankreich entschlossen sich jedoch erst 1827 zur Intervention zugunsten der Griechen, wobei sie eifersüchtig auf die Wahrung ihrer jeweiligen Interessen im östlichen Mittelmeer bedacht waren. Nach der Vernichtung einer türkisch-ägyptischen Flotte in der Bucht von Navarino besiegten die Griechen mit Hilfe französischer und russicher Truppen die Türken auch zu Lande, und durch das Londoner Protokoll vom 3. Februar 1830 wurde Griechenland zum souveränen Staat erklärt. In dem vom Krieg verwüsteten Land herrschten jedoch anarchische Zustände, und der 1827 von den Häuptern der griechischen Klans auf sieben Jahre zum Regenten gewählte Graf Kapodistrias wurde schon im Oktober 1831 auf Grund von Familienrivalitäten ermordet. Straßenschlachten in Argos und ein allgemeiner Bürgerkrieg waren die Folge.

Die europäischen Großmächte waren mittlerweile nach längerem Bemühen auf der Suche nach einem Kandidaten für den in ganz Europa feilgebotenen griechischen Königsthron fündig geworden. Sie drängten den Griechen im Jahre 1832 den noch unmündigen Prinzen Otto von Bayern als König auf. Eine internationale Anleihe, eine bayerische Schutztruppe und bayerische Ministerialbeamte sollten dem Königreich Stabilität verleihen, doch der Aufbau eines aufgeblähten schematistischen und zentralistischen Verwaltungsapparats deutschen Stils führte in Griechenland bald zu einem ausgeprägten Haß auf das landfremde Beamtentum. Überdies trug auch die Weigerung des Königs, zum orthodoxen Glauben überzutreten, erheblich zur Entfremdung zwischen Volk und Dynastie bei.

Im Jahre 1837 mußte eine erste rein national-griechische Regierung gebildet werden, doch auch dieser gelang es nicht, die jeder politischen Zentralisierung widerstrebenden lokalen Gewalten zu entmachten, die katastrophale Wirtschaftslage des Landes zu verbessern, das Banden- und Räuberunwesen zu beseitigen und die Mittel für die Verzinsung und Tilgung der internationalen Anleihen aufzubringen. Außenpolitische Erfolge blieben aus, als die 1840 erhoffte Befreiung Kretas von der türkischen Oberherrschaft nicht gelang und sich sehr bald zeigte, daß die Großmächte an der Erhaltung der Türkei sehr viel stärker interessiert waren als an einer Unterstützung griechischer Träume von der Errichtung eines bis nach Konstantinopel und Kleinasien reichenden Großgriechenland.

Durch einen unblutig verlaufenen Militärputsch wurde dem König im September 1843 ein neues Ministerium aufgezwungen. Er mußte die Einberufung einer konstituierenden Nationalversammlung zugestehen und die fremdenfeindlichen Maßnahmen gegen die bayerischen Beamten verschärfen. Trotzdem war die im März 1846 verabschiedete Verfassung eine schematische Übernahme der Grundzüge des westeuropäischen Konstitutionalismus ohne jede Berücksichtigung griechischer Besonderheiten. Das öffentliche Leben blieb auch unter dieser Verfassung chaotisch und anarchisch: tumultuarische Wahlen mit ungehemmter Wahlbeeinflussung und Korruption, bis zu offenem Aufruhr führende Parteikämpfe vor allem in der Hauptstadt und zügellose Hetze in der Presse prägten das Bild. Die Minister wechselten häufig und mit ihnen der gesamte Beamtenapparat bis zur untersten Ebene. Ständig intrigierten die Gesandten der Großmächte, und besonders der britische Außenminister Palmerston verfolgte König Otto, »das verzogene Kind des Absolutismus« (nach Hallmann Nr. 18, S. 68), mit grimmiger Abneigung.

Die europäische Revolutionsbewegung von 1848 führte in Griechenland zu keinen besonderen Eruptionen, und der König konnte sich sogar auf dem Thron halten, bis er 1862 durch eine neue Militärrevolte aus dem Lande getrieben wurde.

1.3 Russland: Autokratische Selbstbehauptung im Europa der Revolutionen

Das autokratisch regierte, vom Adel dominierte und von der Entwicklung der bürgerlichen Gesellschaft noch kaum berührte Rußland gehörte zu den Ländern relativer Ruhe im damaligen Europa, obwohl auch hier die Voraussetzungen für eine revolutionäre Krise großen Ausmaßes gegeben waren. Eine katastrophale Dürre, verbunden mit Ungezieferplage und Hagelschlag, minderte im Jahre 1848 den Ertrag der Getreideernte so sehr, daß im Durchschnitt nur das Zweieinhalbfache der Aussaat wieder eingefahren werden konnte. Auch Viehseuchen breiteten sich aus. Die Dürre begünstigte überdies das Entstehen von Großbränden, die infolge der russischen Holzbauweise ganze Ortschaften vernichteten. Eine Choleraepidemie ergriff das ganze europäische Rußland. In Petersburg erkrankten etwa 10 Prozent der Bevölkerung, und jeder zweite von ihnen starb. Die Mißernte führte zu einer Verdoppelung der Nahrungsmittelpreise und zu einem Sinken der Kaufkraft für gewerbliche Güter. Eine allgemeine Rezession war die Folge, zumal auf Grund der europäischen Wirtschaftskrise auch der russische Außenhandel zurückging. Nach dem Ausbruch des deutsch-dänischen Krieges verursachte die Blockade der deutschen Ostseehäfen durch die dänische Flotte zusätzliche Probleme. Auch sinkende Staatseinnahmen beeinträchtigten die außenpolitische Handlungsfähigkeit Rußlands.

Die revolutionären Vorgänge in Mittel- und Westeuropa wurden sehr schnell und ausführlich in den russischen Zeitungen gemeldet und kommentiert. Schon bald fielen der Polizei auch einzelne revolutionäre Flugschriften in die Hände. Es kam zu lokalen Bauernunruhen, in den Städten war eine dumpfe Gärung zu spüren, doch die Sorge der Polizeibehörden vor dem Ausbruch revolutionärer Bewegungen war offensichtlich übertrieben. Unter den Grundbesitzern verbreitete sich eine geradezu panische Angst vor einem allgemeinen Aufstand der Leibeigenen, und diese Angst trieb den Grundadel auch dort auf die Seite der Regierung, wo er sonst vielleicht Träger einer antirussischen nationalen Freiheitsbewegung hätte werden können: in den baltischen Staaten und den russischen Gebieten des ehemaligen Königreichs Polen. In Regierungskreisen wurde im März erwogen, zur Beruhigung der polnischen Nationalbewegung für Russisch-Polen eine neue Verfassung zu verkünden, doch Zar Nikolaus I. entschied sich für eine Politik harter Repression. Er hatte schon Ende März in einem Manifest verkündet, daß er entschlossen sei, den von Frankreich nach Österreich und Preußen gelangten und dort durch Schwäche und Nachgiebigkeit der Regierungen weiter genährten Geist von Anarchie und Rebellion energisch zu bekämpfen: »wir sind bereit, unseren Feinden entgegenzutreten, wo immer sie auftauchen« (nach Nifontow Nr. 25, S. 82). War das schon die Drohung mit einer Intervention? Die Geistlichen wurden zu Predigten gegen die »verlogene fremde Philosophie« angewiesen. Über die westlichen Grenzprovinzen, die einer revolutionären Infiltration besonders ausgesetzt waren, wurde zunächst der Ausnahmezustand verhängt und der Reiseverkehr so weit wie möglich beschränkt. Später wurden dahin alle verfügbaren Truppenverbände verlegt. Dies waren zunächst rein defensive Maßnahmen, die sich auch gegen die antirussische Kriegspropaganda in Deutschland richteten. Sie zeigten aber auch, daß Rußland nötigenfalls zu Interventionen gegen die mitteleuropäischen Freiheitsbewegungen zur Verfügung stand.

Auch in Rußland war es allerdings schon im Vormärz zur Ausbildung oppositioneller politischer Strömungen gekommen. Sie gliederten sich in zwei große Gruppierungen, die jeweils in sich ein weites Meinungsspektrum zeigten: die »Slawophilen« und die »Westler«. Die Slawophilen hielten die durch Peter den Großen eingeleitete Wendung Rußlands nach Westeuropa für einen verhängnisvollen Irrweg. Sie verwarfen deshalb den Rationalismus in Staat, Gesellschaft und Kirche und verlangten die Rückkehr zu strenger religiöser Orthodoxie. An die Stelle des bürokratischen Absolutismus westeuropäischer Prägung sollte wieder die russische Autokratie und die alte patriarchalische Herrschaftsordnung treten. »Brüderliche Liebe und persönliche Freiheit im Zeichen christlicher Offenbarung und altslawischer Tradition« (Oberländer in Nr. 12, S. 662) sollten auch die Gesellschaftsordnung bestimmen, deren Grundlage kollektiver Besitz des Ackerlandes und genossenschaftliche Organisation von Handwerk und Gewerbe zu sein hätten. Hierin sahen die Slawophilen die einzige Rettung vor den auch Rußland schon bedrohenden, zersetzenden Folgen des bürgerlich-kapitalistischen Systems. Die Revolutionen im westlichen Europa lehnten sie mit größter Entschiedenheit ab, sahen jedoch in der panslawistischen Bewegung des Jahres 1848 eine Chance zu einer weiteren Verbreitung ihrer Ideen.

Im Unterschied zu den »Slawophilen« betrachteten die »Westler« Rußland als Teil der europäischen Kultur- und Zivilisationsgemeinschaft und bekannten sich zu deren Einheit. Sie wollten europäisches Gedankengut durch umfassende Aufklärung in immer breitere Schichten des russischen Volkes hineintragen. Sie stützten sich in ihren Vorstellungen vor allem auf die Philosophie Hegels und seiner Nachfolger sowie auf die französischen Frühsozialisten. Ihr herausragender Sprecher war zunächst der Anfang 1848 gestorbene Vissarion Belinskij, dessen Thesen über die gesellschaftsverändernde Kraft der Literatur zum Gemeingut der folgenden Generationen russischer Schriftsteller werden sollten. Nach ihm ist vor allem Alexander Herzen zu nennen, der Rußland 1847 verließ, in Paris die Februarrevolution erlebte und mit Marx in Verbindung trat. Das Scheitern der Revolutionen von 1848/49 deutete Herzen als Versagen des westeuropäischen Bürgertums. Allein Rußland bot jetzt für ihn noch die Chance zur Verwirklichung des sozialistischen Zukunftsstaates. Mit Druckschriften, die von Westeuropa aus nach Rußland eingeschleust wurden, hat er in diesem Sinn auf die russische Intelligenz der folgenden Jahrzehnte erheblichen Einfluß ausgeübt.

Zu den »Westlern« kann auch Michail Bakunin gerechnet werden, in dem sich die Verbindung zwischen russischer Intelligenz und westeuropäischer Revolution wohl am auffälligsten verkörpert. Er hielt sich schon seit 1841 in verschiedenen europäischen Hauptstädten auf und kam dabei vor allem mit Proudhon in Kontakt. Dessen Vorstellungen über ein herrschaftsfreies System einer Gesellschaft gleicher Kleineigentümer beeindruckten ihn stark. Er entwickelte daraus sein System eines panslawistischen Anarchismus und erhoffte vom Slawentum die große zerstörerische Kraft zur totalen Vernichtung der bestehenden Staats- und Gesellschaftsordnung als Voraussetzung für die Errichtung einer wahren sozialistischen Gesellschaft. Bakunin war im Jahre 1848/49 an vielen Brennpunkten der europäischen Revolutionsbewegung zu finden. Er nahm am Prager Slawenkongreß teil, kämpfte im Mai 1849 in Dresden gegen die preußischen Truppen, wurde inhaftiert, nach Rußland ausgeliefert und zu Verbannung nach Sibirien verurteilt. Im Jahre 1860 konnte er jedoch nach London fliehen und zu Alexander Herzen Verbindung aufnehmen. Die sich in dieser Zeit formierende internationale Arbeiterbewegung verwarf allerdings seinen Anarchismus.

Die polizeiliche Überwachung und Verfolgung, der sich die oppositionellen Kreise in Rußland zunehmend ausgesetzt sahen, traf bereits im Jahre 1847 eine nach den Slawen-Missionaren Kyrillos und Methodios benannte Geheimgesellschaft, die sich in der Ukraine gebildet hatte, für die Aufhebung der Leibeigenschaft eintrat und an die Gründung einer Föderation demokratischer slawischer Staaten mit der Hauptstadt Kiew dachte.

Ein anderer oppositioneller Zirkel bildete sich seit 1845 um Petraschewski, in dem die Möglichkeiten einer Reform der russischen Gesellschaft unter frühsozialistischen Vorzeichen diskutiert wurden. Auch die »Petraschewzen« sahen in der russischen Dorfgemeinschaft den konkreten Ansatzpunkt für eine Sozialreform auf der Grundlage altrussischer Tradition. Obwohl sie nie die Chance hatten, ihre Ideen breiteren Bevölkerungskreisen zu vermitteln, geschweige denn in die Tat umzusetzen, wurden sie im Frühjahr 1849 der »Verschwörung von Ideen« angeklagt. Gegen rund 150 Personen leitete man Verfahren ein, 21 von ihnen wurden zum Tode verurteilt, darunter der junge Schriftsteller Dostojewski. Erst angesichts des Galgens erfuhren sie auf dem Schafott, daß sie zu Haft und Verbannung begnadigt waren. Eine revolutionäre Bedrohung des Zarenreiches waren diese Intellektuellen-Zirkel nicht. Sie hätte damals allein von den russischen Bauern ausgehen können, doch diese blieben im ganzen ruhig.

1.4 Der verweigerte Nationalstaat: Polen im Vormärz und in der Revolution

Das durch den Wiener Kongreß 1815 erneut unter Rußland, Preußen und Österreich aufgeteilte Polen war seit der europäischen Neuordnung zum Inbegriff der nationalen Befreiungsbewegungen der europäischen Völker geworden. Ein im

November 1830 in Russisch-Polen ausgebrochener Aufstand konnte sich erstaunlich lange gegen die zahlenmäßig weit überlegene russische Armee behaupten und wurde erst im Oktober 1831 endgültig niedergeschlagen. Der polnische Freiheitskampf wurde von den Liberalen in ganz Europa mit begeisterter Anteilnahme verfolgt. Die nach dessen Ende in großer Zahl nach Westeuropa emigrierenden Polen wurden dort mit großer Sympathie gefeiert. Rund 9 000 Angehörige der politischen, geistigen und wirtschaftlichen Elite verließen im Zuge der »Großen Emigration« ihre Heimat, während im russischen »Kongreßpolen« eine Epoche scharfer Reaktion einsetzte: Auflösung der polnischen Armee, Aufhebung der Verfassung von 1815, Verhängung des Ausnahmezustandes, Einführung des russischen Verwaltungssystems und der russischen Währung, Schließung der Universitäten Warschau und Wilna, Bau einer Zitadelle zur militärischen Kontrolle Warschaus, Konfiszierung von etwa 3 000 Gütern, Zwangsumsiedlung von rund 45 000 Familien des Kleinadels nach Sibirien, Unterdrückung der griechisch-unierten Kirche.

Zum Zentrum der polnischen Emigration entwickelte sich Paris, wo sie sich in zwei große, in sich vielfach aufgespaltene Lager teilte. Die Hocharistokraten und Konservativen um Fürst Adam Czartoryski versuchten, die Unterstützung Englands und anderer europäischer Mächte für die Errichtung eines unabhängigen Polen im russichen Teilungsgebiet zu gewinnen. Das von Kleinadel und Intelligenz geprägte demokratische Lager setzte seine Hoffnung hingegen auf eine allgemeine europäische Revolution, und in ihm gewann schon ab Frühjahr 1832 eine sozialrevolutionäre Richtung die Oberhand, die »Polnische Demokratische Gesellschaft«. Sie war von einem »wütenden Haß« (Rhode Nr. 28, S. 360) gegen die bisherige polnische Führungsschicht geprägt, pflegte Kontakte zu allen europäischen Geheimbünden und beteiligte sich an vielen konspirativen Unternehmungen.

Unter den Angehörigen der »Großen Emigration« haben vor allem der Dichter Adam Mickiewitz und der Komponist Frédéric Chopin eine bis heute andauernde Wirkung in der Geschichte der europäischen Kultur erworben.

Für die Emigrantenbünde wurde in der Folgezeit die Republik Krakau zum wichtigsten Einfallstor nationalpolnischer und revolutionärer Proganda nach Polen. Die alte Krönungs- und Universitätsstadt Krakau war 1815 als freie Stadt unter dem gemeinsamen Schutz Österreichs, Preußens und Rußlands konstituiert worden, weil sich die Großmächte nicht darüber einigen konnten, wem diese am Schnittpunkt der Teilungsgebiete gelegene traditionsreiche, strategisch wichtige und überdies von reichen Bodenschätzen umgebene Stadt zufallen sollte. Als Zentrum nationalpolnischer Agitation wurde die Stadt schon von 1836 bis 1841 von österreichischen Truppen besetzt, und ab 1837 lähmten vorerst zahlreiche Verhaftungen die Weiterarbeit der Untergrundorganisationen.

Da die verhältnismäßig liberale Polenpolitik Preußens seit dem Regierungsantritt Friedrich Wilhelms IV. im Jahre 1840 der polnischen Nationalbewegung relativ gute Handlungsmöglichkeiten eröffnete (s. S. 31), verlagerte sich seit dem Beginn der 1840er Jahre der Schwerpunkt der Aufstandsplanungen der »Demokratischen Gesellschaft« auf das preußische Teilungsgebiet, das Großherzogtum Posen. Hier stand der »Bund der Plebejer« an der Spitze einer weit verzweigten Untergrundorganisation. Der eigentliche Kopf der Verschwörung war jedoch der im Ausland für die polnische Sache werbende Ludwik Mieroslawski, der zum militärischen Führer des Aufstandes ausersehen war und in seinem politischen Programm einen Kompromiß zwischen den radikalen Demokraten und dem grundbesitzenden Adel zu erreichen suchte.

Obwohl man keine Sicherheit über die Haltung der Bauern und damit der großen Masse der Bevölkerung bei einem Aufstand hatte und die Vorbereitungen auch sonst unzulänglich waren, wurde die Nacht vom 21. zum 22. Februar 1846 zum Beginn der Aktion bestimmt. Das ganze Unternehmen war jedoch schon Anfang Februar an die preußische Polizei verraten worden. Mieroslawski und mehrere hundert Verschwörer wurden verhaftet, und so war der Aufstand im Großherzogtum Posen gescheitert, bevor er überhaupt begonnen hatte.

Ganz anders verliefen die Ereignisse in Galizien, dem österreichischen Teil des ehemaligen Polen. Am 18. Februar 1846 waren vorsorglich österreichische Truppen nach Krakau eingerückt, und die dortigen Führer der Verschwörung hatten daraufhin zunächst beschlossen, die ganze Aktion abzublasen, sie dann aber doch wieder gestartet. Eine allgemeine Verwirrung war die Folge. Die weitgehend vom Adel getragene nationale Bewegung löste jedoch im Bezirk Tarnow einen elementaren Bauernaufstand aus, der auch auf andere Bezirke übergriff. Jahrzehntelange Erbitterung über die Höhe der Grundlasten und der Frondienste und über Adelswillkür aller Art machte sich jetzt Luft, und in einem regelrechten »Sturm auf die Herrenhöfe« wurden rund 500 Adelssitze ausgeplündert und niedergebrannt. Mindestens 1 000, vielleicht sogar 2 000 Menschen fanden den Tod. Unter Billigung, ja sogar diabolischer Anstiftung österreichischer Beamter hatten die polnischen Bauern auf diese Weise den Aufstand ihrer Herren bereits »in Blut und Feuer erstickt« (Rhode Nr. 28, S. 371), bevor das Militär zur Wiederherstellung der Ordnung eintraf. Als die bäuerliche Bewegung im März 1848 wiederaufzuflammen drohte, ließ sich die Regierung in Wien durch den Statthalter Galiziens dazu bewegen, umgehend eine allgemeine Grundentlastung zu versprechen, um so einen erneuten Ausbruch von Gewalt zu verhindern (s. S. 83).

Nur in Krakau hatte der Aufstand vorübergehend Erfolg. Für wenige Tage konnte sich hier eine Nationalregierung bilden, doch schon am 26. Februar wurden ihre Truppen von den Österreichern geschlagen. Gegen den Protest Englands und Frankreichs, aber mit Zustimmung Preußens und Rußlands nahm Österreich Krakau im November 1846 in Besitz .

Die Neigung des polnischen Adels zur Beteiligung an nationalen Befreiungsbewegungen dürfte durch den Bauernaufruhr in Galizien erheblich gesunken sein, während in Rußland die Angst vor einem allgemeinen Bauernaufstand gesteigert wurde und im Frühjahr 1848 geradezu panische Züge annahm (s. S. 26). Das ziemlich klägliche Scheitern der Aufstandsplanungen von 1846 führte in Polen überhaupt zu Resignation und Erschlaffung der politischen Energie. Es kam zu einer ausgesprochenen Entfremdung zwischen der einheimischen Führungsschicht und den Emigranten. Die Bereitschaft, sich mit den bestehenden Verhältnissen abzufinden und nationale Politik nur noch in den jeweiligen Teilungsgebieten zu betreiben, nahm deutlich zu. Gute Möglichkeiten dazu boten sich ab 1840 vor allem im preußischen Großherzogtum Posen.

Friedrich Wilhelm IV. von Preußen hatte bei seinem Regierungsantritt 1840 eine Ära der Versöhnungspolitik gegenüber seinen polnischen Untertanen eingeleitet. Er milderte die Germanisierungspolitik, die seit dem Aufstand von 1830 die preußische Polenpolitik geprägt hatte. Wie im Rheinland und in Westfalen hatte auch in Posen der Streit um die katholische Erziehung der Kinder von Eltern unterschiedlicher Konfession zu einem erbitterten Kirchenkampf geführt. Der deshalb 1839 internierte Erzbischof von Gnesen durfte in seine Diözese zurückkehren, und im preußischen Kultusministerium wurde eine eigene katholische Abteilung eingerichtet, welche das Volksschulwesen in den katholischen Landesteilen ganz in die Hand der polnischen Geistlichkeit legte. Für die am Aufstand von 1830/31 Beteiligten wurde eine generelle Amnestie verkündet. Preußen lieferte zwischen 1842 und 1844 Deserteure und politische Flüchtlinge nicht mehr an Rußland aus. In Posen entstand allmählich auch ein polnischer bürgerlicher Mittelstand, und die Stadt konnte sich zu einem Zentrum polnischen Kulturlebens entwickeln.

Der Aufstandsversuch von 1846 fand in Preußen in einem großen Prozeß sein gerichtliches Nachspiel. Er wurde vom August bis Dezember 1847 in Berlin durchgeführt. 254 Angeklagte mußten sich verantworten und erhielten dadurch die Gelegenheit, in eindrucksvollen Reden die Forderungen der polnischen Nation vor der deutschen und europäischen Öffentlichkeit zu vertreten und nachhaltig um Sympathien für ihre Sache zu werben. Die Urteile fielen verhältnismäßig milde aus. Das Gericht sprach etwa die Hälfte der Angeklagten frei, darunter auch notorische Mitglieder der Führungszirkel. Es wurden zwar auch acht Todesurteile oder lebenslange Haftstrafen ausgesprochen, doch bevor sie wirksam werden konnten, brach in Berlin die Märzrevolution aus. Die Inhaftierten, unter ihnen Mieroslawski, wurden am 20. März aus dem Gefängnis Moabit befreit und in einem wahren Triumphzug durch Berlin geleitet: ein leider nur kurzlebiges Zeichen deutsch-polnischer Verbrüderung im Zeichen des »Völkerfrühlings« vom März 1848.

Am 20. März konnte sich in Berlin ein polnisches Nationalkomitee bilden, dem der König am 24. März eine nationale Reorganisation des Großherzogtums Posen versprach. Aber auch in der Stadt Posen hatte sich ein Komitee gebildet, das die Aufstellung polnischer Truppenverbände und die Ersetzung der preußischen Beamten durch Polen betrieb. Es zeigte sich aber bald, daß die Polen unter

»nationaler Reorganisation« vielerorts eine durchgehende Polonisierung verstanden. Ausschreitungen gegen Deutsche und Juden führten zu bürgerkriegsähnlichen Zuständen, und in den überwiegend deutsch besiedelten westlichen Landesteilen kam es zu einer Gegenbewegung, welche sich gegen die Einbeziehung dieser Gebiete in die »nationale Reorganisation« Posens wehrte.

Um die Lage in der Provinz zu entspannen, sandte die preußische Regierung Anfang April General v. Willisen nach Posen. Dieser verständigte sich mit Mieroslawski auf einen Kompromiß, der vor allem eine Reduzierung der polnischen Truppen von rund 12 000 auf 3 000 Mann vorsah, jedoch weder auf deutscher noch auf polnischer Seite Zustimmung fand. Große Erbitterung erzeugte bei den Polen dann im April die Entscheidung, daß die Provinz Posen in zwei Teile getrennt werden sollte, von denen der westliche zusammen mit der Festungsstadt Posen dem Deutschen Bund und damit dem künftigen deutschen Nationalstaat eingegliedert werden sollte, während sich die »nationale Reorganisation« auf den kleineren Rest beschränkt hätte, für den die Bezeichnug »Herzogtum Gnesen« vorgesehen war. Für die Polen war dies schlimmer als der bisherige Zustand. Sie sprachen empört von einer erneuten, nunmehr fünften polnischen Teilung. Die Grenzziehung im einzelnen wurde zunächst offengelassen, und dieses Problem sollte noch zu langen Diskussionen in Preußen und auch in der deutschen Nationalversammlung führen (s. S. 199 f.).

Wie man auf den Teilungsbeschluß reagieren sollte, war in polnischen Führungskreisen umstritten. Ein gemäßigter Teil des Nationalkomitees hielt einen Aufstand für aussichtslos, die in vier Lagern zusammengezogenen Truppen wollten ihrer Entwaffnung jedoch nicht zustimmen. Das Nationalkomitee löste sich auf. Obwohl Preußen den offenen Krieg gerne vermieden hätte, kam es jetzt doch zu Kämpfen, die mit der polnischen Kapitulation von Wreschen am 9. Mai endeten.

Abgesehen von dem Verlangen nach Stärkung der polnischen Identität hatte die nationale Bewegung in Posen kein klar erkennbares Ziel. Die Auswirkungen der Märzrevolution führten hier dazu, daß die bisherigen nationalen Unterschiede zu erbitterter Feindschaft gesteigert wurden. Die Lage der polnischen Bevölkerung Preußens war deshalb nach der Revolution schlechter als je zuvor. Wie sehr im Jahre 1848 bereits die frühere Begeisterung deutscher Liberaler und Demokraten für ein freies Polen abgekühlt war, sollte die große Polendebatte der deutschen Nationalversammlung zeigen.

1.5 Bürgerkrieg aus religiösem Anlass: Der Schweizer Sonderbundskrieg

Politische, religiöse und soziale Gegensätze führten im Jahr 1847 in der Schweiz zum Bürgerkrieg. Unter dem Eindruck der französischen Julirevolution hatten

1830/31 hier 12 der 22 Kantone die alten bürgerlichen Aristokratien gestürzt und liberale Verfassungen auf der Grundlage der Volkssouveränität eingeführt. Sieben dieser Kantone betrieben anschließend die von den Liberalen schon länger geforderte Reform der Bundesverfassung, doch konnten sie dafür nicht die Mehrheit der Kantone gewinnen. Auch in ihren eigenen Kantonen sahen sich die liberalen Regierungen häufig einer Opposition unter der konservativen Landbevölkerung ausgesetzt.

Die Gegensätze zwischen den liberalen und den konservativen Kantonen spitzten sich zu, als die liberale Partei in einigen Kantonen die katholische Kirche im Sinne eines josephinistischen Staatskirchentums streng der weltlichen Obrigkeit unterordnen wollte und damit scharfe Proteste bei den strenggläubigen Katholiken auslöste. Diese gründeten eine eigene politische Partei und provozierten im Kanton Aargau einen erbitterten Streit um den Einfluß von Jesuiten im Schulwesen, der zu einem Beschluß über die Aufhebung sämtlicher Klöster im Aargau führte. Die Schweizer Tagsatzung, das verhältnismäßig schwach ausgeprägte Zentralorgan der helvetischen Konföderation, stellte sich hinter diesen Beschluß. Angesichts antikatholischer Ausschreitungen in Luzern schlossen sich nunmehr die sieben katholischen Kantone Luzern, Schwyz, Uri, Unterwalden, Freiburg, Wallis und Zug heimlich zu einem Sonderbund zusammen. Dieser setzte einen gemeinsamen Kriegsrat ein und nahm Verbindungen nach Wien, Paris und Turin auf, um sich für den Fall eines Bürgerkrieges militärische Hilfe zu sichern. Erst als die liberale Partei auch in den Kantonen Genf und Sankt Gallen die Oberhand gewonnen hatte, fand sich im November 1847 in der Tagsatzung eine Mehrheit für den Beschluß, die Auflösung des Sonderbundes nötigenfalls mit Gewalt zu erzwingen. Die hoffnungslos unterlegenen Truppen des Sonderbundes wurden in einem vierwöchigen Feldzug ohne schwere Verluste auf beiden Seiten geschlagen. Die angedrohte europäische Intervention zugunsten des Sonderbundes kam wegen der Revolutionen in Frankreich und Österreich nicht zustande.

Sofort nach der Liquidierung des Sonderbundes nahm die Tagsatzung die Revision der Bundesverfassung in Angriff und gab ihr die Form, die im wesentlichen unverändert bis heute gültig ist: Einrichtung eines Zweikammersystems mit einem Nationalrat, der aus gewählten Abgeordneten besteht, und einem Ständerat, in dem jeder Kanton mit zwei Repräsentanten vertreten ist. Die Exekutive wurde einem siebenköpfigen Bundesrat übertragen, dessen Mitglieder nicht vom Vertrauen des Nationalrates abhängig sind. Die Zentralgewalt erhielt vor allem die Zuständigkeit für die Außen- und Verteidigungspolitik, das Zoll-, Münz- und Postwesen sowie für die Gewährleistung gleicher Grundrechte aller Schweizer Bürger. Den Kantonen verblieben wichtige Hoheitsrechte auf dem Gebiet der Rechtspflege, der Religion und des Unterrichtswesens sowie in Finanzfragen. Die Verfassung wurde am 12. September 1848 von der Schweizer Bevölkerung mit Zweidrittelmehrheit angenommen, und die anschließenden Wahlen brachten den in einen gemäßigten und einen radikalen Flügel auseinandergetretenen Liberalen eine überwältigende Mehrheit.

1.6 Die italienischen Freiheitsbewegungen vom Vormärz bis zum Sommer 1848

Im Zuge seiner hegemonialen Europapolitik hatte Napoleon unter Gründung französischer Satellitenstaaten sein Herrschaftsgebiet auf ganz Italien ausgedehnt. Nur Sizilien konnte unter dem Schutz der englischen Flotte seine Unabhängigkeit bewahren. Im Zuge der europäischen Neuordnung 1814/15 wurden die alten politischen Verhältnisse in Italien weitgehend wiederhergestellt. Es kam zwar zu gewissen Grenzkorrekturen, doch die früheren Dynastien kehrten zurück. Eine vollständige »Restauration« fand allerdings auch in Italien nicht statt. Die gesellschaftlichen Veränderungen, die 20 Jahre napoleonischer Herrschaft mit sich gebracht hatten, konnten ebensowenig wieder rückgängig gemacht werden, wie der französische Einfluß im Rechtswesen und im Geistesleben. Auch die in diesen Jahren veräußerten Kirchengüter blieben weitgehend im Privatbesitz, und nur in Piemont schaffte man den Code Napoléon mit einem einzigen Federstrich wieder ab, um zu den vorherigen verworrenen Rechtsverhältnissen zurückzukehren. In der Toscana und in Lombardo-Venetien verband man die Abschaffung des Code mit der Einführung anderer, am Geiste des Aufgeklärten Absolutismus orientierter Gesetzbücher.

Als in Spanien im März 1820 eine Verfassung erlassen werden mußte, wirkte dieses Beispiel elektrisierend auf eine in der liberalen französischen Tradition verhaftete Führungsschicht in dem von einer bourbonischen Dynastie regierten Königreich Neapel-Sizilien. Der König wurde gezwungen, eine Verfassung nach spanischem Vorbild zu verkünden, doch die tiefen politischen und sozialen Gegensätze innerhalb der revolutionären Bewegung machten es Österreich im März 1821 relativ leicht, im Zeichen der »Heiligen Allianz« die Bewegung niederzuschlagen, den König in seine Rechte wieder einzusetzen und die Verfassung aufzuheben. Die östereichische Intervention brachte eine seit längerer Zeit vorbereitete, vom Militär getragene Verschwörung in Piemont zum Ausbruch, deren Ziele sich bereits auf eine Einigung Italiens richteten. Auch diese wurde mit österreichischer Hilfe niedergeschlagen, und es folgte eine Welle von Prozessen gegen die Aufständischen, die sich nur zum Teil der Verhaftung durch Flucht ins Ausland entziehen konnten. Besonders hart wurden die in die Aufstandsvorbereitungen verwickelten österreichischen Staatsbürger in der Lombardei verfolgt. Der Mailänder Patrizier Federico Confalonieri wurde in diesem Zusammenhang zur Symbolfigur für die österreichische Repressionspolitik.

Eine neue Welle von Revolten erschütterte den Kirchenstaat und die kleinen Herzogtümer Oberitaliens Anfang 1831 unter dem Eindruck der Pariser Julirevolution. Innere Zerrissenheit, Dilettantismus und Provinzialismus ließen jedoch diese Aufstände ebenfalls scheitern. Aber auch sie forderten ihre Toten, sonst hätten sie »mehr den Charakter einer Operette, denn einer Tragödie« gehabt (Procacci Nr. 27, S. 246).

Nach der Julirevolution nahm die italienische Nationalbewegung deutlichere Konturen an. Der 1805 geborene Giuseppe Mazzini gründete 1831 den Geheimbund »Junges Italien« (La Giovine Italia), dessen Ziel die Vorbereitung einer allgemeinen Volkserhebung zur Gründung einer unitarischen Republik Italien war. Nicht mehr elitäre Verschwörergruppen sollten den Charakter der Revolution bestimmen, sondern die Masse des italienischen Volkes. Mazzini lehnte es allerdings ab, dieses Volk durch konkrete materielle Zugeständnisse, wie z. B. eine Neuverteilung von Grund und Boden, an seine Bewegung zu binden. Von der Schweiz aus versuchte Mazzini ab 1834, seine Organisation mit anderen europäischen Freiheitsbewegungen zum »Jungen Europa« zusammenzuführen.

Das »Junge Italien« konnte sich sehr schnell ausbreiten, auch unter Handwerkern und kleinen Leuten. In Mailand sollen ihm um 1834 rund 3000 Mitglieder angehört haben. Mazzini und seine Anhänger waren jedoch zu ungeduldig. Mehrere noch in den 30er Jahren in Italien angezettelte Aufstände scheiterten, eine neue Welle von Verfolgungen und von politischer Emigration war die Folge. Mazzini selbst floh 1837 nach London und bemühte sich jetzt von dort aus um den weiteren Aufbau des »Jungen Europa«.

Im Gegensatz zu der von Mazzini verfolgten Strategie der revolutionären Erhebung sprach sich die seit 1840 Profil gewinnende liberale Bewegung Italiens für eine nationale Einigung »von oben« aus. Eine Konföderation der italienischen Staaten ohne die österreichischen Gebiete sollte sich unter Führung des Papstes bilden, sich auf gemeinsame Grundsätze einer Reformpolitik verständigen und eine Art Zollverein gründen. Auf längere Sicht sollte Österreich ganz aus Italien verdrängt und dafür eventuell auf dem Balkan entschädigt werden. Zum Sprachrohr dieses gemäßigten Liberalismus wurde die seit 1847 in Turin erscheinende, von Camillo Cavour geprägte Zeitung »Risorgimento«, nachdem König Karl Albert von Sardinien-Piemont eine vorsichtige Reformpolitik eingeleitet hatte und 1847 trotz österreichischen Widerstands eine Zollunion zwischen Sardinien-Piemont, der Toscana und dem Kirchenstaat zustandegekommen war.

In der wirtschaftlichen Entwicklung zeigten sich im vormärzlichen Italien starke Unterschiede. Im Norden waren Anzeichen einer beginnenden Industrialisierung erkennbar, während sich in Mittelitalien und im Süden die Strukturprobleme einer veralteten Agrarwirtschaft verschärften. In Norditalien begann der Eisenbahnbau mit den Strecken Mailand-Venedig, Turin-Genua und Florenz-Pisa. Neue Banken wurden gegründet, die Seidenherstellung nahm zwischen 1814 und 1841 um die Hälfte zu, und in der Baumwollindustrie erhöhte sich die Zahl der Webstühle im gleichen Zeitraum von 15 000 auf gut 100 000. Die Landwirtschaft hingegen litt bis 1846 unter sinkenden Preisen. Die Großgrundbesitzer im Norden reagierten darauf mit Umstellung auf Veredelungswirtschaft, zunehmender Einstellung und Ausbeutung von Lohnarbeitern, sowie durch Raubbau an Wäldern und anderen natürlichen Ressourcen.

Hungersnot und Arbeitslosigkeit führten schon im Frühjahr 1847 in der Lombardei und in Venetien zu Hungerrevolten in den Städten und auf dem Land. Die Nahrungsmittelpreise stiegen auf das Doppelte, und auch hier zeigten sich die Folgen der europäischen wirtschaftlichen Depression. In der Toscana verbreiteten sich kommunistische Ideen, in Livorno rebellierten die Hafenarbeiter. Mit einer Lockerung der Pressezensur und der Ankündigung von Verwaltungsreformen machten die Regierungen der italienischen Staaten erste Zugeständnisse an die politische Bewegung, während Österreich antihabsburgische Kundgebungen in Ferrara im Juli 1847 mit der Verstärkung seiner militärischen Präsenz in Oberitalien beantwortete und damit gewalttätige Demonstrationen in Mailand provozierte.

Das größte politische und soziale Konfliktpotential hatte sich im *Königreich Neapel-Sizilien* und im Kirchenstaat angesammelt. Seit dem Aufstand von 1820/21 hatte das Herrscherhaus einen reaktionären Kurs beibehalten und damit erhebliche soziale Spannungen provoziert. Bereits 1837 war es zu einem Aufruhr in Catania gekommen, und die Regierung hatte danach Pläne für eine begrenzte Umverteilung des Landes zugunsten der Besitzlosen und zu Bewässerungsprojekten in der Ebene von Catania in Angriff genommen, war jedoch am Widerstand der sizilianischen Aristokratie gescheitert. Die überkommenen feudalen Strukturen blieben unverändert, die notwendigen Agrarreformen wurden nicht durchgeführt, der dörfliche Gemeinbesitz wurde sogar rechtswidrig von Großgrundbesitzern usurpiert. Die zunehmende Proletarisierung und der Hunger ließen die Bauern Siziliens »zu einer revolutionären Kraft von bislang unbekannter Stärke werden« (Finley Nr. 16, S. 217). Auch in Neapel-Sizilien stellte sich die Frage nach einem Anschluß an die italienische Nationalbewegung.

Im September 1847 kam es zu einer ersten großen Erhebung in Messina. Am 12. Januar schließlich brach ein Aufstand in Palermo aus, und dieser gab das Signal zu einer revolutionären Bewegung von elementarer Gewalt und äußerster Brutalität. In Dörfern und Kleinstädten kam es zur Plünderung von Lebensmittellagern, zum Abschlachten von Vieh, zu Brandstiftungen und zum Abholzen von Wald, um das Land unter den Pflug nehmen zu können. Rathäuser wurden gestürmt und Besitzurkunden verbrannt. Bewaffnete Banden zogen umher und zwangen die Bauern zur Zahlung von Schutzgeldern. Es kam zu schweren Grausamkeiten. Vor allem die Angehörigen einer reich gewordenen hochmütigen Mittelschicht, die »galantuomini«, wurden verfolgt und getötet. Die Verwaltung brach zusammen, es herrschte offene Anarchie. Es waren vor allem neapelfeindlich eingestellte liberale Adelige, die durch Bildung von improvisierten Komitees einen Rest von Ordnung aufrechtzuerhalten und die Versorgung der Bevölkerung zu organisieren suchten. Zum Schutz des Eigentums wurde auch eine Nationalgarde gebildet, von der die handarbeitenden Schichten ausdrücklich ausgeschlossen waren.

Bereits Anfang Februar hatte sich in Palermo eine provisorische Regierung mit gemäßigt liberalem Charakter unter Admiral Settimo gebildet. Sie berief das sizilische Parlament wieder ein, das durch die Verfassung des Jahres 1812 eingerichtet wurde, seit 1815 aber nicht mehr zusammengetreten war. Es proklamierte die Unabhängigkeit Siziliens, erklärte König Ferdinand II. für abgesetzt und bestätigte die provisorische Regierung. Diese konnte jedoch keine funktionsfähige staatliche Ordnung aufbauen. Die Minister lösten sich in rascher Folge ab, und die Parlamentarier übten sich in rhetorischen Scheingefechten und persönlichen Streitigkeiten, während Mord und Raub im Lande andauerten. Der Handel brach praktisch zusammen, das ganze Rechtssystem war zerrüttet, Steuern wurden nicht mehr gezahlt und durch Zwangsanleihen ersetzt, eine öffentliche Verwaltung gab es nicht mehr. Der Versuch zum Aufbau disziplinierter Truppen scheiterte an dem Argument, daß die Einführung der allgemeinen Wehrpflicht mit der Würde freier Sizilianer unvereinbar sei. Die besitzenden Schichten sehnten schon bald die Wiederkehr der bourbonischen Herrschaft herbei.

Die revolutionäre Bewegung griff von Sizilien her auch auf das Festland über, sie nahm dort aber nicht so extreme Ausmaße an, zumal das Militär loyal blieb und in Neapel die Ruhe aufrechterhalten konnte. Schon Ende Januar versprach der König eine am Vorbild der französischen Julimonarchie orientierte Verfassung, die bereits 14 Tage später verkündet wurde. Er versuchte auch, mit den Sizilianern zu einem Arrangement zu kommen, indem er ihnen begrenzte Autonomie und ein eigenes Parlament anbot. Dies wurde jedoch abgelehnt, und so setzte im September eine bourbonische Armee nach Sizilien über, die nach wenigen Tagen Messina eroberte. Die Grausamkeiten, die anschließend in einer Orgie von Plünderung und Raub begangen wurden, veranlaßten die Kommandeure der vor Messina stationierten englischen und französischen Flotten, den König zur Mäßigung zu drängen und zum Abschluß eines sechsmonatigen Waffenstillstandes zu bewegen. Sizilien hatte noch einmal eine Atempause gewonnen, konnte sie aber nicht zu einer Stabilisierung der inneren Verhältnisse nutzen. Nach der Wiederaufnahme des Krieges leisteten nur Catania und Messina nennenswerten Widerstand (s. S. 241 f.).

Im *Kirchenstaat* hatten sich ähnlich wie in Sizilien in Jahrzehnten soziale Spannungen aufgestaut, die sich hier allerdings in einer eigentümlichen Phasenverschiebung erst Ende 1848 in einer revolutionären Erhebung entluden. Der Kirchenstaat war in der Mitte des 19. Jahrhunderts neben dem Großherzogtum Toscana die größte politische Macht in Mittelitalien. Er reichte vom Po im Norden bis zur Grenze des Königreichs Neapel-Sizilien etwa 120 Kilometer südlich von Rom. Landesherr war der Papst, ab Sommer 1846 Pius IX. Der Staat wurde vom hohen Klerus und dem Adel beherrscht und galt als das am schlechtesten verwaltete Gemeinwesen Italiens. Das Land war weitgehend im Besitz von Kirche und Großgrundbesitz. Bestellt wurde es von einer großen Zahl rechtlich freier Kleinbauern, Pächtern und Viehzüchtern, die zum Teil auch geringen Eigenbesitz hatten, aber fast immer gegenüber den Grundherren oder anderen Kapitalgebern hoch verschuldet waren und deshalb ständig vor der Gefahr standen, in die große Schicht der besitzlosen Tagelöhner, der Hirten, Waldarbeiter und des Gesindes abzusinken. Die hier gezahlten Löhne reichten kaum für die einfachsten Lebensbedürfnisse, die Arbeitslosigkeit war hoch, Landstreicherei, Bettelei und Diebstahl gehörten zum Alltag. In den Städten war die Situation nicht besser als auf dem Lande. Auch hier sahen sich Handwerker und Arbeiter seit einem guten Jahrzehnt einem Prozeß der Verarmung und des sozialen Abstiegs ausgesetzt. Daher war es seit der Restauration des Kirchenstaates 1814/15 ständig zu Rebellionen, Revolten und Aufständen kleineren oder größeren Ausmaßes gekommen, und die Pilger und Kunstliebhaber, die nach Rom reisten, waren ständig von Räubern und Wegelagerern bedroht.

Parallel zum sozialen Abstieg von Bauern und Handwerkern hatte sich aber auch eine Art neuer Mittelstand gebildet: Unternehmer, Großpächter, Gutsverwalter, Kaufleute, Geldverleiher, Rechtsanwälte, Ärzte und Beamte, die mit den politischen Verhältnissen im Kirchenstaat unzufrieden waren und sich an der öffentlichen Diskussion im damaligen Italien beteiligten. Die rechtlich diskriminierten sehr zahlreichen Juden stellten ebenfalls einen Herd ständiger Unruhe dar.

Pius IX. leitete bald nach der Übernahme des Pontifikats im Jahre 1846 eine Politik vorsichtiger Reformen ein. Er setzte im Herbst 1847 in Gestalt der »Consulta« ein beratendes Gremium ein, verkündete die Presse- und Versammlungsfreiheit, stellte eine Senkung der an kirchliche Einrichtungen zu zahlenden Grundsteuern und Abgaben in Aussicht und öffnete den Staat durch Bau von Eisenbahnen der Industrialisierung. Eine generelle Besserung der sozialen Notlage wurde jedoch nicht erzielt. Um die Arbeitslosigkeit zumindest bei den Jugendlichen zu bekämpfen, wurden Maßnahmen zur Arbeitsbeschaffung angeordnet, doch diese blieben ohne nachhaltige Wirkung und brachten die ohnehin schon hoch verschuldeten Kommunen an den Rand des Ruins.

Die internationale Wirtschaftskrise traf dann auch den Kirchenstaat. Trotz staatlicher und kommunaler Subventionierung stiegen die Lebensmittelpreise, gewerbliche Wirtschaft und Handel gingen zurück, und in Rom wurde die Krise im Jahre 1848 noch verschärft, als wegen der revolutionären Ereignisse in Europa die Zahl der Pilger und Touristen erheblich zurückging.

Unter diesen Bedingungen fanden im Kirchenstaat die revolutionären Vorgänge in Süd- und Oberitalien ein lebhaftes Echo. Besonders der neue Mittelstand nahm das Verlangen nach nationaler Einheit und Befreiung des Volkes aus seiner sozialen Bedrückung auf. Bereits am 14. März erließ auch Pius IX. ein Statuto, das eine Kammer aus gewählten Abgeordneten und eine Kammer mit ernannten Notabeln einrichtete, darüber jedoch das Kardinalskollegium als obersten Senat konstituierte, dem alle geistlichen und »gemischten« Angelegenheiten vorbehalten blieben. Diese Halbherzigkeit mußte weitergehende Forderungen auslösen, zumal der Papst schlagartig an Ansehen verlor, als er Ende April erklärte, daß der Kirchenstaat sich nie an einem nationalen Einigungskrieg beteiligen werde. Die Hoffnung auf eine Führungsrolle des Papstes im Krieg gegen Österreich war damit vorbei.

Die revolutionären Bewegungen im Kirchenstaat waren allerdings durch die Verkündung der Verfassung im März nicht beruhigt worden. Der Kirchenstaat geriet zeitweise an den Rand totaler Anarchie, und die Unruhen erreichten im November mit dem Sturm auf den Quirinalspalast und der Flucht des Papstes aus Rom ihren Höhepunkt (s. S. 240).

Im *Großherzogtum Toscana* war es am 6. Januar zu Unruhen unter den arbeitslosen Hafenarbeitern in Livorno gekommen, und die dortigen Demokraten hatten dies zu dem fehlgeschlagenen Versuch ausgenutzt, die Regierung zum Krieg gegen Österreich zu zwingen. Unter dem Eindruck der Vorgänge in Piemont versprach der Großherzog am 11. Februar die Verkündung einer Verfassung nach dem Vorbild Neapels, und diese wurde schon sechs Tage später in Kraft gesetzt. So verlief die Entwicklung in der Toscana zunächst in gemäßigten Bahnen, bis im Verlauf des Sommers die radikale Agitation für die Einberufung einer gesamtitalienischen Nationalversammlung die Demokraten an die Macht brachte (s. S. 240).

Besondere Bedeutung aber bekamen die Ereignisse im *Königreich Sardinien-Piemont*. Der hochkonservative König Karl Albert hatte der revolutionären Bewegung in Italien zunächst widerstehen wollen, war von seinen Beratern jedoch davon überzeugt worden, daß es besser sei, sie elastisch aufzufangen. So setzte der König eine konservativ geprägte Verfassungskommission ein, die in wenigen Tagen die Grundzüge einer ebenfalls an der französischen Julimonarchie orientierten Verfassung besitzbürgerlichen Zuschnitts erarbeitete. Das am 8. Februar angekündigte und am 4. März erlassene »Statuto Albertino« hat die Revolution überdauert, wurde 1861 zur Verfassung des italienischen Nationalstaates und blieb mit leichten Modifikationen bis zum Ende der italienischen Monarchie im Jahre 1946 in Kraft.

Es bekräftigte den Grundsatz, daß der König Träger der Souveränität und Inhaber der gesamten Staatsgewalt sei, sofern die Verfassung nichts anderes bestimme. Das »Monarchische Prinzip« wurde somit festgeschrieben, doch die Verfassung war so flexibel, daß sie auch den Übergang zur parlamentarischen Regierungsweise möglich machte. Sie enthielt einen weit gefaßten Grundrechtskatalog. Die Volksvertretung bestand aus zwei Kammern: Die Mitglieder des Senates, überwiegend Adelige, wurden vom König auf Lebenszeit ernannt, während die Abgeordneten der zweiten Kammer unter Zensusbestimmungen gewählt wurden. Nur weniger als zehn Prozent der erwachsenen Männer hatten danach das aktive Wahlrecht, Bauern und Angehörige des unteren Mittelstandes in den Städten in der Regel nicht, ganz zu schweigen von den besitzlosen Handarbeitern in Stadt und Land. Auch das Herzogtum Parma und Piacenza erhielt noch Ende März eine Verfassung.

In dem zur Habsburger Monarchie gehörenden *Lombardo-Venetien* wurde die vorrevolutionäre Krise durch die Tatsache verschärft, daß die österreichische Handels- und Wirtschaftspolitik diese Provinzen seit 1814/15 vorwiegend zu ungünstigen Bedingungen als Rohstofflieferanten für die innerösterreichische Industrie behandelt hatte (vor allem bei der Seidenindustrie) und daß von den in Oberitalien erzielten Steuereinnahmen ein wesentlicher Teil nach Wien abgezogen wurde. Das politisch erwachende Bürgertum registrierte dies mit wachsendem Unmut. Daß die rigorose österreichische Fiskalpolitik angesichts der Wirtschaftsnot nicht gelockert wurde, erbitterte auch breite Schichten der Bevölkerung, der buchstäblich die allerletzte Habe gepfändet wurde, um die Personalsteuer einzutreiben. Nicht zuletzt dadurch bekam die antihabsburgische Bewegung eine Massenbasis. In Venedig fand sie ihren Sprecher in Daniele Manin, der Anfang Januar ein Reformprogramm folgenden Inhalts formulierte: Begrenzung der Bindungen an Österreich auf eine reine Personalunion, im übrigen aber völlige Selbständigkeit Lombardo-Venetiens; eigene Armee, eigene Flotte, eigene Finanzpolitik; Mitgliedschaft Lombardo-Venetiens in einem italienischen Zollverein; Aufhebung aller Beschränkungen für eine freie Entfaltung der Landwirtschaft; Judenemanzipation, Rechtsreform, Einrichtung von Kommunalgarden (Ginsborg Nr. 17, S. 73 ff).

Als Manin zusammen mit seinem Mitstreiter Tommaseo am 18. Januar verhaftet wurde, nahm die Unruhe in Venedig zu, und nachdem die Nachricht vom Sturz Metternichs eingetroffen war, kam es zu Demonstrationen, unter deren Eindruck Gouverneur Palffy am 17. März die Freilassung der beiden Gefangenen verfügte. Dies war der Auftakt zur Revolution in Venetien. Anders als in Süditalien und im Kirchenstaat stand hier und in der Lombardei der nationale Befreiungskampf gegen die österreichische Herrschaft im Vordergrund der Ereignisse.

In Mailand begann der allgemeine Aufstand am 18. März. Er stürzte zuerst die zögernde Stadtverwaltung und brachte einen Kriegsrat an die Macht, in dem der bedeutende politische Publizist Carlo Cattaneo eine herausragende Rolle spielte. Die von Feldmarschall Radetzky befehligte, rund 14 000 Mann starke Mailänder Garnison bestand zum größten Teil aus Soldaten nicht-italienischer Nationalität und blieb daher loyal, doch in einer fünftägigen Straßenschlacht gewannen die Aufständischen die Oberhand. Bewaffnete Trupps aus den Städten und Dörfern der Umgebung hatten die Mailänder Bevölkerung unterstützt. Radetzkys Truppen konnten sich jedoch ohne allzu schwere Verluste einen Weg zum Rückzug aus Mailand freikämpfen und sich über Lodi nach Verona zurückziehen, um dort neue Kräfte für die Rückeroberung der Lombardei zu sammeln. In Mailand wurde unter dem bisherigen Bürgermeister Gabrio Casati eine provisorische Regierung gebildet.

Im Unterschied zu Mailand schlossen sich in Venedig die überwiegend italienischen Truppen dem Aufstand an, der zunächst von den Arbeitern des Marinearsenals ausgegangen war. Am 22. März kapitulierte der österreichische Stadtkommandant, und eine provisorische Regierung unter Daniele Manin proklamierte am folgenden Tag die Wiederbegründung der alten Republik Venedig.

Erst nach dem Sieg der Revolution in Mailand und Venedig entschloß sich König Karl Albert von Sardinien-Piemont, die nationale Freiheitsbewegung in Oberitalien militärisch zu unterstützen, obwohl er ihr auf Grund seiner konservativen Grundhaltung zwiespältig gegenüberstand. Am 24. März ließ er seine Truppen in die Lombardei einrücken und eröffnete so den ersten Krieg um die Freiheit und Unabhängigkeit Italiens.

Dabei zeigte sich sehr bald, daß die österreichische Armee noch keineswegs so angeschlagen war, wie man in trügerischer Illusion angenommen hatte. Die Kriegsvorbereitungen waren unzureichend gewesen, die Kriegsführung erfolgte zögerlich und brachte nur geringfügige Erfolge. Außerdem kam es auf italienischer Seite auch sehr bald zu erheblichen Spannungen. Nicht zu unrecht unterstellte man nämlich in Mailand Karl Albert die Absicht, die Lombardei zu annektieren, und betonte demgegenüber die Selbständigkeit der Mailänder Republik, die besser mit französischer als mit piemontesischer Hilfe gesichert werden sollte. Die Mailänder Regierung forderte eine föderalistische Struktur für das künftige Italien und weigerte sich deshalb auch, die in der Lombardei rekrutierten Truppen in die piemontesische Armee einzugliedern. Auch die anderen italienischen Staaten, voran das Königreich Neapel-Sizilien, hatten kein Interesse an Siegen, die nur Piemont zugute gekommen wären. Der Papst erklärte am 29. April offiziell, daß sich der Kirchenstaat nicht an einem nationalen Einigungskrieg beteiligen werde. Er konnte jedoch nicht verhindern, daß eine große Zahl seiner Untertanen als Freiwillige in die piemontesisch-lombardische Armee eintraten. Der nach Mailand gereiste Mazzini unterstützte eher die unitarische Politik Karl Alberts als endlich zustandegekommene »iniziativa italiana«, meinte aber vernünftigerweise, daß man die Diskussion über die Zukunft Italiens bis zum endgültigen Sieg über Österreich zurückstellen sollte. Auf Veranlassung einer unter Balbo neu gebildeten Regierung der lombardischen Republik fanden dann im Mai in der Lombardei, in Venetien und den oberitalienischen Herzogtümern Plebiszite statt, die eine eindeutige Mehrheit für den Anschluß an Sardinien-Piemont brachten.

Auch die europäischen Großmächte schalteten sich ein: England schlug vor, daß die Lombardei mit Piemont vereinigt werden, Venetien aber österreichisch bleiben sollte. Frankreich bot Piemont ein Bündnis an, doch dies wurde abgelehnt. Österreich hätte sich im Mai eventuell mit der Errichtung eines von Piemont unabhängigen Königreichs der Lombardei abgefunden.

Die Österreicher hatten sich zunächst in das »Festungsviereck« (Mantua, Peschiera, Verona, Legnano) zurückgezogen, doch die Italiener konnten die Heranführung von Verstärkungen nicht verhindern. Im Juni begann Radetzky mit der Gegenoffensive. Nach dem Sieg von Vicenza am 11. Juni war fast ganz Venetien wieder in österreichischer Hand, und am 25. Juli wurde die piemontesisch-lombardische Armee bei Custozza südlich des Gardasees entscheidend geschlagen. Karl Albert mußte sich mit den Resten seiner Armee und vielen lombardischen Freiwilligen nach Piemont zurückziehen. Am 6. August wurde Mailand wieder besetzt und drei Tage später ein Waffenstillstand unterzeichnet. Die Lagunenstadt Venedig konnte sich noch bis August 1849 gegen die österreichischen Truppen behaupten (s. S. 242 f.).

1.7 Frankreich: Der Ausbruch der Revolution in Mitteleuropa

In Frankreich war im Jahre 1830 durch die relativ unblutig verlaufene Juli-Revolution innerhalb weniger Tage König Karl X. gestürzt und durch Louis Philippe aus dem Hause Orléans, einer bourbonischen Seitenlinie, ersetzt worden. Die ältere französische Verfassung von 1814/15 wurde dabei nur geringfügig modifiziert. Louis Philippe mußte sich damit abfinden, daß die Verfassung jetzt nicht mehr als Resultat königlicher Allgewalt, sondern als Vertrag zwischen Herrscher und Volk interpretiert wurde. Der König blieb aber Oberhaupt des Staates und Inhaber der exekutiven Gewalt. Die Legislative mußte er mit zwei Kammern teilen: der Pairskammer, die nunmehr aus vom König auf Lebenszeit ernannten Mitgliedern bestand (vorher hatten die Pairs erbliche Sitze innegehabt), und der Abgeordnetenkammer, die weiterhin nach einem durch Zensusbestimmungen stark beschränkten Wahlrecht gewählt wurde. Die Zahl der Wahlberechtigten stieg jedoch bei den Wahlen des Jahres 1832 von vorher rund 100 000 auf etwa 172 000, und im Jahre 1845 gab es 240 000 Wahlberechtigte bei 35 Millionen Einwohnern. Die in der Verfassung festgeschriebene Ministerverantwortlichkeit war nicht zwingend auch eine politisch-parlamentarische, sie wurde jedoch zunehmend in diesem Sinne interpretiert. Es waren aber eher die Minister, die sich durch Manipulation und Korruption gefügige Mehrheiten in der Kammer der Abgeordneten verschafften, und nicht die Abgeordneten, welche den Ministern durch ihre Mehrheit die Richtlinien der Politik vorgaben.

Das System der Juli-Monarchie wurde in seinen ersten Jahren wiederholt durch Aufstandsversuche der royalistischen Rechten und der demokratischen Linken in Frage gestellt. Während der Amtszeit Guillaume Guizots als Außenminister und faktischer Regierungschef stellte sich jedoch ab 1840 ein Zustand relativer Stabilität ein, und Frankreich wurde zum Musterbeispiel der Herrschaft einer schmalen, großbourgeoisen Schicht. Politische Macht wurde durch Korruption zu schamloser Bereicherung ausgenutzt, und das innenpolitische System war durch Repression liberaler Bewegungen und Immobilismus gekennzeichnet. Guizot folgte den gleichen Prinzipien der Stabilität um jeden Preis wie Metternich im Deutschen Bund.

Ab 1845 wurde auch Frankreich von der europäischen Wirtschaftskrise erfaßt. Sie begann hier ebenfalls im Bereich der Landwirtschaft. Infolge der »Kartoffelfäule«, der durch einen Pilz verursachten »Phytophtora«, ging die Ernte stark zurück, und im Jahre 1846 war der Ertrag noch schlechter. Die Weizen-Preise stiegen bis zum Frühjahr 1847 auf etwa das Doppelte des Jahres 1845, bei anderen Getreidesorten war es noch mehr, und die Preise für Kartoffeln erhöhten sich bis auf das Vierfache der normalen Jahre. Von diesem Preisanstieg konnten in der Landwirtschaft nur verhältnismäßig wenige Großbetriebe profitieren, während die Ernte bei vielen, vorwiegend Subsistenzwirtschaft treibenden Bauern sowie bei den ländlichen Unterschichten so schlecht war, daß sie selbst für ihren eigenen Lebensunterhalt nicht genügend produzierten. Beim Weinbau, der wichtigsten Einnahmequelle für einen sehr großen Teil der französischen Landwirte, führte Überproduktion gleichzeitig zu einem starken Preisverfall.

Die ausschließlich oder überwiegend auf den Kauf von Nahrungsmitteln angewiesene städtische Bevölkerung wurde von der Teuerung besonders hart getroffen, zumal gleichzeitig die Krise in Industrie und Gewerbe zu Lohndruck und Arbeitslosigkeit führte. Diese wird nach Regionen und Branchen unterschiedlich auf 20 bis 35 Prozent geschätzt. In der Textilindustrie ging die Produktion an Baumwollwaren bis zum Frühjahr 1847 auf etwa 60 Prozent, bei Wolltuch auf etwa 70 und bei Leinenerzeugnissen auf etwa 40 Prozent des Durchschnitts der Jahre 1845-1848 zurück. Firmenzusammenbrüche häuften sich. Die Bautätigkeit ließ seit 1845 nach, sank aber erst im zweiten Halbjahr 1847 auf ihren Tiefpunkt. Der Eisenbahnbau stagnierte. Aufträge an die Eisen- und Stahlindustrie wurden storniert und Arbeiter entlassen. Die Börse war von einem starken Rückgang der Kurse geprägt; vielen Anlegern drohte der Verlust ihres Vermögens. Der Abzug englischen Kapitals, das dort zur Stützung der heimischen Wirtschaft benötigt wurde, sorgte für zusätzliche Probleme. Ein allgemeiner Rückgang der Steuereinnahmen verursachte ein wachsendes Defizit im Staatshaushalt.

Je mehr die Masse der Bevölkerung für Lebensmittel ausgeben mußte, desto weniger stand ihr für den Kauf handwerklicher oder gewerblicher Produkte zur Verfügung. Als Indiz für die katastrophale Lage des Kleingewerbes darf gelten, daß in Paris die große Masse der Betriebe nicht mehr in der Lage war, Gewerbesteuer zu zahlen. Die allgemeine Verschuldung nahm zu, Konkurse waren die unvermeidliche Folge. Die Notlage breiter Bevölkerungsschichten löste Hungerunruhen aus, verstärkte die Kleinkriminalität und ließ einen geradezu bandenmäßig organisierten Getreidediebstahl aufkommen.

Diese Krisenerscheinungen trafen nicht alle Regionen Frankreichs mit gleicher Schärfe, aber im Ganzen befand sich Frankreich in einem Zustand tiefer Depression. Die Ernte von 1847 war zwar ausgezeichnet, und die Getreidepreise normalisierten sich wieder, doch die gewerbliche Produktion blieb niedrig, die Finanzkrise dauerte an, niedrige Löhne und Arbeitslosigkeit bestimmten weiterhin das Leben des einfachen Mannes. »Die Revolution bricht über eine Gesellschaft herein, die wirtschaftlich noch völlig am Boden liegt« (Labrousse in Nr. 15, S. 83). Die Auswirkungen der Februarrevolution sollten die wirtschaftliche Lage noch weiter verschlimmern.

Die wirtschaftliche Misere verschlechterte naturgemäß die Stimmung in der politischen Öffentlichkeit. Hier hatte sich schon länger in Kreisen der Intelligenz und des Kleinbürgertums eine wachsende Kritik an der Arroganz, der Selbstsicherheit, der Reformfeindlichkeit, der Selbstbereicherung und der Korruption der schmalen bourgeoisen Oberschicht breit gemacht, welche die eigentliche Nutznießerin der Juli-Monarchie war. Diese Konstellation führte zu einer ideologischen Allianz von Pariser Intellektuellen, Kleinbürgertum und einer Gesellen- und Arbeiteraristokratie, die als der »Geist von 1848« bezeichnet wird. Zur Diskreditierung der Julimonarchie hatte außerdem beigetragen, daß sie das Bündnis mit dem liberalen England aufgegeben und sich den konservativen Ostmächten genähert hatte.

Zur griffigsten und auch breite Bevölkerungskreise ansprechenden Parole der Opposition wurde die Forderung nach einer Reform des extrem zensitär-plutokratischen Wahlrechts für die Nationalversammlung (s. S. 42). Diese Forderung war bereits im Frühjahr 1847 in der Kammer erhoben worden, hatte dort jedoch keine Mehrheit gefunden und wurde jetzt mit dem Mittel sogenannter »Reformbankette« in der Öffentlichkeit weiter propagiert. Rund 70 derartiger Bankette fanden im zweiten Halbjahr 1847 in Paris und in den Provinzen statt, wobei gegen Ende des Jahres nicht mehr das Verlangen nach Senkung des Zensus, sondern die Forderung nach seiner gänzlichen Beseitigung durch Einführung des allgemeinen, gleichen Wahlrechts in den Vordergrund trat.

Als die Regierung dann ein für den 22. Februar in Paris geplantes Reformbankett verbieten ließ, fügten sich zwar die Organisatoren aus Kreisen der parlamentarischen Linken, doch radikale Republikaner organisierten weiterhin Demonstrationen von Arbeitern und Studenten. Am 22. Februar kam es vor der Kammer der Abgeordneten zu ersten Zusammenstößen mit der Nationalgarde, zum Bau von Barrikaden und zur Plünderung von Waffengeschäften. Als die Demonstrationen am nächsten Morgen wieder auflebten, zeigte sich, daß selbst die aus dem gehobenen Bürgertum rekrutierte Nationalgarde nicht mehr bedingungslos hinter der Regierung stand. Ihre Offiziere verlangten vom Ministerium rasche und weitreichende Zugeständnisse, andernfalls sei die Ordnung in Paris nicht mehr zu garantieren. Der König kündigte die Entlassung des Ministerpräsidenten Guizot an, und der zu seinem Nachfolger bestimmte Historiker und Publizist Adolphe Thiers machte eine Parlaments- und Wahlrechtsreform sowie die Auflösung des Abgeordnetenhauses zur Bedingung der Amtsübernahme. Bevor dies bekannt wurde, fanden am Abend vor dem Außenministerium am Boulevard des Capucines, dem Amtssitz Guizots, erneut Massenkundgebungen statt. Das angesichts der mittlerweile deutlich gewordenen Unzuverlässigkeit der Nationalgarde herangeführte Militär eröffnete das Feuer. Es gab 52 Tote und 74 Schwerverletzte. In den während der Nacht von Mund zu Mund weitergegebenen Berichten nahm dieses Blutbad gigantische Ausmaße an. Es gab das Signal zum allgemeinen Aufstand des Pariser Kleinbürgertums und der Pariser Unterschichten. Zahlreiche Barrikaden wurden gebaut, die Nationalgarde solidarisierte sich mit den Aufständischen und sorgte so für einen relativ unblutigen Sieg der Revolution.

Louis Philippe dankte am 24. Februar zugunsten seines Enkels ab, doch die Massen plünderten die Tuilerien, stürmten den Sitzungssaal der Abgeordneten im Palais Royal und erzwangen die Ausrufung der Republik und die Bildung einer provisorischen Regierung. Gleichzeitg etablierte sich in der Polizeipräfektur unter Caussidière eine Regierungsgewalt, die sich auf eine aus ehemaligen Häftlingen und Arbeitslosen rekrutierte Privatarmee stützen konnte, und auch im Pariser Rathaus wurde die 1789 aufgehobene autonome Verwaltung wiedererrichtet. Hier schien sich vorübergehend das Zentrum einer radikalen Gegenregierung zu etablieren, doch schließlich konnte sich die provisorische Regierung durchsetzen. Auf das Land dehnten sich die Unruhen nicht aus. Die Bauernschaft regte sich kaum. Im Gegenteil: schon früh kam bei ihr die Furcht vor sozialistischen Maßnahmen wie z. B. einer Enteignung von Landbesitz zugunsten der eigentumslosen bäuerlichen Unterschichten auf. Nur vereinzelt kam es zu Arbeiterunruhen, die sich gegen auswärtige Arbeiter, gegen den Einsatz von Maschinen und gegen die unlautere Konkurrenz der Produktion in Klöstern und Haftanstalten wandten. »Wie im Jahre 1792 geschah es allein durch den Willen des Volkes von Paris, daß Frankreich den Weg zur Republik beschritt« (Tulard Nr. 30, S. 443).

Die provisorische Regierung war von Anfang an durch große innere Widersprüchlichkeit gekennzeichnet. Ihr politisches Spektrum reichte von einem gemäßigten Liberalismus bis zum radikalen Sozialismus. Ihre herausragenden Gestalten waren der gemäßigt liberale romantische Dichter Lamartine als Außenminister, der linksradikale Ledru-Rollin als Innenminister und der sozialistische Theoretiker der Arbeiterorganisation Louis Blanc, der den Vorsitz der »Luxembourg-Kommission« übernahm, einer Art Parlament der Arbeitnehmer, das im Palais Luxembourg, der ehemaligen Pairskammer, eingerichtet worden war.

Dieser Kommission war die Aufgabe zugedacht, das Kernproblem des damaligen Frankreich, die soziale Frage, zu untersuchen, mit anderen Worten: Vorschläge zur Linderung von Arbeitslosigkeit, Lohnverfall, Wohnungsnot, Massenarmut, Elend und Hunger zu erarbeiten.

Als Instrumente zum Kampf gegen die Arbeitslosigkeit wurden schon am 26. Februar »Nationalwerkstätten« eingerichtet, in denen 10 000 Arbeitslose auf Staatskosten zunächst mit Aufräumungsarbeiten in Paris, mit Wasserbauten und Vorarbeiten für eine Eisenbahntrasse beschäftigt werden sollten. Die Arbeiter erhielten eine hierarchisch aufgebaute quasi-militärische Organisation mit selbst gewählten Führern. In der Provinz war die Einrichtung dieser Nationalwerkstätten nicht populär, und die Abneigung gegen sie stieg noch, als die Regierung eine 45-prozentige Erhöhung der Grundsteuer verfügte, deren Ertrag, wie man annahm, zur Finanzierung der Nationalwerkstätten dienen sollte.

Um den Übergang zu einer neuen politischen Ordnung einzuleiten, fanden am 23. April Wahlen zu einer Verfassunggebenden Nationalversammlung statt. Die Wahlvorbereitungen hatten in Paris im Zeichen sozialistischer Massenkundgebungen und Drohungen mit einer zweiten, sozialen Revolution gestanden. Die Regierung bot dagegen die Nationalgarde auf und ließ überdies Truppen der regulären Armee nach Paris einmarschieren.

Die nach allgemeinem Wahlrecht mit einer Beteiligung von 84 Prozent durchgeführten Wahlen brachten dem hinter der provisorischen Regierung stehenden gemäßigten Lager einen überwältigenden Sieg. Seine Kandidaten hatten häufig mit der konservativen Parole »Verteidigung von Eigentum, Familie und Religion« für sich geworben. Es gewann rund 600 der 900 Sitze, doch wie viele der Abgeordneten überzeugte Republikaner waren, ist schwer zu entscheiden. Man schätzt heute, daß unter Einschluß der Linken, die etwa 100 Sitze gewann, rund 350 Republikaner in der Nationalversammlung saßen (Fasel in Nr. 15, S. 117). Die royalistische Rechte gewann etwa 200 Mandate. Angehörige der freien Berufe, Grundbesitzer und Kaufleute prägten das soziale Profil der Versammlung. Vor allem in der Provinz waren fast ausschließlich Angehörige der gleichen großbürgerlichen Honoratiorenschicht gewählt worden, die auch im Vormärz das politische Leben Frankreichs geprägt hatte. Sie nutzte ihre lokale Machtstellung massiv zur Beeinflussung der kleinen Leute aus und konnte so die Wahlen in einem Land dominieren, in dem es politische Parteien noch nicht gab. Das von den Republikanern durchgesetzte allgemeine Wahlrecht hatte sich letztlich zu ihren Ungunsten ausgewirkt.

Bereits am 5. Mai setzte die Nationalversammlung ein kollektives Staatsoberhaupt in Gestalt einer fünfköpfigen »Kommission für die Exekutivgewalt« ein, und am 11. Mai wurde das Ministerium bestätigt. Die radikale Linke war allerdings nicht bereit, ihre Wahlniederlage hinzunehmen. Ihre Klubs organisierten am 15. Mai einen Sturm auf die Nationalversammlung, deren Sitzungssaal besetzt wurde. Sie wurde für aufgelöst erklärt und eine neue provisorische Regierung mit Louis Blanc an der Spitze ausgerufen. Die legitime Regierung mobilisierte jedoch Truppen, und nach wenigen Stunden war der Putschversuch zusammengebrochen. Louis Blanc flüchtete, die Luxembourg-Kommission wurde am nächsten Tage aufgelöst und General Cavaignac zum Kriegsminister ernannt. Die Kräfte der Gegenrevolution begannen sich zu organisieren. In den Auseinandersetzungen über die Zukunft der Nationalwerkstätten fiel die endgültige Entscheidung über Fortgang oder Unterdrückung der revolutionären Bewegung.

Die zunächst auf 10 000 Beschäftigte ausgerichteten Nationalwerkstätten hatten infolge der sich verschärfenden Wirtschaftskrise eine wachsende Zahl von Arbeitslosen auch aus der Provinz angezogen. Ende Mai wurden 116 000 Arbeiter von ihnen bezahlt, die ein ständiges Potential sozialer und politischer Unruhe in Paris darstellten und kaum noch sinnvoll beschäftigt werden konnten. Der ausgezahlte Lohn war im Grunde nichts anderes mehr als eine Frühform von Arbeitslosenhilfe. Schon seit Mitte Mai wurde in Kreisen der Regierung und der Nationalversammlung über die Auflösung der Nationalwerkstätten diskutiert, aber erst am 21. Juni erschien ein Erlaß, mit dem weitere Aufnahmen in das Beschäftigungsprogramm ausgeschlossen wurden. Unverheiratete Männer mußten aus ihm ausscheiden, konnten sich allerdings für den Militärdienst melden. Als neues Einsatzfeld für die weiterhin Beschäftigten wurde die Trockenlegung von ungesunden Sümpfen in der Sologne südlich von Orléans angegeben, was für die Arbeiter die Trennung von den Familien und die Lösung aus dem vertrauten sozialen Umfeld bedeutet hätte. Die Regierung begleitete diese Provokation mit offener Androhung von Gewalt für den Fall, daß die Arbeiter sich diesen Maßnahmen widersetzen würden.

Unter den Arbeitern und Gesellen, den kleinen Handwerkern und Ladenbesitzern von Paris hatte sich die Unruhe seit den Märztagen nicht gelegt. Die Not, der Hunger und das Elend waren eher noch gestiegen, und so entfesselte die Ankündigung vom 21. Juni einen revolutionären Flächenbrand von bisher unbekanntem Ausmaß. Es war ein Aufstand der Verzweiflung, ein Krieg der Armen gegen die Besitzenden, ein Kampf um Brot. Er erschien den Beteiligten als Akt legitimen Widerstandes gegen die Aufhebung der wichtigsten sozialen Errungenschaft der Februarrevolution.

Auch der in einer schweren Existenzkrise steckende untere Mittelstand beteiligte sich an der Erhebung. Soweit dabei überhaupt zukunftsorientierte Ziele erkennbar sind, liefen sie auf materielle Sicherheit, eine menschenwürdige Behandlung der Arbeiter und eine korporative Organisation hinaus, welche die handarbeitende Bevölkerung vor Ausbeutung durch das Kapital schützen sollte. Soziale Reform, nicht sozialistische Revolution war das Ziel des Aufstandes.

Er entstand spontan und verlief ohne einheitliche Leitung. Die schon bald aufgestellte These, er sei das Ergebnis einer kommunistischen Verschwörung gewesen, ist eine Legende. Rund 50 000 Aufständische haben sich an den Gefechten beteiligt, aber jedes Stadtviertel kämpfte im Grunde für sich. Nacheinander wurden sie niedergeworfen.

Die Regierung hatte den Kriegsminister General Cavaignac mit der Niederschlagung des Aufstandes beauftragt. Dieser setzte seine Truppen nicht sofort in aufreibenden Barrikadenkämpfen ein, sondern sammelte zunächst noch Armeeverbände und Abteilungen der Nationalgarde aus den Provinzen, um dann Paris mit überlegenen Kräften in konzentrischem Angriff zu unterwerfen. Bis zum 26. Juni dauerten die Kämpfe, die alle gräßlichen und mörderischen Merkmale eines Bürgerkrieges annahmen. Auf der Seite der Aufständischen gab es mehr als 3 000 Tote, beim Militär 1 600, darunter sechs Generäle. Prominentestes Opfer war der Erzbischof von Paris, der bei einem Vermittlungsversuch am Platz der Bastille tödlich verwundet wurde.

Der Niederlage folgte ein Strafgericht von höchster Grausamkeit. 11 000 Menschen wurden festgenommen, 4 300 zur Deportation nach Algerien verurteilt. Nationalgardisten, die nicht zum Kampf erschienen waren, wurden entwaffnet, politische Klubs aufgelöst, die Pressefreiheit eingeschränkt, das Personal der Polizeipräfektur und anderer Behörden von politisch unzuverlässigen Beamten gesäubert und der Arbeitstag von zehn auf elf Stunden verlängert. Die Nationalversammlung löste die Exekutivkommission auf und übertrug ihre Rechte und Aufgaben dem neuen Ministerpräsidenten Cavaignac.

In den Provinzen wurde die Niederschlagung des Aufstandes allgemein begrüßt. Abgesehen von der traditionellen Abneigung gegen eine Hauptstadt, die sich immer wieder anmaßte, für ganz Frankreich zu sprechen, verurteilte man den Angriff auf die legitimen Gewalten, fürchtete sich vor dem Mob der Pariser Armen und sah das Eigentum in Gefahr. Auch nach dem Sieg der Regierung führten Gerüchte über angebliche Plünderungszüge geflüchteter Aufständischer vielerorts zu panikartigen Reaktionen. Nur ganz vereinzelt gab es Äußerungen der Sympathie für die Revolte. Einen in den Motiven ähnlichen, im Ausmaß jedoch nicht vergleichbaren Aufstand gab es nur in Marseille.

Die Pariser Junischlacht wurde schon für die Zeitgenossen zum Symbol der gewaltsamen Reaktion und zum warnenden Menetekel vor einem allzu naiven Glauben an den endgültigen Sieg der Märzerrungenschaften. Sie zeigte allzu deutlich, wie schnell die Blüten des »Völkerfrühlings« verwelken konnten. Die Brutalität des Kampfes auf beiden Seiten hinterließ in der französischen Gesellschaft tiefe und lange Zeit nicht geheilte Wunden.

1.8 Reformpolitik unter dem Druck der Revolution: Belgien und die Niederlande. Skandinavien

Die europäische Revolutionsbewegung griff von Frankreich aus nicht nur auf Deutschland über, sondern drohte auch Belgien und die Niederlande zu erfassen. Beide Königreiche verstanden es jedoch, dem Ausbruch revolutionärer Unruhen durch rechtzeitige Reformen zuvorzukommen.

Die südniederländischen Gebiete hatten sich mit der Septemberrevolution des Jahres 1830 vom Königreich der Vereinigten Niederlande losgerissen. Durch die

Londoner Protokolle vom Juni und Oktober 1831 wurde die Souveränität und immerwährende Neutralität des neuen *Königreichs Belgien* durch die europäischen Großmächte endgültig garantiert. Schon am 7. Februar 1831 hatte ein Nationalkongreß eine Verfassung verabschiedet, die auf der Grundlage der Volkssouveränität eine parlamentarische Monarchie begründete. Sie wurde vom europäischen Liberalismus als vorbildlich angesehen und diente im Jahre 1848 häufig als Modell für Verfassungsentwürfe anderer Staaten. Daß Belgien zum Musterbeispiel einer parlamentarischen Monarchie wurde, war nicht zuletzt ein Verdienst der klugen, loyalen und zurückhaltenden Regierungsweise König Leopolds I. aus dem Hause Sachsen-Coburg. Innenpolitische Spannungen ergaben sich vor allem aus dem Gegensatz zwischen Liberalen und Katholiken in der Schulfrage, doch wurden diese immer wieder durch ein Klima gegenseitiger Toleranz gemildert.

Die wirtschaftlichen Schwierigkeiten, welche die Loslösung von den Niederlanden zunächst gebracht hatte, wurden bald überwunden. Schneller und intensiver als jedes andere Land auf dem Kontinent hat Belgien den Weg zur modernen bürgerlichen Industriegesellschaft eingeschlagen. Reiche Kohlevorkommen bildeten die Grundlage für eine aufblühende Eisen- und Stahlindustrie, für Maschinenfabriken, keramische Werke und andere Industrieunternehmen. Das Finanzzentrum Brüssel zog auch Investitionskapital aus andern europäischen Ländern, vor allem Frankreich an und transferierte es zum Teil in alle Welt. Noch im Vormärz wurde Antwerpen mit dem westdeutschen Verkehrsknotenpunkt Köln durch eine Eisenbahnlinie verbunden und entwickelte sich so weit vor Amsterdam und Rotterdam zum wichtigsten Überseehafen für die rheinisch-westfälische Wirtschaft. Die europaweite Strukturkrise der Textilerzeugung brachte allerdings auch für die belgische Hausindustrie in Flandern und Brabant einen katastrophalen Einbruch. Die Agrarkrise von 1845-1847 führte hier ebenfalls zu Hungersnot, Massenelend und Tod durch Seuchen. Bis zu 40 Prozent der Bevölkerung waren für ihren Lebensunterhalt auf Armenunterstützung angewiesen.

Als die Nachricht von der Pariser Februarrevolution in Brüssel eintraf, nahm die Kammer der Abgeordneten einen im Jahre 1847 noch abgelehnten Antrag des linken Flügels der Liberalen wieder auf und verabschiedete eine Wahlrechtsreform, mit der durch Senkung der Zensusschranken die Zahl der Wahlberechtigten von etwa 46 000 auf rund 79 000 erhöht wurde. Die erste Kammer, der Senat, dessen Mitglieder wegen extrem hoher Zensusbestimmungen für das passive Wahlrecht durchweg der reichen Oberschicht angehörten, wurde nicht angetastet. Die Wahlrechtsreform kam vor allem den Liberalen zugute. Bei den Wahlen vom Juni 1848 gewannen sie 83 Mandate, während die Katholiken nur 25 erhielten.

Von den europäischen Revolutionsbewegungen der Jahre 1848/49 wurde Belgien im übrigen nicht weiter erfaßt. In Frankreich entwickelten sich vorübergehend Bestrebungen zur Annexion Belgiens, doch diese wurden zu keiner ernsthaften Gefahr. So bildete Belgien im Revolutionsjahr die »ruhigste Ecke des Kontinents« (Petri in Nr. 12, S. 954).

Das *Königreich der Niederlande* hat erst im Jahre 1839 der Errichtung des belgischen Staates zugestimmt. König Wilhelm I. dankte im folgenden Jahr ab; ihm folgte sein Sohn Wilhelm II. Im Unterschied zu Belgien war die vormärzliche Zeit in den Niederlanden von wirtschaftlicher Stagnation und Festhalten an handwerklichen Produktionsmethoden geprägt. Finanzschwierigkeiten des Staates und schwere soziale Mißstände, dazu Spannungen zwischen Katholiken, Protestanten und Altreformierten lösten Reformforderungen aus, die vor allem von dem Genter, später Leidener Professor Jan Rudolf Thorbecke formuliert wurden, dem bedeutendsten niederländischen Staatsmann des 19. Jahrhunderts.

Thorbecke »war ein zutiefst historischer Denker«, der immer wieder »die besondere, historisch gewachsene Eigenart der Niederlande und ihrer Bevölkerung sowie ihre Bedeutung im europäischen Mächteverband unterstrich« und damit die in der Revolutionszeit von deutscher Seite geäußerte Hoffnung auf Wiedervereinigung der Niederlande mit Deutschland zurückwies (Lademacher Nr. 22, S. 433). Thorbecke verlangte seit 1839 mit steigender Intensität eine Verfassungsreform zur Gewährleistung politischer Mitbestimmung auf allen Ebenen des öffentlichen Lebens. Für die konservative Seite hingegen sah Guillaume Groen van Prinsterer in der Abkehr von den modernen Geistesströmungen und in der Rückkehr zur christlichen Fundierung von Staat und Gesellschaft das einzige Heilmittel für die Probleme der Zeit.

Mit dem Ausbruch der Revolution in Frankreich und Deutschland kam die Stunde Thorbeckes. Der König wandelte sich, wie er selbst sagte, innerhalb von 24 Stunden vom Konservativen zum Liberalen und ernannte Thorbecke zunächst zum Leiter einer Revisionskommission und 1849 zum Ministerpräsidenten. Die Kommission hatte schon am 11. April 1848 ihre Arbeit beendet, und der König genehmigte die neue Verfassung ohne Zögern, um revolutionären Forderungen zuvorzukommen.

Die Niederlande wurden jetzt zur konstitutionellen Monarchie mit verantwortlichem Ministerium und Grundrechtsgarantien. Die Erste Kammer wurde aus den Vertretern der Provinzialstände gewählt, die zweite unter Aufhebung des bisherigen ständischen Systems in direkter Wahl mit erheblichen Zensusbeschränkungen: Nur etwa 73 000 der rund 3 Millionen Einwohner (oder rund 10 Prozent der volljährigen Männer) hatten das aktive Wahlrecht. Die föderale Struktur der Niederlande blieb erhalten. Die Provinzen und die Gemeinden bekamen jetzt als eigenständige Gemeinschaften ausgedehnte Selbstverwaltungsrechte. Bei den ersten Wahlen auf der Grundlage der neuen Verfassung erhielten die Liberalen eine sichere Mehrheit.

Mit der politischen Reform verband sich mittelfristig eine Erneuerung der wirtschaftlichen und sozialen Strukturen der Niederlande. Statt zünftlerischer Enge und staatlicher Protektion bestimmten künftig das freie Spiel der Kräfte und die Eingliederung in den nordwesteuropäischen Wirtschaftsraum das Bild. Die europäischen Revolutionen von 1848 lösten somit in den Niederlanden einen säkularen Modernisierungsprozeß aus, doch es dauerte noch Jahrzehnte, bis die relative Rückständigkeit der niederländischen Wirtschaft ausgeglichen war.

Auch in den Staaten *Skandinaviens* begann auf der Basis der heimischen Rohstoffe Holz und Erz in den 1830er Jahren die Industrialisierung. Vor allem in *Schweden* entstanden Sägewerke, Papier- und Streichholzfabriken, doch der größere Teil der Rohstoffe wurde unverarbeitet exportiert. In *Norwegen* und *Dänemark* war die Wirtschaftsentwicklung weniger günstig, und dies führte hier zu steigender Auswanderung. Unzufriedenheit bei den Bauern äußerte sich in der Gründung einer dänischen Bauernpartei, die 1845 verboten wurde. Die aus ihr hervorgehenden Bauernvereine konnten jedoch trotzdem einen wesentlichen Teil ihrer Ziele durchsetzen, vor allem das Verbot körperlicher Züchtigung des Gesindes durch die Gutsbesitzer. Offenbar waren in ihnen vor allem Kleinbauern oder besitzlose Arbeitskräfte organisiert. Als die europäische Wirtschaftskrise im Jahre 1848 Norwegen erfaßte, waren auch hier Absatzprobleme der Exportwirtschaft und Arbeitslosigkeit bei Waldarbeitern, Fuhrleuten und Köhlern die Folge. Aus dieser Bevölkerungsschicht, zu der auch noch Kleinbauern kamen, gründete Marcus Thrane Ende 1848 eine Partei der kleinen Leute, die das allgemeine Wahlrecht, eine bessere Volksschule und Gleichheit aller vor dem Gesetz verlangte und außerdem die Aufhebung der Getreidezölle und eine Senkung der Preise für Waren des täglichen Bedarfs forderte. Nicht urbar gemachtes Land sollte der Staat mittellosen Siedlern zuweisen. Auf dem Höhepunkt der Bewegung hatten die »Thraniten« ungefähr 30 000 Mitglieder, die in etwa 300 Vereinen organisiert waren. Sie sprachen offen von Revolution, und darum wurde Thrane zusammen mit anderen Führern seiner Bewegung 1851 verhaftet. 1859 konnte er nach Nordamerika auswandern. Der bis heute bekannteste Sympathisant der Thraniten war der gesellschaftskritische Schriftsteller und Dichter Henrik Ibsen.

Die dänische Geschichte der Jahre 1848/49 ist in stärkstem Maße durch den Krieg um Schleswig bestimmt, in dessen Verlauf das Königreich erstmals die geschriebene Verfassung einer konstitutionellen Monarchie erhielt (s. S. 106 f. und S. 250).

2. Kapitel

DEUTSCHLAND IM VORMÄRZ

2.1 Der Deutsche Bund und der Frühkonstitutionalismus

Für die politische Ordnung der deutschen Staatenwelt bildete seit dem Wiener Kongreß der Deutsche Bund den äußeren Rahmen. Er war ein unauflösliches Bündnis, zu dem sich 34 gleichberechtigte souveräne Staaten unterschiedlichster Größe und vier freie Städte zusammengeschlossen hatten. Als sein Zweck wurde in der Bundesakte vom 8. Juni 1815 die »Erhaltung der äußeren und inneren Sicherheit Deutschlands und der Unabhängigkeit und Unverletzlichkeit der einzelnen deutschen Staaten« bezeichnet. Die Mitglieder des Bundes durften demgemäß keine gegen den Bund oder einzelne seiner Mitglieder gerichteten internationalen Verträge abschließen oder gar untereinander Krieg führen. Im übrigen waren sie jedoch in ihrer Außen- und Innenpolitik frei. Als gemeinsames Organ wurde in Frankfurt eine Bundesversammlung eingerichtet, für die sich bald die Bezeichnung »Bundestag« einbürgerte. Darin hatten die neun größeren Staaten von Österreich bis zum Großherzogtum Hessen jeweils eine Stimme. Auch Dänemark und die Niederlande, die wegen ihrer Landesherrschaft über Holstein und Luxemburg ebenfalls Mitglieder des Bundes waren, hatten eine Stimme, während sich die kleineren deutschen Staaten und die Freien Städte mit gemeinschaftlichen Stimmen zu begnügen hatten. Insgesamt zählte diese engere Bundesversammlung 17 Stimmen. Bei der Entscheidung über Verfassungsfragen erweiterte sich die Bundesversammlung zu einem Plenum, in dem die sechs größeren Staaten jeweils vier und auch die kleinsten mindestens eine Stimme hatten. Insgesamt waren es hier 69 Stimmen. Das politische Gewicht der beiden Großmächte Österreich und Preußen kam also in der Bundesverfassung selbst nicht zur Geltung. In der engeren Versammlung wurden die Beschlüsse mit absoluter Mehrheit, im Plenum mit Zweidrittelmehrheit gefaßt. In Verfassungs- und Religionsangelegenheiten mußten Beschlüsse einstimmig gefaßt werden. Die Geschäftsführung für alle Bundesangelegenheiten lag bei Österreich. Irgendeine Form von Volksvertretung wurde beim Bundestag nicht eingerichtet. Der Artikel 13 der Bundesakte schrieb jedoch für alle Bundesstaaten den Erlaß von »Landständischen Verfassungen« verbindlich vor.

Da die Bundesakte zunächst nur ein sehr knapp gehaltener Rahmenvertrag war, wurde sie durch die umfangreiche »Schlußakte der Wiener Ministerkonferenzen« vom 15. Mai 1820 ergänzt und verbindlich interpretiert.

Schon bald nach seiner Begründung wurde der Deutsche Bund von seinen Vormächten Österreich und Preußen zum Instrument einer repressiven Innenpolitik gemacht. Aus der Zweckbestimmung des Bundes leiteten sie das Recht und die Pflicht ab, gegen alle Bestrebungen vorzugehen, welche geeignet schienen, die durch den Wiener Kongreß festgeschriebene Ordnung in Frage zu stellen. Mit den »Karlsbader Beschlüssen« vom September 1819, die als Reaktion auf die nationalpolitischen Aktivitäten der studentischen Burschenschaften erlassen wurden, begann die Unterdrückung der freiheitlichen Bewegungen in Deutschland. Im einzelnen wurde durch ein Universitätsgesetz eine strenge politische Überwachung der deutschen Hochschulen angeordnet. Ein Pressegesetz verpflichtete die Bundesstaaten, alle Druckerzeugnisse bis zum Umfang von 320 Seiten einer strengen Zensur zu unterwerfen, und durch ein Untersuchungsgesetz wurde in Mainz eine zentrale Behörde zur Ermittlung und Verfolgung revolutionärer Umtriebe eingerichtet. Die Gesetze über Maßregeln zur Erhaltung von Ruhe und Ordnung in Deutschland von 1824, 1830 und 1832, ein ebenfalls noch 1832 ergangenes Verbot von Protestaktionen gegen den Deutschen Bund, die erneute Einrichtung einer zentralen Untersuchungsbehörde im Jahre 1833, die bis 1843 geheimgehaltenen »Sechzig Artikel« der Wiener Ministerkonferenzen vom Juni 1834 und ein Verbot von Handwerkerverbindungen im Jahre 1835 verschärften und erweiterten die mit den Karlsbader Beschlüssen eingeleitete Repressionspolitik. Durch Verabschiedung einer Nicht-Interventions-Doktrin wies der Bund im September 1834 überdies Versuche Englands und Frankreichs zurück, unter Berufung auf ihre Eigenschaft als Garantiemächte der Schlußakte des Wiener Kongresses auf innerdeutsche Vorgänge Einfluß zu nehmen.

Der Verpflichtung zum Erlaß »Landständischer Verfassungen« sind nach und nach fast alle Staaten des Bundes nachgekommen, die letzten nach revolutionären Unruhen, welche die Ausstrahlungen der französischen Julirevolution ausgelöst hatten. Die beiden Mecklenburg einerseits, Österreich und Preußen andererseits entzogen sich dieser Verpflichtung allerdings. Der deutsche Frühkonstitutionalismus fand in den süddeutschen Staaten Bayern, Württemberg und Baden seine idealtypische Verkörperung. Er war dadurch gekennzeichnet, daß er auf dem »Monarchischen Prinzip« beruhte, d. h. der Gedanke der Volkssouveränität wurde verworfen, und die gesamte Staatsgewalt blieb in der Hand des Monarchen, soweit die Verfassung nicht ausdrücklich andere Bestimmungen enthielt. Die Verfassungen verkündeten relativ ausführliche Grundrechtskataloge, welche die Gesetzgebung der napoleonischen Zeit weiterführten. Sie riefen Volksvertretungen nach dem Zweikammersystem ins Leben, in denen der Adel die Ersten Kammern dominierte, während die Zweiten Kammern nach ungleichem und beschränktem Wahlrecht gewählt wurden. Für die Ausschreibung neuer Steuern und den Erlaß von Gesetzen war die Zustimmung der Kammern erforderlich. Auf die Zusammensetzung des Ministeriums und die Handhabung der Regierungsgewalt hatten sie jedoch keinen Einfluß, während die Regierungen durch Auflösung oder Vertagung der Kammern und Möglichkeiten zur Wahlbeeinflussung oppositionelle Kammermehrheiten mit Erfolg unter Druck setzen konnten.

Die Kammern waren in diesem System hinkender Gewaltenteilung zwar nur sekundäre Staatsorgane (Huber Nr. 47, Bd. 1, S. 653), doch es war sicherlich geeignet, einen bruchlosen Übergang vom spätabsolutistischen Obrigkeitsstaat des 18. Jahrhunderts zum bürgerlichen Verfassungsstaat des 19. Jahrhunderts zu vermitteln.

Genau diese Entwicklung aber suchte der Bund bewußt zu unterbinden, als die liberale Opposition in einigen Landtagen sich anschickte, über das Budgetrecht stärkeren Einfluß auf die Regierungspolitik zu nehmen. In den Wiener Beschlüssen von 1834 (s. S. 53) wurde den Regierungen eine restriktive Handhabung der Verfassungen zur Pflicht gemacht und für den Konfliktfall die Hilfe des Bundes zugesichert.

Auf diesem Hintergrund entwickelte sich das System des »landständischen Dualismus«, in dem Regierung und Landtag als antagonistisch sich gegenüberstehende Gewalten verstanden wurden. Der Landtag hatte dabei vor allem die Aufgabe ständiger mißtrauischer Kontrolle, Überwachung und Begrenzung der Regierungstätigkeit. Die Abgeordneten waren zu prinzipieller Opposition verpflichtet, »ministeriell« zu sein, galt als charakterlos. In der zeitgenössischen Staatsrechtslehre wurde dieses System vielfach behandelt und vereinzelt sogar als spezifisch deutsche Form des Konstitutionalismus gedeutet. Daß hier die Regierung von den im Landtag artikulierten Interessen und von den Parteien der bürgerlichen Gesellschaft völlig unabhängig war, galt im Vergleich zum englischen Parlamentarismus und zur Verfassung der französischen Julimonarchie als wesentlicher Vorteil. Erst im ausgehenden Vormärz meldeten sich Stimmen zu Wort, welche diesen Dualismus als unproduktiv und frustrierend ablehnten und den Übergang zur parlamentarischen Regierungsweise nach englischem Vorbild vorschlugen.

2.2 Österreich und Preussen als Vormächte des Deutschen Bundes

Entscheidend für die innenpolitische Stagnation im Deutschen Bund war die Politik seiner beiden Vormächte Österreich und Preußen. Sie hatten sich der Verpflichtung der Bundesakte zum Erlaß von Verfassungen entzogen und lediglich Provinzialstände mit eng begrenzten Kompetenzen eingerichtet. Insbesondere der König von Preußen hatte sein seit 1810 mehrfach erneuertes Verfassungsversprechen gebrochen und die in napoleonischer Zeit eingeleitete Politik der Erneuerung von Staat und Gesellschaft schrittweise liquidiert. Der preußische Konservativismus gewann seit dem Tode des Staatskanzlers Hardenberg im Jahre 1822 endgültig wieder die Oberhand.

In Österreich wurde die Politik seit 1810 von Staatskanzler Metternich geleitet. Dieser war seit seinen politischen Lehrjahren von einem ausgeprägten

Horror gegenüber allen revolutionären Bewegungen erfüllt. Er sah in Napoleon den Überwinder der Revolution und war von dessen erfolgreicher autoritärer Innenpolitik tief beeindruckt. Nach der europäischen Neuordnung hielt er es für seine Pflicht, dem Weiterwirken der Ideen von 1789 die Prinzipien von Legalität und Legitimität entgegenzusetzen und unter diesem Vorzeichen der Neuordnung von 1815 Stabilität und Dauerhaftigkeit zu verleihen. Er betrieb die Restauration nicht im Sinne einer Wiederherstellung vorrevolutionärer Zustände, sondern im Geiste einer Rückkehr zu vor- und antirevolutionären Werten. Er war sich zwar darüber im klaren, daß sich der Gang der Geschichte nicht an einem bestimmten Punkte anhalten läßt, und er war daher auch zu pragmatischen Kompromissen bereit (z. B. als er die Entstehung der souveränen Königreiche Belgien und Griechenland hinnahm). Er hielt es jedoch für seine Aufgabe, den Kräften der Bewegung und den Ideen der Freiheit die Prinzipien der Ordnung, des Rechts und der Bewahrung des Bestehenden entgegenzusetzen. Dazu zwang ihn auch die Staatsraison der Habsburger Monarchie und deren Charakter als Vielvölkerstaat, der durch jedes Zugeständnis an nationale oder freiheitliche Bewegungen in seinem Bestand erschüttert werden konnte. An eine Politik staatlicher oder gesellschaftlicher Reform war unter diesen Bedingungen nicht zu denken, und um so größer war der Reformstau um die Mitte des Jahrhunderts. Durch die hegemoniale Stellung Österreichs im Deutschen Bund, die Preußen nie ernsthaft in Frage stellte, wurde dieses System der Stagnation, des Immobilismus und der politischen Repression auf ganz Deutschland übertragen.

Innerhalb des Deutschen Bundes ging die größte Dynamik von der preußischen Handels- und Wirtschaftspolitik aus. Beginnend mit den Zollgesetzen von 1818 führte sie trotz einiger Widerstände schrittweise zur Gründung des Deutschen Zollvereins im Jahre 1834, der außer Österreich und einigen norddeutschen Staaten das ganze Gebiet des Deutschen Bundes umfaßte. Im Rahmen des so geschaffenen großen Wirtschaftsraums begann auch in Deutschland der Prozeß der Industrialisierung. Erste aus England importierte Dampfmaschinen waren in Deutschland bereits Ende des 18. Jahrhunderts eingesetzt worden, und in der Textilindustrie hatte die Mechanisierung seit dem Ende der napoleonischen Ära erhebliche Fortschritte gemacht. Zur gleichen Zeit entstanden die ersten Fabriken der eisenschaffenden Industrie neuen Stils. Den eigentlichen Startschuß für ein stetiges und laufend an Dynamik gewinnendes industrielles Wachstum gab jedoch erst der Eisenbahnbau, der in der Mitte der 1830er Jahre einsetzte. Auch hierfür mußten Schienen, Lokomotiven und Waggons zuerst noch importiert werden, doch in kurzer Zeit entwickelte sich die notwendige Industrie auch in Deutschland, die Produktion von Eisen, Stahl und Steinkohle stieg rapide an. Zur Sammlung des notwendigen Investitionskapitals wurden Banken und Aktiengesellschaften gegründet. Auch in Deutschland entwickelte sich ein moderner Kapitalmarkt.

2.3 Politische Denkströmungen

Die deutsche Revolution von 1848/49 war in ihren politischen Zielen am stärksten durch den *Liberalismus* geprägt. Er wurzelte in den Ideen der westeuropäischen Aufklärung und hatte sich schon im Jahrzehnt vor dem Ausbruch der Französischen Revolution in Lesegesellschaften, Klubs und Logen sowie in einer ausgedehnten politischen Publizistik ein breites öffentliches Forum geschaffen. In der Auseinandersetzung mit den Ideen der Französischen Revolution einerseits und mit ihrem historischen Verlauf von der gemäßigten konstitutionellen Phase über die terroristische Jakobiner-Diktatur bis zur Errichtung des plebiszitären Kaisertums Napoleons andererseits präzisierten sich die liberalen Staats- und Gesellschaftsvorstellungen.

Der Liberalismus geht davon aus, daß nicht Autorität, sondern Freiheit das beste Regulativ für die Erreichung höchstmöglicher individueller und gesellschaftlicher Wohlfahrt sei. Eine nach rational begründbaren Prinzipien gestaltete Staatsordnung habe vor allem die Aufgabe, die freie Entfaltung des Individuums nach seinen Neigungen und Interessen zu ermöglichen. Was der Einzelne für sich erreiche, nütze immer auch der Gesellschaft. Die individuellen freiheitlichen Grundrechte umfaßten vor allem den Schutz vor willkürlicher Verhaftung und Verfolgung, die Glaubens- und Gewissensfreiheit, die Gedanken- und Pressefreiheit, die Freiheit von Forschung und Lehre, die Freiheit der wirtschaftlichen Betätigung und die Garantie des privaten Eigentums. Die beste Staatsform sah der ältere Liberalismus im Rechts- und Verfassungsstaat der konstitutionellen Monarchie mit ihrem System der Gewaltenteilung. Die Volksvertretung sollte mit den gleichen Rechten wie die Regierung zumindest an der Gesetzgebung und der Bewilligung der Steuern beteiligt sein. Das Wahlrecht war auf die durch politische Einsicht und Besitz qualifizierten selbständigen Bürger zu beschränken. Die vom politischen Liberalismus geforderte rechtliche Gleichheit bedeutete also nicht auch politische Gleichheit.

In der ersten Hälfte des 19. Jahrhunderts bekam überdies der Nationalstaatsgedanke einen zentralen Stellenwert für den politischen Liberalismus in ganz Europa. Wie die Individuen, so hatten für den Liberalismus auch die durch gemeinsame Sprache, Kultur und Geschichte geprägten Völker einen Anspruch auf von Fremdbestimmung freie Entfaltung ihrer eigentümlichen Identität in einem nationalen Staat, und dieser Nationalstaat mußte auch die notwendige Macht zur Selbstbehauptung gegenüber anderen Staaten haben. Der Nationalstaatsgedanke wurde zu einer der beherrschenden politischen Ideen des 19. Jahrhunderts. Er hat die Auseinandersetzungen während der mitteleuropäischen Revolutionen von 1848/49 in stärkstem Maße bestimmt.

Für die Durchsetzung seiner Ziele war der deutsche Liberalismus eindeutig auf den Weg der Reform festgelegt. Vor allem das Nachdenken über die Französische Revolution hatte bei ihm zu einem ausgeprägten Pessimismus in Bezug auf die

Möglichkeit geführt, politische Ziele mit den Mitteln der Gewalt durchzusetzen. Für den rechtsliberalen Historiker und Staatsrechtler Dahlmann war jede Revolution »nicht bloß das Zeugnis eines ungeheuren Mißgeschicks, welches den Staat betroffen hat [...], sondern selbst ein Mißgeschick, selbst schuldbelastet« (nach Botzenhart Nr. 59, S. 87). Historische Revolutionsforschung hatte für die Liberalen vorrangig das Ziel der Revolutionsprophylaxe. Der Gedanke der Volkssouveränität wurde ebenso abgelehnt wie das Prinzip der politischen Egalité.

Soziale Trägerschichten des frühen deutschen Liberalismus waren zunächst Angehörige des Bildungsbürgertums: Hochschullehrer (Juristen vor allem und Historiker), Staatsbeamte in Verwaltung und Justiz, Rechtsanwälte und Schriftsteller, seit den 1830er Jahren verstärkt auch Kaufleute und Unternehmer. Auch Adelige aus der staatlichen Verwaltung vertraten liberales Gedankengut. Das liberale Programm war demgemäß auf den Mittelstand ausgerichtet. Er galt den Liberalen als »der rechte Stamm freiheitlichen Lebens« (Droysen nach Botzenhart Nr. 59, S. 74) und verkörperte in sich »die ganze materielle und geistige Kraft der Völker« (ebd. S. 671). Der Mittelstand umfaßte nach dem Verständnis der Liberalen auch die kleinen Handwerker und die selbständigen Bauern. Der Mittelstandsgedanke war keine großbürgerliche Ideologie einer deutschen Bourgeoisie, doch die Liberalen grenzten sich damit deutlich gegen die unselbständigen Unterschichten wie die Land- und Fabrikarbeiter, Gesellen und Tagelöhner ab. Ihr Ideal war eine für den sozialen Aufstieg offene Mittelstandsgesellschaft (vgl. S. 212), in die auch der entprivilegierte Adel einbezogen war.

Für die innere Gliederung der bürgerlichen Gesellschaft lehnten die Liberalen die ältere Form der Korporation wie z. B. die Zünfte mit ihrer Zwangsmitgliedschaft ab. Sie setzten stattdessen auf das Prinzip der Assoziation, das heißt der freiwilligen Vereinigung auf Grund gleicher Interessen oder Auffassungen. Die Lösung der sozialen Probleme der Gegenwart erhofften sich die Liberalen von der Freisetzung der individuellen Energien und die Auslösung eines allgemeinen wirtschaftlichen Aufschwungs nach der Durchsetzung einer freien Gesellschaftsordnung.

Auch der *Konservativismus* entwickelte sich in Deutschland wie in ganz Europa erst in der Auseinandersetzung mit der Französischen Revolution zu einer bewußten Staats- und Gesellschaftsauffassung. Er verstand sich nicht als Gegenrevolution, sondern als das Gegenteil der Revolution, das heißt nicht als bloße reaktionäre Negation, sondern als positive Antithese.

Die Konservativen sahen in der Französischen Revolution den vermessenen und notwendig zum Scheitern verurteilten Versuch, Staat und Gesellschaft nach Postulaten abstrakter Metaphysik gleichsam auf dem Reißbrett völlig neu zu konstruieren. Das von Gott legitimierte Herrschertum mußte für sie Grundlage der Staatsordnung bleiben. Die monarchische Autorität sei zur Aufrechterhaltung der gesellschaftlichen Ordnung unerläßlich, und diese müsse die gottgewollte Ungleichheit unter den Menschen widerspiegeln. Dies geschehe am besten in einer organisch geordneten und hierarchisch gestuften Ständegesellschaft, in der jeder Stand die ihm eigentümliche Aufgabe zu erfüllen habe.

Das bestehende Recht, das alte Herkommen, die verbrieften Privilegien und das verbürgte Eigentum sind nach konservativer Auffassung heilig und unantastbar. Die auch nach konservativer Auffassung notwendigen Fortbildungen des Rechtes sind nur dann legitim, wenn die Inhaber des tradierten Rechtes der Reform zugestimmt haben. Langer Bestand von gewachsenen Rechtsverhältnissen galt als Beleg für ihre Übereinstimmung mit der gottgewollten Ordnung.

Der Konservativismus bekannte sich zum christlichen Staat, zum Bündnis von Thron und Altar, zur christlichen Grundlage der Familie und zur Beibehaltung des kirchlichen Einflusses im Erziehungswesen.

Im untergegangenen deutschen Reich sahen die Konservativen die eigentlich wesensgerechte politische Ordnung Europas, welche kleine und große, mächtige und schwache Glieder in einer universalen Rechtsordnung umfaßt und geschützt habe. Den Nationalstaatsgedanken lehnten die Konservativen ab: Er war für sie unlösbar mit dem Prinzip der Volkssouveränität und dem liberalen Gedanken der freien Selbstbestimmung und Konkurrenz verschmolzen, und er drohte deshalb das geregelte Zusammenleben der Staaten und Völker auf verhängnisvolle Weise durch machtpolitischen Egoismus in einen ständigen Kampf um nationale Interessen und ethnische Konflikte zu verwandeln.

Die Ursachen für die sozialen Mißstände der Zeit sahen die Konservativen vor allem in der bewußten Zerstörung aller korporativen Ordnungen und patrimonialen Strukturen mit ihren wechselseitigen Dienst- und Schutzverpflichtungen durch die Reformen der napoleonischen Ära. An deren Stelle sollten neue Formen korporativer Selbsthilfe treten.

Verfassungsideal der Konservativen war ein nach Ständen untergliederter und in zwei Kammern geteilter Landtag, welcher zu den Gesetzentwürfen nur in der Form von Gutachten beratend Stellung nehmen konnte und allenfalls bei der Einführung neuer Steuern ein Bewilligungsrecht hatte. Sie konnten sich auf die Dauer jedoch der Einsicht nicht verschließen, daß die Zeit des patrimonialen Ständestaates vorbei war, obwohl ein Herrscher wie Friedrich Wilhelm IV. noch in der Revolution diesem Ideal anhing. Der progressive konservative Staatsrechtler Friedrich Julius Stahl suchte den deutschen Konservativismus demgegenüber noch im ausgehenden Vormärz unter der Voraussetzung zur Aussöhnung mit dem modernen Konstitutionalismus zu führen, daß das »Monarchische Prinzip« gewahrt würde: Das Königtum müsse die positiv gestaltende Kraft im Staate bleiben. Ihm allein gebühre das Recht zur Gesetzesinitiative, das Kommando über die Armee und die Leitung der Verwaltung. Die Minister könnten nur für die Gesetzmäßigkeit ihrer Amtsführung verantwortlich gemacht werden, nicht aber politisch im Sinne der parlamentarischen Regierungsweise. Die zur Bestreitung der gesetzlich vorgeschriebenen Staatsausgaben erforderlichen Einnahmen dürften nicht der periodischen Bewilligung durch den Landtag unterliegen. Vor allem aber verkünde der König allein und unter allenfalls beratender Mitwirkung einer Volksvertretung die Verfassung als freiwillige Beschränkung seiner monarchischen Gewalt. Die Auslegung der Verfassung bleibe allein in seinen Händen.

Noch im Vormärz entstand in Deutschland auch der *politische Katholizismus*. Äußerer Anlaß war der »Kölner Bischofsstreit« der Jahre 1837-1840. Dieser entzündete sich an der Mischehenfrage, da der seit 1835 amtierende Kölner Erzbischof v. Droste-Vischering nicht bereit war, in der Frage der katholischen Erziehung der Kinder aus einer Ehe von Partnern unterschiedlicher Konfession die kompromißbereite Praxis seines Vorgängers beizubehalten. Mit der Verhaftung des Erzbischofs und seiner Internierung in der Festung Minden erreichte dieser Konflikt im Jahre 1837 seinen Höhepunkt. Die Folge war eine ungeheure Welle der Empörung nicht nur im deutschen, sondern auch im französischen und belgischen Katholizismus. Außerdem wurden die tief eingewurzelten antipreußischen Animositäten im Rheinland und in Westfalen neu belebt, und es entstand ein großer Sturm von Flugschriften, welche die Freiheit der Kirche vom Staat forderten, zugleich aber auch ihre Privilegierung durch den Staat verlangten und ihren Einfluß im öffentlichen Leben, im Schulwesen und im Familienrecht verteidigten.

Als Presseorgan dieses politischen Katholizismus gründete Joseph Görres 1838 in München die »Historisch-politischen Blätter für das katholische Deutschland«. Auf der Grundlage des organischen Gesellschaftsdenkens des Konservativismus traten sie staatspolitisch für eine ständisch verfaßte konstitutionelle Monarchie ein, nationalpolitisch für die Wiederherstellung eines großen deutschen Reiches unter dem Szepter des Hauses Habsburg. Der politische Katholizismus nahm für sich die gleichen Freiheitsrechte in Anspruch, wie der Liberalismus, namentlich die Pressefreiheit sowie die Vereinigungs- und Versammlungsfreiheit. Auch im Kampf gegen den alles reglementierenden Obrigkeitsstaat und gegen bürokratische Bevormundung konnten sich Liberale und Katholiken zusammenfinden.

Das katholische Sozialprogramm war wesentlich konkreter als das konservative. So wurde z. B. die Einführung von Schutzzöllen zur Bekämpfung von Arbeitslosigkeit und Pauperismus verlangt sowie eine gesetzliche Begrenzung von Arbeitszeit und Kinderarbeit als Anfang einer umfassenden Arbeiterschutzgesetzgebung. Durch Ehebeschränkungen sollte der Bevölkerungsanstieg verlangsamt werden. Die Verbesserung der Bildungschancen für die Unterschichten, die Wiederbelebung zünftlerischer Strukturen im Handwerk und die Förderung der Eigentumsbildung waren weitere Forderungen des katholischen Sozialprogramms.

Seit dem Beginn der 1830er Jahre löste sich allmählich ein eigenes *demokratisches* Lager mit republikanischen und frühsozialistischen Unterströmungen vom breiten Spektrum des deutschen Liberalismus ab. Dies wurde erstmals vor der europäischen Öffentlichkeit deutlich, als der »Deutsche Preß- und Vaterlandsverein« im Jahre 1832 auf der Burgruine von Hambach in der Rheinpfalz die erste politische Massenveranstaltung in Deutschland organisierte, an der rund 20 000 Personen teilnahmen. Die dort gehaltenen Reden hatten eine eindeutig demokratisch-republikanische Tendenz, doch die sich hier anbahnende demokratische Bewegung wurde bald wieder unterbunden, als nach einer vorübergehenden Phase liberalerer Innenpolitik die verschärften Repressionsgesetze des Bundes von 1832 bis 1834 in Bayern wieder voll zum Tragen kamen (s. S. 53). Deutsche Demokraten und Republikaner konnten sich danach fast nur noch in der Emigration artikulieren.

Aus ihrem Verständnis von Freiheit und Gleichheit entwickelten die Demokraten ein radikales Reformprogramm, das nötigenfalls auch durch eine Revolution verwirklicht werden sollte. Freiheit bedeutete für die Demokraten die Möglichkeit zu tätiger Selbstbestimmung und Selbstverwirklichung jedes einzelnen. Das Gemeinwesen war zu diesem Zweck auf der Basis nicht nur der rechtlichen, sondern auch der politischen Gleichheit zu organisieren. Das verlangte zuerst die Einführung des allgemeinen und gleichen, direkten aktiven und passiven Wahlrechts für alle volljährigen Männer auf sämtlichen Ebenen des öffentlichen Lebens bis hinab zu den Gemeindeverfassungen. Es implizierte weiterhin die Aufhebung von Zensusschranken für Zulassung zum Geschworenenamt oder zur Mitgliedschaft in der Bürgerwehr und hatte eine grundlegende Verbesserung der Bildungsmöglichkeiten für die unteren Bevölkerungsschichten zur Voraussetzung.

Für die Demokraten hatte nach dem Grundsatz der Volkssouveränität alle öffentliche Gewalt vom Volk auszugehen, und sie mußte von diesem ständig kontrolliert werden. Ihre Staatsvorstellungen liefen letztlich auf die Errichtung einer unitarischen deutschen Republik hinaus, doch war man aus pragmatischen Gründen bereit, die Verwirklichung dieser Forderung zurückzustellen.

Die persönliche Freiheit, verstanden als die Möglichkeit zur freien Entfaltung der individuellen Anlagen, wurde für die Demokraten aber auch durch materielle Not, soziale Unfreiheit und gesellschaftliche Ungerechtigkeit bedroht. Der Anspruch auf menschenwürdige Existenz war für sie ein zentrales Grundrecht, und es wurde der liberalen Garantie des Privateigentums übergeordnet. Sie billigten jedem Menschen ein Recht auf Arbeit zu, und wenn er sie nicht finden konnte, hatte die Gesellschaft die Pflicht, ihm ein menschenwürdiges Dasein zu verschaffen, ihn zumindest vor dem Hungertod zu bewahren. Im Unterschied zu den Sozialisten oder Kommunisten sahen die Demokraten den Ausweg jedoch nicht in einem radikalen Umsturz der Eigentumsverhältnisse, sondern in einem allmählichen Ausgleich der Besitzverteilung und in einer Neuordnung der Beziehungen zwischen Kapital und Arbeit. Sie schlugen die Einführung der damals noch als schlichtweg kommunistisch verteufelten progressiven Einkommens-, Vermögens- und Erbschaftssteuern vor. Die Aufhebung der indirekten, die Unterschichten überproportional hoch belastenden Verbrauchsabgaben, die Aufteilung von staatlichem, kirchlichem und kommunalem Grundbesitz, die Förderung von Arbeiter-Assoziationen und die staatliche Garantie von Mindestlöhnen waren weitere wesentliche Elemente der demokratischen Vorschläge zur Sozialpolitik. Im Rahmen des Offenburger Programms vom September 1847 wurden sie am Vorabend der Revolution in knappen Formulierungen zusammengefaßt und veröffentlicht (s. S. 68).

Sozialistische und kommunistische Vorstellungen sind vor allem im Umfeld der Vereine anzutreffen, in denen sich infolge der verschärften Repressionsgesetze des Deutschen Bundes in den 1830er Jahren emigrierte deutsche Intellektuelle und Handwerker in der Schweiz und in Frankreich, später auch in Belgien und England zusammenfanden. Hier entwickelten sich auch die Anfänge der deutschen Arbeiterbewegung. Am wichtigsten wurde hierfür der »Bund der Geächteten«, der 1830 als allgemein zugänglicher landsmannschaftlicher Klub gegründet wurde, 1834 aber zu Formen geheimbündlerischer Konspiration überging. Seine Mitglieder teilten die Ansicht vieler Theoretiker der sozialen Bewegungen der Zeit, daß die ungehemmte Dynamik des liberalen Wirtschaftssystems notwendig zur Polarisierung der Gesellschaft in zwei Klassen führen werde: in die Klasse einer verschwindend kleinen Minorität, welche allen Besitz bei sich konzentriere und ihre gesellschaftliche Herrschaft auch in politische Macht umsetze, und in die Klasse der übergroßen Mehrheit, die Klasse der Besitzlosen und politisch Entrechteten. Diese gesellschaftliche Polarisierung müsse notwendig zur Revolution führen. Der liberale Sozial- und Wirtschaftswissenschaftler Lorenz von Stein zog daraus die Folgerung, daß nur eine über den Klassen der bürgerlichen Gesellschaft stehende neutrale Staatsgewalt und ein »Königtum der sozialen Reform« den Ausbruch der Revolution verhindern könnten. Karl Marx und Friedrich Engels hingegen sahen am Ende dieser naturnotwendigen und nicht aufzuhaltenden Entwicklung den revolutionären Sieg des Proletariats über die Bourgeoisie. Die Theoretiker des »Bundes der Geächteten« hinwiederum, voran Theodor Schuster und der später dem Paulskirchenparlament angehörende Jakob Venedey, hatten die Vorstellung, daß sich die in ihrer Existenz bedrohten mittelständischen Kleinproduzenten und die Arbeiter mit Staatshilfe zu genossenschaftlichen Assoziationen in Nationalwerkstätten zusammenschließen sollten, um sich so gegen den Konkurrenzdruck des Großkapitals behaupten zu können.

Eine andere Spielart des deutschen Frühsozialismus entstand im »Bund der Gerechten«, der sich 1836 vom »Bund der Geächteten« abspaltete. Für seine Ausrichtung wurde vor allem Wilhelm Weitling bestimmend, der aus seinem Bild der urchristlichen Gemeinde heraus das Modell einer auf Gütergemeinschaft und allgemeiner gleicher Arbeitspflicht beruhenden Gesellschaft entwickelte. Voraussetzung für diese vollkommene Gesellschaft unbedingter Gleichheit aber war die völlige Aufhebung der bisherigen Eigentumsverhältnisse, und dies war für Weitling ohne Revolution nicht vorstellbar.

Die Diskussionen und Auseinandersetzungen unter den französischen Frühsozialisten und innerhalb der deutschen Emigrantenkreise bildeten dann auch den Nährboden für die Entstehung des Marxismus. Das um die Jahreswende 1847/48 von Karl Marx und Friedrich Engels verfaßte »Kommunistische Manifest« sollte zu einem der faszinierendsten revolutionären Programme der Weltgeschichte werden (s. S. 167).

2.4 Politische Öffentlichkeit

Der Aufbau regelrechter Parteiorganisationen war zwar auf Grund der Vereinsgesetze des Deutschen Bundes nicht möglich, doch ungeachtet seiner Repressionspolitik gab es im deutschen Vormärz eine politische Öffentlichkeit. Überregionale Zeitungen (s. S. 186 f.) vermittelten Informationen über Ereignisse aus aller Welt, die auch von der Lokalpresse weitergegeben wurden. Jahrbücher für Geschichte, Politik oder Staatswissenschaften wandten sich nicht nur an Gelehrte, sondern auch an ein weiteres Publikum. Der Historiker und Staatswissenschaftler Friedrich Christoph Dahlmann veröffentlichte 1834 ein Buch über »Die Politik, auf den Grund und das Maß der gegebenen Zustände zurückgeführt«. Das von den Staatsrechtslehrern Karl von Rotteck und Karl Theodor Welcker »in Verbindung mit vielen der angesehensten Publizisten Deutschlands« (so der Untertitel) zwischen 1834 und 1843 in erster, bereits ab 1845 in zweiter Auflage herausgegebene 15bändige »Staatslexikon« führte eine Elite des deutschen Liberalismus zu gemeinsamer Arbeit zusammen und verbreitete das liberale Gedankengut in zahlreiche private und öffentliche Bibliotheken Deutschlands. In einer umfangreichen staatsrechtlichen Literatur wurde das öffentliche Recht des Deutschen Bundes und der einzelstaatlichen Verfassungen thematisiert und diskutiert. Sehr lebhaft war auch die öffentliche Diskussion über die soziale Frage und die Ursachen des Pauperismus. Die Verhandlungen der Landtage wurden aufmerksam verfolgt und boten einzelnen Abgeordneten die Chance zu politischer Profilierung. Nicht selten wurden herausragende Sprecher der Opposition mit Festessen und Ehrengeschenken gefeiert.

Verschiedentlich gab es auch Anlaß zu öffentlicher Manifestation eines nationalen Patriotismus. Als im Jahre 1840 die französische Regierung Ansprüche auf Teile des linksrheinischen Deutschland anmeldete, um von einer außenpolitischen Schlappe im Vorderen Orient abzulenken, entstand eine weit über die Kreise des politisch bewußten Bürgertums hinausgreifende Welle nationaler Emotion, von der bis heute unter anderem das Lied »Die Wacht am Rhein« Zeugnis gibt. Großen nationalen Widerhall fand auch der mit dem Kölner Dombaufest im Jahre 1842 gefeierte Beschluß, den seit dem Mittelalter unvollendeten Bau nicht nur als Zeichen der Versöhnung zwischen preußischem Staat und katholischer Kirche (s. S. 59), sondern auch als Symbol deutscher Einheit zu vollenden. Der damals gegründete Dombauverein vereinigte Menschen aus allen deutschen Staaten zu einem nationalen Ziel. Daß der Text unserer heutigen Nationalhymne 1841 von Hoffmann von Fallersleben auf dem damals noch zu England gehörenden Helgoland gedichtet wurde, gehört ebenfalls in den Zusammenhang einer sich festigenden breiten Nationalbewegung. Zusätzliche Nahrung erhielt diese, als der König von Dänemark im März 1846 den Anspruch auf volle staatsrechtliche Inkorporation des Herzogtums Schleswig in sein Königreich erhob, mit dem es bisher zusammen mit dem Herzogtum Holstein nur in Form einer Personalunion verbunden war. Regierungen und Landtage, Universitäten und wissenschaftliche Kongresse, freie bürgerliche Vereinigungen und politische Publizisten solidarisierten sich mit der Sache des deutschen Bevölkerungsanteils in Schleswig und forderten die Aufnahme des ganzen Herzogtums in den Deutschen Bund. Im April 1848 sollte dieser Konflikt zum Krieg zwischen dem Deutschen Bund und Dänemark führen (s. S. 106 f.).

Mit dem Regierungsantritt Friedrich Wilhelms IV. von Preußen im Jahre 1840 verband sich zunächst die Hoffnung, daß die Stagnation in der preußischen Innenpolitik überwunden werde. Man erwartete die Erfüllung der bislang nicht verwirklichten Verfassungszusagen Friedrich Wilhelms III. und versprach sich davon auch Impulse für die Politik des Deutschen Bundes. Diese Hoffnungen wurden jedoch bald enttäuscht. Der König war ein politischer Romantiker, geprägt von patrimonialer Staatsauffassung, organisch-ständischen Gesellschaftsvorstellungen und pietistischer Orthodoxie. Er sah sich in der Tradition eines von treuen Vasallen getragenen mittelalterlichen Königtums und hatte eine tiefe Abneigung gegen die konstitutionellen Bestrebungen seiner Gegenwart. Er konnte es jedoch nicht verhindern, daß die preußischen Provinziallandtage seit seinem Regierungsantritt eine zunehmende Aktivität entfalteten, Reformen verlangten und die preußische Verfassungsfrage diskutierten. Auch an diesen Vorgängen nahm die deutsche Öffentlichkeit lebhaften Anteil.

Um in der Verfassungsfrage nicht ganz untätig zu sein, hatte der König schon 1844 ein Projekt entworfen, nach dem die preußischen Provinziallandtage vereinigte Ausschüsse mit beratender Kompetenz in der Gesetzgebung wählen sollten und die Mitglieder aller Provinziallandtage von Zeit zu Zeit zu einem Vereinigten Landtag mit beschließender Kompetenz in Steuerfragen zusammengetreten wären. Eine förmliche Verfassung und eine gewählte Volksvertretung wurden bewußt verworfen.

In Übereinstimmung mit diesem Projekt, das von Metternich sehr skeptisch bewertet worden war, berief der König für den April 1847 alle 613 Mitglieder der preußischen Provinzialstände zu einem Vereinigten Landtag nach Berlin. Bei dessen Eröffnung erklärte er feierlich,

> »daß es keiner Macht der Erde je gelingen soll, mich zu bewegen, das natürliche, gerade bei uns durch seine innere Wahrheit so mächtig machende Ver-

hältnis zwischen Fürst und Volk in ein konventionelles, konstitutionelles zu wandeln, und daß ich es nun und nimmermehr zugeben werde, daß sich zwischen unsern Herr Gott im Himmel und dieses Land ein beschriebenes Blatt gleichsam als eine zweite Vorsehung eindränge, um uns mit seinen Paragraphen zu regieren und durch sie die alte, heilige Treue zu ersetzen« (Huber Nr. 47, Bd. 2, S. 495).

Der Landtag war allerdings nicht bereit, diese Erklärung hinzunehmen. Da nach dem preußischen Staatsschuldengesetz von 1820 die Aufnahme weiterer Kredite von der Zustimmung der verheißenen preußischen Volksvertretung abhängig war, erwartete die Regierung vom Vereinigten Landtag die Genehmigung einer umfangreichen Staatsanleihe, mit welcher der Bau einer Eisenbahnlinie von Berlin nach Königsberg finanziert werden sollte. Mit der Begründung, daß er sich den Charakter der damals versprochenen Volksvertretung nicht zuerkennen könne, verweigerte der Landtag jedoch die Zustimmung zu der Anleihe und forderte damit indirekt den Übergang Preußens zum modernen Verfassungsstaat. Im Einklang damit verlangte er für sich außerdem vergeblich zumindest das Recht, periodisch und nicht nur von Fall zu Fall auf Einberufung des Königs zusammenzutreten. Auch in anderen Fragen kam es zu keiner Verständigung, und ein Teil der Abgeordneten weigerte sich sogar, die Wahlen zu den Vereinigten Ausschüssen durchzuführen. Obwohl die preußischen Provinziallandtage durch die Art ihrer Zusammensetzung die beste Gewähr dafür boten, daß ihnen nur königstreue und loyale Mitglieder angehörten, entschloß sich der Vereinigte Landtag zu offener Konfrontation mit der Regierung. Für den König hätte dies ein ernstes Warnsignal sein müssen, doch er reagierte mit beleidigtem Mißmut und tiefer Verstimmung. Nicht nur unter der Mehrheit der Mitglieder des Vereinigten Landtags, sondern auch in der deutschen Öffentlichkeit wuchs die Überzeugung, daß von der preußischen Regierung Fortschritte in der Verfassungsfrage offenbar nicht zu erwarten waren.

2.5 Wirtschaftskrise und Pauperismus

Der verbreitete Unmut, die Unzufriedenheit und das Krisenbewußtsein steigerten sich noch, als die europäische Wirtschaftskrise auch Deutschland erfaßte. Die deutsche Bevölkerung hatte sich seit dem Beginn des Jahrhunderts auf Grund geringerer Kindersterblichkeit, höherer Lebenserwartung und Aufhebung von Heiratsbeschränkungen um ungefähr die Hälfte erhöht. Die Ernährung dieser Menschen machte im Grunde keine Schwierigkeiten, da die Lebensmittelproduktion sich sogar nahezu verdoppelt hatte. Die Agrargesetze der Reformzeit ermöglichten eine Intensivierung und Rationalisierung der Bewirtschaftung. Landwirtschaftliche Vereine förderten die Verbreitung und Anwendung von Erkenntnissen der modernen Agrarwissenschaft. Der Übergang zur Fruchtwechselwirtschaft, die Einführung neuer Kulturpflanzen, eine verbesserte Tierhaltung mit Stallfütterung, eine systematische Tierzucht und anderes mehr brachten erhöhte Erträge. Die Aufteilung von Marken und Allmenden und die Kultivierung von Ödland erschlossen zusätzliche Anbauflächen. Mit der quantitativen Ertragssteigerung ging auch eine wesentliche Erhöhung der Produktivität einher: im Jahre 1815 konnten vier in der Landwirtschaft tätige Menschen nur einen weiteren ernähren, 50 Jahre später war das Verhältnis vier zu vier.

Die Kehrseite dieser Produktivitätssteigerung war allerdings, daß die Landwirtschaft in wachsendem Maße Arbeitskräfte freisetzen konnte. Diese suchten ihr Auskommen jetzt vielfach in der Heimarbeit, die vor allem im Textilbereich schon immer als ländliches Nebengewerbe in Zeiten verminderter Feldarbeit betrieben worden war, jetzt aber für viele zusätzliche Familien zur einzigen Quelle des Broterwerbs wurde. So kam es zu einem Überangebot an Textilwaren, und gleichzeitig sah sich die traditionelle deutsche Leinenproduktion der Konkurrenz maschinell hergestellter Baumwollwaren gegenüber, die zuerst aus England importiert, bald aber auch in Deutschland unter drückendsten Arbeitsbedingungen produziert wurden. Ganztägige Kinderarbeit in Fabriken wurde zur Regel. Den zunehmenden Rückgang der Preise suchten die Spinner und Weber mit erhöhter Produktion zu kompensieren. 16stündige Arbeitszeiten von Männern, Frauen und Kindern waren keine Seltenheit, doch die verhängnisvolle Spirale von Überangebot und Preisverfall drehte sich dadurch nur noch schneller. Der Konkurrenzdruck unter den Weberfamilien erlaubte überdies den Aufkäufern ihrer Erzeugnisse Praktiken rücksichtsloser Ausbeutung. Der Aufstand der schlesischen Weber war nur das spektakulärste Zeichen für eine weit verbreitete Verzweiflung und ein ganze Landschaften prägendes Elend. So beschreibt z. B. ein Augenzeuge aus Ostwestfalen die von Hunger, Krankheit und Arbeitsüberlastung ausgemergelten Armen, die sich an Sonnentagen auf den Straßen zu wärmen suchen, und fährt dann fort:

> »Dennoch habt Ihr auf der Straße erst die Lichtseite des Lebens der Armut gesehen. Das furchtbarste, entsetzlichste Elend lebt in dem Inneren der Häuser, jener zerfallenen und zerbrochenen Hütten. Dort seht Ihr, was noch Kräfte zum Arbeiten hat, diesen Rest der Kräfte aufzehren bei der harten, schweren und ungesunden Arbeit, bei magerer und ungesunder Kost. Dort seht Ihr die Kranken, die nicht mehr Kraft haben, sich auf die Straße zu schleppen, auf dem faulen Stroh oder auch auf den nackten, vom Schwamm zerfressenen Dielen hungrig und durstig liegen. Dort seht Ihr die Jammergestalten der Kinder, zu schwach und zu elend, als daß man die zarten, morschen Glieder nur noch auf den Arm nehmen und heraustragen dürfte. [...] Die Laute, die Ihr hört? Es ist das Stöhnen des Schmerzes, das Wimmern der Krankheit. Dazwischen hört Ihr das Klopfen des Hammers, das Summen des Rades, das Rascheln des Webstuhls« (nach Schulte Nr. 87, S. 508).

Das Handwerk konnte ebenfalls nicht genügend Arbeitsplätze anbieten. Es galt allgemein als »überbesetzt«, weil das Angebot an handwerklichen Dienstleistungen die Nachfrage überstieg. Die Zahl der Kleinmeister mit kümmerlicher Existenzgrundlage stieg ebenso an wie die Zahl der Gesellen ohne Zukunftsperspektive. Im Deutschland des Vormärz lebten ungefähr zwei Drittel der Bevölkerung am Rande des Existenzminimums, dürftig und unter dauerndem Mangel ernährt, bei persönlichem Unglück, Krankheit, Mißernte oder Arbeitslosigkeit aber sofort der akuten Not, dem Hunger und dem Elend ausgeliefert. Die beginnende Industrialisierung und namentlich der Eisenbahnbau konnten noch keine wesentliche Entlastung bringen und ebensowenig die Auswanderung, die trotz steigender Zahlen marginal blieb.

Hunger, Not und Armut hatte es auch in früheren Jahrzehnten und Jahrhunderten immer wieder gegeben, jetzt aber schien die Massenverelendung zu einem hoffnungslosen unabwendbaren Dauerschicksal zu werden. Unter dem Schlagwort des »Pauperismus« wurde dieses Phänomen in der zeitgenössischen Literatur lebhaft diskutiert. Möglichkeiten zur Abhilfe wurden überwiegend in der Rückkehr zu zünftlerischen Strukturen im Handwerk, Heiratsbeschränkungen oder anderen Maßnahmen zur Geburtenkontrolle gesehen, vereinzelt aber wurde auch schon die einzig zukunftsweisende Perspektive angesprochen, nämlich eine forcierte Industrialisierung.

Die letztlich durch die Probleme des Übergangs von der älteren Agrar- zur modernen Industriegesellschaft verursachte Strukturkrise wurde noch verschärft, als die europäische Wirtschaftskrise Deutschland voll erfaßte. Die Kartoffelfäule (s. S. 43) vernichtete 1845 bis zu drei Viertel der Ernte, und die Getreideernte blieb ebenfalls erheblich hinter den durchschnittlichen Erträgen zurück. Das Jahr 1846 brachte mit einem Ernteausfall von ungefähr 40 Prozent wiederum eine katastrophale Mißernte. Die Folge war ein erhebliches Ansteigen der Lebensmittelpreise. Die Getreidepreise stiegen bis zum Höhepunkt der Krise im Mai 1847 in Preußen durchschnittlich auf mehr als das Doppelte, die Kartoffelpreise auf das Zweieinhalbfache. In den anderen deutschen Ländern sah es nicht besser aus.

Die Mißernte brachte nicht nur eine Steigerung von Hunger, Not und Elend für die ohnehin am Rande des Existenzminimums lebenden Bevölkerungsschichten. Sie führte auch zu einer Krise in Handwerk und Gewerbe, da ein erheblich größerer Teil der vorhandenen Kaufkraft für Lebensmittel ausgegeben werden mußte und notgedrungen nicht mehr für den Erwerb von Erzeugnisen des Handwerks oder der Manufakturen zur Verfügung stand. Produktionsrückgang, Arbeitslosigkeit, Betriebsschließungen waren die Folge. Während die Lebensmittelpreise nach der guten Ernte von 1847 schnell wieder sanken, dauerten die Schwierigkeiten der gewerblichen Wirtschaft bis in das Jahr 1848 an und bestimmten in den größeren Städten den Revolutionsverlauf in beträchtlichem Maße. Um die Jahreswende 1847/48 schlug die Krise dann auch auf das Großgewerbe durch. In Baden z. B. standen die drei größten Fabriken des Landes vor dem Konkurs, und auch das bedeutendste Bankhaus des Rheinlandes, der Schaaffhausensche Bankverein, konnte im April 1848 nur durch massive Staatshilfe vor dem Zusammenbruch bewahrt werden. Da die Unruhe und Unsicherheit des Revolutionsjahres nicht eben zur Wirtschaftsbelebung beitrug, blieb die Lage kritisch, und die Zeitungen waren voll von Meldungen über Konkurse, Massenentlassungen und Arbeitslosigkeit.

Die schwere Ernährungs- und Wirtschaftskrise der Jahre 1846 und 1847 führte auch in Deutschland verbreitet zu spontanen lokalen Unruhen, von denen die weitaus meisten auf Hunger und Not, Lebensmittelknappheit, Preiserhöhungen und vermeintlichen oder tatsächlichen Wucher mit Nahrungsmitteln zurückzuführen sind. Lohnerhöhungen zum Ausgleich dieser Preissteigerungen gab es nicht; im Gegenteil, die Arbeitslosigkeit nahm zu. Rund 80 Prozent der nachgewiesenen Revolten waren reine Subsistenzunruhen. Typische Orte dafür waren kleine bis mittlere Städte mit zentralen Marktfunktionen und einer durch enge soziale Bindungen geprägten, handlungs- und empörungsfähigen Konsumentenschicht (Gailus Nr. 74, S. 139). Der Höhepunkt der Protestwelle, die mindestens 164 Orte erfaßte, lag im April/Mai 1847. Marktstände oder Läden wurden geplündert, Mühlen oder Getreidespeicher ausgeräumt. Am meisten Aufsehen erregte die Berliner »Kartoffelrevolution« vom April 1847. Sie begann auf acht Märkten der Stadt, weitete sich zum Sturm auf 45 Läden aus und endete gegen Abend mit Angriffen auf Konditoreien und Hotels, das Opernhaus und das Palais des Prinzen von Preußen. Auch bei einigen Kirchen wurden Fensterscheiben eingeworfen. Da es im damaligen Deutschland generell an mobilen polizeilichen Einsatzkräften fehlte, mußten bei Tumulten immer wieder Soldaten zur Wiederherstellung von Ruhe und Ordnung eingesetzt werden, was verständlicherweise in der Bevölkerung zu einer generellen Feindseligkeit gegenüber dem Militär führte. Als große »Teuerung« blieb die Ernährungskrise der Jahre 1846 und 1847 noch lange im Bewußtsein der Menschen lebendig.

Ein weiterer Aspekt der Krise ist ein ebenfalls aus der Not geborenes Ansteigen der Kleinkriminalität vor allem auf dem Lande. Diebstahl von Brennholz und Feldfrüchten sowie Wilddieberei waren die alltäglichen Formen eines permanenten sozialen Kleinkriegs der unterbäuerlichen Schichten gegen die besitzenden Bauern und Adeligen.

2.6 Vorboten der Revolution

Die große soziale und wirtschaftliche Krise traf in dieser oder jener Form jeden Bürger. Sie verunsicherte selbst die Angehörigen der Oberschichten und warf die Frage auf, ob innerhalb der bestehenden Ordnung das politische Potential für die Bewältigung der Schwierigkeiten vorhanden sei. Das politisch bewußte Bürgertum wurde unruhig und verlangte Taten von den Regierungen. Zuerst regte es sich in dem von einer relativ liberalen Innenpolitik geprägten Großherzogtum Baden.

Hier luden im September 1847 führende Vertreter der sich formierenden demokratischen Partei alle »entschiedenen Verfassungsfreunde« Badens zu einer Versammlung nach Offenburg ein. Daß Politik damals nicht mehr allein Sache einer elitären Oberschicht war, zeigt sich daran, daß sich nach einem Polizeibericht »ein Strom von Menschen aller Klassen, Handwerksgesellen, Hausknechte, Fuhrleute, Bauernknechte« in einem unglaublichen Gedränge in den Versammlungssaal hinein ergoß. Auch Frauen waren darunter (Ausstellungskatalog Offenburg 1997, S. 18).

Die Beschlüsse der Versammlung verlangten vor allem die Aufhebung der Repressionsgesetze des Bundes, Pressefreiheit, Gewissens- und Lehrfreiheit, Vereidigung des Militärs auf die Verfassung, Gewährleistung von persönlicher Freiheit, Vereinigungs- und Versammlungsfreiheit sowie der Freizügigkeit im Bundesgebiet. Man forderte weiter die Ersetzung der stehenden Heere durch eine Milizverfassung, Rechtssprechung durch Geschworenengerichte und Ausweitung der Selbstverwaltung. Mit besonderem Nachdruck verlangte man die Einrichtung einer Vertretung des Volkes beim Deutschen Bunde. Weitere Forderungen hatten sozialen Charakter: gerechte Besteuerung auf der Basis einer progressiven Einkommensteuer, gleiche Bildungschancen für alle Bevölkerungsschichten durch ein öffentlich finanziertes Schulsystem sowie »Ausgleichung des Mißverhältnisses zwischen Kapital und Arbeit« und Abschaffung aller politischen, rechtlichen oder sozialen Privilegien.

Irgendeinen Aufruf zu direkten Aktionen oder gar zu revolutionärer Tat enthielten die Beschlüsse nicht. Als »Forderungen des Volkes« wurden sie jedoch als Flugblatt versandt, und mindestens 34 Zeitungen aus ganz Deutschland berichteten über die Offenburger Versammlung. Sie hatte erstaunlicherweise kein gerichtliches Nachspiel, vielleicht ein Beleg dafür, daß die politische Ordnung des Deutschen Bundes schon bröckelig geworden war.

Einen Monat später versammelten sich auch Vertreter des Liberalismus aus dem deutschen Südwesten und dem Rheinland mit den Herausgebern der »Deutschen Zeitung« (s. S. 187) in Heppenheim, um auch ihrerseits ein Reformprogramm zu beschließen. In der Kritik am Deutschen Bund und in der Forderung nach Freiheitsrechten und nach Einrichtung einer nationalen Volksvertretung waren sich die Liberalen mit den Demokraten einig. Aus dem pragmatischen Grund einer leichteren Realisierbarkeit hielten sie es mehrheitlich für ratsam, den Zollverein durch Einrichtung eines Zollvereinsparlaments zur Keimzelle eines deutschen Nationalstaates zu machen. Sie diskutierten auch über Mittel gegen Verarmung und Not und über Steuererleichterungen für die ärmeren Klassen, konnten sich jedoch in der kurzen Zeit ihrer Zusammenkunft auf konkrete Vorschläge nicht verständigen. Sie verabredeten, durch liberale Abgeordnete in möglichst vielen einzelstaatlichen Kammern von den Regierungen die Einrichtung eines nationalen Parlaments, in welcher Gestalt auch immer, zu verlangen. Während die Demokraten ihren Forderungskatalog in 13 knapp und gebieterisch formulierten Artikeln zusammengefaßt hatten, publizierten die Liberalen ihre Vorschläge als eine Art Protokoll ihrer Versammlung in der »Deutschen Zeitung«. Die großen Parteien der deutschen Revolution begannen sich zu formieren.

Die liberalen Abgeordneten Friedrich Bassermann und Heinrich von Gagern waren die ersten, die im Februar 1848 im Sinne des Heppenheimer Programms noch vor dem Ausbruch der revolutionären Unruhen in den Landtagen Badens und Hessen-Darmstadts Anträge auf Einrichtung einer Volksvertretung beim Deutschen Bund stellten. Ob sie wußten, daß im Winter 1847/48 schon vereinzelt Flugblätter umliefen, in denen es hieß:

> »Proletarier! Brot oder Revolution! Das sei Eure Losung, es ist Eure letzte Hoffnung, das einzige, worauf Ihr bauen könnt. [...] Habt Ihr denn nur Zähne, um zu heulen und sie zusammenzuschlagen vor Hunger? -Beißt – beißt damit ins Genick Eurer Feinde! Aus Euren Lumpen macht Fahnen, ihre zerschmetterten schlottrigen Glieder sind Eure Siegeszeichen. Euer Feldherr ist der Hunger, Euer Kommandowort: Brot. Man wird sie im Triumph empfangen, Eure Armee, die Armee des Elends, der Verzweiflung, die Armee des Blutes und des Sieges! Proletarier, was bleibt Euch übrig, was habt Ihr zu verlieren? Ist es nicht besser, seinen Feind zu zerdrücken und auf seinem zuckenden Leichnam singend zu sterben, als vor Hunger und Elend zu krepieren wie ein Vieh? Die Stunde der Entscheidung naht!« (Nach Obermann Nr. 52, S. 34).

3. Kapitel

DIE MÄRZBEWEGUNG IN DEUTSCHLAND

3.1 Die Anfänge im deutschen Südwesten

Die von Frankreich ausgehende revolutionäre Unruhe griff Ende Februar auf den deutschen Südwesten und das Rheinland über. Es war zunächst eine Welle von Volksversammlungen, Straßentumulten, Massendemonstrationen und Massenpetitionen, die sich nach Osten ausbreitete, um schließlich mit Barrikadenkämpfen in Wien und Berlin, dem Sturz des österreichischen Staatskanzlers Metternich am 13. März und dem Sieg der Revolution in Preußen in der Nacht vom 18. zum 19. März ihren Höhepunkt zu erreichen.

Das erste Manifest der deutschen Revolution war eine von dem badischen Linksradikalen Gustav v. Struve redigierte Adresse an die zweite Kammer des badischen Landtags, welcher eine Volksversammlung in Mannheim auf dem Hintergrund brodelnder Bewegung auf den Straßen und in den Gaststätten der Stadt am 27. Februar ihre Zustimmung gab. Sie wurde anschließend mit der Bitte um Weiterverbreitung an die Presse und in alle Teile des Landes verschickt und hatte folgenden Wortlaut:

> »Eine ungeheure Revolution hat Frankreich umgestaltet. Vielleicht in wenigen Tagen stehen französische Heere an unseren Grenzmarken, während Rußland die seinen im Norden zusammenzieht. Ein Gedanke durchzuckt Europa. Das alte System wankt und zerfällt in Trümmer. Aller Orten haben die Völker mit kräftiger Hand die Rechte sich selbst genommen, welche ihre Machthaber ihnen vorenthielten. Deutschland darf nicht länger zusehen, wie es mit Füßen getreten wird. Das deutsche Volk hat das Recht zu verlangen:
> Wohlstand, Bildung und Freiheit für alle Klassen der Gesellschaft, ohne Unterschied der Geburt und des Standes.
> Die Zeit ist vorüber, die Mittel zu diesen Zwecken lange zu beraten. Was das Volk will, hat es durch seine gesetzlichen Vertreter, durch die Presse und durch Petitionen deutlich genug ausgesprochen. Aus der großen Zahl von Maßregeln, durch deren Ergreifen allein das deutsche Volk gerettet werden kann, heben wir hervor:
> 1. Volksbewaffnung mit freier Wahl der Offiziere.
> 2. Unbedingte Preßfreiheit.
> 3. Schwurgerichte nach dem Vorbilde Englands.
> 4. Sofortige Herstellung eines deutschen Parlaments.

> Diese vier Forderungen sind so dringend, daß mit deren Erfüllung nicht länger gezögert werden kann und darf.
> Vertreter des Volkes ! Wir verlangen von Euch, daß Ihr diese Forderungen zu ungesäumter Erfüllung bringet. Wir stehen für dieselben mit Gut und Blut ein und mit uns, davon sind wir durchdrungen, das ganze deutsche Volk« (nach Obermann Nr. 52, S. 41).

Die am Anfang dieses Manifestes geäußerte Sorge vor einer französischen Invasion war nicht ganz unberechtigt. Während der Februarrevolution in Paris waren starke nationalistische Töne angeklungen, und so wurde z. B. eine Revision der Friedensverträge von 1815 und eine Rückgewinnung der Rheingrenze mit ähnlicher Vehemenz gefordert, wie schon im Jahre 1840 im Verlauf der »Rheinkrise« (s. S. 62). Die Angst vor Frankreich war immerhin so stark, daß es in der Nacht vom 25. zum 26. März in großen Teilen Badens und Württembergs zu einem Ausbruch von Panik und Massenhysterie kam, dem sogenannten »Franzosenlärm«. Von einer russischen Bedrohung allerdings konnte ernsthaft nicht die Rede sein.

Daß die badische Linke hier das republikanische Frankreich nicht als Bundesgenossen, sondern als potentiellen Gegner sieht, ist nicht uninteressant, und auffällig ist auch der sehr gemäßigte Inhalt dieses Manifestes. Die sozialpolitischen Forderungen des Offenburger Programms (s. S. 68) werden nicht wieder aufgenommen, und auch von einer Reform der Landesverfassungen z. B. durch Einführung des allgemeinen Wahlrechts wird nicht gesprochen.

Das gleiche gilt weitgehend auch für die Märzforderungen in anderen deutschen Staaten aus den Anfangstagen der Bewegung: Sie hatte vielfach den Charakter eines stände- und klassenübergreifenden rauschhaften Gemeinschaftserlebnisses, eines Festes der Befreiung und der Hoffnung auf einen grundlegenden Wandel der politischen Verhältnisse in Deutschland. Sie erfaßte alle Schichten des Volkes und überdeckte damit zunächst die Tatsache, daß sich die Träger der Freiheitsbewegung von ihrem Erfolg sehr unterschiedliche Ergebnisse versprachen.

Die Spannweite der in den Märztagen erhobenen Forderungen sollte sich allerdings bald erhöhen. Das zeigte sich unter anderem im Rheinland, wo der Kölner Bund der Kommunisten schon Anfang März in einer Eingabe an den Gemeinderat folgende Forderungen formulierte: Gesetzgebung und Verwaltung durch das Volk, allgemeines gleiches Wahlrecht auf allen Ebenen des öffentlichen Lebens, Rede- und Pressefreiheit, freies Vereinigungsrecht sowie »Schutz der Arbeit und Sicherstellung der menschlichen Bedürfnisse für alle, vollständige Erziehung aller Kinder auf öffentliche Kosten«.

Als die Mannheimer Petition am 1. März dem Landtag in Karlsruhe übergeben werden sollte, wäre es beinahe zum Ausbruch von Gewalt gekommen, da eine große Menschenmasse das Landtagsgebäude umflutete und in den Plenarsaal einzudringen drohte. Schließlich gelang es aber doch, die Sitzung in ordnungsgemäßer Form durchzuführen. Auf Antrag des Republikaners Hecker wurde der Forderungskatalog der Mannheimer Adresse erweitert und nunmehr auch die Aufhebung der Reaktionsgesetze des Deutschen Bundes (s. S. 52 f.), die Vereidigung des Heeres auf die Verfassung, Gleichberechtigung der Konfessionen, die Aufhebung der Reste des Feudalwesens und eine gerechtere Verteilung der öffentlichen Lasten gefordert. Der Landtag verlangte außerdem die Umbildung der Regierung durch Ernennung von Ministern, die das Vertrauen des Volkes genießen. Als erstes wurde daraufhin Karl Theodor Welcker, einer der führenden Köpfe des politischen Liberalismus in Baden, zum badischen Bundestagsgesandten ernannt. Daß das Bürgertum allerdings schon unter dem Eindruck der ersten Tage der Märzrevolution von den sozialen und republikanischen Untertönen der Bewegung erschreckt und angewidert war, belegt das Beispiel des badischen Liberalen Bassermann, der schon frühzeitig forderte, daß der revolutionären Bewegung schnell und energisch entgegengetreten werden müsse.

Durch die Beschlüsse des badischen Landtags war der Kernbestand der Forderungen formuliert, mit denen sich die Märzbewegung nach Deutschland hinein ausweitete. Je nach den örtlichen Verhältnissen wurden sie auch durch Proteste gegen lokale Mißstände und unbeliebte Persönlichkeiten ergänzt. Zur beliebtesten Form dieser Protestaktionen entwickelten sich die »Katzenmusiken«, d. h. Massenversammlungen vor den Häusern der Betroffenen, bei denen mit Lärmgeräten jeder Art (Töpfen, Pfeifen, Knarren, Trommeln, Trompeten usw.) und durch Miauen, Bellen und Heulen ein wahrhaft höllischer Lärm gemacht wurde. Vereinzelt kam es auch zur Besetzung von Rathäusern. Die Grenze zwischen unpolitischen, mit Trinken, Essen und Lustbarkeiten aller Art begangenen Volksfesten und politischen Versammlungen war fließend, und volkstümliche Umzüge konnten sich schnell zu politischen Demonstrationen entwickeln.

In diese politischen Demonstrationen mischten sich auch Proteste von Handwerkern gegen industrielle Konkurrenz und Modernisierungsdruck, die sich vor allem im Sturm auf die Magazine von Kaufleuten entluden, welche mit maschinell hergestellten Massenwaren handelten. Verbreitet waren auch Klagen über preisdrückende Produktion in Haftanstalten. Regelrechter Maschinensturm kam selten vor, relativ am häufigsten war er in Gestalt der Zerstörung von Dampfschleppern durch arbeitslos gewordene Treidler.

Zu den Tumulten auf lokaler Ebene gehörten auch antijüdische Exzesse. Sie waren zum einen darin begründet, daß Juden im Vormärz häufig als Kreditgeber für Kleinbürger und Bauern aufgetreten waren und sich nicht gescheut hatten, auch in der Zeit der Mißernten und der Wirtschaftskrise seit 1845 ihre Forderungen rigoros einzutreiben und so eine Welle von Zwangsversteigerungen auszulösen. Hinter diesen Exzessen stand außerdem eine irrationale Abwehrhaltung gegen das Eindringen von Juden in bislang den christlichen Gemeindebürgern vorbehaltene Lebensräume. Der »Judenkrawall« von Neckarbischofsheim vom 4. März 1848 war der Auftakt für eine spontan sich ausbreitende allgemeine Judenverfolgung vor allem in Kleinstädten und Landgemeinden. Vielerorts wurden ihre Häuser zerstört oder ausgeplündert, und einige jüdische Familien entzogen sich der Verfolgung durch Flucht in die Schweiz. Auch in anderen Ländern Europas kam es im Verlauf der Revolution zu schlimmen Ausschreitungen gegen die Juden.

3.2 Die Unruhen in der Landbevölkerung

Während sich die Märzbewegung in den Städten weithin in Volksversammlungen, Demonstrationen und Massenpetitionen erschöpfte, kam es in einigen ländlichen Gebieten auch zu massiven Agrarunruhen. Sie konzentrierten sich im deutschen Südwesten vor allem auf den Odenwald und den Schwarzwald. Beide Landstriche waren damals in besonderem Maße durch Überbevölkerung und Proletarisierung gekennzeichnet. Dazu kam, daß hier in den Gebieten der mediatisierten ehemaligen Reichsfürsten den »Standesherren« nicht nur ein erhebliches Maß hoheitlicher Rechte in Justiz und Verwaltung verblieben war, sondern diese hatten auch auf Grund ihrer privilegierten Stellung ehemalige feudale Abgaben (wie z. B. Zehnten) oder Jagd- und Fischereirechte verteidigen können. Für die Untertanen der Standesherren summierten sich somit staatliche Steuern und grundherrliche Abgaben, und sie sahen sich immer wieder einer durch die Rentmeister ausgeübten willkürlichen Herrschaft gegenüber, die ihnen bei Rechtsstreitigkeiten z. B. über die katastrophalen Wildschäden oder die Höhe von Bau- und Kirchenlasten keine Erfolgschancen ließ. Häufig besaßen nur die Grundherren schriftliche Unterlagen über die Höhe der beiderseitigen Rechte und Pflichten.

Gleichzeitig mit den Judenkrawallen begann am 4. März der Aufruhr der Bauern gegen die Grundherren. Ganze Dörfer setzten sich in Bewegung, z.T. mit dem Gemeindevorstand an der Spitze. Sie versuchten, vom Adel urkundlichen Verzicht auf seine Rechte zu erpressen. Akten wurden verbrannt, Gebäude angezündet, Rentbeamte mißhandelt. Nach wenigen Tagen stand das Gebiet zwischen Neckar, Tauber und Main in Flammen. Ziel war die Befreiung von unerträglich gewordenen Lasten, nicht eine allgemeine Umverteilung von Eigentum. Innerhalb der Agrarunruhen gab es aber auch Protestaktionen der Unterschichten gegen die bäuerliche Dorfaristokratie. Die Armen forderten vor allem die Linderung ihrer aktuellen Not durch Ausgabe von Nahrungsmitteln und darüber hinaus ein Mitspracherecht bei Gemeindeangelegenheiten sowie eine strukturelle Verbesserung ihrer sozialen Lage durch Rückgabe von Nutzungsrechten an Wald und Weide und durch Gelegenheit zu Arbeit bei angemessenem Lohn.

Politische Ziele verbanden sich mit der Bauernrevolte vor allem in Hohenzollern-Hechingen, aber auch in Südbaden hatte die Nähe zur Schweiz offenbar die Entwicklung republikanischer Vorstellungen gefördert.

Die badische Regierung reagierte auf die Bauernunruhen, indem sie bereits am 10. März den Kammern einen Gesetzentwurf über die endgültige Aufhebung feudaler Lasten vorlegte. Sie schickte außerdem Truppen in die besonders stark von den Ausschreitungen betroffenen Landesteile, und da sich die Standesherren schnell zu erheblichen Zugeständnissen bereit fanden, flaute die bäuerliche Bewegung rasch wieder ab. Sie blieb ein »Aufrauschen weniger Tage« (Franz Nr. 73, S. 243), und als Friedrich Hecker im April von Südbaden aus die Revolution in ein neues Stadium weitertreiben wollte (s. S. 89 f.), fand er bei den Bauern keine nennenswerte Unterstützung.

Die Agrarunruhen des Frühjahrs 1848 beschränkten sich nicht auf Baden, auch wenn sie hier den höchsten Grad von Intensität erreichten. In Württemberg kam es vor allem in den Besitzungen des Standesherrn Fürsten zu Hohenlohe zum Aufruhr, wo in der Nacht vom 5. zum 6. März das Schloß Niederstetten niedergebrannt wurde. Im Fürstentum des bayerischen Standesherrn Öttingen-Wallerstein trat am 23. März eine Art Bauernlandtag von 205 Abgeordnten aus 65 Gemeinden zusammen und erreichte vom Fürsten die Anerkennung seiner Forderungen. Bäuerliche Unruhen gab es mehr punktuell auch im Allgäu und in allen Teilen Frankens. Im Coburgischen rotteten sich besitzlose Waldarbeiter zur Plünderung von zwei Dörfern zusammen, und im Thüringer Wald herrschten zeitweise anarchische Zustände.

In Nassau waren schon am 4. März rund 30 000 Bauern mit Knüppeln, Dreschflegeln und Sensen vor das Wiesbadener Schloß gezogen, um die Aufhebung des Zehnten und die freie Wahl der bislang von der Regierung eingesetzten Schultheißen zu erzwingen. Sie verlangten außerdem die Überführung des privaten Grundbesitzes des Landesherren in Staatseigentum, die Aufteilung der Staatsdomänen und die Gewährung von Nutzungsrechten in den Staatsforsten. Das liberale nassauische Märzministerium war jedoch nicht bereit, nennenswerte Eingriffe in das Staatsvermögen zuzulassen, und so mußten sich die Bauern schließlich damit zufriedengeben, daß sie ihre Belastungen nur gegen Zahlung von Entschädigung ablösen konnten. Sie antworteten darauf mit einem verbreiteten Steuerboykott und usurpierten Jagdrecht und Waldnutzung in den Forsten.

Auch in Sachsen brach nur in der einzigen Standesherrschaft des Landes, der Grafschaft Waldenburg, ein gefährlicher Bauernaufstand aus. Am 6. April wurde das Schloß gestürmt und in Brand gesetzt. Die Ursachen waren im wesentlichen die gleichen, wie in den südwestdeutschen Standesherrschaften.

In Preußen beschränkten sich die Agrarrevolten weitgehend auf Schlesien. Die auf die »spannfähigen«, d.h. die größeren Höfe beschränkte Ablösungsordnung von 1816 hatte hier nur einen geringen Teil der Bauern erfaßt, und auch deren Lasten waren weiterhin hoch. Vor allem die im Erbfall oder bei sonstigen Besitzveränderungen erhobenen »Laudemien« galten als besonders drückend. Vielerorts zogen deshalb Bauern und unselbständige Häusler vor die Schlösser und forderten unter Androhung von Gewalt den Verzicht der Grundherren auf ihre

Rechte. Die ungelöste Agrarfrage blieb ein ernstes Problem für die preußischen Ministerien des Jahres 1848. Sie beschleunigte einerseits die Formierung der konservativen Opposition (s. S. 161 f.) und führte andererseits dazu, daß sich die Bauern in den der demokratischen Partei nahestehenden schlesischen »Rustikalvereinen« organisierten, der einzigen bäuerlichen Massenorganisation der deutschen Revolution (s. S. 155).

Regional- und lokalgeschichtliche Untersuchungen zeigen, daß diese schon von den Zeitgenossen besonders beachteten Bauernrevolten nur die Spitze eines Eisbergs von Unruhen in der ländlichen Bevölkerung waren. Diese verdichteten sich jedoch nirgends zu einem revolutionären Flächenbrand und konnten durch Zugeständnisse von Regierungen und Großgrundbesitzern noch im März beruhigt werden. »Danach verabschiedet sich das Dorf aus den allgemeinen Zeitbewegungen wieder sehr schnell« (Gailus Nr. 74. S. 93). Tote hat es bei diesen Bauernunruhen auf beiden Seiten offenbar nicht gegeben.

3.3 Die »Märzministerien«: Reformpolitik auf vorrevolutionärem Rechtsboden

Mit mannigfachen Variationen im einzelnen verlief die Märzbewegung in den deutschen Klein- und Mittelstaaten ähnlich wie in Baden. Massendemonstrationen und Sturmpetitionen, Eingaben und Abordnungen älterer oder spontan gebildeter Vereinigungen veranlaßten die Regierungen durchweg zum Zurückweichen, ohne daß es zu massivem Einsatz von militärischer Gewalt kam (bewaffnete Polizei gab es im damaligen Deutschland noch nicht). So konnte die Revolution vor den Thronen stehen bleiben.

Eine Ausnahme in dieser Hinsicht machte auf Grund spezifischer Umstände allein Bayern. Hier hatte die Affäre König Ludwigs I. mit der Tänzerin Lola Montez das Ansehen des Herrschers bereits im Jahre 1847 schwer beschädigt – vor allem in eigentlich königstreuen konservativen und klerikalen Kreisen. Schon im Januar und Februar 1848 war es deshalb zu Unruhen gekommen, und die Geliebte des Königs wurde zur Flucht aus München gezwungen. Als die Märzunruhen auf München übergriffen und der König die auch hier vorgetragenen Forderungen der deutschen Märzbewegung mit hinhaltendem Taktieren beantwortete, kam es zu ernsten Ausschreitungen. Das Münchner Zeughaus wurde am 4. März gestürmt, und der Ruf nach Abdankung des Monarchen wurde laut. Erst jetzt gab der König nach, versprach am 6. März Reformen und bildete am 11. März ein neues Ministerium. Die Rückkehr der Lola Montez in die Hauptstadt gab Anlaß zu erneuten Tumulten. Wiederum wurde die Abdankung des Königs verlangt. So verfestigte sich in ihm die Einsicht, daß ein Brückenschlag zwischen ihm und den Freiheitsbewegungen der Zeit nicht möglich sei, und er verzichtete deshalb am 20. März auf die Krone. Nachfolger wurde sein Sohn Maximilian II., der sofort ein liberales Ministerium bildete und den Weg zu einer zügigen Reformpolitik freigab.

In den übrigen Mittel- und Kleinstaaten wurden die Märzforderungen ohne nennenswerten Widerstand von den Herrschern bewilligt oder ihre Verwirklichung in Aussicht gestellt. Die mit dem politischen System des Vormärz identifizierten Minister wurden entlassen, und an ihre Stelle traten häufig die Wortführer der liberalen Opposition des Vormärz. Bis Mitte März war dieser Systemwechsel in fast allen deutschen Mittelstaaten vollzogen, zuletzt am 20. März in Hannover.

Das politische Programm der Märzministerien läßt sich generell auf folgende Formel bringen: Liberale Reformpolitik auf dem Boden der geltenden frühkonstitutionellen Verfassungen, aber keine Veränderung der Verfassungen selbst. So wurden in Zusammenarbeit mit den im Vormärz gewählten Kammern Gesetze verabschiedet über die Presse-, Vereins- und Versammlungsfreiheit, die Einrichtung von Bürgerwehren, die Einsetzung von Geschworenengerichten oder sonstige Maßnahmen der Justizreform, den Ausbau der kommunalen Selbstverwaltung, die Befreiung der Kirchen von staatlicher Aufsicht u.a.m.

Die bedeutendsten sozialpolitischen Aktivitäten entfalteten die Märzministerien im Bereich der Agrarverfassung. Unter dem Eindruck der Agrarunruhen wurde nun endlich ein Schlußstrich unter den seit der napoleonischen Zeit laufenden Prozeß der Bauernbefreiung gezogen. Sofern die Bauern Land bewirtschafteten, das nicht uneingeschränkt in ihrem Eigentum war, mußten sie zwar weiter die dafür üblichen Pachten oder Abgaben entrichten, doch deren Ablösung wurde erleichtert und zum Teil mit staatlichen Mitteln oder durch Einrichtung von Kreditkassen unterstützt. Feudale Herrenrechte, wie z. B. das Jagdrecht auf bäuerlichem Besitz, wurden jedoch entschädigungslos aufgehoben. Wo sie noch nicht bestand, wurde auch die Gewerbefreiheit eingeführt. So brachte die Reformpolitik der Märzministerien für Deutschland einen erheblichen Modernisierungsschub, der dazu zwingt, das Ergebnis der deutschen Revolution nicht nur unter dem Aspekt ihres Scheiterns zu sehen.

Bezeichnend für den bürgerlichen Charakter der Märzministerien ist es, daß z. B. die Zulassung zum Geschworenenamt oder zum Dienst in der Bürgerwehr in der Regel durch Zensusbestimmungen auf mittelständische Schichten eingeschränkt wurde. So stand auch eine Reform des Wahlrechts für die Kammern der einzelstaatlichen Landtage zunächst nicht auf der Tagesordnung, und die erwähnten Reformgesetze wurden häufig noch von den Abgeordneten verabschiedet, die im Vormärz unter erheblichen Beschränkungen des öffentlichen politischen Lebens gewählt worden waren. So bilden diese Landtage feste Klammern der Kontinuität zum Vormärz. Die Bedächtigkeit der deutschen Revolution erklärt sich auch hieraus. Auf die Dauer allerdings konnten die Märzministerien dem Verlangen nach Verfassungs- oder zumindest Wahlrechtsreformen nicht ausweichen (s. S. 164).

Im Stil des politischen Umgangs zwischen Ministerium und Landtag erfolgte jedoch ein erheblicher Wandel. Im Vormärz hatte in Deutschland die Auffassung vorgeherrscht und sie war auch von der konstitutionellen Theorie begründet worden, daß Regierung und Volksvertretung sich im System des »landständischen Dualismus« als antagonistische Kräfte gegenüberstehen müßten (s. S. 54). Dies wurde jetzt anders. Die Märzministerien bekannten sich durchweg zu einer pragmatischen Handhabung der parlamentarischen Regierungsweise. So sagte z. B. das sächsische Märzministerium in seiner Regierungserklärung vom 22. Mai 1848:

> »Die jetzigen Mitglieder der Regierung werden fest an dem Grundsatze halten, daß sie nur so lange auf ihrem Platze bleiben können, als sie sich in Übereinstimmung mit den Ansichten und dem ausgesprochenen Willen der Mehrheit der Vertreter des Volkes, mithin vorzugsweise der Zweiten Kammer befinden. [...] Wir wollen aufrichtig eine wahre parlamentarische Regierung, d.h.eine solche, bei welcher sowohl in der Gesetzgebung, als in der Verwaltung der durch die Repräsentanten des Volkes ausgesprochene Wille desselben maßgebend sein soll« (nach Botzenhart Nr. 59, S. 55 f.).

Auch die Fraktionen der deutschen Nationalversammlung bezeichneten es durchweg als selbstverständlich, daß in Deutschland künftig die parlamentarische Regierungsweise herrschen werde, und in zwei deutschen Kleinstaaten wurde sie sogar erstmals in der Welt verfassungsrechtlich festgeschrieben (s. S. 99).

Zu den vordringlichen Zielen der Märzministerien gehörte natürlich auch die Umwandlung des Deutschen Bundes in einen deutschen Nationalstaat mit freiheitlicher Verfassung. Der Bundestag hatte dazu noch selbst die Tür geöffnet. Er setzte bereits am 29. Februar einen politischen Ausschuß ein, der prüfen sollte, »welche Maßregeln sich bei dem dermaligen Zustande der Dinge als rätlich und als nötig erweisen«. Er gab am 3. März den Weg zur Einführung der Pressefreiheit in allen deutschen Staaten frei und bezeichnete am 8. März »eine Revision der Bundesverfassung auf wahrhaft zeitgemäßer und nationaler Grundlage« als notwendig. Die lange verfemten Farben der burschenschaftlichen Bewegung Schwarz-Rot-Gold waren am 9. März zu Bundesfarben erklärt worden, und am 10. März folgte der Beschluß, eine 17-köpfige Kommission für die Ausarbeitung einer deutschen Verfassung zu bilden, deren Mitglieder das Vertrauen des Volkes besitzen sollten (s. S. 159). Die Märzministerien besetzten sie dann auch mit allgemein angesehenen Honoratioren des vormärzlichen Liberalismus, wie z. B. Dahlmann, Bassermann, Uhland, Gervinus, Droysen und Max von Gagern. Noch vor dem Sieg der Revolution in Wien und München wollte der Bundestag somit die Führung im Prozeß der nationalstaatlichen Einigung Deutschlands übernehmen. An eine gewaltsame Unterdrückung der revolutionären Bewegung war offensichtlich nicht mehr zu denken.

Parallel zu dieser Initiative des Bundestages entwickelte die mittlerweile von Heinrich von Gagern geleitete Regierung Hessen-Darmstadts den Plan, durch eine diplomatische Aktion zunächst die kleineren deutschen Staaten und dann den König von Preußen für die Idee eines deutschen Kaisertums der preußischen Dynastie zu gewinnen und so, offenbar ohne Einschaltung eines deutschen Parlaments, den deutschen Nationalstaat »von oben« herab zu begründen. Des weiteren luden Österreich und Preußen am 15. März die Regierungen aller Bundesstaaten ein, in Dresden zu einer Konferenz über die Bundesreform zusammenzukommen. Diese drei Ansätze überschnitten sich jedoch mit einer weiteren Initiative, die am 5. März von einer Versammlung von 51 liberalen und demokratischen Politikern in Heidelberg ausgelöst worden war und schließlich über das »Vorparlament« zur Einberufung der verfassunggebenden deutschen Nationalversammlung führte (s. S. 91 f.). Daß die Regierungen letztlich nur noch diese Entwicklung legitimieren konnten, lag nicht zuletzt an den revolutionären Vorgängen in Österreich und Preußen.

Innerhalb von gut zwei Wochen hatte die Märzbewegung somit ihr Ziel erreicht. Sie hatte Politiker an die Macht gebracht, die bereit waren, die »Märzforderungen« auf dem Wege der Reformpolitik zu erfüllen, die zugleich aber auch entschlossen waren, allen republikanischen oder sozialrevolutionären Bestrebungen entgegenzutreten. Sie waren keine »Revolutionäre wider Willen« (Schieder), sondern bewußte Gegenrevolutionäre von Anfang an. Das gilt nicht nur für die Märzministerien, sondern auch für die ihnen wesensverwandte Mehrheit der Abgeordneten der Paulskirche und die Mitglieder der von ihr eingesetzten provisorischen deutschen Zentralgewalt.

3.4 Die Existenzkrise der Habsburger Monarchie

Nachdem die revolutionäre Bewegung Anfang März schon in Ungarn aufgeflammt war und die Existenz des Metternichschen Systems in Frage gestellt hatte (s. S. 80), entschied sich dessen Schicksal am 13. März. Die Ständeversammlung des Landes Niederösterreich war schon seit längerer Zeit für diesen Tag nach Wien einberufen worden, und die öffentliche Meinung erwartete, daß die Stände sich über die vorgesehene Tagesordnung hinaus zu Sprechern der Märzforderungen machen würden. Träger dieser öffentlichen Meinung waren vor allem die gesellschaftlichen und gewerblichen Vereinigungen der Stadt sowie die Studentenschaft der Universität, die den Verlauf der revolutionären Ereignisse in Wien stärker als in jeder anderen deutschen Stadt beeinflussen sollte. Die größte Beachtung fand eine Adresse des »Juridisch-politischen Lesevereins«, in der das liberale Wiener Bildungsbürgertum die Einberufung einer Volksvertretung für den Gesamtstaat Österreich verlangte. Es war dies vorerst nicht mehr als der Ausdruck einer »Bewegung des gebildeten und wohlsituierten Bürgerstandes, die verhältnismäßig leicht zufriedenzustellen war« (Valentin Bd. 1, S. 401). Diese gemäßigte Adresse wurde am 11. März ordnungsgemäß den Ständen übergeben, während eine Studentenversammlung in der Aula der Universität nun auch für Österreich das ganze Programm der Märzforderungen zusammenstellte. Die Regierung war wie paralysiert. In einer Mischung von Sorglosigkeit, Schwäche, Fatalismus und Lähmung wartete sie den Verlauf der Dinge ab. Polizei und Militär allerdings wurden für den 13. März alarmiert.

Ganz Wien war am 13. März auf den Beinen. Die elegante Welt und die feine Gesellschaft bestimmten zunächst in einem solchen Maß das Bild, daß Zeitgenossen von einer »Revolution in feiner Wäsche und Glacéhandschuhen« sprachen. Später allerdings veränderten die aus den Vorstädten herbeiströmenden Gesellen und Arbeiter das Bild dieser »mondänen« Revolution. In Massen umlagerte die Menge das Sitzungsgebäude der Ständeversammlung. Eine Deputation wurde eingelassen, während sich vor dem Gebäude die Erregung steigerte, weitere Petitionen eingingen und Reden gegen Metternich gehalten wurden. Während sich die Mitglieder der Versammlung in die Kaiserliche Hofburg begaben, um die Petitionen der Bevölkerung der Regierung zu überbringen, drang die Menge in das Ständehaus ein und begann es zu plündern. Das daraufhin herbeigerufene Militär gab erste Schüsse ab: das Signal zum allgemeinen Aufstand und zur Errichtung von Barrikaden. Läden wurden geplündert, Manufakturen in den Vorstädten besetzt oder angezündet, das Pfandleihhaus und Wachthäuser an der Zollinie zwischen Wien und dem Umland gestürmt.

Am Hof und in Regierungskreisen rangen zwei Richtungen um die Entscheidung. Die eine, verkörpert durch Erzherzog Albrecht und Metternich, sprach sich für hartes militärisches Vorgehen zur Niederschlagung des Aufruhrs aus. Die andere um Erzherzog Johann und andere Mitglieder des Kaiserhauses war gegen weiteres Blutvergießen und für die Bewilligung der Anliegen des Volkes. Der geistesschwache und eigentlich regierungsunfähige Kaiser Ferdinand folgte deren Meinung.

Im Stil eines Grandseigneurs, dessen Rolle ausgespielt ist, trat Metternich von der Bühne ab. Resignierend, aber nicht ohne Würde, in dem Bewußtsein, den auf die Dauer aussichtslosen Kampf gegen die Revolution und den Liberalismus ehrenvoll geführt zu haben. So zog sich der Politiker zurück, der über die von ihm bestimmte und im Bündnis mit Preußen durchgeführte konservative Prinzipienpolitik die Verantwortung für Stagnation und Repression im Deutschen Bund trug, der europäischen Außenpolitik aber das Signum relativer Stabilität gegeben hatte. Er konnte sich nach seinem Rücktritt in Wien nicht mehr sicher fühlen und verließ daher die Stadt noch in der nächsten Nacht mit seiner Familie, um in England eine Zuflucht zu suchen. Sein Palais wurde geplündert. 1851 konnte er nach Deutschland zurückkehren und lebte dann noch bis 1859 auf seinen Besitzungen in Böhmen oder auf seinem Schloß Johannisberg im Rheingau, wo ihn Bismarck in seiner Zeit als preußischer Bundestagsgesandter von Frankfurt aus besuchte, um so dem bedeutenden konservativen europäischen Staatsmann seine Reverenz zu erweisen.

In Wien hinterließ der Sturz Metternichs zunächst eine Lücke, die durch Konzeptionslosigkeit, Führungsschwäche und hinhaltendes Taktieren gekennzeichnet war. Erst erneute Unruhen und eine förmliche Belagerung der Hofburg erzwangen schließlich eine kaiserliche Proklamation vom 15. März, in der eine konstitutionelle Verfassung für den österreichischen Staat verbindlich zugesagt wurde. Ministerpräsident wurde zunächst der ständige Rivale Metternichs in der Leitung der österreichischen Innenpolitik, Franz Anton Graf von Kolowrat. Doch dieser Repräsentant des vormärzlichen Österreich konnte sich nur zwei Wochen gegenüber der Kritik der Öffentlichkeit halten. Sein Nachfolger wurde der bisherige Leiter der Vereinigten Hofkanzlei Franz Freiherr von Pillersdorf, der zusammen mit dem bisherigen Präsidenten des Hofkriegsrats Ludwig Graf von Ficquelmont Anfang April ein Ministerium bildete, dem nur hohe Beamte angehörten, die schon unter Metternich in führenden Regierungsämtern tätig gewesen waren. Es war also gleichfalls mehr ein Ministerium der Kontinuität als des Neubeginns.

Das Ministerium verkündete bereits am 24. April die am belgischen Vorbild (s. S. 49) orientierte erste österreichische Verfassung, die »Pillersdorfsche Verfassung«. Da diese jedoch den Forderungen der Zeit zu wenig entsprach und überdies ohne Mitwirkung einer gewählten Volksvertretung durch einseitigen Regierungsakt in Kraft gesetzt worden war, erzwangen erneute Unruhen in Wien Mitte Mai die Suspendierung dieser Verfassung, die Ausschreibung von Wahlen für einen konstituierenden Reichstag und dessen Einberufung für den Juli 1848 (s. S. 132).

Während die revolutionären Vorgänge in Wien zu einer Lähmung der zentralen Schaltstelle der Macht in der Habsburger Monarchie zu führen drohten, wurde deren Fortbestand durch nationalrevolutionäre Bewegungen in den Kronländern überhaupt in Frage gestellt.

Das Königreich Ungarn ging darin voran. Hier hatte die Welle der europäischen Revolution zuerst ihre Wirkung gezeigt. Schon am 3. März hatte Lajos Kossuth (s. S. 123) im Reichstag in Preßburg eine vielfach als »Taufrede« der ungarischen, aber auch österreichischen Revolution bezeichnete Ansprache gehalten. Er verlangte für alle Länder der Habsburger Monarchie die Verabschiedung moderner Verfassungen und die Einsetzung konstitutionell verantwortlicher Ministerien. Die »Ständetafel« (das Unterhaus des ungarischen Reichstags) stimmte ihm sofort zu, die »Magnatentafel« jedoch erst, nachdem die Nachricht vom Sturz Metternichs eine allgemeine Nationalbewegung ausgelöst hatte, deren Ziel nicht mehr eine Liberalisierung der bisherigen altständischen Verfassung, sondern eine Demokratisierung der ungarischen Staats- und Gesellschaftsordnung überhaupt wurde. In der österreichischen Staatskrise war die Regierung Anfang April genötigt, die fast vollständige Selbständigkeit des Königreichs Ungarn zuzugestehen; es blieb faktisch nur noch durch Personalunion mit dem Kaisertum Österreich verbunden. Ob Ungarn diese Erfolge der Märzbewegung würde behaupten können, wurde zur Hauptfrage der Revolution in der Habsburger Monarchie (s. S. 121 ff.).

Im Königreich Böhmen hatte im Vormärz eine nationale Polarisierung begonnen. Der Tschechen und Deutsche gleichermaßen umfassende böhmische Landespatriotismus wurde zunächst von der tschechischen Nationalbewegung in Frage gestellt, die seit den 1830er Jahren von dem Historiker Palacky wesentliche Impulse empfing. Erst ungefähr ab 1840 kam es auch zu einer entsprechenden nationalen Bewußtseinsbildung bei den Deutschen, auch wenn bei ihnen der »Bohemismus« nie ganz erlosch. Vorherrschende Trägerschichten der tschechischen Nationalbewegung waren vornehmlich Mitglieder der Prager Intelligenz, Kleinbürger und Studenten, während die deutschen Großbürger, Beamten und Militärs eher auf der Seite des ständisch-konservativen Adels standen, der noch immer die politische Führungsschicht des Landes war. Die Entwicklung der nationalen Gegensätze vollzog sich überwiegend im Bürgertum, während in den unteren Bevölkerungsschichten, vor allem bei den Bauern, das gemeinsame soziale Interesse überwog.

Nachdem die Nachricht von den europäischen Revolutionen Prag erreicht hatte, lud der radikale »Repeal-Klub« für den 11. März die Bevölkerung zu einer Versammlung in den größten Saal der Stadt, das Wenzelsbad ein. Dort wurde eine Petition verabschiedet, die neben den üblichen liberalen Märzforderungen auch die Aufhebung der bäuerlichen Dienste verlangte und die Herauslösung Böhmens, Mährens und Österreichisch-Schlesiens aus dem Deutschen Bund sowie ihre Verbindung zu staatsrechtlicher Einheit mit gemeinsamer Verfassung forderte. Mit Passagen über die Organisation der Lohnarbeit hatte eine radikale Gruppe darüber hinaus die Anliegen der Prager Industriearbeiter befriedigen wollen, doch diese wurden in der Endfassung der Petition nicht berücksichtigt.

Am 19. März reiste eine Delegation mit den Prager Forderungen nach Wien. Sie erhielt zunächst jedoch nur eine ungenügende und ausweichende Antwort, die in Prag zu einem Ansteigen der revolutionären Agitation führte. Am 28. März wurde eine neue Petition verabschiedet, die nunmehr auch das Verlangen nach Einrichtung eines eigenen Ministeriums und unabhängiger Zentralbehörden in Prag enthielt. Auch dies wurde vom Ministerium Kolowrat nicht zugestanden. Das »Verfassungspatent« vom 8. April enthielt jedoch die Grundzüge für eine böhmische Verfassung und das Zugeständnis, daß der für Mitte Mai einzuberufende Landtag diese Verfassung verabschieden solle. Auch Böhmen war auf dem Weg zu einem unabhängigen multinationalen Staat, der ähnlich wie Ungarn nur noch locker über das gleiche Herrscherhaus mit Österreich verbunden sein würde. In Mähren war die Märzbewegung zwar ruhiger verlaufen, aber was man Böhmen gewährte, hätte man auf die Dauer Mähren nicht vorenthalten können.

Große Schwierigkeiten machte überdies die Frage, ob Böhmen und Mähren auf Grund ihrer bisherigen Zugehörigkeit zum Deutschen Bund zusammen mit Deutsch-Österreich in den deutschen Nationalstaat eingegliedert werden sollten.

Während der deutsche Bevölkerungsteil dies als selbstverständlich voraussetzte, wurde es von der tschechischen Nationalbewegung mit größter Entschiedenheit abgelehnt. In seinem berühmten »Absagebrief« an den zur Vorbereitung der Wahlen gebildeten Fünfzigerausschuß (s. S. 93) hat der Kopf der tschechischen Nationalbewegung, der Historiker Frantisek Palacky, die Argumente dafür zusammengefaßt und gleichzeitig mit höchstem Nachdruck den Fortbestand der Habsburger Monarchie als multinationale Ordnungsmacht im Donauraum befürwortet. Neben der deutschen und der tschechischen Nationalbewegung bestand aber weiterhin eine altständisch-konservative, beide Nationalitäten umfassende Bewegung des böhmischen Landespatriotismus.

Die Auseinandersetzungen um die Beteiligung an den Wahlen zur deutschen Nationalversammlung brachten Böhmen an den Rand einer zweiten Revolution. Die gemeinsamen liberalen Anliegen beider Nationalitäten Böhmens wurden jetzt endgültig durch den Konflikt zwischen ihnen überspielt. Daß der Frankfurter Fünfzigerausschuß eine Deputation nach Prag schickte, um für die Durchführung der Wahlen zu werben, wurde von den Tschechen als Provokation empfunden. Nicht nur sie enthielten sich einer Beteiligung an den Wahlen, sondern zum Teil auch Deutsche, die eine Zerreißung der Habsburger Monarchie in einen deutschen und einen nicht-deutschen Teil ablehnten. So kam in vielen Wahlkreisen Böhmens die Wahl nicht zustande, und erstmals tauchte jetzt der Gedanke an einen getrennten Anschluß lediglich der deutschsprachigen Gebiete Böhmens an den deutschen Nationalstaat auf.

Als sich Mitte Mai in Wien die Ereignisse zuspitzten, die radikale Demokratie die Oberhand zu gewinnen schien und der Hof nach Innsbruck flüchtete, glaubten die konservativen Kräfte des böhmischen Patriotismus, in Prag ein kaisertreues Gegengewicht gegen den Wiener Radikalismus bilden zu können. Schon Anfang Mai war Graf Leo Thun zum Gubernialpräsidenten und damit zum Inhaber der obersten zivilen Gewalt in Böhmen bestellt worden. Dieser war im Vormärz einer der Sprecher einer altständischen, auf die alten Freiheitsprivilegien Böhmens rekurrierenden antiösterreichischen Fronde gewesen. Diese lehnte jede Germanisierungspolitik in Böhmen ab, wollte aber gleichwohl die Habsburger Monarchie als Garantiemacht autonomer, auch slawischer Nationalstaaten festigen. Thun hatte gleich nach seiner Ernennung eigenmächtig mit Zustimmung des Militärbefehlshabers Windischgrätz eine provisorische Regierung eingesetzt, der auch Palacky angehörte. Die böhmischen Autonomisten hatten sich damit jedoch zu weit vorgewagt. Thun wurde gemaßregelt, die nationalen Gegensätze und die sozialen Probleme in Böhmen blieben ungelöst, und der Prager Pfingstaufstand (s. S. 120 f.) verhinderte die für den 15. Juni geplante Eröffnung des konstituierenden böhmischen Landtags.

In Mähren und in Österreichisch-Schlesien hingegen konnten Ende Mai die Landtage zusammentreten. Sie befaßten sich vor allem mit den Fragen der Grundentlastung und der Agrarreform.

Auch in Galizien, dem österreichischen Teil des ehemaligen Königreichs Polen, löste die Nachricht von den Wiener Ereignissen ein lebhaftes Echo aus. Am 18. März wurde in Lemberg, der Hauptstadt der Provinz, dem Statthalter Grafen Franz Stadion eine Petition übergeben. Sie forderte vor allem Garantien für die freie Entfaltung der polnischen Nationalität, eine gegenüber Wien selbständige Verwaltung, die Reform der ständischen Verfassung mit dem Ziel der Beteiligung aller Klassen der Bevölkerung an den politischen Mitwirkungsrechten, die Einführung der kommunalen Selbstverwaltung auf breitester demokratischer Grundlage, völlige Gleichheit aller Bürger vor dem Gesetz, unentgeltliche Aufhebung aller Frondienste, Bildung von Bürgerwehren, Aufhebung der Zensur, Amnestie für politische Gefangene und die Verwendung galizischer Truppen nur für Einsätze im Lande. Ein ähnlicher Forderungskatalog wurde in Krakau aufgestellt.

Der Statthalter verwies die Deputation an den Kaiser, bewilligte jedoch sofort die Freilassung der politischen Gefangenen, die Aufstellung einer Nationalgarde in Lemberg und die Bildung eines Zentralen Nationalrates mit einem siebenköpfigen Direktorium an der Spitze.

Die nach Wien gereisten Delegationen aus Lemberg und Krakau wurden dort vom Ministerium Kolowrat mit dem Versprechen abgefertigt, daß der Herrscher die Anliegen seiner Untertanen zu gegebener Zeit prüfen werde. Statthalter Stadion, dem die besondere Brisanz der Agrarfrage seit dem Bauernaufstand von 1846 (s. S. 30) vertraut war, erreichte es dann, daß er am 24. April als besonderen Beweis kaiserlicher Gnade die Aufhebung sämtlicher bäuerlicher Verpflichtungen zum 15. Mai verkünden durfte. Den Grundherren wäre es freilich lieber gewesen, wenn dieser unvermeidliche Schritt als freiwilliges Entgegenkommen ihrerseits proklamiert worden wäre. Ihnen wurde im übrigen eine Entschädigung für ihre Einbußen zugesichert, doch deren Art und Höhe blieb offen. Erst der konstituierende österreichische Reichstag regelte diese Frage für die ganze Monarchie (s. S. 133). Zunächst einmal aber war das zentrale Anliegen der bäuerlichen Bevölkerung erfüllt, und sie war deshalb am weiteren Fortgang der österreichischen Revolution nur noch wenig interessiert, ähnlich wie auch die Bauern in Deutschland.

In Kroatien regte sich ebenfalls die nationale Bewegung. In Agram stellten ihre Sprecher am 25. März in 30 Punkten ihr Programm zusammen. Sie machten sich den jetzt schon beinahe standardisierten Forderungskatalog zur Verwirklichung von Freiheit und Gleichheit und zur Gewährleistung der nationalen Selbständigkeit (in ihrem Falle gegenüber Ungarn) zu eigen. Sie verlangten die umgehende Einberufung des kroatischen Landtags, die Ernennung des Generals Jellacic zum Banus (Statthalter) von Kroatien und die Vereinigung von Dalmatien, Slawonien und der Gebiete der direkt von Wien aus verwalteten »Militärgrenze« mit Kroatien.

Auch die kroatische Delegation erhielt in Wien nur ausweichende Antworten, da die innerungarischen Verhältnisse erst geklärt werden müßten. Die Ernennung

Jellacics allerdings erfolgte sofort. Am 19. April gab er in Agram eine Art Regierungsprogramm bekannt, dessen Kern die Erringung der vollen nationalen Selbständigkeit gegenüber Ungarn war. Die Beziehungen zur ungarischen Regierung wurden deshalb abgebrochen. Im Kampf gegen die ungarische Revolution sollte das Bündnis mit Kroatien zum stärksten Trumpf der österreichischen Regierung werden.

Da die Nachricht vom Sturz Metternichs zum Abfall Lombardo-Venetiens geführt hatte (s. S. 40) und sich die Eingliederung Deutsch-Österreichs in den werdenden deutschen Nationalstaat ankündigte, schien nach der Märzbewegung das Auseinanderbrechen der Habsburger Monarchie nur noch eine Frage der Zeit zu sein.

3.5 Die Revolution in Berlin: »Preussen geht fortan in Deutschland auf«

Der Sieg der Revolution in Preußen wurde durch die Berliner Barrikadenkämpfe der Nacht vom 18. zum 19. März entschieden. Die Nachricht vom Sturz Louis Philippes hatte Berlin schon am 28. Februar erreicht und dort zu lebhaftesten politischen Diskussionen in Gaststätten, Cafés und Lesekabinetten geführt. Nachdem die Märzbewegung zunächst das Rheinland, dann die schon im Vormärz relativ weit politisierten Provinzen Schlesien und Ostpreußen erreicht hatte, kam es vom 6. März an zu Unruhen auch in Berlin. In und vor dem Bierlokal »Die Zelte« im Tiergarten fanden täglich Versammlungen statt, deren Teilnehmerzahl bis auf 4 000 anstieg. Am 7. März wurde dort durch Akklamation eine Adresse mit den allgemeinen Märzforderungen gebilligt. Auch die Stadtverordneten-Versammlung beschloß eine Adresse an den König, welche am 14. März übergeben wurde. Am 13. März erschien ein erstes Flugblatt, in dem darüber hinaus Abhilfe gegen Not und Arbeitslosigkeit, Schutz vor Wucher und Ausbeutung sowie die Einrichtung eines Sozialministeriums gefordert wurden. Bei der Besetzung eines neu zu errichtenden Ministeriums für Arbeit und Soziales wollten die Arbeiter ein entscheidendes Mitspracherecht haben. Massenentlassungen in der Berliner Industrie und Panikverkäufe an der Börse bildeten den Hintergrund für die zunehmende öffentliche Unruhe.

Die preußische Regierung hatte die Februarrevolution zunächst ausschließlich als äußere Bedrohung empfunden und sich darauf vorbereitet, im Bündnis mit Rußland einen Angriff auf die deutsche Westgrenze zurückweisen zu können. Ein innenpolitisches Reformprogramm als Antwort auf die politischen und gesellschaftlichen Herausforderungen der Revolution lag nicht vor, nur zu halbherzigen Zugeständnissen war man bereit. So wurde dem »Vereinigten Landtag« (s. S. 63) am 6. März endlich das Recht zu periodischem Zusammentritt zugebilligt, und am 8. März die Aufhebung der Pressezensur angekündigt. Damit war jedoch die Unruhe in der Berliner Bevölkerung nicht zu besänftigen, die schon in der »Kartoffelrevolution« vom April 1847 (s. S. 67) mit Gewalt ihre Notlage demonstriert hatte. Staatliche Stellen notierten mit Sorge »die veränderte, herausfordernde, beinahe freche Haltung« der unteren Schichten, insbesondere der Handwerksgesellen (Hachtmann Nr. 80, S. 136).

Am Abend des 13. März kam es nach einer von möglicherweise 20 000 Berlinern besuchten Massenversammlung im Tiergarten bei Zusammenstößen zwischen Zivilisten und dem als Ordnungsmacht eingesetzten Militär zu den ersten Verwundeten. Nach erneutem Blutvergießen am 14. März gab es am 15. die ersten Toten, als eine vor dem Schloß versammelte Menge durch Kavallerie und Infanterie auseinandergetrieben wurde und das Volk mit Steinwürfen und dem Bau von Barrikaden Widerstand leistete. Auch am 16. März dauerten die Unruhen bis in die Nacht hinein an.

Die Nachricht vom Sturz Metternichs löste am gleichen Tage am Hofe einen politischen Meinungsumschwung aus, als dessen Ergebnis am 18. März ein königliches Patent mit folgendem Reformprogramm veröffentlicht wurde: Umwandlung Deutschlands in einen Bundesstaat, Reform der Bundesverfassung im Einvernehmen von Regierungen und Völkern, sofortige Einberufung einer vorläufigen Nationalvertretung aus Mitgliedern der einzelstaatlichen Landtage, Verkündung konstitutioneller Verfassungen auch in Österreich und Preußen, Einrichtung von zentralen Bundesinstanzen für Heer, Flotte, Gerichtsbarkeit und wirtschaftliche Einheit, Einberufung des Vereinigten Landtags für den 2. April zu Beratungen über eine preußische Verfassung.

Trotz aller Zugeständnisse hielt sich also die preußische Regierung an den Grundsatz, daß es nicht zu einem prinzipiellen Neubeginn durch Wahlen für eine deutsche und eine preußische Nationalversammlung kommen sollte, sondern daß den bestehenden Verfassungsorganen die Herstellung neuer verfassungsrechtlicher Zustände übertragen werden sollte. Es ist daher fraglich, ob das Patent wirklich, wie vielfach angenommen wird, die Unruhe in der Berliner Bevölkerung langfristig hätte beseitigen können. In den Augen der Berliner wurde es außerdem dadurch entwertet, daß es keine Versicherung über den Rückzug des Militärs aus Berlin enthielt, dessen Vorgehen in den letzten Tagen sehr viel Erbitterung und Empörung ausgelöst hatte. So war es kein Wunder, daß sich bei einer erneuten Demonstration vor dem Berliner Schloß am 18. März in Äußerungen des Dankes für die Verkündung des Patentes bald der Ruf nach Abzug der Soldaten mischte. Der König beantwortete dies mit dem Befehl, den Platz durch Militär räumen zu lassen. Es fielen zwei Schüsse, die Menge strömte auseinander, und innerhalb weniger Stunden entstanden in Berlin Hunderte von Barrikaden. Sie wurden spontan und ohne Plan errichtet. Droschken, Kutschen, Balken und Bretter, Möbel, Pflastersteine und anderes mehr dienten als Baumaterial. Eine Schußwaffe besaß kaum ein Barrikadenkämpfer, sondern sie mußten sich mit Äxten, Knüppeln, Mistgabeln und dergleichen begnügen. Sehr wirkungsvoll waren die Dachziegel, mit denen die Soldaten von oben beworfen wurden. Irgendwie identifizierbare Führungsgestalten gab es nicht. Die schon bald in Umlauf gesetzte Theorie, die Berliner Revolution sei durch Emissäre einer Internationalen der europäischen Revolution gezielt vorbereitet worden, gehört in den Bereich der Legende.

Die Barrikadenkämpfe begannen etwa gegen drei Uhr am Nachmittag und dauerten bis zum Morgen des nächsten Tages. Trotz des Einsatzes von Artillerie hatten die an Ausrüstung, Führung, Disziplin und Zahl weit überlegenen Truppen bis dahin keinen entscheidenden Erfolg errungen. Sie führten den Kampf mit äußerster Härte und willkürlicher brutaler Grausamkeit. So hatten sich zum Beispiel nach Berichten von Zeitgenossen zwei bewaffnete, »anständig gekleidete« junge Leute in ein Haus an der Ecke des Spittelmarktes geflüchtet. Sie wurden dort von einem Trupp Soldaten aufgestöbert und auf Befehl des kommandierenden Hauptmanns exekutiert, indem ein Soldat »dem einen jungen Menschen, welcher mitten im Zimmer stand, die Gewehrmündung fast an die Stirn legte und ihm den Kopf dermaßen zerschmetterte, daß das Möbel und die Wand von dem umherspritzenden Gehirn ganz bedeckt waren« (Wolff Nr. 96, Bd. 1, S. 185). Ein anderer Augenzeuge schrieb, und aus der Übertreibung spricht seine ganze Erschütterung: »Wer Berlin früher gesehen hat, kennt es nicht wieder. Die Straßen schwimmen von Blut« (Hachtmann Nr. 80, S. 159).

König Friedrich Wilhelm IV. war über die Kämpfe in der Stadt zutiefst betroffen und erschüttert. Die Zugeständnisse vom 18. März waren weit über das bis dahin für ihn vorstellbare Maß hinausgegangen. Er hatte gehofft, damit eine Brücke zu seinem Volk schlagen zu können; die Kämpfe waren in seinen Augen Ergebnis eines tragischen Mißverständnisses. Gegen den Rat seines Bruders Wilhelm, des späteren Königs und Kaisers, der sich in den Berliner Revolutionstagen die Bezeichnung »Kartätschenprinz« verdiente, entschloß er sich zur Kapitulation. In einer Proklamation »An meine lieben Berliner« versprach er am 19. März im Gegenzug zum Abbau der Barrikaden den Abmarsch der Truppen, gelobte Vergeben und Vergessen und bat um Gottes Segen für Preußen und Deutschland. Die Proklamation schloß mit den Worten: »Eure liebreiche Königin und wahrhafte treue Mutter und Freundin, die sehr leidend darnieder liegt, vereinigt ihre innigen tränenreichen Bitten mit den Meinigen« (Huber Nr. 48, S. 448).

Das ganze Ausmaß der Niederlage des preußischen Königtums wurde am Nachmittag des 19. März deutlich. In langem Zug brachten die Barrikadenkämpfer die Leichen der Gefallenen auf Bahren oder offenen Wagen vor das Schloß und reihten sie nebeneinander auf. Immer erregter forderte die Menge das Erscheinen des Königs. Schließlich kam er in Begleitung seiner Gattin und entblößte das Haupt vor den Opfern seiner Truppen: Eine persönliche und politische Demütigung, wie sie weder in der Vergangenheit noch in der Zukunft jemals ein preußischer König erleben mußte. »Nun fehlt nur noch die Guillotine«, soll die

Königin gesagt haben (Valentin Nr. 54, Bd. 1, S. 446). Nach einem feierlichen Trauerzug wurden die Toten am 21. März im Friedrichshain beigesetzt. Ihre Gräber sind dort bis heute erhalten geblieben.

Nach offiziellen Angaben starben während der Barrikadenkämpfe auf Seiten des Militärs 3 Offiziere sowie 17 Unteroffiziere und einfache Soldaten, vermutlich lagen die Zahlen jedoch höher. Schwer verwundet wurden mindestens 260 Soldaten, darunter 14 Offiziere.

Auf der Seite der Barrikadenkämpfer gab es nach offiziellen Aufstellungen 303 Tote, darunter 115 Handwerksgesellen, 86 Arbeiter, Diener und Kleinhändler, 29 Handwerksmeister und 15 Angehörige des gebildeten Bürgertums. Auch 7 Frauen und 4 Knaben gehörten zu den Opfern. Im Vergleich zu ihrem Anteil an der Gesamtbevölkerung Berlins waren die Handwerksgesellen unter den Opfern unverhältnismäßig stark vertreten.

Das politische Ergebnis der Berliner Barrikadenkämpfe war die Proklamation des Königs über die deutsche Politik Preußens vom 21. März und die Bekanntmachung vom 22. März über die Einführung einer preußischen Verfassung.

In der ersteren erklärte der gerade so schwer gedemütigte König, daß er »für die Tage der Gefahr« die Leitung der deutschen Politik übernehme, um die Nation gegen den äußeren Feind und die Revolution im Innern zu schützen. Die Regierungen der deutschen Staaten wurden aufgefordert, dem preußischen Vereinigten Landtag Abgeordnete ihrer Länder beizuordnen, und diese provisorische »deutsche Ständeversammlung« sollte dann eine Verfassung für ganz Deutschland beraten. »Preußen«, so hieß es, »geht fortan in Deutschland auf« (Huber, Nr. 48, S. 448).

In panischer Hektik trat der König somit die Flucht nach vorne an. Wie er sich nach der bisherigen deutschen Politik Preußens und den Berliner Märztagen in solcher Weise zum Führer Deutschlands stilisierte und den altständischen Vereinigten Landtag zum Nucleus einer deutschen Nationalversammlung machen wollte, war anmaßend und im Grunde eine erneute Kampfansage an die Märzbewegung. Wenig Fingerspitzengefühl zeigte der König auch, als er zu allem Überfluß am Nachmittag des Tages noch in Begleitung der Prinzen und der Minister im Schmuck von Schwarz-Rot-Gold einen Umritt durch Berlin unternahm, um sich so als deutscher Volkskaiser zu präsentierten.

In der Proklamation über die Verabschiedung der preußischen Verfassung (Huber Nr. 48, S. 449 f.) versprach der König eine Konstitution »auf den breitesten Grundlagen« mit Garantien für die wichtigsten Grundrechte. Die Verabschiedung des Wahlgesetzes für die einzuberufende konstituierende Versammlung wurde dem Vereinigten Landtag vorbehalten. Die Verwirklichung dieser Verheißung wurde zur wichtigsten Aufgabe des Ministeriums Camphausen-Hansemann.

Das erste preußische Märzministerium war bereits am 19. März unter Graf Arnim-Boitzenburg eingesetzt worden, der dem König nicht nur zu der geschilderten Offensive in der deutschen Politik, sondern auch zur außenpolitischen Konfrontation mit Rußland geraten hatte. Nach Lage der Dinge war es jedoch nicht zu erwarten, daß Arnim mit der Mehrheit des Vereinigten Landtags würde zusammenarbeiten können, und so berief der König am 29. März zwei prominente Sprecher der liberalen Opposition des Vereinigten Landtags von 1847 zu Leitern eines neuen Ministeriums: die beiden rheinischen Kaufleute und Bankiers Ludolf Camphausen und David Hansemann, von denen besonders der letztere das selbstbewußte, wirtschaftlich aufsteigende und zu politischer Macht drängende Großbürgertum in idealtypischer Weise verkörperte.

Wichtigste Aufgabe dieses Ministeriums war zunächst die Formulierung eines Wahlgesetzes. Als bürgerliche Liberale reinsten Wassers waren Camphausen und Hansemann alles andere als Anhänger des allgemeinen und gleichen Wahlrechts. Angesichts der anhaltenden Unruhe in Berlin waren sie jedoch der Auffassung, daß am allgemeinen Wahlrecht gegenwärtig kein Weg vorbeiführe. So lehnten sie von vornherein die vom Ministerium Arnim noch diskutierte Möglichkeit ab, die konstituierende Versammlung für Preußen entweder in zwei Kammern tagen zu lassen oder ein zwar allgemeines, aber ungleiches Wahlrecht einzuführen. Der Vereinigte Landtag stimmte zu, und so blieben nur als »unselbständig« definierte Empfänger regelmäßiger staatlicher Armenhilfe und Entmündigte vom Wahlrecht ausgeschlossen. Das in dieser Form auch für die Wahlen zur deutschen Nationalversammlung übernommene preußische Wahlrecht wurde damit zum demokratischsten im damaligen Deutschland, und im europäischen Vergleich verzichtete nur das Wahlrecht für die französische Nationalversammlung auf Zensusbestimmungen.

Bei der Verabschiedung des Wahlgesetzes machte der Vereinigte Landtag allerdings einen folgenschweren Vorbehalt: Die künftige Verfassung war auf dem Weg der »Vereinbarung« zwischen Nationalversammlung und Regierung zustandezubringen, d. h. durch Verständigung zwischen zwei gleichberechtigten Partnern und nicht durch souveränen Beschluß der Volksvertretung. Wenn diese Verständigung nicht erreicht wurde, mußte sich notwendigerweise die Machtfrage stellen. Mit dieser Hypothek hatte die preußische Nationalversammlung ihre Arbeit zu beginnen (s. S. 146).

Im ganzen also ebnete der Vereinigte Landtag ohne Widerstand den Übergang vom vormärzlichen zum modernen Preußen. Als der Landtag in der üblichen Adresse dem König den Dank für die Politik der letzten Wochen aussprach, protestierte freilich der spätere Reichskanzler Otto von Bismarck. »Nachdem die Krone selbst die Erde auf ihren Sarg geworfen hat«, wisse er nicht, wofür er einem König danken solle, der die ruhmreiche Vergangenheit Preußens so schmählich begraben habe.

3.6 Der Heckerzug

Bevor die Märzbewegung mit den Wahlen zur deutschen Nationalversammlung in ruhigere Bahnen überging, flammte sie in Baden noch einmal auf. Das Scheitern der Republikaner im »Vorparlament« (s. S. 93) dürfte die radikalen Kräfte im deutschen Südwesten zu dem Entschluß gebracht haben, zur revolutionären Aktion überzugehen. Ihr unbestrittener Führer war Friedrich Hecker. Dieser war im Vormärz als Advokat in Mannheim und Mitglied der zweiten badischen Kammer zum Anwalt der Unterschichten von großer Popularität geworden. Er war Mitverfasser des Offenburger Programms (s. S. 68), Teilnehmer an der Heidelberger Versammlung (s. S. 91) und Mitglied des Vorparlaments. Während einer Volksversammlung, die am 19. März in Offenburg die Organisation eines Netzes radikaldemokratischer Vereine in Baden in die Wege leitete und Hecker an deren Spitze stellte, konnte er von seinen Freunden nur mit Mühe davon abgehalten werden, die deutsche Republik auszurufen. Er besaß die Fähigkeit, den einfachen Mann anzusprechen, hatte Verständnis für dessen Nöte und strahlte das Charisma eines echten Volkstribunen aus. Auf der Welle seiner Popularität ließ er sich zu verbalen Beschwörungen von Terror und Gewalt hinreißen, die ihm einen geradezu legendären Ruf von revolutionärer Entschlossenheit einbrachten. Er war jedoch kein deutscher Robespierre, sondern ein Revolutionär humanen Zuschnitts, im Kern »nicht viel mehr als ein Rechtsanwalt mit einem goldenen Herzen und einem langen Bart« (Valentin Nr. 54, Bd. 1, S. 496).

Der damalige preußische Gesandte in Karlsruhe meinte, daß Hecker innerhalb weniger Tage »ein Heer von mehr als 20 000 verzweifelter und fanatisierter Proletarier unter seinem Befehl vereinigen könnte« (nach Valentin Nr. 54, Bd. 1, S. 482 f.). Möglicherweise hat Hecker das auch selbst geglaubt. Als sich nach dem für die Linken enttäuschenden Verlauf des Vorparlaments überdies die Zeichen dafür mehrten, daß die badische Regierung nicht mehr bereit war, dem Treiben revolutionärer Propagandisten tatenlos zuzusehen, entschloß sich Hecker, von vielen Seiten gedrängt, zum Losschlagen. Er konnte sich dabei nicht auf gezielte Vorbereitungen stützen, sondern ließ sich von dem Gefühl leiten, daß es die Treue zu seiner Sache verlange, den vielen Worten auch Taten folgen zu lassen.

So rief er am 12. April in Konstanz die deutsche Republik aus und forderte alle waffenfähigen Männer auf, sich am 14. April in Donaueschingen zu sammeln. Er hatte mit einem Triumphzug gerechnet, aber ihm folgten nur 60 Anhänger, als er Konstanz am 13. April verließ. Auch frühere politische Freunde Heckers hatten nicht den Mut, ihn zu unterstützen. Die Behörden ließen ihn gleichwohl gewähren: die schleichende Zersetzung des staatlichen Machtapparates war offensichtlich. So konnten Hecker und seine Weggenossen Struve und Willich doch ungefähr 6 000 Mann sammeln, die in drei Kolonnen getrennt durch den Südschwarzwald auf Freiburg vorrückten. Noch bevor sie sich vereinigt hatten, wurden sie am 20. April von Truppen des Deutschen Bundes bei Kandern gestellt und geschlagen. Dabei fiel der Befehlshaber der Bundestruppen Friedrich von Gagern, nachdem er in einem Gespräch zwischen den Kampflinien versucht hatte, Hecker zur Aufgabe seines aussichtslosen Unternehmens zu bewegen. Geschlagen wurde auch die »Deutsche Legion«, die der Lyriker und Revolutionsdichter Georg Herwegh aus deutschen Emigranten, meist Handwerksgesellen, im Elsaß aufgestellt und über den Rhein geführt hatte. Unterstützung fand der Heckerzug auch in Freiburg und Mannheim. Hier hatten aufständische Bürger die Tätigkeit der Stadtverwaltung lahmgelegt und auf das Eintreffen Heckers gewartet. In und um Freiburg kam es sogar zu lebhaften Gefechten, doch diese Aufstände wurden ebenfalls durch hessische und bayerische Bundestruppen unterdrückt.

Es war keine ganz realitätsferne Illusion, wenn Hecker gehofft hatte, vom deutschen Südwesten aus gleichsam mit einem Schneeball die Lawine einer zweiten Revolutionswelle auslösen zu können. Das Potential politischer Gärung und sozialen Unfriedens, auf das er gesetzt hatte, war aber offensichtlich nicht stark genug. Es blieb jedoch erhalten und sollte sich bis zur Mairevolution des folgenden Jahres immer wieder entladen (s. S. 144 und S. 223). Hecker selbst konnte in die Schweiz fliehen und ging von dort nach Amerika. Er gehört zu den nicht eben zahlreichen Vertretern des deutschen Bürgertums, die für Freiheit, Menschenwürde und soziale Gerechtigkeit nicht nur zu reden, sondern auch zu kämpfen und zu sterben bereit waren.

4. Kapitel

DIE KONSTITUIERUNG DER DEUTSCHEN NATIONALVERSAMMLUNG

4.1 Das Vorparlament

Spätestens nach dem Sieg der Revolution in Österreich und Preußen war deutlich, daß die Gründung eines deutschen Nationalstaates Ergebnis der Märzbewegung sein müßte. Auf welchem Weg und in welcher Form dies geschehen sollte, wurde Anfang April entschieden. Bereits am 5. März hatten sich in Heidelberg 51 prominente liberale und demokratische Politiker aus dem Rheinland und dem deutschen Südwesten getroffen. Dabei war es bereits zu heftigen Auseinandersetzungen über die Kompetenz der geplanten Nationalversammlung und die Gestalt der künftigen Reichsverfassung gekommen: Sollte die Nationalversammlung allein oder unter Beteiligung der Regierungen die Verfassung verabschieden? Sollte sie das Recht haben, eine provisorische Reichsexekutive an die Stelle des Bundestages zu setzen? Sollte der deutsche Nationalstaat eine monarchische oder eine republikanische Verfassung haben? Die Versammlung ließ diese Fragen schließlich offen. Man verabschiedete eine gemeinsame Erklärung, in der man sich zum Prinzip von Freiheit, Unabhängigkeit und Selbstbestimmungsrecht aller Nationen bekannte. Die Einberufung der Nationalversammlung wurde als Aufgabe der Regierungen bezeichnet, eine Versammlung von »Vertrauensmännern aller deutscher Volksstämme« sollte in Zusammenarbeit mit den Regierungen die Einberufung der Nationalversammlung in die Hand nehmen. Zur Organisation dieser Versammlung, des »Vorparlaments«, wurde eine Siebener-Kommission gebildet.

Die Mehrheit der Heidelberger Versammlung setzte also auf Kooperation, nicht Konfrontation mit den Regierungen, und die Formulierung, sie hätte mit dieser Initiative »die Bahn der direkten Aktion« beschritten (Huber Nr. 47, Bd. 2, S. 594), weckt falsche Vorstellungen.

Die in allen größeren Zeitungen Deutschlands veröffentlichte Einladung zum Vorparlament richtete sich an die früheren oder gegenwärtigen Mitglieder deutscher Landtage (für Österreich und Preußen der Provinziallandtage), und außerdem ergingen spezielle Einladungen an bisher nicht in Ständeversammlungen tätige Notabilitäten der politischen Bewegung, naturgemäß weitgehend Angehörige der demokratischen Linken, die zum Teil noch im Exil lebten.

574 Vertreter des deutschen Volkes versammelten sich am 31. März in Frankfurt. Die einzelnen deutschen Staaten waren dabei sehr unterschiedlich repräsentiert. Je näher man an Frankfurt wohnte, desto eher war man zur Teilnahme be-

reit. Aus Österreich z. B. kamen nur zwei Abgeordnete, und wegen der gleichzeitigen Tagung des Vereinigten Landtags (s. S. 87 f.) wurden für Preußen auch Stadtverordnete zugelassen, die überwiegend aus dem Rheinland kamen. Bei den Abstimmungen zeigte sich, daß etwa 70 Prozent der Teilnehmer dem Liberalismus in seinen damals noch nicht voneinander geschiedenen Schattierungen angehörten, etwa 30 Prozent der demokratischen Linken, von denen ein knappes Drittel einen radikalen republikanischen Flügel bildete.

Bei seinem Zusammentritt in der Paulskirche sah sich das Vorparlament mit zwei Hauptanträgen konfrontiert:

In Übereinstimmung mit Heinrich von Gagern und seinen politischen Freunden schlug die Siebener-Kommission vor, bereits gewisse Grundzüge der Verfassung festzulegen und auf dieser Grundlage die Wahlen zur Nationalversammlung auszuschreiben. Im einzelnen sollte beschlossen werden:

1. Die Einsetzung eines monarchischen Bundesoberhauptes mit einem konstitutionell verantwortlichen Ministerium.

2. Die Einrichtung einer Volksvertretung, welche aus einem durch die Regierungen beschickten Senat einerseits und einem Volkshaus andererseits bestehen sollte. Für dessen Zusammensetzung wurde die im Vormärz übliche ständische Untergliederung ausdrücklich verworfen, Wahlrechtsbeschränkungen jedoch nicht ausgeschlossen.

3. Der deutschen Zentralgewalt wurden folgende Kompetenzen zugesprochen: Außenpolitik, Heerwesen, Handels- und Zollpolitik, Verkehrswesen, Zivil- und Strafrechtspflege.

Der Antrag war eindeutig darauf ausgerichtet, schon jetzt die Weichen für die Errichtung eines deutschen Kaisertums zu stellen, den einzelstaatlichen Regierungen einen beträchtlichen Einfluß auf die Reichsgesetzgebung zu sichern und einem weiteren Ausufern der Revolution entgegenzutreten.

Der von dem badischen Republikaner Gustav v. Struve eingebrachte Gegenantrag der Linken enthielt u. a. das Verlangen nach Abschaffung der stehenden Heere und des Berufsbeamtentums, nach Einführung progressiver Einkommens- und Vermögenssteuern, nach Abschaffung aller rechtlichen Ungleichheiten, nach sozialer Reform, nach Schutz für die Arbeiter und deren Beteiligung am Gewinn der Unternehmer. Der Antrag gipfelte im Verlangen nach Aufhebung der Monarchie, nach Neugliederung Deutschlands und Verabschiedung einer föderativen republikanischen Bundesverfassung nach dem Vorbild der Vereinigten Staaten von Nordamerika.

Die großen prinzipiellen Gegensätze der deutschen Revolution kommen in diesen beiden Anträgen klar zum Ausdruck. Einem an der Monarchie orientierten und auf die Verfassungsfrage konzentrierten liberalen Reformprogramm wurde ein Manifest der republikanischen und sozialen Revolution entgegengestellt.

Obwohl besonders Gagern während der Debatte eindringlich dazu aufrief, zumindest ein eindeutiges Bekenntnis zur Monarchie abzulegen, verwarf die Versammlung beide Anträge durch Übergang zur Tagesordnung. Sie scheute eine wochenlange Debatte über die Grundfragen der künftigen deutschen Verfassung. Es wurde auch mit gutem Grund darauf hingewiesen, daß die Versammlung in ihrer zufälligen Zusammensetzung nicht repräsentativ für das deutsche Volk sei, daß ihre Mitglieder ihre Legitimation dem fragwürdigen und durch die revolutionären Vorgänge obsolet gewordenen vormärzlichen Wahlrecht verdankten und daß man eigentlich nur zur Vorbereitung der Wahlen für die Nationalversammlung zusammengekommen sei.

So wurden alle substantiellen Anträge der kommenden Nationalversammlung zur Beratung überwiesen, und nur für das Wahlrecht wurden die Bedingungen festgelegt: jeder männliche, volljährige und selbständige Deutsche war in seinem Heimatland aktiv, in ganz Deutschland passiv wahlberechtigt. Ob das Wahlverfahren direkt oder durch Einschaltung von Wahlmännern indirekt sein sollte, wurde den Einzelstaaten überlassen, ebenso die genauere Definition der »Selbständigkeit«. Unterschiedliche Auslegungen dieser Rahmenbedingungen führten zu ungleichem Wahlrecht bei den Wahlen zur Nationalversammlung (s. S. 94).

Gegen Ende der Beratungen kam es noch einmal zur Konfrontation zwischen den beiden Lagern der Versammlung, als die Linke forderte, die Versammlung möge sich so wie die Französische Nationalversammlung von 1789 im »Ballhausschwur« für permanent erklären und dadurch so wie jene den revolutionären Weg eigenen Rechtes einschlagen. Die Linke verlangte außerdem, man müsse jede Zusammenarbeit mit dem Bundestag ablehnen, solange er nicht von schon im Vormärz amtierenden Mitgliedern gesäubert sei. Vorübergehend zogen Teile der Linken sogar aus der Versammlung aus. Die Permanenzerklärung wurde mit 356 gegen 142 Stimmen verworfen und lediglich ein 50er-Ausschuß eingesetzt, der die korrekte Durchführung der Wahlen kontrollieren sollte. Der Antrag auf »Epuration« des Bundestags wurde in einer gemilderten Form angenommen. Als Erfolg der Linken ist es zu interpretieren, daß die Versammlung am Ende den Grundsatz proklamierte, »daß die Beschlußnahme über die künftige Verfassung Deutschlands einzig und allein dieser vom Volk zu erwählenden konstituierenden Versammlung zu überlassen sei« (Huber Nr. 48, S. 334). Ob sich der Gedanke der Volkssouveränität in dieser Form würde durchsetzen lassen, wurde zu einer Schicksalsfrage der deutschen Revolution.

Der für die Linke unbefriedigende Ausgang des Vorparlaments veranlaßte sie, zur direkten Aktion überzugehen. Am 12. April proklamierte Friedrich Hecker in Konstanz die deutsche Republik (s. S. 89).

4.2 Die Wahlen und das soziale Profil der Abgeordneten

Während im deutschen Südwesten das Feuer der Revolution noch einmal aufflackerte, begannen in ganz Deutschland die Vorbereitungen zu den Wahlen für die deutsche Nationalversammlung. Der Bundestag hatte die Beschlüsse des Vorparlaments an die Regierungen weitergegeben und sie aufgefordert, die Wahlen so schnell durchzuführen, daß das Parlament am 1. Mai seine Beratungen aufnehmen könne. Dies erwies sich als unmöglich. Wegen der noch zu leistenden technischen Vorarbeiten konnten die Wahlen überall erst in der ersten Maihälfte stattfinden.

Das Vorparlament hatte den Regierungen einen erheblichen Handlungsspielraum für die Ausgestaltung von Wahlrecht und Wahlverfahren eingeräumt, und deshalb ergaben sich gewisse Ungleichheiten zwischen den einzelnen Bundesstaaten. So galten im damaligen Deutschland noch unterschiedliche Altersgrenzen für das Erreichen der Volljährigkeit, und vor allem wurde der Begriff der »Selbständigkeit« höchst unterschiedlich ausgelegt.

In Preußen wurde nur den Empfängern regelmäßiger Armenhilfe, Entmündigten und der bürgerlichen Ehrenrechte verlustig gegangenen Personen das Wahlrecht vorenthalten, im ganzen nicht mehr als 5 Prozent der volljährigen Männer. In den meisten Mittelstaaten hingegen wurden alle ausgeschlossen, die ohne eigenen Hausstand in Kost und Logis bei einem Dienstherren standen: Dienstboten und Gesinde, Gesellen, Gehilfen, Tagelöhner. Genaue statistische Angaben über die Auswirkungen dieser Bestimmung sind nicht verfügbar. Nach gewissen Anhaltspunkten kann man jedoch davon ausgehen, daß etwa 20 Prozent der volljährigen Männer betroffen waren. Unterschiedlich war das Wahlverfahren, weil vor allem Kurhessen und Württemberg von der Möglichkeit zu direkter Stimmabgabe Gebrauch machten, während in den übrigen Staaten in einem ersten, meist öffentlichen Wahlgang Wahlmänner gewählt wurden (in der Regel einer auf 100 Wahlberechtigte), die dann eine Woche später in einem zweiten Wahlgang ohne Bindung an ein Votum ihrer »Urwähler« den Abgeordneten bestimmten. Durch das indirekte Wahlverfahren wurde die eigentliche Abgeordnetenwahl weitgehend den lokalen Honoratioren übertragen, die sich häufig noch vor der Wahl in einem größeren Lokal versammelten, mögliche Kandidaten gelegentlich um ein »politisches Glaubensbekenntnis« baten und sich danach schon auf die Wahl eines Kandidaten und seines Stellvertreters verständigten. Politische Profilierung im Vormärz als politischer Publizist, Landtagsabgeordneter oder Stadtverordneter sowie persönliches Ansehen unter den Honoratioren der Gemeinde spielten dabei die ausschlaggebende Rolle.

Zur Wahlbeteiligung sind ebenfalls nur bruchstückhafte Angaben überliefert. Sie lassen aber doch erkennen, daß die Wahlbeteiligung bei indirekter Wahl an den Urwahlen im Höchstfall 40-50 Prozent betragen hat. Vor allem in ländlichen Gebieten fiel sie nachweislich geringer aus. Bei den Abgeordnetenwahlen waren die Wahlmänner in der Regel nahezu vollständig anwesend. In den Staaten mit direkter Wahl lag die Wahlbeteiligung bei 75 % oder noch darüber.

Die Wahlvorbereitung und die Benennung der Kandidaten erfolgten fast ausschließlich durch ad hoc gebildete Wahlkomitees, Bürgerausschüsse oder politische Vereine, die häufig aus vormärzlichen Vereinigungen bürgerlicher Geselligkeit oder wirtschaftlicher Interessenvertretung hervorgingen. Organisierte Parteien kannte man noch nicht. Nur in Baden und Sachsen gab es schon bei den Maiwahlen landesweit organisierte Parteien der Demokraten und begrenzt auch der Liberalen (s. S. 152 ff.).

Um die angebliche Politik- und Realitätsferne der Nationalversammlung zu kennzeichnen, ist sie häufig als »Professorenparlament« verspottet worden – zu unrecht, wie eine genauere Analyse ihrer sozialen Zusammensetzung zeigt:

Nach abgerundeten Zahlen waren 21 Prozent der Abgeordneten höhere Beamte der Staats- und Kommunalverwaltung, 14 Prozent Richter oder Staatsanwälte und nur 15 Prozent Angehörige der Lehrberufe (davon ein Drittel Professoren). Dazu kam eine Reihe weiterer Beamter, so daß diese mehr als die Hälfte der Abgeordneten stellten. Der Geistlichkeit gehörten 5 Prozent an. Unter den freien Berufen bildeten die Rechtsanwälte mit 13 Prozent der Abgeordneten die stärkste Gruppe, dazu kamen Ärzte, Journalisten und Promovierte ohne Berufsangabe, so daß der freien Intelligenz 23 Prozent der Abgeordneten zuzuzählen sind. Lediglich 7,5 Prozent der Abgeordneten kamen aus Handel und Gewerbe, knapp 6 Prozent waren Landwirte. Die wirtschaftlichen Berufe waren also nur schwach repräsentiert, und die Anliegen der Unterschichten wurden vor allem von Geistlichen, Advokaten und Journalisten vertreten. Von der Ausbildung her waren also die Juristen der vorherrschende Stand in der Nationalversammlung, von der Berufsstellung her die höheren Beamten.

Dieses Sozialprofil der Nationalversammlung dürfte zu einem gewissen Maß auch von der Abkömmlichkeit der Abgeordneten geprägt gewesen sein. Für die Staatsbeamten war das kein Problem, da sie zur Wahrnehmung ihrer Mandate für die Zeit ihrer Abwesenheit mit vollem Gehalt beurlaubt wurden. Wie lange sich ein Angehöriger der freien Berufe das teure Leben in Frankfurt leisten konnte, war individuell verschieden. Für Landwirte, Kaufleute oder Gewerbetreibende dürfte eine längere, im Extremfall einjährige Abwesenheit aus ihren Betrieben häufig nicht möglich gewesen sein. Mit einer so langen Dauer der Beratungen hatte wahrscheinlich kaum jemand gerechnet. Wenn im Laufe der Zeit gut 200 der knapp 600 Abgeordneten ihren Platz für den schon in den Maiwahlen mitgewählten Stellvertreter räumten, so dürften dafür eher solche praktischen Fragen als Politikverdrossenheit entscheidend gewesen sein.

Die politische Zusammensetzung der Nationalversammlung wurde erst deutlich, als sich nach den ersten Grundsatzdebatten im Verlauf des September das Fraktionswesen verfestigt hatte (s. S. 192 ff.). Bei ihrem Zusammentreten bot die Versammlung das Bild einer großen, unstrukturierten Honoratiorenversammlung, auch wenn die Frontstellungen innerhalb des Vorparlaments schon zu einer gewissen Scheidung der politischen Lager geführt hatten und bereits vor Eröffnung der Versammlung mit ersten Fraktionsprogrammen eine parlamentarische Gruppenbildung versucht wurde. Nach der späteren Fraktionszugehörigkeit läßt sich sagen, daß etwa 20 Prozent der Abgeordneten der demokratischen Linken angehörten, innerhalb derer es einen radikalen, republikanischen Flügel gab. 25 Prozent lassen sich dem Linksliberalismus in unterschiedlichen Schattierungen zurechnen, und etwa 40 Prozent dem älteren Rechtsliberalismus. Der Rest war gemäßigt konservativ, aber nicht reaktionär.

Der 18. Mai, der Tag der Konstituierung der ersten deutschen Nationalversammlung wurde zu einem weit über Frankfurt hinausstrahlenden Festtag der deutschen Nationalbewegung. Sie schien an ihrem Ziel zu sein. Die Abgeordneten hatten sich im Kaisersaal des Rathauses versammelt, um von dort unter dem Geläut aller Glocken und dem Jubel der Bevölkerung durch ein Spalier der Frankfurter Bürgerwehr in die Paulskirche einzuziehen, die mit den Schwarz-Rot-Goldenen Farben und einem Standbild der »Germania« geschmückt war.

4.3 Die Einsetzung der Provisorischen Zentralgewalt

Die Arbeit der Nationalversammlung verlief zu Beginn wenig spektakulär mit Regularien wie der Verabschiedung einer Geschäftsordnung und der Bildung von Ausschüssen für die unterschiedlichsten Sachgebiete. Der zunächst wichtigste von ihnen hatte den Entwurf für ein Gesetz über die Einsetzung einer vorläufigen Reichszentralgewalt zu beraten, die an die Stelle des bisherigen Bundestages treten sollte. Über seine Vorlage wurde in der zweiten Junihälfte diskutiert. Es war die erste große Grundsatzdebatte in der Paulskirche, die erheblich zur Scheidung der politischen Lager beitrug. Dabei ging es um folgende Fragen, die letztlich die Kernprobleme der Verabschiedung einer deutschen Verfassung überhaupt spiegeln:

1. Konnte die Nationalversammlung eine Zentralgewalt ohne Beteiligung der Regierungen allein einsetzen, oder waren diese daran zu beteiligen? Hier ging es um die Entscheidung zwischen souveräner Machtkompetenz der Nationalversammlung und dem Prinzip der »Vereinbarung« zwischen Nationalversammlung und Regierungen.

2. Sollte die Zentralgewalt in der Form eines mehrköpfigen Direktoriums die föderalistische Struktur des deutschen Bundes weiterführen oder sollte sie in der Hand eines Einzelnen den unitarischen Charakter des neuen deutschen Nationalstaates präjudizieren?

3. Der oder die Träger der Zentralgewalt konnten entweder nach monarchischem Prinzip unverletzlich und unverantwortlich sein oder wie ein republikanischer Präsident zumindest einer juristischen Verantwortlichkeit unterliegen.

4. Zu klären war auch die Kompetenz der Zentralgewalt. Sollte sie sich auf die relativ geringen Befugnisse des bisherigen Bundestages beschränken, oder sollte sie sofort ein Höchstmaß von Zuständigkeiten für die gesamte innere und äußere Politik Deutschlands erhalten?

5. Wie war das Verhältnis zwischen der provisorischen Exekutive und dem Parlament zu definieren? Würde das Ministerium dem bisherigen deutschen Konstitutionalismus entsprechend von der Legislative unabhängig sein, oder müßte es des Vertrauens ihrer Mehrheit bedürfen? Hier stand also die Einführung der parlamentarischen Regierungsweise zur Diskussion.

Schon der »epurierte« , d.h. von den noch aus dem Vormärz stammenden Gesandten befreite Bundestag hatte Mitte April die Bildung einer neuen Exekutivgewalt auf die Tagesordnung seiner Beratungen gesetzt und am 3. Mai auf Antrag des badischen Bundestagsgesandten und späteren Mitglieds der Fraktion »Casino« (s. S. 193) Karl Theodor Welcker beschlossen, ein dreiköpfiges Direktorium einzusetzen, das bis zur Verabschiedung der Reichsverfassung amtieren sollte. Österreich und Preußen hätten je ein Mitglied gestellt, das dritte wäre von den übrigen Stimmen des Bundestags ohne Beteiligung der beiden Großmächte gewählt worden. Dieser Beschluß korrespondierte mit der Entscheidung, noch vor der Eröffnung der Nationalversammlung auch eine Verfassung zu erarbeiten (s. S. 195), er wurde jedoch nicht ausgeführt, weil einereits der vom Vorparlament eingesetzte 50er-Ausschuß gegen den Besetzungsmodus protestierte und ein Mitspracherecht verlangte und weil andererseits die Regierungen sich nicht schnell genug über die Mitglieder des Direktoriums verständigen konnten.

So zog die Nationalversammlung bald nach ihrer Eröffnung die Sache an sich und überwies sie am 3. Juni an einen Ausschuß, der seinen Bericht am 17. Juni vorlegte und sich dabei ebenfalls für ein provisorisches kollektives Staatsoberhaupt in Gestalt eines Dreierdirektoriums aussprach, das seine Gewalt über ein der Nationalversammlung verantwortliches Ministerium ausüben sollte.

Damit wurde eine mehr als eine Woche dauernde Grundsatzdebatte ausgelöst. Sie wurde allgemein als Vorentscheidung über das künftige Verfassungs- und Regierungssystem Deutschlands und als prinzipielle Klärung der Frage verstanden, ob die Nationalversammlung ihre Aufgabe nur in Zusammenarbeit mit den Regierungen erfüllen könnte, oder ob sie bei der Verabschiedung der Verfassung und bei anderen Beschlüssen allein die souveräne Entscheidungsgewalt beanspruchen müsse. Angesichts dieser Grundsatzfragen wurde die Debatte mit höchster Leidenschaft geführt, und sie beschleunigte ganz wesentlich die Bildung der Parlamentsfraktionen (s. S. 192 ff.). Welche Möglichkeiten standen dabei zur Diskussion?

Die äußerste Linke forderte, einen Vollziehungsausschuß einzusetzen, der sofort die gesamte exekutive Gewalt in ganz Deutschland ausüben sollte. Die gemäßigte Linke wollte die Kompetenz dieses Ausschusses auf die Ausführung der Beschlüsse der Nationalversammlung beschränken. Das linke Zentrum schlug vor, einen von den Regierungen benannten und von der Nationalversammlung bestätigten Präsidenten einzusetzen, und Mitglieder des rechten Zentrums beantragten, den Bundestag fortbestehen zu lassen und ihm lediglich ein verantwortliches Ministerium zur Seite zu stellen. Den Fraktionen der Mitte schienen die Vorstellungen der Linken auf ein diktatorisches Konventsregime im Stile der radikalen Jakobinerherrschaft während der Französischen Revolution zuzulaufen. Sie bestanden demgegenüber auf dem Prinzip der Gewaltenteilung, betonten aber ausdrücklich, daß das von ihnen gewünschte verantwortliche Ministerium im parlamentarischen Sinne vom Vertrauen der Mehrheit der Nationalversammlung abhängig sein würde. Die rechte Seite favorisierte ein dem deutschen Föderalismus entsprechendes mehrköpfiges Direktorium. Sie bestand mit besonderem Nachdruck darauf, daß die provisorische Zentralgewalt, wie immer sie aussähe, mit Zustimmung der Regierungen eingesetzt werden müsse. Daß die Regierung künftig nur noch im Einklang mit der Mehrheit der Volksvertretung geführt werden könne, wurde von Sprechern aller Fraktionen mehrfach betont.

Nachdem es vorübergehend so ausgesehen hatte, als ob die verschiedenen Anträge sich gegenseitig blockieren und keiner eine Mehrheit erhalten würde, brachte eine mitreißende Rede des Präsidenten der Nationalversammlung Heinrich von Gagern den entscheidenden Durchbruch. Er rief dazu auf, einen »kühnen Griff« zu tun, die Zentralgewalt aus dem souveränen Recht der Nation ohne Mitwirkung der Regierungen einzusetzen und den Erzherzog Johann von Österreich zum monarchisch unverletzlichen Reichsverweser zu wählen. In der Tat gelang es Gagern, die große Mehrheit der Versammlung für seinen Vorschlag zu gewinnen. In der Schlußabstimmung wurde das Gesetz über die Einsetzung der Zentralgewalt mit 450 gegen 150 Stimmen gebilligt.

Nachdem Gagern von den ersten Tagen der Märzbewegung an stets auf die Zusammenarbeit mit den Regierungen gesetzt hatte, wurden seine Parteifreunde von seinem »kühnen Griff« völlig überrascht. Wahrscheinlich sah er sich dazu veranlaßt, weil nur so die Entscheidung für die von ihm so dringend gewünschte monarchische Lösung und gegen die von der Linken bis zum linken Zentrum favorisierte Wahl eines republikanischen Präsidenten durchsetzbar war. Sein Vorschlag konnte durch die Art der Legitimierung der Zentralgewalt die Anhänger der Volkssouveränität befriedigen, durch ihre Ausgestaltung die Befürworter der Monarchie.

Durch das vom 28. Juni datierte Gesetz über die Bildung der provisorischen Zentralgewalt (Huber Nr. 48, S. 340 f.) wurde diese verpflichtet,

»a) die vollziehende Gewalt zu üben in allen Angelegenheiten, welche die allgemeine Sicherheit und Wohlfahrt des deutschen Bundesstaates betreffen;
b) die Oberleitung der gesammten bewaffneten Macht zu übernehmen, und namentlich die Oberbefehlshaber derselben zu ernennen;
c) die völkerrechtliche und handelspolitische Vertretung Deutschlands auszuüben, und zu diesem Ende Gesandte und Konsuln zu ernennen.«

Über Krieg und Frieden und Verträge mit auswärtigen Mächten konnte die Zentralgewalt nur im Einverständnis mit der Nationalversammlung entscheiden. Die Verfassungsfrage wurde von der Zuständigkeit der Zentralgewalt ausdrücklich ausgenommen. Ob sie gegenüber sonstigen Beschlüssen der Nationalversammlung ein Widerspruchsrecht hatte, blieb offen. Die Reichsminister hatten die üblichen Rechte und Pflichten des europäischen Konstitutionalismus, doch die Ministerien der Paulskirche haben sich darüber hinaus mit Ausnahme des Kabinetts Grävell in der Endphase der Nationalversammlung stets an die Spielregeln der parlamentarischen Regierungsweise gehalten.

Obwohl der Parlamentarismus für das künftige deutsche Regierungssystem als selbstverständlich vorausgesetzt wurde, hat die Nationalversammlung ihn weder im Gesetz über die Einsetzung der Zentralgewalt noch später in der Reichsverfassung ausdrücklich festgeschrieben. Dafür gab es bisher in der ganzen Welt kein Vorbild, und die Nationalversammlung hätte hier verfassungsrechtliches Neuland betreten müssen. Sie verschob die Regelung dieser Frage daher auf ein eigenes Gesetz über die Ministerverantwortlichkeit, dessen Entwurf auch noch fertiggestellt wurde. Der künftige Reichstag hätte damit die Möglichkeit bekommen, in einem wenn auch etwas umständlichen Verfahren jeden Minister aus dem Amt zu entfernen, der sich weigerte, einen Beschluß der Nationalversammlung auszuführen. Damit wäre die politische Übereinstimmung von Reichstagsmehrheit und Regierung jederzeit erzwingbar gewesen.

Noch einen Schritt weiter gingen Ende des Jahres die demokratischen »Musterverfassungen« thüringischer Kleinstaaten, in denen seit dem Sommer die demokratisch-republikanische Partei das öffentliche Leben beherrschte (s. S. 112). In § 80 des Entwurfs für die Bernburgische Verfassung vom 14. Dezember 1848 hieß es lapidar: »Die Minister sind verantwortlich, müssen infolge eines Mißtrauensvotums zurücktreten und haben in diesem Falle keinen Anspruch auf Pension« (nach Botzenhart Nr. 59, S. 297). Im endgültigen Text der Verfassung wurde das Verfahren für die Behandlung eines Mißtrauensvotums noch genauer geregelt, aber es blieb dabei, daß der Landesherr auf Verlangen der absoluten Mehrheit des Landtags das Ministerium entlassen mußte. Gleiche Bestimmungen enthielt die Verfassung für Sachsen-Anhalt. Leider blieb dies eine schnell vorübergehende Episode der deutschen Verfassungsgeschichte des 19. Jahrhunderts.

Im Gegensatz zu anderen Ländern, wo eine aus der Revolution geborene Volksvertretung in einem bereits konstituierten Staat die Kontrolle über Militär,

Finanzen und Verwaltung übernehmen konnte, fehlte der provisorischen Zentralgewalt von Anfang an eine konkrete Machtbasis. Sie erhob den Anspruch, über ganz Deutschland zu regieren, aber die Nationalversammlung hat sich im Überschwang des berauschenden Sieges der Märztage zu wenig gefragt, ob dieser Anspruch überhaupt durchsetzbar sei. In einem bitteren Lernprozeß hat sie erkennen müssen, daß dies ohne eine zweite und diesmal sehr viel radikalere Revolution und einen Bürgerkrieg nicht möglich war. Maßvoller, klüger und realistischer wäre es gewesen, zusammen mit den mittlerweile überall amtierenden liberalen Märzministerien eine neue, provisorische Bundesexekutive einzusetzen.

Zum Reichsverweser wählte die Nationalversammlung am 29. Juni bei Anwesenheit von 548 Abgeordneten mit 436 Stimmen den Erzherzog Johann von Österreich, einen Onkel des regierenden Kaisers Ferdinand, der sich schon in der napoleonischen Zeit durch unkomplizierte Volksnähe und Aufgeschlossenheit für die nationale Bewegung in ganz Deutschland große Sympathien erworben hatte.

In einem wahren Triumphzug reiste Erzherzog Johann von Wien nach Frankfurt. Seine feierliche Einholung nach Frankfurt und die Einsetzung in sein Amt waren noch einmal Tage unbeschwerten Jubels für die deutsche Nationalbewegung: die letzten, wie sich bald zeigen sollte. Der österreichische Präsidialgesandte am Bundestag, Freiherr von Schmerling, übertrug ihm am 12. Juli in einem feierlichen Akt die Befugnisse und Verpflichtungen des Bundestages. Der Bundestag wurde jedoch nicht aufgelöst und die Bundesverfassung nur suspendiert, nicht aufgehoben.

Drei Tage nach seiner Einsetzung richtete der Reichsverweser einen feierlichen Aufruf an das deutsche Volk, in dem er Arbeit und Wohlstand für alle in einem freien, einigen und mächtigen Deutschland als Ziel seines Wirkens bezeichnete, zugleich aber auch mahnte, daß die Freiheit nur auf dem Boden von Gesetz und Ordnung bestehen könne.

Erster Reichsministerpräsident wurde kein Abgeordneter der Nationalversammlung, sondern der liberale, in Süddeutschland reich begüterte Standesherr Fürst Karl zu Leiningen, der Preußen im ausgehenden Vormärz zu einer liberalen Verfassungspolitik als Voraussetzung für eine nationale Führungsrolle in Deutschland aufgefordert hatte. Außenminister wurde der Hamburger Heckscher, Innenminister der Österreicher Schmerling, Kriegsminister der Preuße Peucker, auch er kein Mitglied der Nationalversammlung. Das Justizressort übernahm der Württemberger Mohl, das Finanzministerium der Rheinpreuße Beckerath und das Handelsministerium der Bremer Kaufmann Duckwitz. Dazu kam noch eine Reihe von Unterstaatssekretären. Die Mehrzahl der Regierungsmitglieder gehörte dem rechten, die übrigen dem linken Zentrum an. Einen revolutionären Zuschnitt hatte die Regierung also nicht. Provisorisches Reichsoberhaupt war ein Angehöriger des traditionsreichsten und bedeutendsten deutschen Herrschergeschlechtes, und sein Kabinett war von Adeligen und großbürgerlichen Honoratioren geprägt.

4.4 Die Innen- und Aussenpolitik der Provisorischen Reichsregierung

Wichtigstes Anliegen der neuen Regierung mußte es sein, ihre Anerkennung im In- und Ausland zu erreichen. Erster Prüfstein dafür wurde der »Huldigungserlaß« des Reichskriegsministers von Peucker vom 16. Juli, in dem allen zur Armee des Deutschen Bundes gehörenden Kontingenten der Einzelstaaten aufgegeben wurde, am 6. August zu einer Parade auszurücken, als Zeichen der Huldigung ein dreimaliges Lebehoch auf den Reichsverweser auszubringen und künftig die deutschen Farben zu tragen. Der Kriegsminister machte also Ernst mit den Bestimmungen des Gesetzes vom 28. Juni und beanspruchte die oberste Militärgewalt in Deutschland, wenn auch nur für die Verbände des Bundeskontingentes.

Der Huldigungserlaß wurde in den allermeisten, aber nicht den wichtigsten deutschen Staaten befolgt. In Hannover sagte man die Parade kurz vor dem Beginn wegen schlechten Wetters ab, und in Bayern wurde das Lebehoch zunächst auf den König, aber erst an zweiter Stelle auf den Reichsverweser ausgebracht. Die österreichische Regierung protestierte bei dem mittlerweile zur Eröffnung des österreichischen Reichstags nach Wien zurückgekehrten Reichsverweser, und dieser distanzierte sich daraufhin von dem Erlaß, der ohne sein Wissen ergangen sei. Das einzige zum Bundeskontingent gehörende Bataillon der Wiener Garnison hielt aber wenigstens eine Parade ab, die deutschen Farben wurden jedoch danach sofort wieder abgelegt.

Die schärfsten Reaktionen kamen aus Preußen. Der König empfand den Huldigungserlaß als Anmaßung und als persönliche Kränkung in seiner Stellung als Oberbefehlshaber des preußischen Heeres. In einem Armeebefehl teilte er lediglich seine Zustimmung zur Einsetzung des Reichsverwesers mit, behielt sich jedoch für den Einsatz preußischer Truppen zu Bundeszwecken ausdrücklich seine Zustimmung vor. In einem Schreiben an sein Ministerium vom 23. Juli (Huber Nr. 48, S. 344 ff.) zog er aus dem Vorgang überdies prinzipielle Folgerungen, die im Grunde bereits die spätere Ablehnung der deutschen Kaiserkrone präjudizierten: sämtliche Beschlüsse der Nationalversammlung, die ohne Zustimmung der deutschen Regierungen gefaßt würden, seien »null und nichtig«, sonst würde die Souveränität der deutschen Fürsten praktisch aufgehoben. »Wo möglich noch nuller und noch nichtiger« seien deshalb auch alle Beschlüsse der Nationalversammlung über die künftige deutsche Verfassung. Er schlug vor, als Organ der Regierungen sofort ein »Reichsoberhaus« einzurichten, dem unter anderem sämtliche souveränen Herrscher Deutschlands angehören müßten (außerdem Angehörige des alten Reichsadels, Vertreter der Reichsstädte und je ein Mitglied der Ersten Kammern der deutschen Landtage).

Der Huldigungserlaß verstimmte im übrigen nicht nur den König, sondern auch das Ministerium, das in ihm ein bedenkliches Symptom für einen Frankfurter »Reichsterrorismus« sah. Daß die Konservativen ihn ablehnten, ist selbstverständlich, aber auch die Liberalen waren in ihrem preußischen Nationalgefühl gekränkt. Sie begannen, eine kritische Distanz zur Paulskirche zu entwickeln und sprachen ihr letztlich ebenfalls das Recht ab, »einzig und allein« über die künftige deutsche Verfassung zu entscheiden. Daß die monarchisch strukturierte Zentralgewalt auch bei der Linken in ganz Deutschland auf keine großen Sympathien zählen konnte, wurde ihr schon sehr bald und sehr massiv klargemacht (s. S. 112).

Nicht nur bei den Regierungen, sondern auch bei der Bevölkerung mußte die Zentralgewalt von Anfang an um ihre Anerkennung kämpfen. Das spürte auch der Reichsministerpräsident. In einem weit verbreiteten offiziösen Zeitungsartikel stellte er unter dem Motto »Entweder – Oder« fest, daß die oberste Autorität in Deutschland auf die von den Regierungen anerkannte Nationalversammlung und die provisorische Zentralgewalt als Nachfolgerin des Bundestages übergegangen sei. Das Parlament verkörpere den Gesamtwillen der Nation, dem sich die Fürsten ebenso wie jeder Einzelne zu beugen hätten. »Widerspruch und Ungehorsam gegen die Zentralgewalt und die Reichsversammlung ist ein Verbrechen an der Würde der Nation – Verrat am Vaterlande!« (nach Valentin Nr. 54, Bd. 2, S. 92).

Das Verhältnis zwischen der Zentralgewalt und den größeren deutschen Staaten blieb also zunächst in der Schwebe. Wie aber stand es mit ihrer Anerkennung im Ausland?

Die Errichtung eines deutschen Nationalstaates in der Mitte Europas bedeutete für die europäischen Großmächte ein schweres Problem, zumal wenn er, im Unterschied zur späteren Reichsgründung unter Bismarck, im Rahmen einer »großdeutschen« Lösung das Gebiet des gesamten Deutschen Bundes mit der niederländischen Provinz Limburg unter Einbeziehung West- und Ostpreußens umfaßt hätte, ganz zu schweigen von den Ansprüchen auf Schleswig und große Teile Preußisch-Polens und schließlich den vagen Träumereien von einem Wiederanschluß der noch im ausgehenden Mittelalter zum deutschen Reich gehörenden Schweiz, der Niederlande und Elsaß-Lothringens. Überdies gab es auch noch die Vorstellung, daß man die gesamte Habsburger Monarchie unter Einschluß Ungarns und Lombardo-Venetiens mit den Staaten des Deutschen Bundes zu einem mitteleuropäischen Großreich zusammenführen könnte (s. S. 205 f.). So ist es nicht verwunderlich, daß die europäischen Mächte gegenüber dem deutschen Einigungsprozeß eine abwartende Haltung einnahmen. Erstaunlich ist eher, daß sie nicht als Garantiemächte der europäischen Neuordnung von 1814/15 von vornherein ein Recht der Mitsprache bei einer derartig fundamentalen Umgestaltung der Mitte Europas verlangten.

Die Selbstverständlichkeit, mit der die Zentralgewalt die Anerkennung ihrer Botschafter im Ausland voraussetzte, ohne sich vorher über ihre Akkreditierung vergewissert zu haben, zeugt von erheblichem diplomatischem Dilettantismus. Sie wurden zwar überall mit der selbstverständlichen Höflichkeit empfangen, letztlich aber mit dem berechtigten Argument abgewiesen, daß die völkerrechtliche Vertretung Deutschlands allein durch die Zentralgewalt erst anerkannt werden könne, wenn die deutschen Staaten die Vertretung ihrer Interessen auf die Zentralgewalt übertragen und demgemäß ihre Botschafter aus den europäischen Hauptstädten abgezogen hätten.

Dabei gab es aber durchaus Nuancen und Unterschiede. Die englische Politik konnte dem Gedanken an eine liberale Staatsgründung in Mitteleuropa als Gegengewicht gegen Frankreich und Rußland durchaus positive Aspekte abgewinnen. Wenn England in der Schleswig-Holstein-Frage nicht die extremen Ansprüche der deutschen oder dänischen Annexionisten unterstützte, sondern sich für eine Teilung Schleswigs zwischen Deutschland und Dänemark aussprach, so hätte man das in der Paulskirche anerkennen, statt als Widerstand gegen die nationale Einigung Deutschlands interpretieren sollen. Der als Botschafter nach London geschickte Österreicher Freiherr von Andrian wurde von der Queen Victoria, dem aus deutscher Familie stammenden Prinzgemahl Albert und Premierminister Palmerston zuvorkommend empfangen. Das Königspaar hätte eine mit Augenmaß zustandegekommene Einigung Deutschlands unter preußischer Führung begrüßt, und auch Palmerston lehnte sie nicht ab, damit Österreich stärker auf seine Bedeutung als Faktor der Stabilität im südöstlichen Europa verwiesen werden könne. England hielt jedoch primär an dem Grundsatz fest, mit provisorischen Regierungen keine offiziellen Beziehungen aufzunehmen. Der Zentralgewalt blieb schließlich nichts übrig, als den preußischen Gesandten Bunsen mit ihrer Vertretung in London zu beauftragen.

Der nach Paris entsandte Historiker Friedrich von Raumer konnte es ebenfalls nicht erreichen, daß Frankreich, wie es in seiner Instruktion hieß, »die Einführung der deutschen Nation als eine Einheit in den Kreis der europäischen Mächte als eine vollberechtigte, für ganz Europa glückliche Tatsache« anerkannte (nach Scharff Nr. 86, S. 83). Auch hier hatte der in der Paulskirche zu Wort gekommene aggressive Nationalismus tiefe Besorgnis ausgelöst. Die deutsche Nationalversammlung galt als »heftig, herrisch, exklusiv, absolut« (ebd., S. 87). Ein Zusammengehen mit einem unter preußischer Führung geeinten liberalen Kleindeutschland eröffnete der französischen Außenpolitik hingegen durchaus positive Möglichkeiten, sofern sich dieses Deutschland als Bundesgenosse sowohl gegen Rußland in der polnischen Frage als auch gegen Österreich für die Einigung Italiens unter französischem Protektorat gewinnen ließ.

Rußland hat von den europäischen Großmächten am konsequentesten auf der Beibehaltung der Neuordnung von 1815 bestanden, nicht zuletzt wegen der sehr berechtigten Sorge vor einem Wiederaufflammen der polnischen Nationalbewegung. Man hatte in Sankt Petersburg aber auch registriert, daß es innerhalb der deutschen Nationalbewegung sowohl bei den Liberalen, als auch bei den Demokraten Stimmen gab, die einen Krieg gegen das autokratische Rußland als Feuertaufe für den deutschen Nationalstaat geradezu herbeisehnten. Rußland ließ deshalb der provisorischen Zentralgewalt sofort mitteilen, daß offizielle Beziehungen erst aufgenommen werden könnten, wenn die deutschen Staaten ihre Vertretung im Ausland an die Zentralgewalt übergeben hätten. Dazu war jedoch, wie sich zeigen sollte, keiner bereit. Die politische Handlungsfähigkeit Rußlands war im übrigen im Jahre 1848 durch innenpolitische Schwierigkeiten eingeschränkt (s. S. 26). Rußland blieb gegenüber der deutschen Einigungsbewegung distanziert und stärkte dem preußischen Hof den Rücken zum Widerstand gegen die Verfassungspläne der Nationalversammlung. Ohne Ermunterung durch Österreich wäre es aber kaum Ende 1850 zu der russischen Intervention gegen die preußische Unionspolitik in Deutschland gekommen (s. S. 248 f.).

Im Unterschied zu den europäischen Großmächten scheuten sich die Niederlande, Belgien, die Schweizer Eidgenossenschaft und die revolutionäre Regierung in Neapel nicht, die Abgesandten der Zentralgewalt offiziell zu empfangen. Besonders positiv aber entwickelten sich von Anfang an die Beziehungen zu den Vereinigten Staaten von Nordamerika. Diese hatten gleich nach der Einsetzung der provisorischen Zentralgewalt ihren Berliner Gesandten auch für Frankfurt bevollmächtigt und ihre Sympathie für eine föderative, freiheitliche Einigung Deutschlands bekundet. Schon Ende Juli begannen Verhandlungen über einen Handels- und Schiffahrtsvertrag auf der Basis von Zollsenkungen, unbedingter Gegenseitigkeit und Meistbegünstigung. Reichshandelsminister Duckwitz veranlaßte daraufhin Ende Dezember die Küstenländer Hannover, Oldenburg und Mecklenburg-Schwerin, ihre Zollabmachungen mit den Vereinigten Staaten zu kündigen. Der nach Amerika geschickte Gesandte von Rönne wurde dort Ende Januar in allen Ehren empfangen. Die Unterzeichnung des Handelsvertrags wurde allerdings bis zu einer definitiven Neuordnung Deutschlands vertagt. Insofern unterschied sich die Haltung der Vereinigten Staaten nicht von der der europäischen Großmächte.

Den Aufbau einer deutschen Flotte haben die USA jedoch in erheblichem Maße unterstützt. Sie waren nicht nur bereit, bei der Ausbildung von Offizieren und Mannschaften, bei der Anlage von Häfen und Werften und bei der Konstruktion von Kriegsschiffen mit Rat und Tat zu helfen, sondern sie verkauften der Reichsregierung auch die Dampffregatte »United States«, die am 31. Mai 1849 unter der Schwarz-Rot-Goldenen Flagge New York verlassen konnte und dann in Bremen in »Hansa« umgetauft wurde. In Kriegshandlungen hat das Schiff nicht mehr eingegriffen.

Nur beiläufig sei noch erwähnt, daß sich die ungarische Nationalbewegung vorübergehend Hoffnung auf Anerkennung durch die Zentralgewalt gemacht hatte.

Um die Unklarheiten im Gesandtschaftsrecht zu beseitigen, forderte die Zentralgewalt am 20. September alle deutschen Staaten auf, zugunsten des Reiches auf eigene Gesandte zu verzichten. Österreich und Hannover antworteten überhaupt nicht, Preußen ließ deutlich erkennen, daß man diese Aufforderung als unpassend und anmaßend empfinde, und erklärte, daß während des staatsrechtlichen

Provisoriums ein Verzicht auf das Gesandtschaftsrecht nicht infrage komme. Bayern, Sachsen, Württemberg und Baden sowie eine Reihe von Kleinstaaten hingegen übertrugen ihre Vertretung der Zentralgewalt, allerdings nur, soweit es sich um Gesamtangelegenheiten der Nation handelte. Dadurch änderte sich im Grunde nichts. Hatte denn z.B. der bayerische Gesandte in Paris dort bisher über Fragen verhandelt, welche alle deutschen Staaten betrafen ?

Eine eigene Außenpolitik hat die Zentralgewalt nicht betreiben können, und wo sie es versucht hat, wie im Kampf um Schleswig, ist sie damit gescheitert. Vergeblich blieb auch ihr Versuch, im Krieg zwischen Österreich und Sardinien-Piemont zusammen mit England auf der Basis eines Verzichtes Österreichs auf die Lombardei zu vermitteln. Gegenüber Ungarn hat sich die Zentralgewalt aus verständlichen Gründen spürbar zurückgehalten. Eine Delegation des ungarischen Reichstags wurde zwar freundlich empfangen, zur Aufnahme offizieller Beziehungen kam es jedoch nicht.

5. Kapitel

DIE »SEPTEMBERKRISE«

5.1 Die Schleswig-Holstein-Frage: Ein Krieg für Deutschlands Ehre ?

Die europäischen Großmächte hatten den Verlauf der Revolution in Deutschland zunächst abwartend verfolgt, ohne aus ihrer Rolle als Garantiemächte der europäischen Neuordnung von 1814/15 ein Zustimmungsrecht bei der Umgestaltung Mitteleuropas durch Gründung eines deutschen Nationalstaates abzuleiten (s. S. 102 ff.). Die deutsch-dänischen Auseinandersetzungen über Schleswig-Holstein drohten sich jedoch zu einem schweren europäischen Konflikt auszuweiten.

Von den beiden in Personalunion mit der Krone Dänemarks verbundenen Herzogtümern gehörte Holstein zum Deutschen Bund, Schleswig jedoch nicht. Sowohl die deutsche als auch die dänische Nationalbewegung erhoben im Vormärz Anspruch auf ganz Schleswig, das im Norden überwiegend von Dänen, im Süden von Deutschen bewohnt war. Einer einfachen Trennung der beiden Herzogtümer voneinander widersprach eine Bestimmung des Vertrags von Ripen aus dem Jahre 1460, in dem die Stände der Herzogtümer den König von Dänemark als ihren Landesherren anerkannten und im Gegenzug die Zusicherung erhielten, sie würden »bliwen ewig zosamene ungedeelt«. Eine Trennung hätte auch bedeutet, daß die Deutschen in Schleswig nicht dem deutschen Nationalstaat angehört hätten.

Im Vormärz verlangte die deutsche Nationalbewegung in Schleswig-Holstein für die Herzogtümer eine eigene, gemeinsame Verfassung und von den Kopenhagener Ministerien unabhängige Zentralbehörden, um so die Selbständigkeit der Herzogtümer zu gewährleisten. Auf der Gegenseite forderten die »Eiderdänen«, ganz Schleswig in den dänischen Staat zu integrieren. Daß in Dänemark und Holstein ein unterschiedliches Thronfolgerecht herrschte, machte die Lage angesichts eines bevorstehenden Thronwechsels in Dänemark auf längere Sicht (s. S. 251) noch einmal komplizierter. Die Grundsätze alteuropäischer dynastischer Herrschaftsbildung und der Nationalstaatsgedanke des 19. Jahrhunderts standen in unauflöslichem Widerspruch zueinander.

Die gesamtdeutsche Nationalbewegung des deutschen Vormärz machte mit leidenschaftlichem Nachdruck die Schleswig-Holstein-Frage zu ihrer Sache. Es war für sie ein Katalysator von nicht zu überschätzender Bedeutung.

Die Regierung des im Januar 1848 auf den Thron gelangten Königs Friedrich VII. ließ sehr bald erkennen, daß sie Schleswig im Rahmen einer Verfassung in den dänischen Staat eingliedern wollte. Dagegen erhob die national-deutsche Bewegung in Schleswig und Holstein sofort schärfsten Protest, proklamierte ein Recht des Widerstandes gegen den Bruch des Ripener Vertrages, setzte in Kiel eine provisorische Regierung für beide Herzogtümer ein und verlangte die Annexion ganz Schleswigs durch den Deutschen Bund sowie die Eingliederung des Herzogtums in den werdenden deutschen Nationalstaat. Das Vorparlament faßte einen entsprechenden Beschluß. Der Bundestag erkannte aber, daß dies ein Bruch der Verträge von 1814/15 war, wich deshalb einer Entscheidung über die Aufnahme Schleswigs in den Bund aus, erkannte jedoch die provisorische Regierung in Kiel an und ließ es zu, daß in Schleswig Abgeordnete für die deutsche Nationalversammlung gewählt wurden. Am 12. April schließlich beauftragte der Bundestag Preußen, im Namen des Bundes militärisch in den Herzogtümern einzugreifen, um »das [...] Recht Holsteins auf die Union mit Schleswig zu wahren« (Huber Nr. 48, S. 595).

Der Kriegsverlauf war dadurch geprägt, daß die dänische Flotte die Ostsee kontrollierte, die preußischen Häfen blockierte und damit nicht nur dem deutschen, sondern auch dem russischen und englischen Handel erheblichen Schaden zufügte, während die preußischen Truppen bis zu der – naturgemäß verschwommenen – deutsch-dänischen Sprachgrenze nach Schleswig hinein vordrangen. Dies rief allerdings die europäischen Großmächte, voran England und Rußland auf den Plan. Sie konnten kein Interesse an einer Verstärkung der Position eines deutschen Nationalstaates an den Zugängen zur Ostsee haben und hatten überdies ein nicht zu bezweifelndes Mitspracherecht bei territorialen Machtverschiebungen in diesem Raum. England schlug damals vor, den nördlichen Teil Schleswigs mit überwiegend dänischer Bevölkerung Dänemark zuzusprechen, den Rest zusammen mit Holstein dem Deutschen Bund, doch dieser Vorschlag wurde vor allem von Dänemark vehement abgelehnt.

Nicht zuletzt unter dem Druck der europäischen Mächte schloß Preußen am 19. Mai einen Waffenstillstand, in dem es sich dazu verpflichtete, seine bis nach Jütland hinein vorgerückten Truppen auf die Sprachgrenze in Schleswig zurückzuziehen.

Dadurch wurde die erste Debatte der deutschen Nationalversammlung über die Schleswig-Holstein-Frage am 9. Juni ausgelöst. Einer der prominentesten Abgeordneten der Paulskirche, der Historiker und Staatswissenschaftler Friedrich Christoph Dahlmann, war der erste Redner. Er stammte aus Wismar, war vorübergehend Professor in Kiel und Sekretär der holsteinischen Ritterschaft gewesen und engagierte sich deshalb besonders stark in der Schleswig-Holstein-Frage.

An den Eingang seiner Rede stellte er die emphatische Behauptung: »Es geht um die Ehre von Deutschland« (Sten. Ber. Nr. 67, Bd. 1, S. 273). Es müsse ein Unrecht wiedergutgemacht werden, das der Deutsche Bund an der Sache Schleswig-Holsteins begangen habe, indem er die faktische Trennung Schleswigs von

Holstein hingenommen habe. Eine Teilung Schleswigs lehnte Dahlmann ab, da er noch keinen Nordschleswiger gesehen habe, »der den Wunsch gehegt hätte, sich abzutrennen von der ihm heiligen Gesamtheit von Schleswig-Holstein« (ebd., S. 274). Er setzte abschließend das Schleswig-Holstein-Problem in Beziehung zur Gründung eines deutschen Nationalstaates überhaupt und meinte, daß diese mißlingen würde, wenn man hier nicht konsequent und entschlossen bleibe. Sicherlich werde das europäische Gleichgewicht verschoben,

> »wenn Deutschland aus einem schwachen, versunkenen Gemeinwesen, aus einer im Ausland geringgeschätzten Genossenschaft zu Würde, Ehre und Größe hinaufsteigt [...]. Auf dieser Verrückung des Gleichgewichts wollen wir bestehen, bis der letzte Tropfen Blutes uns entströmt ist. Wenn Sie in der schleswig-holsteinschen Sache etwas versäumen, was gut und recht ist, so wird damit auch der deutschen Sache das Haupt abgeschlagen «.

Die Annexion Schleswigs wurde so zum Symbol und Präjudiz der deutschen Einheit stilisiert.

Zahlreiche Abgeordnete unterstützten Dahlmanns Position. Andere gingen noch darüber hinaus, wie zum Beispiel der mährische Abgeordnete Giskra, der verlangte, man solle das kleine Dänemark zur Raison bringen, die deutschen Fahnen in Nordjütland und am Belt einpflanzen und anschließend die Grenzmarken Deutschlands bestimmen. Mit der Forderung nach Abschaffung des Sundzolls wurden auch wirtschaftliche Interessen Deutschlands artikuliert. Ein Abgeordneter verlangte sogar die Auslieferung der Hälfte der dänischen Flotte. Die Gefahr internationaler Verwicklungen wurde heruntergespielt. Zum Teil galten sie sogar als erwünschter Anlaß für einen Krieg gegen Rußland, von dem man sich eine Art Feuertaufe für die nationalstaatliche Einigung Deutschlands versprach. Und während man einerseits die Bedeutung des im späten Mittelalter abgeschlossenen Vertrags von Ripen über alles betonte, glaubte man andererseits auf internationale Verträge keine Rücksicht nehmen zu müssen: »Das Recht der Pergamente liegt unter unseren Füßen, und dasjenige, was wir uns nehmen, ist das einzige, was gilt«, erklärte der demokratische Abgeordnete Vogt (Sten. Ber. Nr. 67, Bd. 1, S. 288).

In die emotional aufgeladene Debatte mischten sich allerdings auch bemerkenswerte Züge der Besonnenheit und der Mäßigung. Dies gilt vor allem für den Bericht des völkerrechtlichen Ausschusses, den der spätere Außenminister der Provisorischen Zentralgewalt, Johann Gustav Heckscher, vorlegte.

Heckscher warnte davor, bei Bewertung von historischen Vorgängen und bestehenden Rechtsverhältnissen mit Begriffen von Nationalität zu argumentieren, die erst in der Gegenwart Bedeutung erlangt hätten. Er sprach von den berechtigten Anliegen der dänischen Nationalbewegung und wies darauf hin, daß Deutschland keineswegs ein unbestrittenes Recht auf ganz Schleswig habe. Er warnte vor einem Alleingang und sagte, daß Deutschlands Ehre und Würde nicht in einem Eroberungskrieg gegen Dänemark zu finden seien, sondern in einer besonnenen Vertretung seiner Rechte.

Der Ausschußantrag war daher auch so formuliert, daß er keinen Anspruch auf ganz Schleswig enthielt, sondern lediglich verlangte, daß beim Friedensschluß »das Recht der Herzogtümer Schleswig und Holstein und die Ehre Deutschlands gewahrt werde« (Sten. Ber. Nr. 67, Bd. 1, S. 249 und S. 295). Für Heckscher war damit eine Teilung Schleswigs an der Nationalitätengrenze vereinbar. Der Ausschußantrag wurde daher auch als ungenügend kritisiert, am Ende aber doch mit großer Mehrheit angenommen. Die Nationalversammlung erklärte außerdem, daß die Sache Schleswigs »zu dem Bereiche ihrer Wirksamkeit« gehöre. Der weiterführende Antrag, sich die Genehmigung des Friedensvertrags vorzubehalten, wurde hingegen abgelehnt.

Offensichtlich waren im Plenum der Paulskirche vorwiegend die Vertreter von Extrempositionen zu Wort gekommen, während die Mehrheit der Abgeordneten eine gemäßigtere Haltung einnahm. Daß die internationale Öffentlichkeit die nationalistischen und aggressiven Töne, welche die Debatte geprägt hatten, mit Unbehagen zur Kenntnis nahm, ist allerdings nur allzu verständlich.

Am 26. August schloß Preußen dann in Malmö einen neuen Waffenstillstand ab. Die deutschen und die dänischen Truppen hatten danach die Herzogtümer zu räumen. Die provisorische Regierung in Kiel wurde fallengelassen, alle ihre Verordnungen für ungültig erklärt und eine neue Regierung eingesetzt, die in Deutschland sofort als pro-dänisch verdächtigt wurde. Stillschweigende Geschäftsgrundlage des Vertrags war, daß Dänemark vorerst auf alle weiteren Schritte zur Inkorporation Schleswigs verzichtete. Der eigentlich Kriegszweck, nämlich das Recht Holsteins auf die Union mit Schleswig zu wahren, war also erreicht.

Als in Frankfurt die Nachricht von diesem Waffenstillstand eintraf und überdies bekannt wurde, daß Preußen den Vertrag unterzeichnet hatte, ohne gemäß Absatz 4 des mittlerweile verabschiedeten Gesetzes über die Einrichtung der Provisorischen Zentralgewalt (s. S. 99) einen Ratifizierungsvorbehalt zugunsten der Reichsverweserschaft und der Nationalversammlung gemacht zu haben, ergriff die Abgeordneten eine Welle der Empörung. Bei der Wiederaufnahme der Verhandlungen hatte Preußen noch ausdrücklich erklärt, daß das Mandat zur Kriegführung, das es zunächst vom Deutschen Bunde erhalten habe, nunmehr auf den Reichsverweser zurückgehe und daß ein Waffenstillstand daher nur unter dem Vorbehalt der Zustimmung der Provisorischen Zentralgewalt abgeschlossen werden könne. Preußen hatte offensichtlich erkannt, daß der Frieden angesichts der englischen und russischen Intervention nicht den hochgesteckten Erwartungen der deutschen Nationalbewegung entsprechen konnte. Es wollte deshalb wahrscheinlich die Zentralgewalt von Anfang an mit in die Verantwortung für den Waffenstillstand und den anschließenden Frieden einbinden. Dänemark lehnte es aber ab, diesen Vorbehalt zugunsten einer noch nirgends anerkannten Regierung zu akzeptieren, und die Verhandlungen wurden vorerst abgebrochen.

Um aus der verfahrenen Situation herauszukommen, erbat jetzt Preußen vom Reichsverweser ein uneingeschränktes Mandat für die Waffenstillstandsverhandlungen. Dieser zögerte jedoch, und erst am 7. August erteilte die Zentralgewalt die erbetene Vollmacht, jedoch unter drei Bedingungen: 1. Die von der provisorischen, pro-deutschen schleswig-holsteinischen Regierung erlassenen Gesetze müßten volle Gültigkeit behalten. 2. Deutsche und schleswig-holsteinische Truppen müßten in den Herzogtümern stationiert bleiben. 3. Vor Abschluß eines Abkommens müßte Einigkeit über die Personen erzielt werden, welche bis zum endgültigen Friedensvertrag die Verwaltung der Herzogtümer übernehmen sollten. Außerdem wäre ein Vertreter der Zentralgewalt an den Verhandlungen zu beteiligen.

Zu diesem Bevollmächtigten der Zentralgewalt wurde der Unterstaatssekretär im Außenministerium Max von Gagern bestimmt, der Bruder des Präsidenten der Nationalversammlung. Dieser fuhr zwar nach Schleswig, trat bei den Verhandlungen aber gar nicht in Erscheinung. Die preußischen Bevollmächtigten hatten ihm klargemacht, daß seine Anwesenheit angesichts der dänischen Haltung die Gespräche nur stören könnte.

Die preußische Regierung versprach zwar, sich für die Forderungen der Zentralgewalt einzusetzen, ließ sie dann aber sämtlich fallen. Sie schloß vielmehr den Waffenstillstand im Namen des formal ja noch immer existierenden Deutschen Bundes ab, ohne daß die Provisorische Zentralgewalt überhaupt erwähnt wurde.

In einer vom 3. September datierten Note protestierte die Reichsregierung gegen das Verhalten Preußens. Sie stellte darin fest, daß Preußen seine Vollmacht überschritten habe und daß der Vertrag für die Zentralgewalt nicht bindend sei, solange die Nationalversammlung ihn nicht gebilligt habe. Auch die Behandlung Max von Gagerns wurde gerügt. Tief beleidigt und in harten Tönen formulierte die Zentralgewalt ihre Vorwürfe an die Adresse Preußens, und dieses antwortete »mit einer Mischung von Verdrehungen, faulen Ausreden und keckem Auftrumpfen« (Valentin Nr. 54, Bd. 2, S. 151). Nach den Auseinandersetzungen um den Huldigungserlaß des Kriegsministers (s. S. 101) hatten diese Vorgänge das Verhältnis zwischen der Zentralgewalt und Preußen ein weiteres Mal schwer belastet. Die Zentralgewalt mußte erkennen, daß sie von Preußen als Quantité négligeable behandelt worden war, als ein Spielstein, der nach Belieben auf das Brett gesetzt oder wieder hinuntergenommen werden konnte. Die Grenzen ihrer außenpolitischen Handlungsfähigkeit waren ihr deutlich aufgezeigt worden.

Die Nationalversammlung setzte die Schleswig-Holstein-Frage für den 4. September erneut auf ihre Tagesordnung.

Diesmal standen weniger die deutschen Ansprüche auf Schleswig im Mittelpunkt der Debatte, als vielmehr die Nichtachtung der Zentralgewalt durch Preußen. Man warf Preußen aber auch vor, trotz des erfolgreichen Kriegsverlaufes die Interessen Deutschlands verraten zu haben. Man sah die Ehre Deutschlands beschmutzt, wenn es sich wieder einmal in einer nationalen Frage dem

Diktat der europäischen Mächte beugen würde. Für eine Reihe von Abgeordneten ging es erneut nicht um eine Frage von Recht und Unrecht, sondern um die Durchsetzung der Großmachtstellung des deutschen Nationalstaates. Am Ende der Debatte beschloß die Nationalversammlung mit 238 gegen 221 Stimmen, daß die Ausführung des Waffenstillstandes vorerst eingestellt werden solle. Eine endgültige Billigung oder Ablehnung wurde zurückgestellt, bis weitere Informationen vorlagen. Wie man Preußen dazu zwingen wollte, den Waffenstillstand wieder zu kündigen und den Krieg gegen Dänemark wieder aufzunehmen, wurde nicht gesagt. »Das verletzte Nationalgefühl hatte über alle politischen Zweckmäßigkeitsgründe gesiegt. Frankfurt jubelte. Man glaubte vor einer Wendung der deutschen Geschichte zu stehen« (Valentin Nr. 54, Bd. 2, S. 153). Erstmals war in der Paulskirche die Position der Linken erfolgreich gewesen.

Das Reichsministerium hatte sich mangels realisierbarer Alternativen notgedrungen für die Billigung des Vertrags ausgesprochen und mit dem Ausgang der Abstimmung die Vertrauensfrage verbunden. Es trat demgemäß zurück, und der Reichsverweser betraute Dahlmann mit der Bildung einer neuen Regierung. Es gelang ihm jedoch nicht, ein neues Ministerium zu bilden. Er hätte dazu ein Zweckbündnis mit seinen politischen Gegnern auf der Linken eingehen müssen, die in dieser Situation von einer »levée en masse« nach dem französischen Vorbild von 1791-93 und von einem revolutionären nationalen Einigungskrieg gegen England und Rußland, nötigenfalls auch Preußen träumten: Für Dahlmann und seine gemäßigt liberalen politischen Freunde natürlich eine inakzeptable Horrorvision.

Am 14. September fand erneut eine Debatte über den Vertrag statt, der inzwischen leicht nachgebessert worden war. Dahlmann und einige schleswig-holsteinische Abgeordnete hatten inzwischen ihre Meinung zu dem Vertrag geändert, und so wurde er jetzt mit 257:236 Stimmen gebilligt. Die bisherigen Minister kehrten abgesehen von Ministerpräsident Leiningen auf ihre Posten zurück. Sein Amt übernahm Schmerling zusätzlich zum Innenministerium.

Für die Nationalversammlung hätten diese Vorgänge eigentlich einen sehr bitteren Erkenntnisprozeß einleiten müssen. Ihr war vor Augen geführt worden, daß sie nicht die Macht hatte, Preußen zur Durchführung ihrer Beschlüsse zu zwingen. Sie war jedoch ebensowenig wie die Reichsregierung dazu bereit, diese harte Realität zur Kenntnis zu nehmen. Für die Linke war es leicht, jetzt mit bitterem Hohn zu behaupten, daß diese Niederlage nur die Quittung für das allzu vorsichtige und kompromißbereite Taktieren der liberalen Parteiführer seit dem Beginn der Märzbewegung sei und nur einen kleinen Vorgeschmack dafür biete, was der Nationalversammlung bevorstehe, wenn ihre Beschlüsse auch in anderen Fragen den Vorstellungen der deutschen Dynastien und europäischen Großmächte nicht entsprächen.

Nachdem bereits im Konflikt mit Preußen ein dunkler Schatten über die Nationalversammlung gefallen war, mußte sie wenige Tage später einen neuen Angriff auf ihr Ansehen erleben: Die Frankfurter Bevölkerung erhob sich gegen sie.

5.2 »Verrat am deutschen Volk«: Der Aufruhr gegen die Nationalversammlung

Die Billigung des Waffenstillstands durch die Nationalversammlung nahm die republikanisch-demokratische Linke zum Anlaß für eine maßlose Agitation gegen die Zentralgewalt und die Nationalversammlung. Dies war aber nur der Höhepunkt einer schon seit dem Sommer laufenden Kampagne gegen die Reichsregierung. Eine vom Frankfurter Demokratenkongreß (s. S. 154) Mitte Juni gebildete republikanische Zentralkommission hatte bereits die Einsetzung der provisorischen Zentralgewalt als ersten Schritt zur Errichtung einer bourgeoisen Klassenherrschaft nach dem Vorbild der französischen Julimonarchie gebrandmarkt, von der Notwendigkeit einer zweiten Revolution gesprochen, die Mehrheit der Nationalversammlung als »volksfeindliche Macht« bezeichnet und die Linke zum Austritt aus der Nationalversammlung und zur Konstituierung eines Gegenparlaments aufgefordert. Ein dichtes Netz von demokratisch-republikanischen und Arbeitervereinen in Frankfurt und der weiteren Umgebung hielt diese Agitation gegen die Nationalversammlung aufrecht. Nirgendwo in Deutschland waren die Vereine der Linken so gut organisiert wie in Rheinhessen (s. S. 155), und auch im Odenwald und in Oberhessen gab es Zentren revolutionärer Agitation. Die anhaltende revolutionäre Gärung beschränkte sich im übrigen nicht auf das Rhein-Main-Gebiet.

Im thüringischen Altenburg hatte bereits am 15. August ein Demokratenkongreß stattgefunden, der nicht nur die Vereinigung der thüringischen Kleinstaaten zu einer Republik vorgeschlagen, sondern auch die deutsche Nationalversammlung aufgefordert hatte, sich selbst aufzulösen, da sie den Boden der Revolution verlassen habe. Thüringen wurde danach zu einem Zentrum republikanischer Agitation und revolutionärer Unruhen, welche nach dem Frankfurter September-Aufstand zur Intervention der Zentralgewalt führten (s. S. 115).

Seit Anfang September war es bereits in Sachsen an mehreren Orten zu Unruhen, in Chemnitz am 11. und 12. September zu Barrikadenkämpfen gekommen. Bis Ende September fanden in Sachsen etwa 30 Massenversammlungen mit jeweils 6-10 000 Teilnehmern statt. Dabei ging es zunächst um die Reform des sächsischen Wahlrechts (s. S. 164), doch die Diskussionen drehten sich auch um das Vordringen der Reaktion in Deutschland, die Unterdrückung der demokratischen Vereine in Baden und Württemberg, die bisherigen Beschlüsse der Nationalversammlung, die Lage in Italien und Polen, die Vor- und Nachteile von Freihandel oder Schutzzoll, die Ablösung der bürgerlichen Kommunalgarden durch eine echte Volksbewaffnung und die Aufhebung der letzten Feudallasten (Weber Nr. 94, S. 182).

Die Radikalen des Rheinlandes hatte schon am 13. September unter maßgeblicher Beteiligung der Kölner Kommunisten in Köln eine öffentliche Volksversammlung veranstaltet. Am 17. September folgte eine republikanische Massenkundgebung bei Worringen zwischen Köln und Düsseldorf, bei der einer der Gründungsväter der späteren Sozialdemokratischen Partei, Ferdinand Lassalle, als Hauptredner auftrat. Am 25. September wurden in Köln Barrikaden errichtet und daraufhin der Belagerungszustand ausgerufen.

Die Frankfurter Linke hatte die Ablehnung des Waffenstillstandes von Malmö als großen Sieg gefeiert und war deshalb um so mehr empört, als die Nationalversammlung den Vertrag eine Woche später doch hinnahm. Schon an diesem Tage war es zu ersten Unruhen vor der Paulskirche und zur Errichtung einzelner Barrikaden gekommen. Am 17. September fand auf der Pfingstweide vor den Toren der Stadt eine Massenversammlung mit rund 10 000 Teilnehmern statt, bei der die Abgeordneten, die dem Vertrag zugestimmt hatten, als Verräter am deutschen Volke bezeichnet wurden. Ihre Mandate wurden ihnen abgesprochen. Für den 18. September rief man zu einer bewaffneten Volksversammlung im Zentrum der Stadt auf.

Auch Abgeordnete der Linken aus der Paulskirche nahmen an der Versammlung teil, die überwiegend vor gewaltsamen Aktionen warnten, sich gegen die radikalen Leiter der Versammlung, voran Germain Metternich aus Mainz, aber nicht durchsetzen konnten. Die Fraktionen der Linken diskutierten zwar in einer gemeinsamen Versammlung ernsthaft über einen Austritt aus der Nationalversammlung und die Bildung eines Gegenparlamentes, der Vorschlag wurde jedoch zur Enttäuschung der Frankfurter Radikalen mit deutlicher Mehrheit verworfen.

Angesichts der Drohung mit einer bewaffneten Volksversammlung im Stadtzentrum durften Reichsministerium und städtische Obrigkeit nicht untätig bleiben. Da die Stadt nicht in der Lage war, mit der notorisch unzuverlässigen Bürgerwehr die Sicherheit der Nationalversammlung zu garantieren, beschloß man in der Nacht zum 18. September, österreichische und preußische Truppen aus der Bundesfestung Mainz zum Schutz der Nationalversammlung anzufordern: eine berechtigte Vorsichtsmaßnahme, die auf der Gegenseite naturgemäß als Provokation empfunden wurde. Die rund 2 000 Soldaten wurden am Morgen um die Paulskirche herum aufgestellt, hielten die daraufhin zusammenströmende erregte Menge aber nicht vom Betreten des Platzes zurück. Das Parlament begann mit seiner routinemäßigen Arbeit. Auf der Tagesordnung stand die Beratung der Grundrechtsartikel über die Freiheit der Wissenschaften. Plötzlich drang ein Volkshaufen in den Sitzungssaal ein, es kam zu einem Gerangel mit Parlamentsdienern und einzelnen Abgeordneten. Einige der Eingedrungenen waren schon wieder hinausbefördert, als das Militär vor der Paulskirche mit dem Bajonett gegen die Menge vorzugehen begann und sie so in kurzer Zeit zwang, den Platz zu räumen. Die Folgen waren ein allgemeiner Aufruhr und der planmäßige Bau von Barrikaden unter Anleitung des Literaten und Offiziers Wenzel Messenhauser, der im Oktober noch Kommandant der Wiener Bürgerwehr werden sollte (s. S. 138). Als weiterer Führer der Aufständischen trat der sozialistische Redakteur der »Frankfurter Allgemeinen Arbeiterzeitung«, Christian Esselen, in Erscheinung. Die große

Masse der städtischen Mittel- und Unterschichten stand mit ihren Sympathien auf der Seite des Aufstandes. Ursache dafür war zum einen eine allgemeine Bereitschaft zum Aufruhr, die durch die anhaltende Wirtschaftskrise genährt wurde, zum anderen ein tief verwurzelter Preußenhaß, der durch den angeblichen Verrat Preußens an der Sache der deutschen Nation noch geschürt worden war.

Für die bevorstehenden Barrikadenkämpfe hatten die Behörden schon frühzeitig Artillerie aus Darmstadt angefordert. Die Bemühungen der Aufständischen, aus der weiteren Umgebung Frankfurts Verstärkung zu erhalten, blieben hingegen in den Ansätzen stecken. So konnte der Aufstand nach schweren Häuser- und Straßenkämpfen bis zum Abend des 18. September niedergeschlagen werden. Abgeordnete der Linken hatten zuvor versucht, die Militärbefehlshaber zum Abzug der Truppen zu bewegen, wenn gleichzeitig die Barrikaden abgebaut würden, doch dieser Vermittlungsversuch war gescheitert. Unter den Toten waren auch zwei Abgeordnete der rechten Seite der Nationalversammlung, die leichtsinnigerweise auf eigene Faust einen militärischen Erkundungsritt an die Stadtgrenze unternommen hatten, dabei erkannt und grausam ermordet wurden. Die Zahl der Toten und Verwundeten auf Seiten des Militärs betrug 6 Offiziere, 1 Fähnrich und 55 Unteroffiziere und Gemeine. Bei den Aufständischen gab es 33 Tote und 132 Verwundete. Gut 600 namentlich festgestellte Aufrührer wurden später vor Gericht gestellt.

Der Frankfurter Aufstand war ein Fiasko für die demokratische Bewegung und ein Ende aller Hoffnungen auf eine revolutionäre Veränderung des Rhein-Main-Gebietes. Er zeigte vor allem die starke innere Zerrissenheit der demokratisch-republikanischen Partei. »Auf der Seite der gemäßigten Demokraten zeigte sich eine latente Abneigung gegen Volksbewegungen und ein ausgeprägter Legalismus, bei den Radikalen trat blinder Aktionismus und illusionäres Wunschdenken zutage« (Wettengel Nr. 95, S. 274).

Die Erhebung gegen die Nationalversammlung hatte noch ein revolutionäres Nachspiel. Auf Grund von übertriebenen Zeitungsmeldungen über einen durchschlagenden Erfolg des Aufstandes verließ der badische Revolutionär Gustav von Struve am 21. September sein Exil in der Schweiz, um in Lörrach die deutsche Republik auszurufen. Als sein Ziel proklamierte er unter der Parole »Wohlstand, Bildung, Freiheit für alle« die soziale Republik. Alle Grundlasten wurden für abgeschafft erklärt, alle Abgaben aufgehoben, die Zölle gesenkt, das Grundeigentum des Staates und der Kirchen vorläufig den Gemeinden übertragen. Struves Zug wurde jedoch schon am 24. September bei Staufen aufgehalten und auseinandergesprengt. Daß Struve sich nicht gescheut hatte, öffentliche Kassen zu beschlagnahmen und reichen Bürgern eine Zwangskontribution aufzuerlegen, wurde ihm jetzt als Raub, Plünderung und Anarchie vorgeworfen. Die Flucht ins Ausland gelang ihm diesmal nicht. Er wurde gefangengenommen, zu fünfeinhalb Jahren Haft verurteilt, aber nach der badischen Mairevolution von 1849 befreit. Nach deren Ende ging er in die Schweiz und 1851 nach Nordamerika.

5.3 Konflikt zwischen Freiheit und Ordnung: Die Politik der Zentralgewalt nach der Septemberkrise

Die Zentralgewalt reagierte auf den Frankfurter Aufstand und die im September auch in anderen Gegenden Deutschlands aufflammenden revolutionären Unruhen mit harter Hand. Sie ließ durch die Nationalversammlung ein Gesetz verabschieden, das nicht nur gewaltsame Angriffe auf die Nationalversammlung, sondern auch die öffentliche Beleidigung ihrer Mitglieder unter besondere Strafandrohung stellte und Versammlungen unter freiem Himmel in Frankfurt und seiner Umgebung bis zur Entfernung von 5 Meilen (also gut 37 Kilometern) untersagte. So wurde erstmals in Deutschland eine Art von »Bannmeile« um ein Parlament gelegt und zwar gleich in einer extremen Ausdehnung. Die im Gesetzentwurf vorgesehenen drakonischen Strafen wurden von der Nationalversammlung noch verschärft. Da durch das Gesetz immerhin sechs Bundesstaaten betroffen waren, wurde das Frankfurter Polizeiamt mit der Koordinierung der entsprechenden Überwachungsmaßnahmen beauftragt und so »das Grundgerüst für eine vorwiegend politisch orientierte Zentralbundespolizei in Deutschland« geschaffen (Siemann Nr. 88, S. 226).

Die Zentralgewalt beschloß außerdem am 19. September, bei Ulm, am Mittel- und am Oberrhein, in Frankfurt und Thüringen Bundestruppen in Stärke von jeweils 12-14 000 Mann »zur schnellen und kräftigen Unterdrückung anarchischer Bewegungen und Aufstände« zu konzentrieren (Valentin Nr. 54, Bd. 2, S. 167 f.). Der Reichsjustizminister forderte die Regierungen zu strenger Bestrafung aller Preßvergehen und zur Verfolgung aller Angriffe auf die Nationalversammlung auf. Kundgebungen, »durch deren Beschlüsse das Ansehen der Nationalversammlung herabgewürdigt und zum Kampfe wider sie aufgefordert, durch welche die Führer des blutigen Aufruhrs als Helden gepriesen wurden, müssen als Verbrechen bezeichnet werden« (Valentin Nr. 54, Bd. 2, S. 168). Die Pressefreiheit dürfe kein Freibrief sein »zu den frechsten Beschimpfungen und Verleumdungen von Behörden und Beamten, zur Provokation von Aufruhr und Umsturz aller bestehenden Verhältnisse« (ebd.). Das Ministerium beriet auch über ein Gesetz zur Überwachung aller politischen Vereine, begnügte sich dann aber mit einer Aufforderung an alle deutschen Regierungen, ihm »über die in ihren Gebieten vorhandenen politischen Vereine, deren Tendenz, Statuten, auffallende Beschlüsse, Einfluß auf das Volksleben und die Zahl der Mitglieder, dann ob und in welcher Verbindung sie mit Vereinen in den deutschen Staaten stehen, amtliche Mitteilung zu machen« (Siemann Nr. 88, S. 227).

Auch außenpolitisch suchte die Zentralgewalt gegen die demokratisch-republikanische Bewegung vorzugehen. Am 4. Oktober verlangte sie in harschem Ton von der Schweizer Eidgenossenschaft die Entwaffnung und Ausweisung aller Teilnehmer an Struves Putschversuch vom September. Beamte, die die Vorbereitung des Putsches auf Schweizer Boden geduldet hätten, sollten bestraft werden.

Falls die Schweiz sich weigere, würde die Grenze militärisch abgeriegelt und der Handelsverkehr unterbrochen. Bayern, Württemberg und Baden wurden vorsorglich schon von den geplanten Maßnahmen unterrichtet. Die Schweiz wies diese Drohungen empört zurück. Sie schränkte zwar die Bewegungsfreiheit politischer Flüchtlinge ein und verwies sie aus den Grenzkantonen, bestand jedoch auf der uneingeschränkten Ausübung des Asylrechts. Sie kündigte deshalb sogar einen im Jahre 1808 mit Baden abgeschlossen Vertrag über die wechselseitige Auslieferung von Verbrechern und politischen Flüchtlingen. Die militärische Absperrung der Grenze wurde zwar durchgeführt, die übrigen Repressalien jedoch nicht. Die bis dahin guten Beziehungen zwischen der Schweizer Eidgenossenschaft und der Zentralgewalt wurden durch diese Vorgänge schwer belastet.

Bei allen diesen Maßnahmen konnte sich die Reichsregierung der Zustimmung der Mehrheit der Nationalversammlung sicher sein. Die Abneigung gegen die revolutionären Bewegungen, welche die Sprecher des bürgerlichen Liberalismus schon in der Märzbewegung beherrscht hatte, war mittlerweile zu einem regelrechten Revolutionstrauma geworden. Wer aber wollte es der demokratischen Linken verübeln, wenn sie in den Parteikämpfen der Zeit der Zentralgewalt eine Rückkehr zu den »Karlsbader Beschlüssen« vorwarf? Wie dem auch sei, die Zentralgewalt hatte jetzt eindeutig gegen alle revolutionären Bewegungen Stellung genommen und sich in die Front der deutschen Regierungen eingereiht. Konnte damit auch der Riß zwischen Frankfurt und Berlin wieder gekittet werden ?

Schon wenige Tage nach ihren Beschlüssen zur Sicherung von Recht und Ordnung in Deutschland sah sich die Zentralgewalt zwei ernsten innerstaatlichen Konflikten gegenüber, die nach dem Gesetz vom 28. Juni in ihre Zuständigkeit fielen: Die Wiener Revolution und der Konflikt zwischen Krone und Nationalversammlung in Preußen.

Anlaß der Wiener Oktoberrevolution war zwar der Beschluß des österreichischen Ministeriums, Truppen der Wiener Garnison zur Niederwerfung der Selbständigkeitsbestrebungen Ungarns einzusetzen, tiefere Ursache jedoch die anhaltende soziale Not und die fortdauernden wirtschaftlichen Probleme im Großraum Wien (s. S. 131 ff.). Die Zentralgewalt schickte gleich nach dem Ausbruch der Revolution zwei Reichskommissare mit dem Auftrag zur Vermittlung und zur Gewährleistung der Freiheiten des Volkes nach Österreich. In ihrer Vollmacht wurden alle österreichischen Zivil- und Militärbehörden aufgefordert, den Weisungen der beiden Reichskommissare unbedingt zu folgen. Diesem Machtanspruch wurde vom österreichischen Militärbefehlshaber Windischgrätz, zu dem sich die Reichskommissare zuerst begaben, mit blankem Hohn begegnet. Er verstünde nicht, was sie in Österreich wollten. Der Kaiserstaat habe noch genügend Kraft, um sich alleine gegen die Revolution zu wehren. Auch für die nach Olmütz ausgewichene Regierung gab es zwischen einer revolutionären Bewegung und einer legitimen Regierung nichts zu vermitteln, und so mußten die Reichskommissare unverrichteter Dinge wieder abreisen.

Die Zentralgewalt und die Mehrheit der Nationalversammlung hatten es ausdrücklich abgelehnt, dem Vorschlag der Linken entsprechend die Wiener Revolution als einen Kampf für die deutsche Freiheit und gegen die reaktionäre Politik des Wiener Ministeriums zu interpretieren. Der mit einer Solidaritätsadresse der Frankfurter Linken nach Wien gereiste hoch angesehene Führer der demokratischen Fraktion Robert Blum nahm dort jedoch an den Kämpfen teil und wurde deshalb standrechtlich erschossen (s. S. 138 f.).

Der nächste Konflikt, in dem sich die Zentralgewalt zum Handeln aufgerufen fühlte, spielte sich in Preußen ab. Doch während in Österreich das formale Recht auf der Seite der legitimen Regierung lag, war die Situation in Preußen anders. Hier hatte der König unter fadenscheiniger Begründung Ende Oktober die Nationalversammlung vertagt, weil sich abzeichnete, daß deren Mehrheit ein Verfassungskonzept verfolgte, das dem König zutiefst zuwider war. Gleichzeitig wurde ein konservatives Kampfkabinett unter Graf Brandenburg ernannt (s. S. 150).

Die Zentralgewalt ging offenbar in völliger Fehleinschätzung der Lage davon aus, daß der preußische Konflikt die Gelegenheit böte, die zwischen ihr und Preußen offenen Fragen in ihrem Sinne zu klären. Es handelte sich dabei vor allem um die Verkündung von Reichsgesetzen ohne Vorbehalte und einschränkende Klauseln, den Vollzug der Beschlüsse der Nationalversammlung über den Verlauf der deutsch-polnischen Grenze im Regierungsbezirk Posen, die Übertragung des Gesandtschaftsrechts auf die Zentralgewalt und eine Erklärung über die unbedingte Anerkennung der Entscheidungen der Paulskirche in Bezug auf die deutsche Verfassung. Es wurde außerdem beschlossen, auf die preußische Nationalversammlung dahingehend einzuwirken, daß sie ihre Vertagung und vorübergehende Verlegung in die Provinzstadt Brandenburg hinnehmen möge. Der mit der Mission beauftragte Unterstaatssekretär Bassermann, der »Rechtsaußen« im Reichskabinett, sollte außerdem veranlassen, daß ein anderes Ministerium gebildet werde, welches das Vertrauen des Landes besitze. Die Nationalversammlung billigte mehrheitlich auch diesen Kurs, während die Linke sehr viel schärfere Beschlüsse beantragt hatte. Auch Heinrich von Gagern reiste damals ohne offiziellen Auftrag nach Berlin, weil er hoffte, den König mit dem Angebot der deutschen Kaiserkrone zum Bündnis mit der Mehrheit der deutschen Nationalversammlung gewinnen zu können. Eine Auflösung der preußischen Nationalversammlung, die man in der Paulskirche zunehmend als demokratisch geprägte Konkurrenz empfand, hätte gut in dieses Konzept gepaßt.

Gagern und Bassermann hatten keinen Erfolg. Bassermann hielt die Weisungen der Zentralgewalt für eine einseitige Stellungnahme zugunsten der preußischen Nationalversammlung und schilderte seine Eindrücke von der bedrohlichen Atmosphäre in der preußischen Hauptstadt in den schwärzesten Tönen. Den Aufruf der preußischen Nationalversammlung zum Steuerboykott (s. S. 150), mit dem diese auf ihre Verlegung nach Brandenburg reagierte, erklärte die Paulskirche für rechtswidrig, faßte im übrigen aber am 20. November den Beschluß, dem preußischen Volke seine Freiheitsrechte zu gewährleisten. Zur Durchsetzung dieses Beschlusses und zur Vermittlung im Konflikt zwischen Krone und Nationalversammlung wurden jetzt auch nach Berlin zwei Reichskommissare entsandt. In ihrer Vollmacht wurden alle preußischen Militär- und Zivilbehörden angewiesen, ihnen »unweigerliche Folge zu leisten« und sie bei ihrer Tätigkeit »kräftigst« zu unterstützen (Valentin Nr. 54, Bd. 2, S. 281). Offensichtlich konnte sich die Zentralgewalt noch immer nicht zur Anerkennung der machtpolitischen Realitäten entschließen. Ihre Politik war von Anfang an durch einen tiefen Widerspruch zwischen Anspruch und Wirklichkeit gekennzeichnet, und dies hatte sich auch bis zum Jahresende noch nicht geändert.

6. Kapitel

DIE ÜBERSTANDENE ZERREISSPROBE: ÖSTERREICH IM JAHRE 1848

6.1 Slawenkongress und Juni-Aufstand in Prag

Die politischen Spannungen, die nationalen Gegensätze und die sozialen Probleme, die Prag seit den Märztagen geprägt hatten, bekamen weitere Nahrung, als dort Anfang Juni ein Kongreß aller slawischen Nationalitäten der Habsburger Monarchie zusammentrat. Die Idee dazu war schon Anfang April in Wien entstanden, als die an den Kaiserhof geschickten Deputationen aus Böhmen, Galizien und Kroatien mit slawischen Vereinen Wiens zusammentrafen. In der vom 5. Mai datierten Einladung hieß es, die Bestrebungen zur Gründung eines deutschen Nationalstaates würden »nicht nur die Einheit Österreichs, sondern auch den bisherigen Verband und die Selbständigkeit der slawischen Volksstämme vernichten, deren Nationalität dadurch in Gefahr geriete« (Kolejka in Nr. 36, S. 134). Daher müßten sich auch die Slawen vereinigen und über Maßnahmen zum Schutz ihrer Nationalität beraten. Zusammen mit dieser Einladung wurde eine Erklärung veröffentlicht, in der die Slawen ihre Treue zum Hause Habsburg betonten und versprachen, »die Erhaltung der Integrität und Souveränität des österreichischen Kaiserstaates mit allen uns zu Gebote stehenden Mitteln zu sichern« (S. 135).

Der am 2. Juni offiziell eröffnete Slawenkongreß zählte rund 350 Teilnehmer. Etwa die Hälfte davon waren Tschechen, rund 70 Polen, und jeweils um die 20 Mährer, Kroaten, Serben und Slowaken. Der Kongreß gliederte sich nach den unterschiedlichen slawischen Volksgruppen in drei Sektionen. Nachdem es in den ersten Tagen zu weit ausufernden Debatten gekommen war, beschloß der Kongreß am 5. Juni, sich auf drei Punkte zu konzentrieren: Die Verabschiedung eines Manifestes an die europäischen Völker, die Zusammenstellung eines Katalogs von Forderungen der österreichischen Slawen und die Erarbeitung eines Programms für die Errichtung eines slawischen Bundes. Alle drei Resolutionen waren noch nicht endgültig verabschiedet, als der Kongreß wegen des Prager Pfingstaufstandes seine Sitzungen einstellen mußte.

In dem von Palacky redigierten Manifest an die europäischen Völker verlangten die Slawen Gleichberechtigung für alle Nationalitäten der Habsburger Monarchie und deren Umwandlung in einen Föderativstaat, Freiheit und nationale Selbständigkeit aber auch für die Slawen außerhalb Österreichs. Über alle diese internationalen Fragen sollte ein »allgemeiner europäischer Kongreß der Völker« beraten.

Nach einer erneuten Betonung der Loyalität zum Herrscherhaus wurden im Entwurf für die Adresse an den Kaiser noch einmal die Forderungen der einzelnen slawischen Nationalitäten zusammengestellt, wie sie schon in der Petitionsbewegung der Märztage formuliert worden waren. Die Tschechen, Mährer und Slowenen verwahrten sich außerdem gegen jede Eingliederung in einen deutschen Nationalstaat. Österreich betreffenden Beschlüssen der deutschen Nationalversammlung wurde von vornherein jede Gültigkeit abgesprochen.

Als dritter Hauptberatungspunkt stand ein Projekt für eine Konföderation oder auch Union der slawischen Völker Österreichs auf der Tagesordnung, doch die Diskussionen darüber waren am abrupten Ende des Kongresses noch nicht in ein konkretes Stadium gelangt.

Der Slawenkongreß wurde in der europäischen Öffentlichkeit stark beachtet. Trotz seines betont austroslawischen Charakters sah man in ihm eine Manifestation des Panslawismus und den Versuch, dem werdenden deutschen Nationalstaat eine Art slawische Reichsgründung entgegenzustellen. Der Kongreß brachte kein handfestes Ergebnis, aber er hatte doch einer ganzen Reihe slawischer Nationalitäten die Gelegenheit geboten, erstmals auf einer internationalen Bühne aufzutreten und dort ihre Anliegen zu artikulieren.

Unter dem Eindruck des Kongresses verstärkte die Prager Linke ihre tschechisch-nationalistische Agitation unter den Prager Kleinbürgern und Arbeitern, wobei die regelmäßig in der Universität tagenden Studenten ähnlich wie die Wiener »Aula« eine herausragende Rolle spielten. Einen starken Unruheherd bildeten außerdem die von der allgemeinen Wirtschaftskrise stark betroffenen Arbeiter der Prager Textilindustrie und die Buchdrucker, die schon bei schweren Arbeiterunruhen im Jahre 1844 eine Art proletarisches Gemeinschaftsbewußtsein entwickelt hatten. Die konservative Landesregierung um Thun verlor zunehmend die Kontrolle über die Bewegung.

Am 13. Juni brach dann der Aufstand in Prag aus. Äußerer Anlaß war die Tatsache, daß Windischgrätz sich geweigert hatte, an die Studentenlegion 2 000 Gewehre mit scharfer Munition sowie eine Batterie Artillerie zu übergeben. Kleinbürger und Studenten, Arbeitslose und Arme gingen auf die Straße. Demonstrationen vor dem Palais Windischgrätz führten zu Zusammenstößen, Aufruhr und Barrikadenbau. Durch einen wohl kaum auf sie persönlich gezielten Schuß wurde die Fürstin Windischgrätz hinter dem Fenster ihres Prager Stadtpalais tödlich getroffen. Nachdem die Straßenkämpfe keine Entscheidung gebracht hatten, zog Windischgrätz seine Truppen aus der Stadt heraus und zwang die Aufständischen durch ein Artillerie-Bombardement am 16. Juni zur Kapitulation. Rund 400 Tote waren zu beklagen. Massenverhaftungen folgten, das Kriegsrecht wurde auf ganz Böhmen ausgedehnt und Graf Thun Mitte Juli seines Amtes enthoben. Der geplante Landtag wurde auf unbestimmte Zeit verschoben. Die Prager Radikalen verschwanden von der politischen Bühne. Die deutschen Bürger Prags hatten in dem Aufstand vornehmlich einen nationalistischen antideutschen Aufruhr gesehen, und sie feierten Windischgrätz jetzt als Retter des Deutschtums vor dem tschechischen Radikalismus. Tschechische Kreise hingegen deuteten seinen Erfolg als Stabilisierung der österreichischen Macht gegenüber der deutschen Nationalbewegung. Die Unterwerfung Prags war der erste Sieg der Gegenrevolution in Mitteleuropa: Wenige Tage später folgte die Pariser Junischlacht.

In Prag gewann jetzt wieder der gemäßigte Liberalismus des Palacky-Kreises den vorherrschenden Einfluß. Er setzte auf eine Zusammenarbeit mit der Wiener Regierung und suchte die Selbständigkeit Österreichs gegenüber der deutschen Nationalbewegung zu kräftigen. Im österreichischen konstituierenden Reichstag (s. S. 132 f.) gehörten die tschechischen Abgeordneten überwiegend zur konservativen Rechten.

Die Sorge vor einer künftigen Dominanz der Tschechen im Königreich Böhmen verstärkte im Sommer die Gegenbewegung auf deutscher Seite. Ende August fand in Teplitz ein deutsch-böhmischer Kongreß statt, bei dessen Organisation der Leipziger »Verein zur Wahrung der deutschen Interessen in den Ostmarken« und der Wiener Verein der Deutschen aus Böhmen, Mähren und Schlesien eine maßgebliche Rolle spielten. Die Delegierten aus 90 Städten lehnten jede Verschmelzung mit den Tschechen in der Landesvertretung oder der Verwaltung ab, forderten die Aufhebung der alten historischen Landesgrenzen zugunsten einer neuen Verwaltungsgliederung nach nationalen Kriterien und verlangten schließlich ausgedehnte kommunale Selbstverwaltung zur Dämpfung der nationalen Gegensätze. Die Deutschen aus Prag lehnten eine Neugliederung Böhmens nach ethnischen Gesichtspunkten allerdings ab, weil dadurch ihre Stellung bedroht werden würde.

Nachdem Ende Juli die österreichische Herrschaft auch in Oberitalien wiederhergestellt war (s. S. 42), behauptete jetzt nur noch Ungarn seine Selbständigkeit.

6.2 Ungarn zwischen Märzbewegung und »zweiter Revolution«

Kein europäisches Land hat Höhen und Tiefen, Erfolge und Niederlagen der Revolution von 1848 in solchen Ausmaßen erlebt wie das Königreich Ungarn. Es war seit 1526 mit Österreich verbunden, blieb jedoch rechtlich ein selbständiger Staat, dem bei jedem Thronwechsel erneut das Privileg bestätigt wurde, nur nach eigenen Gesetzen regiert werden zu dürfen. Das Ausmaß dieser ungarischen Autonomie war im Laufe der Jahrhunderte ständig umkämpft. War Wien auf militärische oder finanzielle Hilfen aus Ungarn angewiesen, wurde sie großzügiger gehandhabt, restriktiver hingegen, wenn sich in Wien zentralistische Tendenzen durchsetzten. Als zentrale Behörden bestanden einerseits die Königlich-Ungarische Hofkanzlei in Wien und andererseits die Königlich-Ungarische Statthalterei in Buda. Diese wurde vom »Palatin« geleitet, der die Funktionen eines königlichen Statthalters und des Ministerpräsidenten in seiner Person vereinigte. Seit dem Ende des 18. Jahrhunderts waren dies immer Erzherzöge aus dem Kaiserhaus.

Die politisch und gesellschaftlich führende Schicht Ungarns war der Adel, der auch im Landtag dominierte, jedoch in zwei Klassen geschieden war. Der aus einigen hundert Familien mit etwa 800 männlichen Mitgliedern bestehende Hochadel, die Magnaten, bildeten zusammen mit den katholischen Bischöfen und den Oberbeamten der 52 regionalen Verwaltungsbezirke, der Komitate, die Magnatentafel des Landtags. Nur sie hatten die Chance, leitende Posten im Staatsdienst oder Ehrenämter bei Hofe zu erhalten. Der niedere Adel hingegen wählte Abgeordnete für die Deputiertentafel, in der auch noch Vertreter der niederen Geistlichkeit, der königlichen Freistädte oder anderer privilegierter Bezirke saßen. Der Anteil des niederen Adels an der Bevölkerung war sehr groß, in einigen Komitaten angeblich ein Viertel der Einwohner, doch wer sich dazu zählen durfte, war häufig umstritten. Der niedere Adel bildete im Grunde die politische Nation, und stellte die Verwaltungsbeamten und die Richter auf der mittleren und unteren Ebene, die Intellektuellen und die sich langsam formierende Schicht von gewerblichen Unternehmern. Der ganze Adel war steuerfrei.

Die ungarischen Bauern (etwa 90 Prozent der Bevölkerung) unterstanden direkt ihrem Grundherrn, der sowohl ein Adeliger, als auch eine kirchliche Einrichtung, eine Stadt oder die Krone sein konnte. Mit dem König standen sie nur insoweit in Verbindung, als sie Steuern zahlen und Militärdienst leisten mußten. Der Adel vertrat den Standpunkt, daß er das Obereigentum über alles Bauernland besitze und daß die Bauern ihm deshalb Abgaben und Dienste schuldig seien. Auch in Ungarn zeigte sich in der ersten Hälfte des 19. Jahrhunderts eine zunehmende Scheidung zwischen relativ wohlhabenden größeren Bauern und einer immer breiter werdenden Schicht von Kleinbauern, die von ihrem Besitz allein nicht leben konnten, und von ganz eigentumslosen Knechten, Häuslern und Tagelöhnern. Dieses Landproletariat dürfte 1848 rund 40 Prozent der Bevölkerung umfaßt haben.

Die ungarischen Städte waren fast durchweg kleine Landstädte, die von schmalen bürgerlichen Oligarchien regiert wurden. Ihre Einwohner waren überwiegend Deutsche, Juden oder Angehörige anderer nicht-magyarischer Nationalitäten. Sie lebten größtenteils ebenfalls von der Landwirtschaft.

Auch in Ungarn hatten sich im Vormärz Ansätze zur Entwicklung eines öffentlichen Lebens gezeigt. Der polnische Aufstand von 1830 war mit viel Sympathie verfolgt worden, und es waren nicht zuletzt die immer wieder einberufenen Landtage und die zu ihrer Vorbereitung dienenden Versammlungen in den Komitaten, die zur Besprechung öffentlicher Angelegenheiten Anlaß gaben. Immer wiederkehrende Themen waren die Durchsetzung des Ungarischen anstelle des Lateinischen als allgemeine Amtssprache, der Protest gegen die zollpolitische Benachteiligung Ungarns innerhalb der Habsburger Monarchie und die Lage der Bauern, die immerhin geringfügig verbessert werden konnte.

Im Umfeld dieser Landtagsverhandlungen profilierten sich die ersten Reformpolitiker Ungarns, die während der Revolution eine herausragende Rolle spielen sollten: Der reiche Magnat István Graf Széchenyi, der zum wohlhabenden adeligen Mittelstand zählende Ferenc Deák und der zum niederen Adel zählende besitzlose Lajos Kossuth. Széchenyi veröffentlichte im Jahre 1830/31 zwei Schriften, in denen er eine umfassende Modernisierung von Gesellschaft und Wirtschaft Ungarns forderte: Bauernbefreiung und Einführung der Lohnarbeit, Rechtsgleichheit für alle Staatsangehörigen, Teilbarkeit und freie Verkäuflichkeit des Landbesitzes als Voraussetzung für innere Kapitalbildung und Rationalisierung der Landwirtschaft, Beseitigung der adeligen Steuerfreiheit und des Zunftwesens.

Kossuth machte sich zunächst vor allem mit dem Verlangen nach Pressefreiheit einen Namen. Unter Verletzung des geltenden Rechtes brachte er anfänglich handgeschriebene, dann gedruckte Berichte über die Landtagsverhandlungen und Komitatsversammlungen in Umlauf. Er wurde deshalb 1837 wegen Aufruhr und Hochverrat angeklagt, mußte für drei Jahre ins Gefängnis und wurde so zum überall bekannten politischen Märtyrer. Trotzdem wurde ihm 1841 erlaubt, die »Pester Zeitung« herauszugeben, die eine Auflage von mehr als 5 000 Exemplaren erreichte. In den Artikeln dieses Blattes entwickelte er ein umfassendes Reformkonzept: Bauernbefreiung, Modernisierung der Landwirtschaft, Reform der Rechtsprechung und des Strafvollzugs, Einrichtung von Waisenhäusern und Kinderkrankenhäusern, Bau einer Eisenbahnlinie an die Adria, und vor allem auch Beschränkung von Importen aus Österreich durch Schutzzölle. Kossuth rief sogar zum Boykott österreichischer Waren auf.

1844 wurde er gezwungen, die Redaktion der Pester Zeitung aufzugeben. Danach konzentrierte er sich ganz auf das Ziel, den Gedanken einer Industrialisierung Ungarns über nationale Handels- und Gewerbevereine zu fördern.

Die ungarische Industrie stand damals noch ganz in den Anfängen, auch wenn es schon eine Reihe von Fabriken gab, die mit Dampfmaschinen arbeiteten. Im Vergleich zu Österreich war Ungarn jedoch noch ausgesprochen rückständig. Bei der Durchführung und Finanzierung praktischer Industrialisierungsprojekte spielte Széchenyi eine bedeutende Rolle.

Zwischen Széchenyi und Kossuth wurde Ferenc Deák zum bedeutendsten Oppositionspolitiker des vormärzlichen Ungarn, ein Mann weniger der großen Entwürfe, als des pragmatischen Sinns für das Durchsetzbare. An den behutsamen Reformgesetzen der Landtage vor 1848 hatte er einen bedeutenden Anteil. Sein besonderes Interesse galt der Modernisierung des Strafgesetzbuches und der Prozeßordnung.

Alle ungarischen Reformpolitiker des Vormärz waren allerdings nicht bereit, das von ihnen beanspruchte Recht nationaler Selbstbestimmung auch den nicht-magyarischen Völkern des Königreichs Ungarn zuzugestehen, ausgenommen vielleicht die Kroaten. Die Magyaren stellten jedoch in Ungarn nur rund 40 Prozent der Bevölkerung, Ungarn war also im Kleinen ein Vielvölkerstaat wie die Habsburger Monarchie im Großen. Es sollte zu einer entscheidenden Trumpfkarte der österreichischen Regierung werden, daß sie im Jahre 1848/49 die anderen Völker Ungarns zum Kampf gegen den magyarischen Nationalismus mobilisieren konnte.

Die österreichisch-ungarische Regierung stand am Vorabend der Revolution vor der Alternative, ob sie im Bündnis mit einer konservativen Adelspartei oder gestützt auf die nach persönlicher Freiheit verlangenden Bauern ihre Herrschaft in Ungarn stabilisieren sollte. Sie entschied sich für eine abwartende Politik und berief für den Herbst 1847 erneut den Reichstag nach Preßburg.

Der adelige Liberalismus formulierte daraufhin durch Kossuth und Deák sein Reformprogramm. Es forderte die nationale Souveränität Ungarns unter dem Dach der Habsburger Monarchie, Einführung des Ungarischen als Amtssprache, Presse- und Religionsfreiheit, Erweiterung des Wahlrechts, Einsetzung eines dem Landtag verantwortlichen Ministeriums, Gleichheit vor dem Gesetz, Abschaffung aller Steuerprivilegien, Freiheit des Güterverkehrs und Abschaffung der bäuerlichen Erbuntertänigkeit. Von besonderer Brisanz war, daß die ungarische Reformbewegung forderte, die ungarischen Freiheiten auch auf die anderen Kronländer der Habsburger Monarchie auszudehnen, d. h. auch in ihnen Landtage mit größeren Kompetenzen einzurichten und ihrer aller Verhältnis zu Österreich auf eine reine Personalunion zu reduzieren. Ungarn hatte sich damit zum politisch dynamischsten Teil der Habsburger Monarchie entwickelt.

Der am 11. November 1847 durch den Kaiser selbst eröffnete Reichstag hatte noch keine konkreten Beschlüsse gefaßt, als die Nachricht von der Pariser Februarrevolution Preßburg erreichte. Kossuth legte daraufhin am 3. März der Deputiertentafel des Reichstags das Oppositionsprogramm in verschärfter Form vor. Diese beschloß, es dem König von Ungarn und Kaiser von Österreich als Landtagsadresse zuzuleiten, was die Magnatentafel zunächst ablehnte, unter dem Eindruck der Wiener Märzrevolution am 14. März aber zugestand.

Die politische Bewegung in Ungarn blieb dabei jedoch nicht stehen. Pest war im ausgehenden Vormärz zu einem Sammelplatz von Juristen, Literaten und sonstigen Intellektuellen geworden, die in ihren Zirkeln die liberale, republikanische und sozialistische Literatur der Zeit diskutierten. Ihr Wortführer war Sándor Petöfi. Dieser gründete 1846 einen politischen Klub, der sich nach dem Vorbild von Mazzinis »Jungem Europa« (s. S. 35) als »Jungungarn« bezeichnete und einen freien, demokratischen und souveränen ungarischen Nationalstaat schaffen wollte. Entscheidend für den Einfluß Petöfis im politischen Kräftespiel der Märztage wurde es, daß er glaubhaft die Drohung mit einem allgemeinen Aufstand der Bauern als Trumpfkarte einsetzen konnte (für den 19. März, den Tag des Josephsmarkts, wurden in Pest rund 40 000 Bauern erwartet).

Die Jungungarn verschärften das Programm Kossuths und seiner Freunde noch um nationalpolitische Forderungen. Sie verlangten die Bildung eines von Wien unabhängigen Ministeriums, das einem durch das Volk gewählten Parlament verantwortlich sein sollte, die Einrichtung einer Nationalbank, die Entfernung aller österreichischen Truppen aus Ungarn, die Gründung einer Nationalarmee und die Einbeziehung des autonomen Siebenbürgen in den ungarischen Nationalstaat. In 12 Punkten zusammengefaßt, wurden diese Forderungen in einer Massendemonstration mit rund 20 000 Teilnehmern der Statthalterei überbracht, welche sie ohne Widerstand genehmigte. »Die Exzellenzen, die Mitglieder der Statthalterei, waren bleich und geruhten zu zittern und willigten nach einer Beratung von fünf Minuten in alles ein«, so hat Petőfi später die Situation geschildert (nach Deák Nr. 33, S. 72).

Der Palatin Erzherzog Stephan hielt sich damals wegen der Sitzungen des Reichstags in Preßburg auf. Dieser schickte noch am 15. März eine Delegation nach Wien, und da der Palatin zum Nachgeben riet, wurden hier die ungarischen Forderungen bewilligt und Graf Lajos Batthyány zum ungarischen Ministerpräsidenten ernannt. Österreich überließ Ungarn vorübergehend sich selbst.

Batthyány war einer der reichsten Grundherren des Landes. Sein Ziel war die Errichtung eines starken und unabhängigen Ungarn innerhalb der Habsburger Monarchie oder zumindest unter einem Herrscher aus dem Hause Habsburg, wenn das Reich sich infolge der revolutionären Vorgänge in Deutschland und Italien auflösen sollte. Eine gegen den legitimen Monarchen gerichtete Politik kam für ihn nicht in Frage.

Für die auswärtigen Angelegenheiten Ungarns war im Kabinett der konservative Fürst Pál Esterházy zuständig, der reichste Mann des Landes, der Buda-Pest sogar zum künftigen Zentrum des österreichischen Kaiserreichs machen wollte. Minister für öffentliche Arbeiten und Verkehr wurde Széchenyi, Finanzminister Kossuth, Justizminister Deák. Im ganzen bestand das erste konstitutionelle Ministerium Ungarns aus vier Magnaten und fünf Angehörigen des niederen Adels.

Der ungarische Reichstag verabschiedete ab Mitte März eine ganze Reihe von Reformgesetzen zur Umsetzung der Märzforderungen: jährliche Einberufung des Reichstags, sofortige Erweiterung des Stimmrechts der Städte in der Deputiertentafel, Aufhebung von Steuerprivilegien, Abschaffung von grundherrlichen Renten und bäuerlichen Dienstleistungen, Gründung einer Nationalbank, Einführung der Pressefreiheit, Reform der Kommunalverfassung und Errichtung einer Nationalgarde. Die Patrimonialgerichtsbarkeit wurde abgeschafft, der freie Verkauf von Landbesitz, die allgemeine Freizügigkeit und die freie Berufswahl gewährleistet und für politische Vergehen Geschworenengerichte eingesetzt. Für die Deputiertentafel des Reichstags wurde ein Wahlgesetz verabschiedet, welches das aktive Wahlrecht auf alle selbständigen Bürger und Bauern ausdehnte, für die Selbständigkeit jedoch so hohe Qualifikationsmerkmale festlegte, daß nur rund ein Viertel der erwachsenen Männer das Wahlrecht erhielt; auch dies allerdings ein erheblicher Fortschritt im Vergleich zu den vormärzlichen Verhältnissen in Ungarn. Die Magnatentafel blieb unangetastet bestehen. Die ebenfalls diskutierte Reform der Komitatsverfassungen konnte nicht verabschiedet werden, da man keine Lösung für die Frage fand, wie man eine magyarische Suprematie auch in solchen Komitaten sichern könnte, in denen die magyarische Bevölkerung in der Minderheit war.

31 Gesetze waren verabschiedet und gebilligt, als Kaiser und König Ferdinand am 12. April den Reichstag schloß. Trotz aller Reformen war er konstitutioneller Monarch Ungarns geblieben. Er besaß weiterhin den Oberbefehl über die Armee, entschied über Krieg und Frieden und hatte ein uneingeschränktes Vetorecht gegenüber Beschlüssen des Reichstags. Ungarn war auf dem Weg zu einer bürgerlichen Gesellschaft, in welcher der niedere Adel die Rolle des Bürgertums einnahm. Was sich in West- und Mitteleuropa in den Jahrzehnten seit der französischen Revolution in schrittweisen Modernisierungsschüben herausgebildet hatte, sollte in Ungarn in einem einzigen Entwicklungssprung nachgeholt werden.

Die Bedeutung der Reformgesetze für die ungarische Geschichte und ihre Beurteilung im modernen ungarischen Geschichtsbild faßte Istvan Deák 1988 mit leichter Ironie in folgenden Worten zusammen:

> »Der ungarische Frühling sicherte der Grundbesitzerklasse ihre wirtschaftliche und politische Existenz, gab den Bauern Land zu freiem Eigentum, öffnete den Weg für eine spektakuläre wirtschaftliche und kulturelle Entwicklung und versah die ungarische Nation für ewige Zeiten mit romantischen Traditionen. Wir Heutigen wissen noch immer nicht genau, was in Wirklichkeit im Frühjahr 1848 geschah, aber Einigkeit besteht darüber, daß es etwas Wunderbares war. Jeder Ungar, ob extremer Nationalist, Konservativer, Liberaler, Demokrat, Sozialist oder Kommunist blickt stolz auf März und April 1848 zurück und schöpft daraus Begeisterung« (Deák Nr. 33, S. 100).

Das beeindruckende Reformpaket der Aprilgesetze wies allerdings noch Lücken auf, die unbedingt ausgefüllt werden mußten. Vor allem waren die Kompetenzen des ungarischen Kriegsministers und des Finanzministers und ihr Verhältnis zu den Wiener Ministerien unklar geblieben: Befehligte der ungarische Kriegsminister nur die Verbände der Landesverteidigung (die »Honvéds«) oder auch die in Ungarn stationierten Truppen der regulären Armee und die in Oberitalien kämpfenden ungarischen Einheiten? Hatte die ungarische Regierung das Recht zur Einführung einer eigenen Währung? In welchem Umfang mußte sich Ungarn an den Staatsschulden der Habsburger Monarchie und an den laufenden Ausgaben für Außenpolitik und Kriegsführung beteiligen? Für die innere Struktur Ungarns mußte geklärt weren, welchen Status die nicht-magyarischen Völker und die Juden erhalten sollten und wie letztere vor den verbreiteten Pogromen geschützt werden konnten. Im sozialen Bereich hatten die Reformgesetze nur die Anliegen besitzender Schichten berücksichtigt. Wie aber konnten die Erwartungen der besitzlosen bäuerlichen Unterschichten und der nach Lohnerhöhung und Arbeitszeitverkürzung verlangenden Arbeiter befriedigt, wie die in einigen Landesteilen herrschende Hungersnot gestillt werden?

Von allen diesen Problemen machte die innerungarische Nationalitätenfrage der Regierung Batthyány zunächst die größten Schwierigkeiten.

Die slowakischen Nationalisten forderten Mitte Mai die Umwandlung Ungarns in einen föderativen Staat mit regionalen Parlamenten für alle Nationalitäten, Errichtung einer slowakischen Nationalgarde, autonome Verwaltung und Anerkennung ihrer Sprache im Unterricht. Ihre Wortführer wurden jedoch sofort polizeilich verfolgt, und die slowakische Nationalbewegung hat 1848/49 keine große Bedeutung gewonnen.

Für die Nationalbewegung der griechisch-orthodoxen Rumänen stand 1848 zuerst die Abwehr der Machtansprüche des in Karlowitz residierenden serbischen Metropoliten im Vordergrund ihrer Interessen, später dann die Nationalitätenkämpfe im Großherzogtum Siebenbürgen. Hier stellten die Rumänen die absolute Mehrheit der Bevölkerung. Sie wurden jedoch von den Magyaren, dem türkisch-magyarischen Grenzvolk der Szekler und den seit 1150 zur Grenzsicherung und Landeserschließung aus dem Moselraum angesiedelten »Siebenbürger Sachsen« in einem Zustand minderen Rechts gehalten. Sie veranstalteten Mitte Mai in Blaj (Blasendorf) eine Massenversammlung und verabschiedeten dort eine Petition an den Kaiser, in der u. a. die Einberufung einer konstituierenden Versammlung für ganz Siebenbürgen unter Beteiligung der Rumänen und die Bildung einer gesonderten Nationalversammlung für die Siebenbürger Rumänen gefordert wurden. Man verlangte außerdem die Einrichtung rumänischer Schulen und die Bildung einer rumänischen Miliz, die Befreiung der Bauern und die Gewährleistung von Grundrechten, die Gewerbefreiheit und Aufhebung der Zollgrenze zu den Donaufürstentümern Moldau und Walachei.

Die Delegation der Siebenbürger Rumänen wurde vom kaiserlichen Hofe jedoch abgewiesen, und noch Ende Mai beschloß der Siebenbürger Landtag unter dem Druck der ungarischen Fraktion die staatsrechtliche Union Siebenbürgens mit Ungarn, ohne den rumänischen Reformforderungen entsprochen zu haben.

Die bis dahin im Prinzip ungarnfreundliche Haltung der Rumänen schlug danach um. Sie betrieben jetzt nicht nur die Gründung eines rumänischen nationalen Staates, sondern sie eröffneten auch einen mörderischen Bürgerkrieg in Siebenbürgen und traten im Konflikt zwischen Österreich und Ungarn auf die österreichische Seite.

Zu schweren Nationalitätenkämpfen kam es auch in Südungarn, wo die Serben ungarische, deutsche und rumänische Siedler angriffen und am 27. Mai ihre Unabhängigkeit von Ungarn erklärten. Die ungarische Regierung setzte reguläre Truppen gegen sie in Marsch, doch diese konnten die Serben zunächst nicht schlagen. Rund 30 000 Mann waren auf beiden Seiten in die Kämpfe verwickelt.

Einheiten, die noch vor wenigen Wochen zur gleichen Habsburger Armee gehört hatten, standen sich jetzt in erbitterten Gefechten gegenüber, und auch die früher friedlich zusammenlebenden Nationalitäten wandten sich jetzt gegeneinander. In Weißkirchen z. B. kam es Mitte August zu regelrechten Metzeleien zwischen den Serben einerseits, den Rumänen und Deutschen andererseits. Erst im Frühjahr 1849 konnte der serbische Aufstand niedergeschlagen werden.

Zum größten Problem aber wurden die Kroaten, das politisch am weitesten entwickelte Volk unter den nicht-magyarischen Nationalitäten Ungarns. Bei ihnen war schon in den dreißiger Jahren der Gedanke an die Gründung eines großen südslawisch-illyrischen Staates aufgekommen, und die Märzereignisse hatten hier den gleichen Widerhall gefunden wie in Östereich, Böhmen und Ungarn. Der am 25. März in Agram zusammengetretene Nationalkongreß forderte für Kroatien den gleichen Grad von Selbständigkeit, wie ihn Ungarn und Böhmen beanspruchten: Eigenes Parlament, eigene Regierung, eigene Armee, Abschaffung feudalistischer Strukturen usw. Eine nach Wien entsandte Delegation konnte dort keine konkreten Zugeständnisse erzielen, wurde vielmehr an die ungarische Regierung verwiesen, da Kroatien unter der Oberhoheit der Stephanskrone stünde. Der Kaiser ernannte aber immerhin den kroatischen Oberst Jellacic zum Banus (Gouverneur) von Kroatien und zum kommandierenden General, und dieser gab der kroatischen Nationalbewegung einen aggressiven antimagyarischen Charakter. Der Haß auf Ungarn wurde zum alle Volksschichten und politischen Gruppierungen verbindenden, integrierenden Element in Kroatien.

Die ungarische Regierung versuchte zunächst, einen modus vivendi mit Jellacic zu finden, sah sich schließlich aber doch genötigt, beim Kaiser ein Verbot des für Anfang Juni geplanten kroatischen Landtags und die Absetzung Jellacics zu erwirken. Sie erfolgte am 10. Juni, war aber de facto nicht durchsetzbar. Auch der kroatische Landtag trat ungeachtet des Verbots zusammen und stattete Jellacic mit diktatorischen Vollmachten aus. Trennung von Ungarn und Anschluß an Österreich wurde jetzt zur Parole, und mit diesem Pfund konnte die österreichische Regierung wuchern, als sie, durch die Siege der österreichischen Truppen in Italien entlastet, im Hochsommer zu einer offensiven Ungarn-Politik überging.

Im österreichisch-ungarischen Verhältnis hatte es im Verlauf des Sommers wachsende Spannungen gegeben. Schon im Mai war es zu einer Revolte der ungarischen Radikalen gekommen, die sich gegen die Anwesenheit österreichischer Truppen in Buda und die angeblich mit ihnen unter einer Decke steckende konterrevolutionäre Regierung Batthyány richtete. Diese sah sich dadurch veranlaßt, die Vereidigung aller in Ungarn stationierten Truppen auf die ungarische Verfassung anzuordnen, die Aufstellung der ungarischen Heimatarmee zu Lasten der Rekrutierungen für die reguläre Armee zu beschleunigen und zu befehlen, daß keine ungarischen Truppen außerhalb des Landes eingesetzt werden dürften. Damit wurde die Rückführung aller in anderen Teilen der Monarchie eingesetzten ungarischen Regimenter gefordert, während die österreichische Regierung von Ungarn gleichzeitig verstärkte militärische Hilfe für den Krieg in Oberitalien verlangte.

Die Entscheidung darüber hatte der neu gewählte, am 5. Juli eröffnete Reichstag zu treffen, und dieser stimmte am 22. Juli nach heftigen Diskussionen einer Regierungsvorlage zu, die prinzipiell der österreichischen Bitte entgegenkam. Diese Zusage war jedoch an so viele Voraussetzungen und Bedingungen geknüpft, daß sie praktisch einer Ablehnung gleichkam. Zwei Wochen später verabschiedete das Abgeordnetenhaus eine Resolution zur deutschen Frage, in der es hieß: »Wenn die Wiener österreichische Regierung es wegen der Frage der deutschen Einheit zu einem Krieg mit der vereinigten deutschen Macht kommen lassen würde, könnte sie auf Ungarns Hilfe niemals rechnen« (Deák Nr. 33, S. 137). In Ungarn hoffte man damals, daß Deutsch-Österreich Teil des entstehenden deutschen Nationalstaates werden würde und daß Buda-Pest dann zur Hauptstadt der verbleibenden Habsburger Monarchie aufsteigen könnte.

Die Auseinandersetzungen über die Militärfrage hatten gezeigt, daß die Dinge in Ungarn offenbar auf eine völlige Unabhängigkeit von Österreich zuliefen. Nachdem die Siege in Oberitalien die Wiener Regierung von einer schweren Last befreit hatten, war sie nicht mehr bereit, dieser Entwicklung tatenlos zuzusehen. Ende August ermunterte sie den kroatischen Banus Jellacic zur militärischen Offensive gegen Ungarn. Gleichzeitg richtete sie ein Memorandum an die ungarische Regierung, in dem dieser vorgeworfen wurde, sie verstoße mit ihrer Politik ständig gegen die »Pragmatische Sanktion« von 1722/23, nach der Ungarn »unteilbar und unzertrennlich« mit den anderen Ländern der Monarchie verbunden sei. Ungarn wurde aufgefordert, alle Rüstungen gegen Kroatien und Slawonien einzustellen, und das Ministerium wurde zu einer Konferenz nach Wien eingeladen.

Am 11. September ließ Jellacic seine Truppen die Drau überschreiten und begann so den Krieg. Den zahlenmäßig unterlegenen ungarischen Truppen gelang es jedoch, seine Offensive am 29. September bei Pákozd nordöstlich des Plattensees aufzuhalten. Er mußte seinen Angriff auf Buda-Pest abbrechen und marschierte stattdessen in Richtung Wien. Wenig später ergab sich eine zweite kroatische Armee südöstlich des Plattensees bei Ozora.

Die ungarische Regierung hatte inzwischen fieberhaft Maßnahmen zur Organisierung des Krieges ergriffen. Dabei war vor allem Kossuth rastlos tätig, während Batthyány fortwährend an Rücktritt dachte und der schon länger von Depressionen geplagte Széchenyi den Belastungen dieser Wochen nicht gewachsen war. Er mußte in eine Nervenheilanstalt eingewiesen werden, wo er 1860 Selbstmord beging.

Der Reichstag verabschiedete im September weitere Gesetze zur Bauernbefreiung, die diesmal vor allem die Lage der Kleinbauern verbessern sollten. Er schickte außerdem eine Deputation an den österreichischen Reichstag in Wien, die dort für die ungarische Sache Verständnis wecken sollte, jedoch nicht offiziell empfangen wurde.

Angesichts der bevorstehenden Kämpfe hatte der Erzherzog Stephan sein Amt als Palatin am 23. September niedergelegt, in der folgenden Zeit aber dennoch versucht, am Hof vermittelnd für die ungarische Sache einzutreten. Im ganzen hatte er sich aber doch zu stark auf die ungarischen Unabhängigkeitsbestrebungen eingelassen und mußte deshalb den Rest seines Lebens in einer Art Verbannung außerhalb Österreichs verbringen. Nach seinem Amtsverzicht ernannte der Kaiser den Feldmarschall Graf Lamberg zum königlichen Kommissar und Oberkommandierenden aller Streitkräfte in Ungarn mit der ausdrücklichen Weisung, sofort auf allen Kriegsschauplätzen eine allgemeine Waffenruhe anzuordnen. Gleichzeitig wurde der gemäßigte Liberale Vay mit der Bildung einer neuen Regierung beauftragt.

Lamberg war ungarischer Magnat, hatte am Reformlandtag von 1847/48 teilgenommen und sich dabei als gemäßigter Reformer gezeigt. Er besaß das Vertrauen Batthyánys und war offenbar auch vom zurückgetretenen Palatin empfohlen worden. Mit seiner Ernennung verfolgte das Wiener Ministerium das Ziel, die Kriege in Ungarn zu beenden, welche mit der Sprengkraft des in Jellacic verkörperten nationalen Fanatismus die Grundlagen für ein friedliches Zusammenleben der Völker der Habsburger Monarchie überhaupt zu zerstören drohten. In Buda-Pest wurde die Ernennung Lambergs jedoch als Provokation empfunden. Kossuth forderte, ihn als Rebell und Verräter zu behandeln. Das Abgeordnetenhaus faßte einen entsprechenen Beschluß, die radikale Presse forderte seinen Kopf, und als er nach seiner Ankunft am 28. September in ziviler Kleidung und ohne Militärschutz von Buda nach Pest fahren wollte, um Kontakt zu Regierungsmitgliedern aufzunehmen, wurde er auf der Schiffsbrücke erkannt und von einer Volksmenge ermordet.

Mit dem Mord an Lamberg war die letzte Chance für einen Ausgleich zwischen Wien und Buda-Pest zunichte geworden. Batthyány machte deshalb jetzt seine schon lange erwogenen Rücktrittsabsichten wahr. Der völlig unpolitische General Rétsey wurde von der Regierung in Wien zu seinem Nachfolger bestimmt und Jellacic zum Oberbefehlshaber aller Truppen in Ungarn ernannt. Der ungarische Reichstag wurde für aufgelöst erklärt und das Kriegsrecht über Ungarn verhängt. Der Reichstag wies diese Verfügungen zurück, proklamierte das Widerstandsrecht, übertrug einem schon vorher gebildeten Landesverteidigungsausschuß, dem auch Mitglieder der Magnatenkammer angehörten, die vollziehende Gewalt und wählte Kossuth am 8. Oktober zu dessen Präsidenten. Wenige Tage zuvor war mit dem Ausbruch der Wiener Oktoberrevolution (s. S. 137) ein neuer Krisenherd für Österreich entstanden.

6.3 Eskalation der Gewalt: Politischer Protest, soziale Bewegung und revolutionäre Aktion in Wien

Abgesehen vom Sturz Metternichs und der Umbildung der Regierung war das Verfassungspatent vom 15. März das zunächst wichtigste Ergebnis der Märzrevolution in Wien. Darin wurde die Berufung eines reichsständischen Körpers zur Mitwirkung an der Verabschiedung einer österreichischen Verfassung versprochen, und das Ministerium Kolowrat (s. S. 80) forderte demgemäß am 18. März die Provinzialstände der Monarchie auf, am 10. April zu einem ständischen Zentralausschuß in Wien zusammenzutreten. Noch vor diesem Termin hatte sich die Regierung jedoch zur Oktroyierung einer Verfassung entschlossen, um auf diese Weise der ständig steigenden Flut von immer neuen Forderungen und vor allem dem Verlangen nach Einberufung einer konstituierenden Versammlung für Österreich das Wasser abzugraben. Das Ministerium nahm sich dabei die belgische Verfassung von 1831 zum Vorbild, die im Vormärz als Musterbeispiel für ein liberales konstitutionelles Verfassungssystem gegolten hatte. Der gesamtösterreichische Reichstag sollte danach aus zwei Kammern bestehen: dem Senat hätten die Prinzen des Herrscherhauses, vom Kaiser frei ernannte Pairs und 150 gewählte Vertreter des Großgrundbesitzes, insgesamt jedoch nicht mehr als 200 Mitglieder angehört. Für das Volkshaus war ein Zensuswahlrecht vorgesehen, das im Unterschied zum österreichischen Wahlrecht für die deutsche Nationalversammlung nicht nur Dienstboten und Empfänger von Armenunterstützung, sondern auch alle mit Tage- oder Wochenlohn bezahlte Arbeiter vom Wahlrecht ausgeschlossen hätte. Am 25. April setzte der Kaiser die Verfassung in Kraft.

Sowohl der Verfassungsoktroi als solcher als auch der Inhalt der Verfassung erregten in Wien die größte Empörung. Das politische Leben der Stadt wurde damals von der »Gesellschaft der Volksfreunde«, dem späteren »Demokratischen Klub«, von einer großen Zahl von Arbeitervereinen und von der »akademischen Legion« der Studentenschaft beherrscht, die durchweg mit den bisherigen Zugeständnissen des Hofes nicht zufrieden waren. Alle diese Gruppierungen verlangten die Einberufung einer konstituierenden Nationalversammlung auf der Grundlage eines demokratischen Wahlrechts. Auch die Nationalgarde sympathisierte mit ihnen, obwohl ihre Mitglieder dem selbständigen Bürgertum angehören mußten und insofern eigentlich zum konservativen Lager hätten neigen müssen. Der Zorn der so geprägten Öffentlichkeit richtete sich zunächst gegen den Ministerpräsidenten Ficquelmont. In der Nacht zum 4. Mai wurde sein Haus gestürmt und auf diese Weise sein Rücktritt erzwungen. Der bisherige Innenminister Pillersdorf trat an die Spitze des neuen Kabinetts.

Die Regierung dachte jedoch zunächst nicht daran, die oktroyierte Verfassung zurückzuziehen. So fordete sie erneut den Protest der Linken heraus, die am 9. Mai ein politisches Zentralkomitee gebildet hatte. Als die Regierung am 13. Mai den Mitgliedern der Nationalgarde die Mitwirkung in diesem Zentralkomitee untersagte, brach am 15. Mai die zweite Wiener Revolution aus, welche die Suspension der Aprilverfassung und die Wahl eines demokratisch legitimierten konstituierenden Reichstags erzwang.

Der Hof floh nach diesem erneuten Aufruhr über Salzburg nach Innsbruck. In einem Manifest erklärte der Kaiser, daß in Wien eine »anarchische Faktion« die Macht an sich gerissen habe und daß er erst zurückkehren könne, wenn Nationalgarde und Akademische Legion aufgelöst seien. Der Versuch des Ministeriums, am 26. Mai die Universität zu schließen sowie die Legion aufzulösen, scheiterte jedoch. Erneut wurden Barrikaden errichtet, und das Ministerium wich wiederum zurück. Die Regierung hatte offensichtlich alle Autorität verloren. Die Macht in der Stadt fiel einem von der Linken beherrschten Sicherheitsausschuß zu, der neben dem weiter amtierenden Ministerium Pillersdorf als revolutionäre Nebenregierung wirkte. Seine 234 Mitglieder wurden von den Einheiten der Akademischen Legion, der Nationalgarde, der Bürgermiliz und der Bürgerkavallerie gewählt. 20 Mitglieder stellte der Gemeindeausschuß. Den Vorsitz übernahm Dr. Adolf Fischhof, Arzt am Allgemeinen Krankenhaus in Wien.

Um den drohenden Bürgerkrieg zwischen den um das kaiserliche Hoflager in Innsbruck sich sammelnden konservativen Kräften und dem Wiener Radikalismus zu verhindern, versuchte der wenig später zum deutschen Reichsverweser gewählte Erzherzog Johann in dieser Situation, ausgleichend zu wirken. Er erreichte es, daß der Kaiser ihm am 15. Juni die Regentschaft für die Zeit seiner Abwesenheit aus Wien übertrug, doch die faktische Machtstellung des Sicherheitsausschusses blieb unverändert. Er setzte nicht nur die Ablösung des Ministeriums Pillersdorf durch, sondern konnte auch die Zusammensetzung des neuen Ministeriums weitgehend bestimmen. Ministerpräsident wurde mit Zustimmung des Sicherheitsausschusses der Diplomat Johann Philipp Freiherr von Wessenberg, der ebenso wie im vorherigen Ministerium das Außenministerium übernahm. Anton Freiherr von Doblhoff wurde zunächst Handels- und ab Juli Innenminister. Kriegsminister Latour behielt gegen den Widerspruch der Linken sein Amt.

Der erste österreichische Reichstag wurde am 22. Juli von Erzherzog Johann in den festlichen Räumen der kaiserlichen Hofreitschule eröffnet. In seiner sozialen Zusammensetzung unterschied er sich erheblich von der deutschen Nationalversammlung. Rund 20 Prozent seiner Mitglieder waren Landwirte und weitere 14 Prozent Grundherren oder Gutsbesitzer, während der Anteil der Beamten unter Einschluß von Richtern und Professoren mit 18 Prozent weit unter dem in damaliger Zeit Üblichen lag. Dieses Wahlergebnis spiegelt die Tatsache wider, daß nach allgemeiner Überzeugung die Fragen der Grundentlastung und der ländlichen Sozialreform auf dem Reichstag von zentraler Bedeutung sein würden. Rund ein Viertel der Abgeordneten verstand die deutsche Sprache nicht, die trotzdem alleinige Verhandlungssprache war. Erst Mitte September entschloß man sich, zumindest von allen wichtigen Drucksachen Übersetzungen anzufertigen. Der nicht unbeträchtlichen Zahl von Analphabeten unter den Abgeordneten war dadurch allerdings auch nicht geholfen.

Politische Gegensätze, nationale Frontstellungen und unterschiedliche Interessen in der Agrarpolitik durchkreuzten sich bei der Bildung von politischen Gruppierungen im Reichstag und machten diese zunächst fast unmöglich. Im Ablauf der Verhandlungen bildeten sich aber doch folgende Lager heraus:

Auf der rechten Seite des Reichstags saßen vor allem die von Rieger und Palacky geführten Tschechen sowie die ruthenischen Bauern aus Ostgalizien. Der »Slawische Klub« umfaßte schließlich ein knappes Drittel der Abgeordneten. Das Zentrum war von konservativen und rechtsliberalen Deutschen aus Böhmen, Mähren, Tirol und der Steiermark geprägt. Sie stellten ein knappes Viertel der Abgeordneten und hatten ihren parlamentarischen Führer in Franz Graf Stadion, dem Statthalter von Galizien, der von November 1848 bis Mai 1849 Innenminister werden sollte. Etwa gleich stark war die Linke, deren Mitglieder überwiegend aus Galizien, Nieder- und Oberösterreich stammten. Sie waren in ihrer Mehrheit dem Linksliberalismus zuzurechnen. Der demokratische Radikalismus war in der Versammlung nur schwach vertreten. Er konnte diese zahlenmäßige Unterlegenheit jedoch durch den Rückhalt ausgleichen, den er in den politischen Vereinen der Stadt besaß. Der Vorsitzende des Sicherheitsausschusses Fischhof, der Universitäts-Pfarrer Füster und die in der Wiener revolutionären Bewegung in vordersten Reihe stehenden Abgeordneten Goldmark und Violand waren ihre bekanntesten Vertreter.

Das wichtigste und die Revolution auch überdauernde Ergebnis der Verhandlungen des Reichstags war das Gesetz vom 7. September 1848 über die Grundentlastung, die Ablösung der Dienstpflichten (der »Robot«) und die Aufhebung von grundherrlicher Gerichtsbarkeit und Polizei. Wegen der unterschiedlichen Rechtsverhältnisse in den Ländern der Monarchie wurde mehr als einen Monat über das Gesetz debattiert. Im Zentrum der Auseinandersetzungen stand die Frage, ob alle Belastungen entschädigungslos aufzuheben seien. Mit knapper Mehrheit entschied die Versammlung schließlich, daß die Grundherren zumindest für die dinglichen Lasten eine »billige Entschädigung« erhalten sollten, Pachtverhältnisse und dergleichen also fortbestanden oder durch Zahlungen an den Grundherren abgelöst werden mußten. Nach diesen Entscheidungen verloren die bäuerlichen Abgeordneten das Interesse an den Beratungen des Reichstags.

Um seine eigentliche Aufgabe in Angriff zu nehmen, hatte der Reichstag bereits am 31. Juli eine Verfassungskommission und zwei Unterkommissionen eingesetzt. Deren Arbeit war jedoch noch nicht abgeschlossen, als die Wiener Oktoberrevolution der Tätigkeit des Reichstags vorerst ein Ende setzte.

Neben der Kritik am politischen System Metternichs und den Klagen der österreichischen Bauern über die fortdauernden Belastungen durch die Grundherrschaft hatte sich vor allem in Wien schon im Vormärz ein erhebliches sozialrevolutionäres Potential aufgestaut. Wien war damals die wohl bedeutendste Industriestadt Deutschlands. In ihren Randbezirken gab es eine Vielzahl von Textilmanufakturen, sowohl der Seiden- als auch der Baumwollindustrie. Beide Sparten hatten durch die Wirtschaftskrise des ausgehenden Vormärz Absatzeinbußen hinnehmen müssen, und außerdem hatte die Einführung von mechanischen Webstühlen und von Druckmaschinen viele Gesellen und Arbeiter arbeitslos gemacht, während gleichzeitig die Beschäftigung ungelernter Arbeitskräfte, vor allem von Frauen und Kindern, zunahm. Angesichts der steigenden Not wurden außerdem die Verbrauchssteuern heftig kritisiert, die an der äußeren Stadtgrenze Wiens, der »Linie«, erhoben wurden und die Lebenshaltung erheblich verteuerten. Ein Zeitgenosse beschrieb den Zusammenhang von Arbeitslosigkeit, Proletarisierung und Revolution Ende April 1848 mit folgenden Worten:

> »Unterhalb des Bodens, auf welchem die Gesellschaft mit ihren Vorurteilen und Gewohnheiten, ihren Adelsdiplomen, Kaufbriefen und eisernen Urkunden über die Begriffe Mein und Dein wandelt, höhlt die Zeit einen tiefen schauerlichen Abgrund. Es ist der Abgrund des Proletariats [...]. Meist sind es gewisse Vorstädte und Vorortschaften, wo diese finsteren Schachte zu Tage laufen. Wien hat diese qualmenden Ventile zunächst vor einigen seiner Linien. Dort sind die Nester eines bleichen verwilderten Pöbels. Der Sturm der Märztage trieb diesen heißen Wüstensand der Gesellschaft tief in das Herz der Hauptstadt, und wo er niederfiel, gab es Feuer« (nach Häusler Nr. 35, S. 146).

In der Tat ist es kaum vorstellbar, daß der Sieg der Revolution in Wien so schnell und vollständig gewesen wäre, wenn die Massen der Vorstädte nicht aktiv geworden wären. Zunächst waren sie zwar durch Schließung der Tore am 13. März noch aus der Innenstadt ferngehalten worden, und so stürmten sie als erstes die Zollhäuser an der Linie und Steuerämter in den Vorstädten. Sie plünderten Läden, bedrohten für ihre hohen Mieten berüchtigte Hausbesitzer und drangen schließlich auch in die Innenstadt vor. Am 14. März wurden dann in großem Maße Textilmanufakturen demoliert und angesteckt, Maschinen zerstört, Waren vernichtet. Der Maschinensturm griff auch über den engeren Wiener Raum hinaus, unter anderem bis nach Linz. In den öffentlichen Versammlungen verband sich Kapitalismus-Kritik mit antisemitischen Parolen. Zum Schutz vor weiteren Ausschreitungen mobilisierte das Bürgertum die Nationalgarde und schließlich auch das Militär. So forderte auch die Wiener Märzrevolution ihre Toten: Insgesamt waren es mindestens 60. Am 16. März wurde das Standrecht verkündet, und in seinem Zeichen konnten die Unruhen beigelegt werden. In den späteren Gerichtsverfahren erhielten die Angeklagten nur relativ milde Strafen (im Höchstfall drei Monate Gefängnis), da das Gericht die allgemeine Not und die Arbeitslosigkeit als Milderungsgrund gelten ließ.

Ihre Niederlage in den Straßenkämpfen hielt Gesellen und Arbeiter nicht davon ab, ihre Forderungen gegenüber Fabrikbesitzern und Meistern zu konkretisieren. Dabei ging es vor allen um eine Verkürzung der Arbeitszeit auf 10 Stunden am Tag, die Einschränkung der Feiertags- und Nachtarbeit, eine menschenwürdige Behandlung am Arbeitsplatz und eine Erhöhung der Löhne, die bislang kaum die elementarsten Lebensbedürfnisse deckten. Von besonderer Brisanz wurde das Verlangen nach Senkung der Mieten. Auch die höchst erbärmliche und von massiver Ausbeutung gekennzeichnete Situation der Lehrlinge wurde zum Gegenstand öffentlicher Diskussion, nachdem diese am 6. April eine eigene Demonstration veranstaltet hatten.

Im ganzen drohte die Märzrevolution in Wien zu einer totalen Lähmung von Gewerbe und industrieller Produktion zu führen. Um der ständigen Unruhe in der Bevölkerung entgegenzuwirken und die Arbeitslosigkeit zu lindern, beschloß das Ministerium Ficquelmont daher am 22. April, die öffentliche Bautätigkeit zu steigern. Bei der Bildung des Ministeriums Pillersdorf wurde sogar ein eigenes Ministerium für öffentliche Arbeiten eingerichtet, das am 26. Mai eine Erklärung veröffentlichte, in der es hieß: »Den Arbeitern wird fortan Arbeit verschafft werden, wogegen sie zur Herstellung der Ruhe zu ihrer Arbeit zurückzukehren haben« (Häusler Nr. 35, S. 240). Auch der Sicherheitsausschuß bestätigte diese unvorsichtige Verlautbarung, die nicht weniger als ein Recht auf Arbeit proklamierte.

Die Verwirklichung dieser Verheißung war auf die Dauer unmöglich, zumal jetzt immer mehr Arbeitslose aus der näheren und weiteren Umgebung nach Wien strömten. Der Versuch, Arbeitslose für die Italienarmee zu rekrutieren, scheiterte an der passiven Renitenz der Arbeiter. Mitte Juni waren gut 20 000 Personen bei öffentlichen Arbeiten beschäftigt, davon rund 8 000 Frauen. Auseinandersetzungen um Lohnforderungen führten um die gleiche Zeit schon zu Konflikten zwischen dem Sicherheitsausschuß und den bei Notstandsmaßnahmen Beschäftigten (voran den Erdarbeitern), so daß die Nationalgarde erstmals gegen die Arbeiter mobilisiert wurde.

Auf dem Hintergrund dieser Vorgänge kam es zu einer Polarisierung im politischen Vereinsleben der Stadt. Die »Gesellschaft der Volksfreunde«, welche die Szenerie zunächst weitgehend beherrscht hatte, spaltete sich im Juni in einen liberalen Verein, der vornehmlich vom Kleingewerbe und Mitgliedern der Nationalgarde getragen war, und in den sehr viel einflußreicheren demokratischen Verein. Dieser agitierte zunächst vor allem gegen das Ministerium Pillersdorf und machte sich im übrigen das Programm der gemäßigten deutschen Demokratie zu eigen, indem er sich zur Monarchie auf breiter demokratischer Grundlage bekannte. Bemühungen um die Bildung konservativer politischer Vereine blieben in den Anfängen stecken.

Der Ende Juni gegründete Arbeiterverein hingegen wurde bald zu dem nach der Zahl stärksten Wiener Verein. Er soll zeitweise 7 – 8 000 Handswerksgesellen als Mitglieder gehabt haben. Sein Präsident Friedrich Sander war mit der zeitgenössischen sozialistischen Literatur gut vertraut und behandelte in Reden und Artikeln anschaulich die Situation des Proletariats im kapitalistischen Wirtschaftssystem. Ihm schwebte die Verwirklichung eines humanen Sozialismus auf dem Wege der Reform vor, wenn er sagte: »Der Sozialismus will, wenn er auch manches Bestehende in Frage stellt, nicht durch Um- und Überstürzen desselben sein Ziel erreichen, sondern durch die Zivilisation, durch Ordnung und Gesetzmäßigkeit dahin gelangen, und das ist eine Sache der Menschlichkeit, der Notwendigkeit und der Gerechtigkeit« (Häusler Nr. 35, S. 318). Während einer Reise nach Wien sprach auch Karl Marx am 30. August und am 2. September vor dem Arbeiterverein.

Die im Sommer immer deutlicher werdenden Gegensätze zwischen Bürgertum und Arbeiterproletariat führten in der »Praterschlacht« am 23. August zu blutigen Kämpfen. Anlaß waren die Pläne des Ministers für öffentliche Arbeit Ernst von Schwarzer, die Löhne für die Notstandsarbeiter drastisch zu senken und sie so zur Wiederaufnahme regulärer Arbeit zu zwingen. Obwohl der Finanzminister warnte und die Bereitstellung weiterer Gelder versprach, blieb Schwarzer auch gegenüber einer Arbeiterdelegation unnachgiebig und drohte damit, jeden Widerstand nach dem Vorbild der Pariser Junischlacht rücksichtslos niederwerfen zu lassen. Nachdem es am 21. August zu ersten Zusammenstößen gekommen war, erklärte Minister Bach am 22. August im Reichstag, daß das Ministerium anarchische und republikanische Bewegungen nicht dulden werde.

Als die protestierenden Arbeiter am folgenden Tag in einem großen Demonstrationszug vom Prater in die Stadt ziehen wollten, wurden sie von der Nationalgarde aufgehalten. Aus einem Handgemenge entwickelte sich ein blutiges Gemetzel unter den nur mit ihren Arbeitsgeräten bewaffneten Arbeitern. Mindestens 18 von ihnen wurden getötet, 280 verletzt. Bei den Sicherheitskräften zählte man 2 Tote und 56 Verletzte. Die in die Stadt zurückkehrenden Gardisten wurden vom Bürgertum begeistert gefeiert.

Der Sicherheitsausschuß hatte in den kritischen Tagen eine zwischen den Parteien lavierende Haltung eingenommen und sich letztlich als handlungsunfähig erwiesen. Er löste sich am 23. August selbst auf. Das Ministerium übernahm wieder die uneingeschränkte Regierungsgewalt und bedrohte jede Widersetzlichkeit gegen die Nationalgarde mit Gefängnisstrafen bis zu fünf Jahren.

Noch im September kam es erneut zu Massenunruhen in Wien. Anlaß war diesmal die Krise um den Kreditverein des Uhrmachers August Swoboda. Dieser hatte sich unter Aufnahme verschiedener, bis in den ausgehenden Vormärz zurückgehender Projekte zum Ziel gesetzt, dem notleidenden Handwerk und Kleingewerbe zinslose Kredite zur Verfügung zu stellen, für deren Rückzahlung Hof, Geistlichkeit, Adel und wohlhabendes Bürgertum haften sollten. Dieser Plan wurde dann auch mit Zustimmung von Hof und Ministerium im Sommer in der Form realisiert, daß gegen eine geringe Gebühr an die Mitglieder des Kreditvereins Gutscheine ausgegeben wurden, die im Geschäftsverkehr als Zahlungsmittel angenommen werden sollten. Es war nichts anderes als eine Art Papiergeld, für dessen Gegenwert die Zeichner der Aktien des Kreditvereins zu bürgen schienen. Auch die Minister Hornbostel und Doblhoff gehörten dazu und gaben dem Unternehmen damit einen halboffiziellen Anschein. Als sich jedoch im Laufe des Septembers zeigte, daß dieses Papiergeld im Zahlungsverkehr nicht wie erwartet akzeptiert wurde, forderten die Inhaber der mittlerweile in Umlauf gebrachten Scheine eine Garantie des Staates für die Rückzahlung des nominalen Gegenwertes. Als das Ministerium das ablehnte, kam es zu Tumulten vor dem Amtssitz Doblhoffs, der sich nur mit knapper Not vor dem Zorn der Menge retten konnte. Zur Dämpfung der Unruhen bewilligte der Reichstag schließlich eine Summe von 2 Millionen Gulden für die Unterstützung selbständiger Handwerksmeister. Betrügerische Absichten verfolgte Swoboda nicht. Es handelte sich vielmehr um den naiven Versuch, ein allein auf wechselseitigem Vertrauen beruhendes Kreditsystem aufzubauen.

In Wien waren somit Ruhe und Ordnung äußerlich wiederhergestellt, doch dies hinderte gegenrevolutionäre Kreise um den Kommandanten von Niederösterreich und Wien, Graf Auersperg, und um den Sieger von Prag, Fürst Windischgrätz, nicht daran, im Verlauf des September Pläne für ein militärisches Vorgehen gegen Wien zu schmieden. Kriegsminister Latour hielt jedoch den richtigen Zeitpunkt noch nicht für gekommen. Daß die Revolution in Wien Anfang Oktober erneut ausbrach, hatte seinen äußeren Anlaß in der ungarischen Unabhängigkeitsbewegung.

Die Truppen der rund 9 000 Mann starken Wiener Garnison waren bei den Konflikten innerhalb der Stadt nicht eingesetzt, ihre Loyalität gegenüber dem Landesherrn und ihre Disziplin gegenüber den Vorgesetzten somit nicht auf die Probe gestellt worden. Als in den ersten Oktobertagen Gerüchte über ihren Einsatz in Ungarn umliefen, kam es in der Bevölkerung und unter den Soldaten zu Protesten und Bekundungen der Solidarität. Auch Teile der Nationalgarde stellten sich auf die Seite der Soldaten, und Kriegsminister Latour wurde am 5. Oktober davor gewarnt, daß es zu Unruhen kommen werde, sofern er den Marschbefehl für die Grenadiere der Gumpendorfer Kaserne nicht zurückzöge. Als der Marschbefehl am nächsten Tag erging, wurden die widersetzlichen Einheiten von loyal gebliebenen Truppen auf dem Weg zum Nordbahnhof eskortiert. Dort waren die Gleise aufgerissen und das Bahnhofsgebäude zerstört worden, und als die Truppen über die Donaubrücke zur nächsten Station weitergeführt werden sollten, kam es zu offener Meuterei. Die Marschkolonne wurde von einer wachsenden Menge bedrängt. Das Militär eröffnete schließlich das Feuer, Einheiten der Nationalgarde schossen zurück, meuternde Soldaten liefen zur anderen Seite über. In Wien kam es um den Stephansdom zu Gefechten zwischen kaisertreuen und aufständischen Abteilungen der Nationalgarde.

Erster Höhepunkt der innerstädtischen Kämpfe war der Sturm auf das Kriegsministerium, an dessen Ende Kriegsminister Latour gelyncht und sein Leichnam an einer Laterne aufgehängt wurde. Es folgte die Belagerung des Zeughauses, das nach erbitterten Kämpfen am Morgen des 7. Oktober mit seinen allerdings großenteils veralteten Waffenbeständen erobert wurde. Die nicht zu den Aufständischen übergelaufenen Reste der Garnison zogen sich ins Palais Schwarzenberg zurück. Das Ministerium verließ bis auf den geschäftsführend in Wien verbleibenden Finanzminister Krauß die Hauptstadt. Eine große Zahl von Reichstagsabgeordneten folgte diesem Beispiel, aber die nach der Geschäftsordnung für die Beschlußfähigkeit erforderliche Mehrheit blieb zurück. Sie widerstand jedoch dem Drängen der Linken, sich an die Spitze der Revolution zu setzen und die Rolle des Konvents der Französischen Revolution zu übernehmen.

Die oberste Autorität in Wien war in der Folge der in seiner Mehrheit konservativ-antirevolutionär eingestellte Gemeinderat sowie das Kommando der Nationalgarde unter Wenzel Messenhauser. Aus bewaffneten Arbeitern wurde eine neue militärische Formation gebildet, die Mobilgarde, deren Kommando der in manchen Revolutionskämpfen bereits bewährte polnische General Bem übernahm. Man bemühte sich auch um Verstärkung der militärischen Kräfte durch Werbung in anderen Teilen Österreichs, doch der Zuzug von außen blieb auf wenige hundert Mann beschränkt. Artillerie oder Kavallerie standen den Aufständischen so gut wie gar nicht zur Verfügung.

Die Bemühungen um Stärkung der Kampfkraft der Wiener Bevölkerung fanden zudem eine unüberwindliche Grenze auch in der Tatsache, daß die Gegensätze zwischen gehobenem und mittlerem Bürgertum einerseits, Arbeitern, Gesellen und proletarischen Unterschichten andererseits fortbestanden und daß das Bürgertum nur zähneknirschend die sich mehr und mehr ausbreitende revolutionäre Anarchie ertrug.

Wenn man in Wien überhaupt Hoffnung haben konnte, die sich abzeichnende Belagerung militärisch zu überstehen, so lag sie in der Möglichkeit, daß die ungarische Armee der Wiener Revolution zur Hilfe kommen würde. Sie machte dazu auch einen Versuch, wurde jedoch bei Schwechat zurückgeworfen.

Der Sturm auf Wien begann am 28. Oktober, am 31. Oktober war die Stadt erobert. Auf Seiten der Verteidiger waren mindestens 411 Tote zu beklagen, und rund 750 Schwerverwundete wurden gezählt. Wie immer in den Nachrichten über die Opfer von Revolutionskämpfen, dürfte mit einer sehr hohen Dunkelziffer zu rechnen sein.

Der Wiener Revolution folgte ein tragisches Nachspiel. Die deutsche Nationalversammlung hatte nach deren Ausbruch beschlossen, zwei Abgeordnete zum Zweck der Vermittlung an den inzwischen nach Olmütz umgezogenen kaiserlichen Hof zu senden (s. S. 116). Die Linke hingegen, die eine entschiedene Stellungnahme zugunsten der Revolution gefordert hatte, schickte die Abgeordneten Blum und Fröbel mit einer Sympathieadresse nach Wien. Beide beteiligten sich aktiv an den Kämpfen, wurden verhaftet und zum Tode verurteilt. Schon am 7. November wurde Blum standrechtlich erschossen, Fröbel hingegen begnadigt und freigelassen. Auch nach damaligem Recht hätte die österreichische Regierung von der Nationalversammlung die Aufhebung der Immunität Blums verlangen müssen, bevor sie ein Verfahren gegen ihn einleitete. Sie wollte aber ganz offenbar an dem allseits beliebten und anerkannten Führer der gemäßigten Demokraten Deutschlands ein Exempel der Gegenrevolution statuieren. Warum Fröbel begnadigt wurde, ist bis heute nicht eindeutig geklärt. Für die Nationalversammlung war die Hinrichtung eines ihrer prominentesten und beim Volk beliebtesten Abgeordneten eine neue Demütigung, gegen die sie nur nahezu einstimmig, jedoch ohnmächtig protestieren konnte. Nicht zu Unrecht ist Blum zum bekanntesten Märtyrer der deutschen Revolution geworden.

Der Hof, das Ministerium und der Reichstag kehrten zunächst nicht nach Wien zurück. Kaiserliche Residenz wurde die mährische Bischofsstadt Olmütz, Sitz des Reichstags die nicht weit davon entfernte Kleinstadt Kremsier. Von hier aus führte das im November 1848 eingesetzte Ministerium Schwarzenberg seinen Kampf gegen die nationalstaatliche Einigung Deutschlands (s. S. 205 und 228 ff.).

7. Kapitel

PREUSSEN ZWISCHEN MÄRZBEWEGUNG UND VERFASSUNGSOKTROI

7.1 Politische Öffentlichkeit in Berlin

Zur gleichen Zeit wie in Österreich ging auch in Preußen die liberale Ära der 48er Revolution zu Ende. Anfang November wurde ein gegenrevolutionäres Kampfkabinett unter General Friedrich Wilhelm von Brandenburg (s. S. 150) eingesetzt, die preußische Nationalversammlung zuerst vertagt, dann aufgelöst, und am 5. Dezember eine Verfassung oktroyiert, die zunächst überraschend liberal ausfiel, später jedoch durch Einführung des Dreiklassenwahlrechts (Mai 1849) und Umwandlung der ersten Kammer in ein hochkonservatives »Herrenhaus« (1850/1853) wesentlich modifiziert wurde (s. S. 230 ff.).

Die Verabschiedung der Wahlgesetze für die deutsche und die preußische Nationalversammlung und die Aussicht auf deren Zusammentreten hatten die Unruhe in Berlin nicht abflauen lassen. Im Gegenteil: es bestand ein permanenter Zustand knisternder Spannung, der durch eine Flut von Zeitungen, Flugblättern und Maueranschlägen aufrechterhalten wurde und in Diskussionen auf der Straße und im Tiergarten, in den Gaststätten und unter den Mitgliedern der politischen Vereine seinen lebhaftesten Ausdruck fand. Bei der morgendlichen Zeitungslektüre wurde der Berliner Bürger nach der zeitgenössischen »Berliner Revolutionschronik« von Adolf Wolff immer wieder mit beunruhigenden Tatsachen konfrontiert:

Die katastrophale Wirtschaftslage führte zum Verfall der Börsenkurse und zum Bankrott zahlreicher Fabriken und Handelshäuser. Die unvermeidliche Folge war ein bedrohlicher Anstieg der Arbeitslosenzahlen. Die Stadtverwaltung suchte deren Lage zwar durch Ausgabe von Brotmarken und die Organisation von Notstandsarbeiten zu erleichtern, konnte aber bei weitem nicht alle Arbeitslosen beschäftigen. So fanden immer wieder förmliche Belagerungen des Rathauses durch Tausende hungernder Arbeitsloser statt, und der Magistrat vermochte auch nicht zu vermeiden, daß gerade die Notstandsarbeiter auf die Dauer zum gefährlichsten revolutionären Potential in der Stadt wurden, zumal sie in großen Kolonnen eingesetzt und deshalb zu Massenaktionen geradezu prädestiniert waren. Schon Ende Mai protestierten sie gegen den Versuch, vom Stundenlohn zum Akkordlohn überzugehen. Tagelöhner, die eine reguläre Arbeit hatten, verlangten dafür einen die Existenz sichernden Mindestlohn.

Gewaltsame Ausschreitungen gab es in der Form der Plünderung von Kleiderläden und anderen Geschäften, die industriell gefertigte Waren vertrieben. Maschinen wurden zerstört, Bäcker wegen zu geringen Brotgewichtes bedroht, Juden verfolgt. Mit Massendemonstrationen wurde die Einführung des direkten, statt des indirekten Wahlrechts verlangt und gegen die Rückkehr des Prinzen von Preußen aus dem selbst gewählten englischen Exil protestiert. Zur größten Massenkundgebung im damaligen Berlin entwickelte sich eine Gedächtnisfeier für die Märzgefallenen am 4. Juni, bei der angeblich mehr als 100 000 Menschen Plätze, Straßen und die an den Friedrichshain grenzenden Felder füllten.

In der politischen Diskussion der Öffentlichkeit fanden zunächst die Kämpfe zwischen Deutschen und Polen in der Provinz Posen große Beachtung. Die Wahlen für die deutsche und die preußische Nationalversammlung veranlaßten die politischen Vereine, ihre Programme in einem lebhaften Wahlkampf zu präzisieren, und später führte die Veröffentlichung des Entwurfs für eine preußische Verfassung (s. S. 147 f.) zu hitzigen Diskussionen und scharfen Angriffen auf das Märzministerium. Für große Aufregung sorgten auch mehrere Prozesse wegen Mißbrauchs der Pressefreiheit, vor allem das Verfahren gegen den radikalen Demokraten Gustav Adolf Schlöffel, der in seinen Schriften offen zur Weiterführung der Revolution aufgerufen hatte.

Fast jeden Abend kam es zu »Katzenmusiken« (s. S. 72) vor den Häusern der Minister oder anderer Honoratioren. Sie fanden ihren Höhepunkt in der Erstürmung und Besetzung des Hauses des für Arbeiterfragen zuständigen Ministers von Patow. Nach der Ablehnung des »Antrags Behrends« (s. S. 142) durch die Nationalversammlung wurde auch Minister v. Arnim insultiert. Dem Gesandten der französischen Republik hingegen wurde durch Absingen der Marseillaise gehuldigt.

Immer wieder führten diese Aktionen zu Zusammenstößen zwischen Demonstranten und der Bürgerwehr. Diese war am 19. März von der Stadtverwaltung zur Aufrechterhaltung der Ordnung und zum Schutz des Eigentums gegründet worden, wobei die Mitgliedschaft dem bürgerlichen Mittelstand vorbehalten blieb. So stand die Bürgerwehr zunächst unter dem Verdacht, nichts anderes zu sein als eine Schutztruppe der besitzenden Schichten für den Fall einer proletarischen Revolution. Ihre unbedingte Loyalität gegenüber der Obrigkeit wurde jedoch spätestens beim »Zeughaussturm« fraglich. Die ständigen Alarmierungen hatten die Angehörigen der Bürgerwehr ermüdet, und die Auseinandersetzungen mit ihren Mitbürgern hatten sie entnervt. »Innerhalb von nur zwei Monaten« entwickelte sich die Bürgerwehr »von einem gegen die Revolution gerichteten Ordnungsfaktor zu einer Miliz mit einem gemäßigt-demokratischen Selbstverständnis, [...] die sich, – mit erheblichen Einschränkungen – als Gegenpol zu den der alten Obrigkeit ergebenen Ordnungskräften verstand« (Hachtmann Nr. 80, S. 234).

Seit der Gedenkfeier für die Märzgefallenen lag eine spannungsgeladene drückende Atmosphäre über der Stadt. Sie entlud sich am 14. Juni im »Zeughaussturm«. Ihm waren erbitterte Auseinandersetzungen innerhalb der Nationalversammlung über die »Anerkennung der Revolution« vorausgegangen. Der Abgeordnete Behrends von der demokratischen Fraktion hatte beantragt festzustellen, daß sich die Barrikadenkämpfer des 18. März um das Vaterland verdient gemacht hätten. Die Liberalen des Zentrums und der Rechten standen damit vor der Frage, ob sie die Revolution als Grundlage eines neuen Preußen anerkennen würden. Das Ministerium konnte sich nicht auf eine gemeinsame Haltung zu diesem Antrag einigen, und das Parlament wich schließlich am 9. Juni einer eindeutigen Stellungnahme aus, indem es mit der knappen Mehrheit von 196:177 Stimmen über den Antrag zur Tagesordnung überging.

Dieser Beschluß wurde von der Berliner Linken als Verrat des Bürgertums an der Sache der Revolution verurteilt. Nach der Sitzung kam es zu tumultartigen Auftritten vor der Singakademie, in der die Nationalversammlung tagte. Bürgerwehr und Demonstranten gerieten aneinander. Einige Abgeordnete und der Minister von Arnim wurden tätlich angegriffen. Die Nationalversammlung reagierte erstaunlich besonnen. Um der Gegenrevolution nicht die Tür zu öffnen, erklärte sie, daß sie keines besonderen Schutzes bedürftig sei. Die Errichtung einer »Bannmeile« um die Sitzungslokale von Parlamenten und Landtagen war damals noch nicht üblich. Im Rahmen des Ausnahmezustandes wurde ein Versammlungsverbot erstmals nach dem Frankfurter Septemberaufstand zum Schutz der deutschen Nationalversammlung ausgesprochen. (s. S. 115).

Eine Woche später entluden sich die Spannungen in neuen Gewaltakten. Um die Mittagszeit des 14. Juni hatte eine Volksmasse zunächst die Befestigung von Gittern an den Portalen des Schlosses verhindert. Erinnerungen an die Märztage wurden wach. Zusätzliche Aufregung verursachte die Meldung, daß Waffen aus dem Zeughaus abtransportiert würden, offensichtlich, um sie vor einem möglichen Zugriff der Bevölkerung zu sichern. Die Masse strömte vor das von der Bürgerwehr nur unzureichend geschützte Zeughaus, forderte die Auslieferung von Waffen für eine allgemeine Volksbewaffnung und drang schließlich in das Gebäude ein. Auch die darin stationierte Wachabteilung von ungefähr 250 Mann Infanterie leistete keinen Widerstand. Nachdem das Volk einen Teil der Waffen an sich genommen hatte (darunter auch Zündnadelgewehre, die damals noch als militärisches Geheimnis gehütet wurden), verließ es das Zeughaus wieder. So konnte es noch am Abend wieder kampflos von Bürgerwehr und Militär besetzt werden, und ein Teil der erbeuteten Waffen wurde sogar wieder zurückgegeben. Unruhen auch in anderen Bezirken der Stadt begleiteten den Zeughaussturm. Unter dem Zeichen der roten Fahne forderte ein Demonstrationszug die Einführung der Republik.

Der Zeughaussturm entstand spontan, ohne Planung und ohne Führung. Er wurde nicht wie der Sturm auf die Bastille in Paris 1789 zum Fanal einer zweiten preußischen Revolution. Er gilt vielmehr heute als Wendepunkt der Revolution in Preußen (Hachtmann Nr. 80, S. 554). Die staatlichen und städtischen Autoritäten zeigten sich jetzt zunehmend entschlossen, revolutionäre Bewegungen nötigenfalls gewaltsam niederzuwerfen. Dabei mögen auch die Vorgänge in Paris und Prag zum Vorbild gedient haben.

Um angesichts der immer wieder aufflackernden Unruhen und ständig drohender Krawalle nicht immer auf Militär oder auf die quasi-militärische Bürgerwehr zurückgreifen zu müssen, beschloß der Berliner Magistrat den Aufbau einer eigenen Polizei in Gestalt von 2 000 uniformierten, nur mit einem Säbel und nicht mit Schußwaffen ausgerüsteten »Konstablern«. Das Militär sollte nicht mehr einzige Ordnungsmacht sein, den ständigen Konflikten zwischen Militär und Bürgertum die Grundlage genommen werden. Doch auch die Konstabler waren nicht in der Lage, die gesetzliche Ordnung in Berlin aufrechtzuerhalten. So waren weiterhin kleinere Zusammenstöße oder auch schwere Tumulte an der Tagesordnung.

Im gutbürgerlichen Stadtteil Charlottenburg zum Beispiel sollte am 20. August eine Versammlung zur Gründung eines demokratischen Vereins stattfinden. Sie wurde jedoch von einem mit schweren Knüppeln bewaffneten Schlägertrupp überfallen, die Teilnehmer unter den Augen von Bürgerwehr und Konstablern mißhandelt. Die Kunde von dem Vorfall verbreitete sich schnell durch die ganze Stadt. In Maueranschlägen wurde behauptet, das Ganze sei von konservativen Beamten organisiert, die Schläger bezahlt worden. Am Vormittag des 21. August kam es zu Tumulten und Verhaftungen zunächst vor dem Haus des Handelsministers Milde, dann wurden bei Innenminister Kühlwetter die Fensterscheiben eingeworfen, und am Abend zog die Menge vor das Palais des Ministerpräsidenten v. Auerswald, der gerade für die anderen Minister, auswärtige Gesandte und eine Zahl von Abgeordneten der Nationalversammlung eine Gesellschaft gab. Die Erstürmung des Gebäudes konnte im letzten Augenblick durch Konstabler und Bürgerwehr verhindert werden. Auch im Haus des Kriegsministers Roth von Schreckenstein wurden die Scheiben eingeworfen, und erst nach Mitternacht war die Menge endgültig zerstreut, die Ruhe wiederhergestellt.

Neben diesen wohl am meisten Aufsehen erregenden Auftritten gab es immer wieder Zeichen sozialer Unzufriedenheit und revolutionärer Gärung, so z. B., als mit Erdarbeiten beschäftigte Arbeitslose auf dem Köpenicker Feld eine zum Antrieb von Entwässerungspumpen eingesetzte Dampfmaschine zerstörten und dafür zur Rechenschaft gezogen werden sollten. Die sogenannten »Rehberger« bildeten fortan ein ständig virulentes und von der Obrigkeit mit Sorge beobachtetes Potential gewalttätiger Unruhe.

Schon Ende Juli hatte in Schlesien ein weiterer schwerer Zwischenfall stattgefunden, der Anfang September zum Sturz des Ministeriums Auerswald-Hansemann führen sollte. In der Festungsstadt Schweidnitz hatte am Abend des 31. Juli vor dem Haus des unbeliebten Stadtkommandanten eine Demonstration stattgefunden, in deren Verlauf auch eine »Katzenmusik« veranstaltet wurde. Der Bürgermeister ließ daraufhin die Bürgerwehr zur Wiederherstellung von Ruhe und Ordnung mobilisieren. Gleichzeitig mit dieser erschien ebenfalls alarmiertes

Militär auf dem Schauplatz und eröffnete das Feuer auf die Bürgerwehr. Es gab 14 Tote.

Die Nationalversammlung beschloß daraufhin am 9. August die Einsetzung einer Untersuchungskommission, und sie verabschiedete außerdem eine Erklärung, die es allen Offizieren zur Pflicht machte, reaktionäre Bestrebungen zu unterlassen und im Einvernehmen mit den Bürgern »an der Verwirklichung eines konstitutionellen Rechtszustandes« mitzuarbeiten. Offiziere, die dies mit ihren politischen Überzeugungen nicht vereinbaren könnten, sollten aus der Armee ausscheiden: so der nur mit einer Stimme Mehrheit angenommene Zusatzantrag der Linken.

Zum Konfliktfall von höchster politischer Brisanz wurde die ganze Affäre, als der Abgeordnete Stein im Namen der Linken am 2. September vom Ministerium einen Erlaß zur konsequenten Ausführung des Beschlusses vom 9. August verlangte. Ging es dabei doch letztlich um höchst sensible königliche Prärogativen wie die Kommandogewalt über das Heer und das Recht zur Ernennung und Entlassung der Offiziere. Das Ministerium erklärte, daß es weiterhin allen konterrevolutionären Bestrebungen auch in der Armee engegentreten werde, den geforderten Erlaß jedoch nicht verabschieden könnne. Es verband mit der Abstimmung die Vertrauensfrage. Für deren Ausgang waren die Fraktionen des linken Zentrums (s. S. 147) ausschlaggebend. Für seine Fraktion erklärte v. Unruh, daß man nunmehr auf der Grenzlinie von Konterrevolution und zweiter Revolution stehe. Ein Nachgeben der Versammlung sei nichts anderes als der »offiziellste Schritt der Reaktion« (nach Botzenhart Nr. 59, S. 530). Auch das Zentrum Rodbertus stimmte mit der Linken, und so wurde der »Antrag Stein« mit 219:143 Stimmen angenommen. Das Ministerium reichte sofort seinen Rücktritt ein. Für Preußen war damit, wie sich zeigen sollte, die liberale Ära der Märzministerien beendet.

Die Annahme des »Antrag Stein« hatte noch ein Nachspiel in der Öffentlichkeit. Soldaten eines Potsdamer Füsilierbataillons hatten der Nationalversammlung in einer Adresse für die Verabschiedung des Antrags gedankt. Die Einheit war daraufhin durch Strafexerzieren schikaniert und die angeblichen Rädelsführer inhaftiert worden. Teile des Bataillons zogen deshalb am Abend des 12. September in die Stadt, insultierten Offiziere, die sie aufhalten wollten, und zogen schließlich begleitet von einer schnell zusammengelaufenen Volksmenge vor das Militärgefängnis. Fenster wurden eingeworfen und Vorbereitungen zum Sturm auf das Gefängnis zur Befreiung der Inhaftierten getroffen: der typische Beginn von Militärrevolten nicht nur in der 48er Revolution. Auch erste Barrikaden wurden schon errichtet, doch der Aufruhr konnte durch den Einsatz von Militär und Bürgerwehr bis Mitternacht unterdrückt werden, ohne daß es Tote gab. Die Presse der Linken feierte das Ereignis unter der Schlagzeile: »Die letzten Stützen der Reaktion wanken« (Hachtmann Nr. 80, S. 698). Für die Konservativen hingegen war es ein bedenkliches Zeichen dafür, daß die allgemeine

Zersetzung jeder Autorität im Lande mittlerweile auch die Armee ergriffen habe.

7.2 Die politischen Vereine

In der Phase nach dem Zeughaussturm verfestigte sich auf dem Hintergrund der Verhandlungen der preußischen Nationalversammlung das in der Märzbewegung entstandene politische Vereinswesen in Berlin.

Der Ende März gegründete »Politische Klub« hatte zunächst die Forderungen der Märzbewegung in ihrer allgemeinen Breite vertreten. Ende Mai präzisierte er sein Programm, bekannte sich zum Prinzip der Volkssouveränität und verlangte die Verwirklichung der Demokratie auf allen Ebenen des öffentlichen Lebens. Er gab sich jetzt den Namen »Demokratischer Klub«. Die Zahl seiner Mitglieder stieg auf mehr als 1 000, und bei seinen öffentlichen Veranstaltungen erschienen bis zu 4 000 Zuhörer. Er nahm sich insbesondere auch der Anliegen der unterbürgerlichen Schichten an und hatte deshalb dort erheblichen Rückhalt. Ein zweiter demokratischer Verein, der »Volksklub«, umfaßte vorwiegend gemäßigt demokratische Honoratioren, die vor allem in Vorträgen sozialpolitische Bildungsarbeit unter Gesellen und Arbeitern leisten wollten. Der »Volksverein« , der zwischen März und Mai vonehmlich als Organisator von Volksversammlungen »unter den Zelten« und von Massendemonstrationen aufgetreten war, hatte im Sommer schon erheblich an Bedeutung verloren. Eine neue Erscheinung auf der politischen Bühne Berlins war der »Republikanische Klub«, der nach den Beschlüssen des Frankfurter Demokratenkongresses (s. S. 154) im Juni 1848 gegründet wurde. Weitere Vereine der Linken waren der »Verein für die Radikalreform der Erwerbsverhältnisse« und ein »Lindenklub«.

Sammelpunkt der Berliner Liberalen war der Ende März gegründete »Konstitutionelle Klub« mit seinen Ablegern. Er sprach sich ausdrücklich für die Zusammenarbeit zwischen Volksvertretung und Regierung bei den notwendigen Reformen aus und wurde von besitzenden Bürgern, Gelehrten, Beamten, Schriftstellern und vereinzelten Offizieren getragen. Er hatte anfänglich rund 500 Mitglieder, doch ging deren Zahl bald zurück, als die Debatten im Klub sich auf Nebensächlichkeiten beschränkten, eindeutige politische Stellungnahmen durch ein taktierendes Lavieren zwischen den politischen Polen ersetzt wurden und die anfängliche Aktivität zunehmend erlosch. So verselbständigte sich schon in der ersten Maihälfte ein »Patriotischer Verein«, der sich nach dem Zeughaussturm zu einem ausgeprägt konservativen Verein entwickelte. Der nach links hin abgespaltene »Verein für Volksrechte« entwickelte sich hingegen im Verlauf des Sommers zum dritten demokratischen Verein Berlins. Der Konstitutionelle Klub beteiligte sich an den Bemühungen um den Aufbau einer gesamtdeutschen liberalen Parteiorganisation, vermochte aber nicht, den Gegensatz zwischen schwarz-weißem und schwarz-rot-goldenem Liberalismus zu überbrücken (s. S. 159).

Nachdem in der Frühphase der Parteibildung der »Preußenverein für constitutionelles Königtum« der einzige konservative Verein Berlins gewesen war, wurde der »Patriotische Verein« nach dem Zeughaussturm zu einem weiteren Sammelbecken von Royalisten und Konservativen. Er nahm enge Verbindungen zu dem jetzt neu gegründeten »Verein für König und Vaterland« auf und beschickte auch dessen Generalversammlung in Nauen (s. S. 160). Der »Verein zur Wahrung der Interessen des Grundbesitzes und zur Förderung des Wohlstandes aller Volksklassen« war demgegenüber die erste Massenorganisation zur Verteidigung materieller Anliegen, in diesem Falle des Großgrundbesitzes (s. S. 161 f.) . Mit der ab 1. Juli erscheinenden »Neuen Preußischen Zeitung« (nach dem Eisernen Kreuz auf dem Titelblatt »Kreuzzeitung« genannt) gründeten die preußischen Hochkonservativen ein Presseorgan, und am 18./19. August veranstalteten sie in Berlin das sogenannte »Junkerparlament«, das vor allem den Protest der preußischen Großgrundbesitzer gegen die Pläne des Ministeriums Hansemann zur Agrarreform und zur Grundentlastung der bäuerlichen Betriebe artikulierte (s. S. 162).

Neben den politischen Vereinen waren auch Arbeitervereine (s. S. 165 ff.) und zahlreiche Assoziationen zur Vertretung berufsständischer Interessen (s. S. 174 ff.) in Berlin tätig.

7.3 Die preussische Nationalversammlung

Nach dem Zeughaussturm fiel das Ministerium Camphausen-Hansemann auseinander. Äußerer Anlaß war die Tatsache, daß die Nationalversammlung es abgelehnt hatte, den vom Ministerium vorgelegten und vom König erst nach langem Drängen akzeptierten Verfassungsentwurf zur Grundlage ihrer Beratungen zu nehmen (s. S. 147 f.). Schon in den Auseinandersetzungen über die »Anerkennung der Revolution« waren erhebliche Differenzen innerhalb des Ministeriums deutlich geworden. Mehrere seiner Mitglieder waren amtsmüde. Sie hatten offenbar die Probleme, vor denen sie standen, unterschätzt. Vor allem der dem König treu ergebene Ministerpräsident Ludolf Camphausen sah sich nicht mehr in der Lage, im Widerspruch zu den Vorstellungen des Königs einerseits und im Konflikt mit der demokratischen Bewegung andererseits eine Politik zur Durchführung der Märzverheißungen zu führen. Der robustere Hansemann hingegen traute es sich zu, im Zusammenwirken mit der Mehrheit der Nationalversammlung eine mittlere Linie zwischen Reaktion und Revolution zu verfolgen. In dem jetzt von Rudolf von Auerswald geführten Ministerium blieb er als Finanzminister der starke Mann. Liberale Abgeordnete des Zentrums und der Rechten der Nationalversammlung traten in die Regierung ein und sicherten ihr so zunächst eine parlamentarische Mehrheit. In der Berliner Öffentlichkeit wurde das Ministerium Hansemann schon sehr bald als Ministerium der Bourgeoisie bezeichnet und sowohl von der Linken als auch von der Rechten bekämpft.

Auf einem Hintergrund ständig virulenter preußischer, deutscher und europäischer Krisen also mußte die preußische Nationalversammlung ihre Aufgaben zu erfüllen suchen, die sowohl die Verabschiedung einer Verfassung, als auch die allgemeine Gesetzgebung betrafen. Sie war also gleichzeitig eine konstituierende als auch eine bereits konstituierte Versammlung. Die Nationalversammlung war wie die preußischen Abgeordneten für die Paulskirche nach nahezu allgemeinem und gleichem Recht, aber indirektem Verfahren gewählt worden, unterschied sich in ihrer sozialen Zusammensetzung aber erheblich von dieser. Sehr viel höher war vor allem der Anteil der Bauern (12 Prozent), der Handwerker (5 Prozent) und der häufig als Vertreter bäuerlicher Interessen von den Landgemeinden gewählten Geistlichen (13 Prozent). Prozentual geringer vertreten waren demgegenüber höhere Verwaltungsbeamte, Professoren, Gymnasiallehrer und Rechtsanwälte.

Nachdem sich die Mehrheitsverhältnisse in der Nationalversammlung herauskristallisiert hatten und feste Fraktionen gebildet worden waren, zeigte sich, daß der gemäßigte Liberalismus mit etwa 150-160 der insgesamt 402 Abgeordneten die stärkste Gruppierung stellte. Es folgte eine mittlere Zentrumsfraktion um den westfälischen Industriellen Harkort mit etwa 20 Abgeordneten und zwei sich zum linken Zentrum zählende Fraktionen um den als Präsident der Versammlung bekannt gewordenen Abgeordneten v. Unruh und den Verfechter staatssozialistischer Ideen Rodbertus mit jeweils etwa 40 Abgeordneten. Die Linke hatte zunächst nur etwa 50 Mitglieder. Im Verlauf der Ereignisse schlossen sich ihr jedoch immer mehr Abgeordnete an, so daß sie schließlich auf etwa 120-130 Mitglieder kam. Ihr herausragender Sprecher war der Berliner Obertribunalrat Waldeck, der Vorsitzende des Verfassungsausschusses der Nationalversammlung und Anhänger einer Monarchie auf demokratischer Grundlage. Sie hatte aber auch Republikaner und Kommunisten wie den Kölner Armenarzt Karl d'Ester in ihren Reihen. Eine im eigentlichen Sinn konservative Fraktion gab es nicht, da sich deren potentielle Wähler und Kandidaten bei den Maiwahlen vom Schock der Märzrevolution noch nicht erholt hatten.

Als das anfänglich bemerkbare Übergewicht des Rechtsliberalismus im Verlauf der Verhandlungen zusammengeschmolzen und die Linke angewachsen war, erhielten die Zentrumsfraktionen ein mehrheitsbildendes Gewicht. Ihr Verhalten bei der Abstimmung über den »Antrag Stein« (s. S. 144) hatte erstmals ganz deutlich werden lassen, daß sie anders als in der Paulskirche zunehmend zur Linken neigten.

Die preußische Nationalversammlung begann ihre Verfassungsarbeit mit dem Beschluß, den von der Regierung vorgelegten, an der belgischen Verfassung von 1831 orientierten, von der Mehrheit aber als nicht mehr zeitgemäß angesehenen Entwurf nicht zur Grundlage ihrer Beratungen zu machen. Sie setzte vielmehr eine Verfassungskommission unter dem Vorsitz des Demokraten Waldeck ein und gab ihr freie Hand für die Erarbeitung einer ganz neuen Vorlage.

Dies dauerte natürlich eine gewisse Zeit, und so beschäftigte sich die Versammlung zunächst mit anderen Gesetzentwürfen. Diese wurden zum Teil vom Ministerium vorgelegt, wie z. B. die Gesetze zur endgültigen Regelung der gutsherrlich-bäuerlichen Verhältnisse, zum Teil aus der Versammlung als Initiativanträge eingebracht. Dabei waren die Demokraten besonders aktiv. Sie gingen von der Erkenntnis aus, daß auch die beste Verfassung auf unsicherem Boden stehe, solange ihr eine solide Basis in den »organischen Gesetzen« des Staates fehle. So legten sie z. B. den Entwurf zu einer allgemeinen Gemeindeordnung für den preußischen Staat vor, welche sowohl die bisherigen Unterschiede zwischen den Provinzen als auch die Unterschiede zwischen Stadt und Land aufgehoben und einigen Landesteilen überhaupt erstmals eine Kommunalordnung gebracht hätte. Ständische Privilegien wären aufgehoben, überall das demokratische allgemeine Wahlrecht eingeführt worden: eine wahrhaft revolutionäre Konzeption für die politische Egalisierung der preußischen Gesellschaft. Von den gleichen Grundsätzen war die Haltung der Linken zu einem Bürgerwehrgesetz und zum Gesetz über die Bildung von Schwurgerichten geprägt.

Nach den Vorberatungen in der Verfassungskommission und den anderen Gremien der Versammlung begann die Plenardebatte über den Verfassungsentwurf Anfang Oktober. Der König bezeichnete ihn abfällig als »Charte Waldeck«, traf jedoch genau den Einfluß Waldecks in der Verfassungskommission.

Der Entwurf sollte eine konstitutionelle Monarchie auf breiter demokratischer Basis begründen. Gegenüber dem Regierungsentwurf hatte die Kommission den Umfang der Grundrechte ausgeweitet und die rechtsstaatlichen Garantien für ihren Schutz erweitert. Sie hatte die Durchführung der allgemeinen Volksbewaffnung durch eine vom regulären Militär fast unabhängige »Volkswehr« vorgesehen, wollte die Zivilehe einführen und alle Reste von Gutsherrschaft und Erbuntertänigkeit beseitigen. Der König blieb uneingeschränkt Inhaber der ausübenden Gewalt, doch sollten alle Verträge mit auswärtigen Mächten der Zustimmung der Kammern bedürfen. Gegenüber Verfassungsänderungen behielt der König ein uneingeschränktes Vetorecht, bei normalen Gesetzen konnte sein Einspruch jedoch durch dreimaligen, übereinstimmenden Beschluß der Kammern außer Kraft gesetzt werden: eine in ihrer prinzipiellen Bedeutung kaum zu überschätzende Bestimmung, war doch nach dem Urteil der Zeitgenossen mit der Einführung eines derartigen Suspensiv-Vetos die Schwelle von der alten zur neuen Zeit überschritten (s. S. 210).

Ein Antrag der Linken auf Einführung des Einkammersystems hatte in der Kommission keine Mehrheit gefunden, und diese entschied sich auch dafür, zumindest vorläufig das indirekte Wahlverfahren beizubehalten. Vom aktiven Wahlrecht sollten nur Empfänger regelmäßiger Armenunterstützung ausgeschlossen bleiben. Die Gestalt der Ersten Kammer wurde gegenüber dem Regierungsentwurf radikal verändert. Nach den Vorstellungen des Ministeriums Camphausen hätten ihr die Prinzen des Herrscherhauses, 60 vom König ernannte Pairs mit erblichem Sitz und 160 unter sehr hohen Zensusbeschränkungen gewählte Abgeordnete angehört. Nunmehr sollten die 175 Mitglieder der Ersten Kammer ohne jede Wahlrechtsbeschränkung von den Bezirks- und Kreisvertretungen gewählt werden. Auch sie hätte also eine von den noch ausstehenden Bestimmungen der Kommunalordnungen abhängige, mehr oder weniger breite demokratische Legitimierung gehabt.

Bereits die »Charte Waldeck« war für den König im Grunde unannehmbar. Darüber hinaus faßte die Nationalversammlung gleich zu Beginn ihrer Beratungen einen Beschluß von unübersehbarer Signalwirkung: Sie strich in der Präambel der Verfassung mit 217:134 Stimmen die Formel König »von Gottes Gnaden« und verletzte damit zutiefst das herrscherliche Selbstverständnis Friedrich Wilhelms IV. Auch andere Abstimmungen (wie z. B. das Verbot aller Orden und Titel, die kein Amt bezeichnen) ließen erkennen, daß die »Charte Waldeck« noch nicht das letzte Wort der Versammlung zur Verfassungsfrage war. In anderen Abstimmungen widersetzten sich die Fraktionen des Zentrums allerdings auch den Anträgen der Linken. So beharrten sie z. B. darauf, das Vereinbarungsprinzip in der Präambel zu bestätigen, und auch beim Bürgerwehrgesetz konnten sich die Demokraten in wesentlichen Punkten nicht durchsetzen. Standhaft blieb die liberale Mehrheit vor allem auch am 31. Oktober, als Waldeck den Antrag stellte, Preußen solle mit allen verfügbaren Mitteln, d. h. auch militärisch, zugunsten der Wiener Revolution in Österreich intervenieren. Durch den gleichzeitig in Berlin tagenden zweiten Demokratenkongreß und das »Gegenparlament« wurde die Stimmung weiter angeheizt (s. S. 156 f.). Ungeachtet bedrohlicher Massentumulte, die sich bis zu einer förmlichen Belagerung des Sitzungsgebäudes steigerten, wurde dieser Antrag abgelehnt. Die Versammlung hatte bewiesen, daß sie auch unter dem Druck der Straße ihre Entscheidungsfreiheit bewahren konnte.

Trotzdem nahm der König die Vorgänge zum willkommenen Anlaß, die Nationalversammlung zu vertagen, da die Sicherheit und die Unabhängigkeit ihrer Beratungen in Berlin nicht mehr gewährleistet seien.

7.4 Staatsstreich und Verfassungsoktroi

Schon während der Auseinandersetzungen um den »Antrag Stein« hatte der König zusammen mit seinen engsten hochkonservativen Beratern, der »Kamarilla«, ein regelrechtes Kampfprogramm entwickelt. Danach wären Gesetze zur Beschränkung von Versammlungs-, Vereinigungs- und Pressefreiheit erlassen und der Verfassungsentwurf der Regierung zurückgezogen worden. Stattdessen sollte ein auf ständischer Grundlage beruhendes Projekt vorgelegt und im Falle des Widerstandes der Nationalversammlung oktroyiert werden. Bereits im September wurden auch Truppen unter dem Oberbefehl des Generals v. Wrangel um Berlin zusammengezogen.

Der König fand jedoch zunächst niemanden, der den offenen Kampf gegen die Nationalversammlung durchzufechten bereit war, und so wurde vorläufig ein Ministerium des liberalen preußischen Beamtentums gebildet. Das Amt des Ministerpräsidenten übernahm der noch in den Traditionen der Stein-Hardenbergschen Reformen stehende General Ernst von Pfuel. Er war Mitglied der Nationalversammlung und bemühte sich aufrichtig um ihr Vertrauen. In der zentralen Frage dieser Tage vertrat er gegenüber dem König die Auffassung, dieser müsse die Verfassung »trotz aller an ihr haftenden Mängel, ganz so wie sie aus dem Plenum der Nationalversammlung hervorgehen wird, ohne weiteres annehmen«. Andernfalls werde »eine maßlose Verwirrung« die Folge sein (nach Botzenhart Nr. 59, S. 534 f.).

Der König war nicht bereit, diesen Rat zu befolgen. Als er Ende Oktober im General Graf Brandenburg, einem Sohn Friedrich Wilhelms II. aus nicht standesgemäßer Ehe, den geeigneten Mann gefunden hatte, wurde der Aufruhr vom 31. Oktober zum Vorwand genommen, um die Nationalversammlung am 9. November zu vertagen und für Anfang Dezember in das Provinzstädtchen Brandenburg wieder einzuberufen. Der König empfing zwar eine dagegen protestierende Kommission der Nationalversammlung, war jedoch zu keinen Zugeständnissen bereit. Der demokratische Abgeordnete Johann Jacoby quittierte das mit den Worten: »Es ist das Unglück der Könige, daß sie die Wahrheit nicht hören wollen«.

Linke und linkes Zentrum widersetzten sich gleichwohl der Vertagung, versuchten, die Beratungen nach Schließung des offiziellen Sitzungslokals in öffentlichen Sälen der Stadt fortzusetzen, mußten sich aber schließlich der angedrohten Gewalt beugen. In ihrem letzten Beschluß forderte die Nationalversammlung die preußische Bevölkerung auf, zum Zeichen des Protestes und des Widerstandes die Zahlung der Steuern einzustellen. Noch während der Abstimmung drang Militär in den Sitzungssaal im Hotel Mielentz ein, doch der kommandierende Offizier war besonnen genug, um die Anwendung von Gewalt zu vermeiden.

Der Aufruf zum Steuerboykott hatte nur begrenzte Folgen. Nur wenige preußische Bürger hatten den Mut zu einem solchen Schritt zivilen Ungehorsams. Die Beteiligung an ihm wurde jedoch im Jahre 1849 gerne zum Anlaß genommen, um gegen prominente Mitglieder der demokratischen Partei entwürdigende Strafverfahren einzuleiten. Um jede Möglichkeit zu bewaffnetem Widerstand auszuschließen, wurde die Berliner Bürgerwehr am 10. November aufgelöst.

Die Nationalversammlung trat zwar Anfang Dezember im Dom von Brandenburg noch einmal in beschlußfähiger Zahl zusammen, doch das Ministerium ließ es auf weitere Beratungen gar nicht erst ankommen. Es löste vielmehr am 5. Dezember die Versammlung auf und verkündete gleichzeitig eine im Vergleich zum »Kampfprogramm« des Königs erstaunlich liberale Verfassung, die den Text der Charte Waldeck weitgehend übernahm. Einige Grundrechte wurden beschnitten, und der König (selbstverständlich wieder »von Gottes Gnaden«) erhielt das uneingeschränkte Vetorecht zurück. Größte Bedeutung unter allen Veränderungen hatte eine zusätzlich eingefügte Bestimmung, die es der Regierung erlaubte, Verordnungen mit Gesetzeskraft zu erlassen, wenn die Kammern nicht versammelt waren. Nachdem die oktroyierte Verfassung die Bestimmungen der Charte Waldeck über die Zusammensetzung der Volksvertretung und das Wahlrecht weitgehend übernommen hatte, wurde im Mai 1849 unter Berufung auf dieses Notverordnungsrecht das Dreiklassenwahlrecht eingeführt (s. S. 230 f.). Endgültig verabschiedet wurde die Verfassung erst Ende Januar 1850. Trotz aller Modifikationen aber blieb die »Charte Waldeck« als Erbe der Revolution von 1848 bis zum Ende der Monarchie 1918 Grundlage des preußischen Staates.

8. KAPITEL

SELBSTORGANISATION EINER NEUEN GESELLSCHAFT

8.1 DIE ANFÄNGE DER DEUTSCHEN PARTEIEN

Schon im Verlauf der Märzbewegung bildete sich in Deutschland eine Vielzahl politischer Vereine, die sich in den Brennpunkten der öffentlichen Bewegung früher, in anderen Gegenden später, in klaren Frontstellungen voneinander schieden. Dazu kamen die auf der Grenze zwischen Partei und Interessenvertretung stehenden Arbeitervereine unterschiedlicher Ausrichtung, die von fast allen Berufsständen gegründeten Interessenverbände sowie die Organisationen des politischen Katholizismus.

Zentren einer Parteibildung in heutigem Sinne waren anfänglich der deutsche Südwesten und das Königreich Sachsen, beides Gebiete, in denen sich schon im ausgehenden Vormärz eine relativ lebendige politische Öffentlichkeit entfaltet hatte.

Die Linke ging in den Bemühungen um Sammlung und Organisierung ihrer Anhänger voran. Am 19. März bereits wurde von einer Versammlung in Offenburg zur Gründung »Vaterländischer Vereine« in ganz Deutschland aufgerufen, die sich über Orts-, Bezirks- und Kreisvereine auf Landesebene auf der Basis eines radikaldemokratischen Programms zusammenschließen sollten: Einkammersystem, allgemeine Volksbewaffnung, progressive Einkommen- und Vermögenssteuer anstelle der indirekten Steuern, Aufhebung aller Privilegien. Eine Art klubistische Nebenregierung »patriotischer Komitees« von der Gemeinde bis zur Provinz planten die Mainzer Demokraten, und gleich nach dem Vorparlament bildete sich als Sprachrohr der »demokratischen Fraktion des Vorparlaments« ein zentrales Wahlkomitee für ganz Deutschland, das den Antrag Struves (s. S. 92) zu seinem Programm machte, die Forderung nach Einführung der Republik jedoch abschwächte und nur noch von der »freiesten Staatsform« sprach. Nennenswerte Erfolge hatten diese ersten, auf ganz Deutschland ausgerichteten Organisationspläne nicht, am ehesten wohl noch in Baden, wo die demokratischen Vereine jedoch nach dem Hecker-Putsch (s. S. 89 f.) verboten wurden.

Scheidung der politischen Lager voneinander und Aufbau getrennter Organisationen lassen sich im März und April am besten in Sachsen verfolgen. Hier hatten sich die »Freisinnigen« aller Richtungen am 12. März noch einmal auf ein gemeinsames Kompromißprogramm geeinigt, doch bereits am 28. März riefen die Demokraten von Leipzig aus zur Bildung »Vaterländischer Vereine« durch alle Anhänger des »entschiedenen Fortschritts« auf. Bei der ersten Generalversammlung der Organisation am 23./24. April waren bereits 43 Vereine mit 11 463 Mitgliedern durch 116 Delegierte vertreten. Wenig später soll es bereits 75 Vereine gegeben haben.

Grundlage des demokratischen Programms war das Prinzip der Volkssouveränität, aber nicht unbedingt die Staatsform der Republik. Dementsprechend forderte man die »Beibehaltung und zeitgemäße Fortbildung der konstitutionellen Monarchie als Vertreterin und Vollzieherin des Volkswillens«. Besonderes Gewicht in dem Programm hatten sozialpolitische Forderungen: Besteuerungsfreiheit für alle Grundnahrungsmittel (stattdessen progressive Einkommensteuer), unentgeltlicher Schulunterricht, Maßnahmen zur Verbesserung der Lage der Arbeiter, Einrichtung eines Arbeitsministeriums. Eine kleine Gruppe von Radikalen bildete innerhalb der Vaterlandsvereine Dresdens und Leipzigs eigene republikanische Klubs, in Leipzig entstand außerdem ein dem Kommunismus nahestehender Verein. Soziale Basis der Vaterlandsvereine waren in den Städten Arbeiter, kleine Handwerker und Gesellen, in den ländlichen Gebieten Kleinbauern.

In Reaktion auf die von den Demokraten vorangetriebene Parteibildung wurden von den sächsischen Liberalen am 6. April die »Deutschen Vereine« ins Leben gerufen. Auch sie verlangten für die Einzelstaaten die konstitutionelle Monarchie »auf breitester demokratischer Grundlage«, wollten jedoch für die Reichsverfassung die Einsetzung eines gewählten Präsidenten nicht ausschließen. Das soziale Programm der »Vaterländischen Vereine« fand bei ihnen keine Entsprechung. Von den Deutschen Vereinen spalteten sich später die Konstitutionellen Vereine nach rechts hin ab. Mitte Mai bestanden angeblich 42 Vereine mit 8 000 Mitgliedern. »Der wohlhabende und höher gebildete Mittelstand [...] die eigentlich sogenannte Bourgeoisie, Kaufleute, Gelehrte, Beamte« waren in ihnen nach zeitgenössischer Aussage vor allem vertreten (Gegenwart Bd. 5, S. 606)

Da beide Organisationen sich in ihrem Programm für die konstitutionelle Monarchie auf breiter demokratischer Grundlage aussprachen, kann die Frage der Staatsform für die Parteischeidung nicht die zentrale Rolle gespielt haben. Es waren wohl eher die egalitären Elemente und die weitreichenden sozialpolitischen Forderungen im Programm der Demokraten sowie die im Vorparlament zutagegetretenen prinzipiellen Gegensätze, welche die Parteischeidung in Sachsen prägten. Mit Nachdruck muß betont werden, daß sich die regionalen Vereinigungen der Demokraten nicht den Beschluß des Frankfurter Demokratenkongresses vom 15. Juni zu eigen machten, in dem die »Soziale Republik« als einzige für Deutschland annehmbare Staatsform bezeichnet wurde (s. S. 154).

Es waren im Grunde die gleichen Fragen, welche die demokratische und liberale Parteibildung auch in den anderen deutschen Staaten bestimmten. Die preußische Provinz Schlesien, Württemberg und Baden könnten dafür weitere Beispiele bieten.

Noch etwas schärfere Konturen erhielten die Parteien im weiteren Verlauf des Jahres. Bei den Liberalen vollzog sich in Reaktion auf die andauernden politischen Unruhen und namentlich die Septemberkrise (s. S. 112 ff.) eine Entwicklung nach rechts insofern, als das allgemeine Wahlrecht als »breiteste Grundlage« der konstitutionellen Monarchie in Frage gestellt wurde und von den Parteimitgliedern ein rückhaltloses Bekenntnis zur Monarchie ohne Wenn und Aber verlangt wurde. Die Demokraten hingegen neigten zunehmend dazu, die Frage der Staatsform als eine offene zu behandeln. Auch die Fraktionsbildung in der Paulskirche (s. S. 192 ff.) wirkte natürlich im Sinne einer Präzisierung der Programme und der wechselseitigen Abgrenzung der Parteien. Zum wichtigsten Katalysator der Parteibildung und zum Maßstab der jeweiligen Stärke der Parteien wurden dann aber die Landtagswahlen im Herbst und im Winter 1848/49.

Nachdem die schon im März eingeleiteten Bemühungen der Linken um den Aufbau einer ganz Deutschland umfassenden Parteiorganisation nicht das erhoffte Ergebnis gehabt hatten, entwickelten sie im Juni eine neue Initiative. Auf Einladung des demokratischen und des Arbeitervereins Marburg – in beiden spielte der dortige Nationalökonom Prof. Winkelblech eine führende Rolle – versammelten sich vom 14. bis 17. Juni 234 Delegierte von 89 Vereinen aus 66 Städten zum ersten deutschen Demokratenkongreß in Frankfurt. Auf Antrag des Vorsitzenden des Kölner Arbeitervereins Gottschalk verabschiedeten sie den folgenden Grundsatzbeschluß: »Es gibt nur eine für das deutsche Volk haltbare Verfassung, die demokratische Republik, d.h. eine Verfassung, in welcher die Gesamtheit die Verantwortlichkeit für die Freiheit und Wohlfahrt des einzelnen übernimmt« (nach Huber Nr. 47 Bd. 2, S. 689, Anm. 28).

Das war der Gründungsakt der »*Demokratisch-republikanischen Partei*«, wie sie sich nannte. Zum Aufbau der Organisation wurde ein fünfköpfiger Zentralausschuß mit Sitz in Berlin eingesetzt. Nach den Grenzen der preußischen Provinzen und der Mittelstaaten waren Kreisausschüsse als regionale Instanzen vorgesehen. Solange die Berliner Zentrale die Arbeit noch nicht aufgenommen hatte, führte eine provisorische Zentralkommission die Geschäfte. Diese begann sofort mit einer lebhaften Agitation für die Durchführung einer allgemeinen Volksbewaffnung zur Vorbereitung einer neuen Revolution. Sie eröffnete eine Hetzkampagne gegen die Nationalversammlung, die wegen der Beschlüsse über die Einsetzung der Zentralgewalt als »volksfeindliche Macht« und Instrument einer Klassenherrschaft der Bourgeoisie bezeichnet wurde. Den Abgeordneten wurden ihre Mandate abgesprochen, weil sie nicht in direktem Verfahren gewählt seien, und die Linke wurde zum Austritt aus der Versammlung und zur Bildung eines Gegenparlaments aufgerufen. Nur der Abgeordnete Kapp folgte diesem Appell, im übrigen aber nicht einmal die Mitglieder der provisorischen Zentralkommission Zitz und Mohr.

Sehr viel vorsichtiger als die provisorische Zentralkommission operierte der weitgehend von Julius Fröbel geprägte Zentralausschuß, der bereits in der zweiten Juliwoche in Berlin seine Tätigkeit aufnahm. In seinem ersten Aufruf an das deutsche Volk vom 14. Juli erklärte er, daß die Partei die Republik in Deutschland nicht sofort und nicht durch revolutionäre Aktion, sondern erst dann einführen wolle, wenn sich die Mehrheit des Volkes dafür ausspräche. Daß die in dieser Weise von Fröbel festgelegte offizielle Linie der Partei nicht den Auffassungen der Frankfurter Heißsporne entsprach, liegt auf der Hand. Sie bot aber die Möglichkeit, für den Gedanken der Republik zu werben, ohne mit den Gesetzen in Konflikt zu geraten.

Der projektierte Aufbau der republikanischen Partei gelang nur in Ansätzen. Am erfolgreichsten war sie im Großherzogtum Hessen-Darmstadt, wo sie das öffentliche Leben vollständig dominierte. Beim Aufbau der Partei haben die Volksschullehrer eine herausragende Rolle gespielt. Der leitende Minister Jaup hielt im Grunde ein Verbot der Partei wegen ihrer revolutionären Propaganda für nötig, wagte diesen Schritt jedoch nicht ohne ausdrückliche Anweisung und Rückendeckung der provisorischen deutschen Zentralgewalt.

Anders als in Hessen-Darmstadt wurde die Partei in Baden, Württemberg und Bayern verboten, in Württemberg z. B. wegen ihres angeblichen Bestrebens, »in kommunistischer Richtung den Staat umzugestalten« (nach Botzenhart Nr. 59, S. 346). Republikanische Propaganda allein reichte nach Ansicht des Stuttgarter Ministeriums zur Begründung des Verbotes offenbar nicht aus. Entscheidend war vielmehr die Absicht, »die Grundlage der gesetzlichen Ordnung, das Eigentum, zu untergraben«.

Damit war ein öffentliches Auftreten der Republikaner in Süddeutschland unmöglich geworden. Totz des Verbotes aber haben vor allem in Baden zahlreiche republikanische Vereine weiterbestanden und für die spätere Mairevolution große Bedeutung gehabt.

In Preußen wurde die republikanische Partei nicht verboten. Hier war vor allem Schlesien ein Zentrum der demokratischen Bewegung, die in den dortigen »Rustikalvereinen« auch eine breite Basis in der Landbevölkerung hatte. Rund 130 demokratische Vereine mit 8 - 9 000 Mitgliedern existierten im Herbst, und dazu kamen rund 200 Rustikalvereine mit 200 000 Mitgliedern. Der Provinzialkongreß der schlesischen Demokraten beschloß am 15. Juli zwar, ständige Verbindung zum Berliner Zentralausschuß aufzunehmen, bewahrte seine Selbständigkeit jedoch z. B. dadurch, daß er die Frage nach der besten Staatsform weiterhin bewußt offen ließ. Der demokratische Verein Breslau hingegen sprach sich mit überwältigender Mehrheit für den Frankfurter Grundsatzbeschluß aus. Dabei zeigte sich aber auch, daß die sozialistischen Implikationen des Programms von vielen Republikanern abgelehnt wurden.

Ohne längere Diskussionen schlossen sich 17 demokratische Vereinigungen der preußischen Rheinprovinz der republikanischen Partei an. Schwierigkeiten gab es in Westfalen und in der Provinz Sachsen, wo man ähnlich wie in Schlesien einer programmatischen Festlegung auf die Republik auswich. Ziemlich schwach war die republikanische Partei in Ostpreußen, Pommern und der Mark Brandenburg.

In Sachsen hat offenbar die Existenz einer gemäßigt demokratischen Parteiorganisation den Aufbau einer damit konkurrierenden republikanischen Partei verhindert. Sächsische Republikaner spielten aber eine wichtige Rolle in der demokratischen Bewegung der thüringischen Kleinstaaten, die in Jena und Altenburg ihre Zentren hatte. Nach Berichten der Polizeibehörden gehörten den dortigen republikanischen Parteien zum Teil alle männlichen Bewohner der Orte an, und auf dem 2. Demokratenkongreß in Berlin wurde behauptet, daß keine deutsche Region so systematisch für die Republikaner erschlossen sei, wie Thüringen. Nicht umsonst stationierte die Provisorische Zentralgewalt nach den Septemberunruhen dort ein eigenes Observationskorps (s. S. 115).

Eine erste Bilanz der bisherigen Parteiarbeit sollte der zweite Demokratenkongreß ziehen, der vom 26. bis 31. Oktober in Berlin tagte. 260 Vereine aus 140 Städten waren durch 234 Delegierte vertreten. Julius Fröbel war jedoch wegen seiner Mission nach Wien (s. S. 138) nicht anwesend. Ohne die Bezeichnung »republikanisch« in den Parteinamen aufzunehmen, bekannte man sich in dem jetzt verabschiedeten Programm erneut zur »demokratisch-sozialen Republik«. Ein Text der Radikaldemokraten der Französischen Revolution von 1789-1795 wurde zum Vorbild einer Erklärung der Menschenrechte genommen, die an alle Ortsvereine zur Stellungnahme weitergegeben wurde. Ebenso auch ein Grundsatzprogramm zur sozialen Frage, das fast wörtlich mit den Forderungen der kommunistischen Partei vom 1. April 1848 (s. S. 167 f.) übereinstimmte. Eine Diskussion darüber wurde abgelehnt, um nicht »durch Aufstellung eines sozialen Prinzips« eine Parteispaltung zu riskieren. Beschlossen wurden hingegen verfassungspolitische Grundsätze: Einführung des Einkammersystems und des allgemeinen, gleichen Wahlrechts, ständige Abberufbarkeit der Abgeordneten durch Votum ihrer Wähler sowie Aufnahme weiterer plebiszitärer Elemente in die Verfassungen. Abgelehnt wurde der Antrag Stephan Borns, die Partei solle sich die Beschlüsse des Berliner Arbeiterkongresses vom 2. September (s. S. 169 ff.) zueigen machen und damit indirekt das kommunistische Programm verwerfen.

Der Demokratenkongreß hatte von Anfang an im Zeichen scharfer Auseinandersetzungen gestanden. Die tiefen Gegensätze konnten vielfach nur durch Vertagung von Entscheidungen oder Kompromißformeln überbrückt werden. Fast die Hälfte der Teilnehmer verließ den Kongreß schon vor seinem Ende. Zur offenen Konfrontation aber kam es, als die Mehrheit am 28. Oktober beschloß, sich als Veranstalter an der für den nächsten Tag geplanten Volksversammlung zu beteiligen, bei der zur Wiener Revolution Stellung genommen werden sollte. Die Minderheit erklärte, daß die Delegierten ohne Rücksprache mit ihren Vereinen zu irgendwelchen Beschlüssen in dieser Frage nicht bevollmächtigt seien. Sie bewiesen politisches Augenmaß, indem sie erklärten, es sei verantwortungslos, das Volk zu gewaltsamen Aktionen aufzurufen. Der Demokratenkongreß sei nicht dazu da, »die Revolution zu organisieren«. Sie verließen den Kongreß, konstituierten sich als eine Art eigene Fraktion innerhalb der demokratischen Partei, waren aber doch wieder anwesend, als der auf 60 Teilnehmer zusammengeschmolzene Kongreß am 30. Oktober durch den kommunistischen Kölner Abgeordneten der preußischen Nationalversammlung Karl d'Ester mit der Mahnung zur Einigkeit geschlossen wurde. Konkrete Ergebnisse hatte der Kongreß somit kaum gebracht. Er hatte aber doch sehr deutlich gezeigt, welche Fragen in der Partei noch kontrovers diskutiert wurden und dadurch die Programmdiskussion vorangetrieben. Konnte man gerechterweise mehr erwarten?

Gleichzeitig mit dem Demokratenkongreß trat in Berlin, wahrscheinlich auf Anregung der Linken des sächsischen Landtags, das »Gegenparlament« zusammen. Die demokratischen Abgeordneten aller deutschen Parlamente waren zu Beratungen über eine gemeinsamen Politik eingeladen worden, doch die Beteiligung war ziemlich schwach. Aus der Paulskirche z. B. waren nur sechs, aus Sachsen lediglich zwei Abgeordnete erschienen, so daß die äußerste Linke der preußischen Nationalversammlung die weitaus größte Zahl der Mitglieder stellte. Die Versammlung beschloß zunächst, das deutsche Volk zu Geldspenden und Freischarzügen zur Unterstützung der österreichischen Revolution aufzurufen. Zusammen mit seinem Parteifreund Temme konnte der preußische Demokratenführer Waldeck die Versammlung jedoch dazu bewegen, diesen Beschluß später wieder zurückzunehmen. Er fürchtete, daß er zu Unruhen führen würde, welche den bereits um Berlin zusammengezogenen Truppen den erwünschten Anlaß zum Eingreifen bieten könnte. Er kündigte an, in der Nationalversammlung den Antrag über die Unterstützung der Wiener Revolution durch die preußische Regierung einzubringen, der dann zu Tumulten vor dem Sitzungssaal der Nationalversammlung und indirekt zu deren Auflösung führte sollte. Die Desavouierung des ursprünglichen Beschlusses führte auch im Gegenparlament zu schweren Zerwürfnissen, und die Versammlung ging schließlich ohne Ergebnis und ähnlich zerstritten wie der Demokratenkongreß auseinander.

Als sich ab Anfang November das Vordringen der Gegenrevolution immer deutlicher abzeichnete, ergriffen die drei Linksfraktionen der Paulskirche die Initiative zu einem neuen Versuch zur Bündelung der demokratischen Kräfte. Sie bezeichneten die Verteidigung der Märzerrungenschaften und die Verwirklichung der Demokratie als ihr gemeinsames Ziel und erklärten sich unter dieser Parole zum »Zentralmärzverein«. Er sollte ein lockerer Dachverband für politische Vereine von den Republikanern bis zu den konstitutionellen Liberalen sein. Sein Zweck war die Entwicklung einer gemeinsamen Politik unter demokratischem Vorzeichen. Eine Weisungsbefugnis des Zentralmärzvereins gegenüber den Regionalverbänden und Ortsvereinen bestand nicht. Die erste konkrete Forderung war das Verlangen nach Einberufung konstituierender Versammlungen mit souveräner gesetzgebender Gewalt in allen deutschen Einzelstaaten.

Im Verlauf der nächsten Wochen zeigte sich, daß sowohl die Republikaner als auch die Konstitutionellen sich dem Märzverein nicht anschlossen, weil er die Entscheidung zwischen Monarchie oder Republik offen ließ. Als Sammlungsbewegung der gemäßigten Demokratie hatte er jedoch großen Erfolg. Bis zum Frühjahr 1849 hatten sich ihm rund 950 Ortsvereine mit etwa 500 000 Mitgliedern angeschlossen, die sich dann vor allem in der Volksbewegung für die Durchführung der Reichsverfassung im April und Mai 1849 engagierten.

Die demokratischen Vereine hatten häufig enge Verbindungen zu den Arbeitervereinen. An vielen Orten saßen dieselben Männer in den Vorständen beider Vereine, und man darf davon ausgehen, daß bei den Wahlen die Mitglieder der Arbeitervereine die Kandidaten der Demokraten wählten und auf die Aufstellung konkurrierender eigener Kandidaten verzichteten, da sie sich als Vereinigungen zur Wahrung der Arbeiterinteressen verstanden und kein allgemeines politisches Programm verfolgten.

Gewisse Affinitäten gab es auch zwischen den *Turnvereinen* und den Vereinen der Linken. Einige Turnvereine aus dem Rhein-Main-Gebiet hatten bereits am Frankfurter Demokratenkongreß teilgenommen. Nachdem schon Anfang April 1848 in Hanau die Gründung des »Deutschen Turnerbundes« vollzogen worden war, konzentrierten sich während des 2. Hanauer Turntages am 2./3. Juli die Diskussionen auf die politische Ausrichtung der deutschen Turnbewegung. Die Mehrheit lehnte dabei die von Radikalen beantragte Stellungnahme zugunsten der Republik ab, und die Linke konstituierte sich daraufhin als »Demokratischer Turnerbund« mit dem Ziel, »durch geistige und körperliche Ausbildung und Verbrüderung aller Deutschen hinzuwirken auf ein freies und einiges Vaterland, welches in dem volkstümlichen Freistaat – der demokratischen Republik – seine entsprechende Form findet« (nach Wettengel Nr. 95, S. 174). Neben diesen kämpferischen Republikanern gab es offensichtlich noch weitere republikanisch gesinnte Teilnehmer, die aber mit der Mehrheit stimmten, weil sie eine so massive Politisierung der Turnbewegung ablehnten. Der mittlerweile 70jährige »Turnvater« Jahn, der als Abgeordneter der Nationalversammlung der gemäßigt konservativen Fraktion »Café Milani« (s. S. 192 f.) angehörte, dürfte durch seine ständige Polemik gegen die republikanischen Turner die politische Polarisierung innerhalb der Turnbewegung erheblich gefördert haben.

Ein überregionaler Zusammenschluß des *Liberalismus* kam nicht zustande, obwohl es auch hier an derartigen Bestrebungen nicht gefehlt hat. Die liberalen Vereine unterschieden sich von den demokratischen vor allem dadurch, daß sie von ihren Anhängern ein unbedingtes Bekenntnis zur konstitutionellen Monarchie verlangten, das basisdemokratische und sozialpolitische Programm der Demokraten ablehnten und unter dem Motto »Kampf gegen Anarchie und Aufruhr« die staatlichen Autoritäten unterstützten. Auf dieser Linie vollzog sich die Spaltung der mit dem allgemeinen Programm der Märzbewegung entstandenen politischen Vereine und ihrer Organisationen (z. B. in Württemberg und Bayern) oder die Neugründung liberaler Vereinigungen, die sich in der Regel häufig als Deutsche, Nationale oder Konstitutionelle Vereine bezeichneten. Die Zahl der Vereine und ihrer Mitglieder erreichte jedoch nie mehr als etwa ein Drittel der demokratischen Organisationen. Das lag nicht nur an ihrer schmaleren sozialen Basis, der bürgerlichen Honoratiorenschicht, sondern auch an einer typisch liberalen Abneigung gegen Organisationsarbeit und die als lästige Einengung persönlicher Entscheidungsfreiheit empfundene Parteibindung. Der politisch in Baden stark engagierte liberale Historiker Ludwig Häusser kam nach seinen Erfahrungen im Revolutionsjahr resignierend zu der Einsicht, daß aus dem Mittelstand eine »einsichtsvolle, entschlossene und rührige Partei« nicht zu bilden sei. Auffällig ist es in diesem Zusammenhang auch, daß sich, anders als bei den Demokraten, bekannte Parlamentarier nicht für die Organisationsbemühungen der liberalen Vereine engagierten.

Die Organisationsform der liberalen Vereinigungen war von vornherein lockerer konzipiert, als die der Demokraten: Man setzte keine Zentralvorstände oder Kreisausschüsse ein, sondern bestimmte lediglich einen Verein zum »Vorort«, dessen Aufgabe im Wesentlichen die Vermittlung der Kommunikation unter den Vereinen einer Region sein sollte.

Nicht zuletzt als Antwort auf die Pläne der Demokraten machten auch die Liberalen den Versuch zur Gründung einer überregionalen Organisation. Entsprechende Initiativen entwickelten vor allem der Deutsche Verein Leipzig, der Konstitutionelle Klub Berlin und der Kölner Bürgerverein. Über erste Generalversammlungen, die durchweg im Verlauf des Juli stattfanden, und relativ nichtssagende Absichtserklärungen kamen diese Versuche zu liberaler Parteigründung auf nationaler Ebene jedoch nicht hinaus.

Dies war vor allem auch in einem fundamentalen politischen Gegensatz unter den Vereinen begründet: Während die Liberalen aus den deutschen Mittel- und Kleinstaaten für eine vorbehaltlose Anerkennung der Beschlüsse der deutschen Nationalversammlung eintraten, waren die preußischen Konstitutionellen dazu nicht ohne weiteres bereit. Sie waren im Kern eher Schwarz-Weiß als Schwarz-Rot-Gold eingestellt, und sie mußten sich dafür von ihren Parteifreunden aus dem Süden den Vorwurf des preußischen Partikularismus gefallen lassen. Auf allen überregionalen Versammlungen der Liberalen im Sommer kam dieser Gegensatz zur Sprache, an dem letztlich auch der Bürgerverein Kassel scheiterte, als er im Herbst versuchte, ohne weitere politische Vorgaben einen »Nationalen Verein« zur Unterstützung aller Beschlüsse der Nationalversammlung zu gründen, wie immer sie auch ausfallen mochten. Im Grunde wäre das ein Rückfall in die parteilose Zeit des Vormärz gewesen, als sich noch alle »Fortschrittlichen« unter einem Dach zusammenfinden konnten.

Auch die durch die Märzrevolution zunächst in die Defensive gedrängten *Konservativen* begannen im Sommer ihre Anhänger zu sammeln und zu organisieren, ganz besonders in Preußen. In mehreren programmatischen Artikeln rief der zum engsten Beraterkreis Friedrich Wilhelms IV. gehörende Ludwig von Gerlach in der »Kreuzzeitung« dazu auf, sich den Bedingungen des modernen Verfassungsstaates zu stellen und zur dafür notwendigen Parteibildung zu schreiten: »Je größer der verfassungsmäßige Anteil des Volkes an der Leitung der Regierungsangelegenheiten, desto notwendiger ist die Gruppierung der Staatsbürger nach politischen Richtungen, mit anderen Worten die Organisation politischer Parteien« (nach Botzenhart Nr. 59, S. 392).

Einzelne konservative Vereinigungen sind schon in den Märztagen entstanden, sie blieben jedoch während der Maiwahlen noch ohne nennenswerte Bedeutung. Wichtiger wurde dann die von Berlin ausgehende Bewegung zur Gründung »Patriotischer Vereine«. Unter diesem Namen hatte sich der rechte Flügel des Berliner Konstitutionellen Vereins verselbständigt und ein eigenes Programm verabschiedet: Begründung einer konstitutionellen Monarchie mit Zweikammersystem und absolutem Vetorecht des Königs, Erfüllung der Märzverheißungen, Lösung der sozialen Frage »unter Mitwirkung einer aus Arbeitern und Arbeitgebern gewählten Vertretung«. Am 24. Juni erklärte sich der Berliner Verein zur Zentrale der Patriotischen Vereine, ohne deren Selbständigkeit in Frage zu stellen. Er begann mit dem Aufbau eines Nachrichtennetzes für die wechselseitige Kommunikation und forderte zur Gründung von Ortsvereinen in allen Gemeinden auf.

Weitere konservative Vereinigungen entstanden in den »Preußenvereinen für konstitutionelles Königtum« und dem »Teltower Bauernverein«, der die Landwirte von rund 65 Orten aus der Umgebung von Berlin vereinigte. Parteipolitische Betätigung für die Konservativen ist auch von Kriegervereinen bezeugt.

Eine zündende und in ganz Preußen populäre Kampfparole erhielten die Konservativen durch den Beschluß der deutschen Nationalversammlung, eine provisorische Zentralgewalt einzusetzen und die Kontingente der deutschen Staaten für die Bundesarmee durch Huldigung auf sie zu verpflichten. Man tat so, als sei damit das ganze preußische Heer gemeint und sah sich als Vorkämpfer für die Aufrechterhaltung der Selbständigkeit Preußens im deutschen Nationalstaat und gegen seine Mediatisierung durch eine deutsche Zentralgewalt. »Was wir fürchten, ist der Untergang unseres Vaterlandes Preußen«, hieß es in einem Flugblatt (Schwentker Nr. 65, S. 84). Daß die Konservativen damit auf breite Zustimmung im ganzen preußischen Volk stießen, belegt auch die Haltung der preußischen Liberalen zu dieser Frage. Sie waren gleichfalls nicht bereit, Preußen im Sinne der Märzproklamation Friedrich Wilhelms IV. in Deutschland »aufgehen« zu lassen, und bestritten der deutschen Nationalversammlung zumindest in diesem Punkt das Recht zu alleiniger Entscheidung über die deutsche Verfassung.

Ende Juni ergriff dann die hinter der Kreuzzeitung stehende Gruppe die Initiative zur Gründung eines konservativen Dachverbandes in Gestalt des »Vereins für König und Vaterland«. Die Gründungsversammlung fand am 3. Juli in Nauen statt. Weitere Generalversammlungen folgten in Magdeburg, Halle und Frankfurt/Oder mit jeweils mehreren hundert Mitgliedern.

Am Ende des Jahres bestanden in Preußen gut hundert konservative Vereine, die zum Teil die Konservativen mehrerer Orte umfaßten. So fungierte z. B. der »Ortsverein« Lehnin mit seinen 1700 Mitgliedern als Zentrale für 95 Dörfer. Die konservative Partei hatte ihren Schwerpunkt in den Provinzen Brandenburg, Pommern, Sachsen und im Regierungsbezirk Posen. Unter ihren Mitgliedern war der Landadel besonderns stark vertreten, außerdem das höhere Beamtentum, das Militär und die Bauern. Bemerkenswerterweise hatten die Konservativen aber auch zahlreiche Anhänger unter den Handwerksmeistern, die für die Aufhebung der Gewerbefreiheit und die Rückkehr zu zünftlerischen Strukturen eintraten. Mit dem Argument, daß für den einfachen Mann von einem liberalen Verfassungsstaat bürgerlicher Prägung nichts zu gewinnen sei, warben sie überdies auch erfolgreich um Anhänger im Proletariat. In Königsberg z. B. gehörten auch Sackträger, Speicherarbeiter und Tagelöhner dem Preußenverein an (Schwentker Nr. 65, S. 85).

Als die Preußenvereine am 15. Oktober den Geburtstag des Königs feierten, kam es in Elbing, Marienwerder, Danzig und Königsberg zu Demonstrationen der Königstreue und zu antiliberalen Ausschreitungen, deren Massenbasis vor allem in diesen plebejisch-proletarischen Schichten lag. Wahrscheinlich machten es sich die Liberalen zu leicht, wenn sie genauso wie bei den antidemokratischen Aktionen in Charlottenburg (s. S. 143) unterstellten, daß lediglich das Geld reaktionärer Kreise und der Alkohol dieses royalistische Aufbegehren gesteuert habe.

Für die weitere programmatische Entwicklung des preußischen Konservativismus wurde es entscheidend, daß es Ludwig von Gerlach nicht gelang, die konservativen Vereine für seine Verfassungsideen zu gewinnen, die auf eine Wiederbelebung ständestaatlicher Strukturen zielten. Sie hielten vielmehr an den Grundgedanken des modernen Verfassungsstaates im Zeichen des monarchischen Prinzips und am Inhalt der Märzverheißungen des Königs fest. Die Aussöhnung des preußischen Konservativismus mit dem Konstitutionalismus ist ein bleibendes Ergebnis der 48er Revolution. Sie ist nicht zuletzt auf den Einfluß des Rechtsphilosophen Friedrich Julius Stahl zurückzuführen (s. S. 58 f.).

Ein besonderes Problem war für die konservativen Vereine ihre Abgrenzung zum »Verein zur Wahrung der Rechte des Grundbesitzes und zur Aufrechterhaltung des Wohlstandes aller Klassen«. Dieser Verein war Mitte Juli gegründet worden, um den Protest des Großgrundbesitzes gegen das Agrarprogramm des Ministeriums Auerswald/Hansemann, die sogenannten »Patowschen Gesetze«, zu organisieren. In diesen war vorgesehen, den gesamten Grund und Boden in Katastern zu erfassen und proportional zum Ertrag zu besteuern. Eine Vielzahl grundherrlicher Privilegien sollte entschädigungslos aufgehoben werden, darunter die für die lokale Herrschaftsstellung wichtige Ausübung der Polizeigewalt, der Patrimonialgerichtsbarkeit und des Schul- und Kirchenpatronats. Die Erhöhung der Branntwein- und der Zuckerrübensteuer hätte wichtige Einnahmequellen der Gutsherren getroffen. Geplant war auch eine Novellierung des Jagdrechts.

Soziales Prestige, ländliche Herrschaftsstellung und wirtschaftliche Interessen nicht nur des adeligen preußischen Großgrundbesitzes waren durch dieses Programm gleichermaßen bedroht. Es wirkte wie eine offene Kampfansage des in der Nationalversammlung dominierenden Bürgertums an den bisher den preußischen Staat beherrschenden Landadel. Entsprechend groß war die Erregung. Nachdem zwei vorbereitende Versammlungen in Stettin erfolgreich verlaufen und 300 landwirtschaftliche Vereine ihre Unterstützung zugesagt hatten, wurde für den 18. und 19. August zur ersten Generalversammlung nach Berlin eingeladen, die durch den Volksmund die zutreffende Bezeichnung »Junkerparlament« erhielt. Es waren allerdings auch einige Bauern und bürgerliche Gutsbesitzer erschienen.

Über die programmatischen Ziele des Vereins bestand auf der Versammlung weitgehende Einigkeit: Sicherheit des Eigentums, Unantastbarkeit bestehender Verträge, Sparsamkeit im Staatshaushalt, gerechte Verteilung der Steuerlast. Durch eine Steuerreform sollten die kleinen und mittleren Bauern und Gewerbetreibenden in Stadt und Land entlastet werden. Mit der Notlage dieser Bevölkerungsschicht wurde auch die Ablehnung einer allgemeinen Grundsteuer begründet: Der Verein war sichtlich bemüht, nicht nur als Interessenvertretung des Großgrundbesitzes zu erscheinen.

Zu besonders lebhaften Diskussionen führte die Frage nach dem Verhältnis zwischen dem Grundbesitzer-Verein und der konservativen Partei. Dabei setzten sich schießlich auf beiden Seiten diejenigen durch, die für eine klare Abgrenzung und Aufgabenteilung plädierten. Besonders der Kreis um die Kreuzzeitung legte höchsten Wert darauf, daß konservative Politik nicht mit der Vertretung materieller Interessen einer bestimmten Klasse identifiziert werden dürfe. So berechtigt das auch sei, die konservative Partei habe doch vor allem prinzipielle Grundpositionen und sittliche Werte zu vertreten. Daß der Grundbesitzer-Verein bei Wahlen die konservative Partei unterstützte und daß beide Vereinigungen im Konflikt zwischen der Regierung und der preußischen Nationalversammlung auf der Seite des Königs standen, braucht nicht im einzelnen ausgeführt zu werden.

Über die Gründung und Entwicklung konservativer Vereinigungen im übrigen Deutschland ist bisher wenig bekannt. Für Bayern wäre hier vor allem der »Verein für konstitutionelle Monarchie und religiöse Freiheit« zu nennen, der bereits im Mai 1848 vom Münchner Kreis um Görres mit einer offenen Kampfansage an die politische, soziale und religiöse Programmatik von Liberalismus und Demokratie gegründet wurde. Zu systematischer Mitgliederwerbung und zur Gründung von Ortsvereinen schritt der Verein erst zu Beginn des Jahres 1849. Der Hauptverein für München und Umgebung hatte Ende Februar rund 1 600 Mitglieder, und es entstanden rund 60 Ortsvereine.

Die erfolgreichste Vereinsorganisation im damaligen Deutschland schuf sich der *politische Katholizismus.* Noch Ende März wurden von Limburg und Mainz aus auf Initiative des Episkopats die ersten »Piusvereine für religiöse Freiheit« gegründet. Unter der Devise »Freiheit und vollständige Parität in religiösen Dingen« forderten sie die völlige Unabhängigkeit der Kirchen vom Staat bei gleichzeitiger Aufrechterhaltung ihrer staatlich privilegierten Stellung, also keine völlige Trennung von Staat und Kirche. Nach den Erfahrungen mit der Überwachung und Reglementierung des kirchlichen Lebens im Vormärz verlangten sie auch für die Kirchen die liberalen Grundrechte wie Meinungsfreiheit, Pressefreiheit, Vereinigungs- und Versammlungsfreiheit (was z. B. für öffentliche Kritik an staatlichen Maßnahmen, für die Gründung geistlicher Orden oder die Veranstaltung von Wallfahrten wichtig war). So gab es durchaus partielle Verbindungen zwischen politischem Katholizismus, Liberalen und Demokraten. Im übrigen wollten die Piusvereine sich ganz bewußt auf die Vertretung kirchlicher und religiöser Anliegen beschränken und nicht als politische Partei auftreten. Ob das immer möglich war, sei dahingestellt. Einen der späteren Zentrumspartei vergleichbaren Ansatz gab es allerdings. In den Satzungen des Kölner Piusvereins, die im ganzen preußischen Rheinland übernommen wurden, hieß es : »Der Zweck des Vereins ist, die sozialen und politischen Fragen vom katholischen Standpunkt aus zu behandeln, und insbesondere die Freiheit, Unabhängigkeit und das Wohl der katholischen Kirche zu wahren und zu fördern«. In den letzten Kämpfen um die Reichsverfassung haben sich demgemäß rheinische und westfälische Piusvereine massiv für die »großdeutsche« Lösung eingesetzt, um das Gewicht des Katholizismus im künftigen deutschen Reich zu stärken.

Pius- oder andere katholische Vereine sind bereits im Vorfeld der Maiwahlen aktiv geworden. Einen sehr starken Aufschwung erlebte die katholische Vereinsbewegung dann im Sommer, als in der Paulskirche im Rahmen der Grundrechtsdebatte auch die kirchlichen und religiösen Grundfreiheiten behandelt wurden. Die Piusvereine organisierten damals mit Hilfe der örtlichen Geistlichen eine öffentliche Kampagne, als deren Ergebnis 1 142 Petitionen mit 273 000 Unterschriften der Nationalversammlung zugestellt wurden.

Die Zahl der 1848 entstandenen Piusvereine konnte bisher nicht ermittelt werden. Am dichtesten war ihr Netz offenbar in Baden, wo unter dem Einfluß des rhetorisch und agitatorisch hoch befähigten, schon im Vormärz als sozial engagierter Landtagsabgeordneter hervorgetretenen Freiburger Professors Buß rund 400 Vereine gegründet wurden. Andere Schwerpunkte waren das preußische Rheinland, Schlesien, die katholischen Teile Württembergs und die bayerische Diözese Regensburg. Zum ersten Mainzer Katholikentag Anfang Oktober wurden 17 Zentralvereine eingeladen. Sein wichtigstes Ergebnis war die Gründung des »Katholischen Vereins Deutschlands« (s. S. 180 f.).

8.2 Die Landtagswahlen im Herbst und im Winter 1848/49

Zum Gradmesser für die Stärke der politischen Parteien am Ende des Jahres 1848 wurden die Landtagswahlen, die um diese Zeit in zahlreichen deutschen Ländern stattfanden. Sie waren notwendig geworden, weil sich in vielen Märzministerien die Einsicht durchgesetzt hatte, daß die nach vormärzlichen Prinzipien zusammengesetzten und unter den politischen Restriktionen der Ausnahmegesetze des Bundes gewählten Landtage nicht mehr länger amtieren konnten und einer grundlegenden Reform bedurften. Für die Wahlen wurden meistens neue Wahlgesetze verabschiedet, in denen in der Regel ähnlich wie bei den Wahlen zur deutschen Nationalversammlung eine unterschiedlich definierte bürgerliche »Selbständigkeit« zur Voraussetzung des aktiven und passiven Wahlrechts gemacht wurde (s. S. 94).

Bei den Landtagswahlen in Sachsen im Dezember 1848 gewannen die Demokraten 66, die Liberalen 7 und die Konservativen 2 der 75 Mandate. Anfang Dezember wurde auch in Bayern gewählt. Hier eroberten die Demokraten 58 von 143 Mandaten und wurden so zur stärksten Fraktion. Ein linkes Zentrum brachte es auf 22, ein rechtes Zentrum auf 34 und die Rechte auf 29 Sitze (die restlichen Abgeordneten lassen sich keiner Partei zuordnen). Hannover wählte im Januar, und hier erhielten die Demokraten mit acht Sitzen nur 10 Prozent der Mandate – eine ganz seltene Ausnahme in dieser Zeit. In Kurhessen ergaben die Wahlen vom Sommer 1849 eine knappe absolute Mehrheit für die Liberalen, während in Hessen-Darmstadt die Demokraten im Herbst 1849 bei den ersten Wahlen nach neuem Recht 33 von 50 Sitzen der zweiten Kammer gewannen. Für beide Herzogtümer Mecklenburg war bereits im Oktober ein gemeinsamer Landtag gwählt worden, in dem die Demokraten zunächst mit 56 von 100 Abgeordneten die absolute Mehrheit hatten und auch nach Abspaltung eines linken Zentrums die bestimmende Fraktion im Landtag blieben. Bei den Wahlen in Oldenburg und Braunschweig setzten sich die gemäßigten Liberalen durch, in Lippe-Detmold hingegen die Demokraten, und so wurde hier noch Ende Juli durch den Landtag ein radikaldemokratischer Verfassungsentwurf verabschiedet.

Differenziert verlief die Entwicklung in den Kleinstaaten des thüringischen Raumes. Während in Sachsen-Weimar die Liberalen die Mehrheit behaupten konnten, hatten sich das Herzogtum Reuß der »jüngeren Linie« und die anhaltischen Herzogtümern zu Zentren der demokratisch-republikanischen Bewegung entwickelt. Hier wurden bereits im Oktober 1848 radikaldemokratische Musterverfassungen verabschiedet und sogar durch die widerstrebenden Landesherren in Kraft gesetzt (vgl. S. 99).

In Preußen fanden die ersten Wahlen nach dem Staatsstreich vom 5. Dezember Anfang Februar 1849 statt. Sie standen insofern unter besonderen Voraussetzungen, als die Fraktionen der Linken der Nationalversammlung, die die Rechtsgültigkeit der oktroyierten Verfassung bestritten, bereits Mitte Dezember in

Berlin ein gemeinsames »Zentralwahlkomitee für volkstümliche Wahlen« gebildet hatten. Rechtsliberale und Konservative vereinigten sich in Antwort darauf zu einem »Constitutionellen Central-Wahlkomitee«. Insofern standen sich nur zwei große Parteiblöcke gegenüber. Die Wahlen hatten das Ergebnis, daß die Rechte mit 46,6 und die Linke mit 44,9 Prozent der Mandate nahezu gleich stark waren. Die unentschieden dazwischen stehenden rund 8 Prozent der Abgeordneten erhielten so ein für den Ausgang der Abstimmungen mitunter entscheidendes Gewicht (s. S. 230). Klare Mehrheitsverhältnisse gab es in der zweiten Kammer des preußischen Landtags vom Frühjahr 1849 nicht.

Da in Württemberg noch im Mai 1848 Neuwahlen nach altem Recht stattgefunden hatten, und erst am 1. Juli 1849 ein neues Wahlgesetz verabschiedet worden war, fanden hier erst nach dem Ausklang der Revolution im Spätsommer 1849 Wahlen nach neuem Recht zu einer verfassungberatenden Landesversammlung statt. Dabei errangen die Demokraten mit 44 von 64 Sitzen eine Zweidrittelmehrheit, während die Liberalen es nur auf 15 Mandate brachten. Bei den Wahlen zur zweiten Landesversammlung Anfang 1850 verstärkte sich das Gewicht der Demokraten noch, ging dann aber bei den Wahlen zur dritten Landesversammlung im September 1850 leicht zurück.

Angesichts einer mit Sicherheit vorhersehbaren schweren Wahlniederlage konnte sich die badische Regierung nicht einmal zur Abhaltung von Neuwahlen, geschweige denn zu einer Reform des Wahlgesetzes entschließen. Dies gab der Linken allerdings Munition für eine an Schärfe zunehmende Agitation, die bereits in die Vorgeschichte der badischen Revolution vom Mai 1849 hineingehört.

Insgesamt zeigen die Wahlen des Winters 1848/49 im Vergleich zu den Maiwahlen von 1848 ein starkes Anwachsen der demokratischen Bewegung. In einem nach dem allgemeinen Wahlrecht der Paulskirchenverfassung gewählten ersten deutschen Reichstag wären die Demokraten mit sehr großer Wahrscheinlichkeit die stärkste Fraktion gewesen. Vielleicht hätten sie sogar die absolute Mehrheit gehabt.

8.3 Die Arbeiterbewegung: Karl Marx und Stephan Born

Es gehört zu den bemerkenswerten Phänomenen der 48er Revolution in Deutschland, daß trotz der bisherigen systematischen Unterdrückung aller Ansätze einer Arbeiterbewegung im Frühjahr 1848 überall in Deutschland spontan und zunächst unkoordiniert Arbeitervereine entstanden. Zum Teil entstammten die Initiatoren dieser Vereine der Arbeiterschaft selbst, wie z. B. der Schriftsetzer Stephan Born, oder sie waren, wie Karl Marx und andere, Angehörige der bürgerlichen Intelligenz, Journalisten, Advokaten, Armenärzte. Ein Industrieproletariat gab es in Deutschland damals nur an wenigen Orten (wie z. B. Wien). Als Arbeiter sind hier vielmehr alle Angehörigen der »handarbeitenden Klassen« zu verstehen, die unterhalb der Schicht selbständiger Handwerker für Tage- oder Wochenlohn arbeiteten, die in der Heimarbeit ihr Auskommen suchten oder als Gesellen, Dienstboten, Landarbeiter, Gesinde und in ähnlichen Abhängigkeitsverhältnissen tätig waren. Auch viele am Rande des Existenzminimums lebende Meister gehörten dieser Schicht aus ökonomischer Sicht an, auch wenn sie sich zur Wahrung ihres sozialen Status von ihr abzugrenzen suchten.

Die Lebens- und Arbeitsbedingungen dieser »handarbeitenden Klassen« waren bedrückend und erbärmlich. Die statistisch nicht erfaßbare Arbeitslosigkeit war sehr hoch, und sie stieg nach dem Ausbruch der revolutionären Unruhen im März noch rapide an. Wer beschäftigt war, arbeitete häufig unter den elendesten Bedingungen. Eine tägliche Arbeitszeit von 12 Stunden ohne Feiertag war nicht ungewöhnlich. Es gab keinerlei Kündigungsschutz und keine tariflich garantierten Löhne, ganz zu schweigen von irgendwelchen Versicherungen gegen Arbeitslosigkeit, Krankheit oder Invalidität.

Ein erstes Flugblatt mit spezifischen Forderungen der Arbeiterschaft wurde am 13. März in Berlin verteilt, wo auf Grund von Massenentlassungen bei den Borsigschen Maschinenwerken und anderen Industrieunternehmen eine beträchtliche Unruhe unter der Arbeiterschaft herrschte. Es verlangte Abhilfe gegen Not und Arbeitslosigkeit, Schutz gegen die Unterdrückung durch Kapitalisten und Wucherer und die Einrichtung eines Ministeriums für Arbeiter.

Bei den Bemühungen um eine umfassende Organisierung der Arbeiterschaft standen sich in der Folgezeit zwei gegensätzliche Konzeptionen gegenüber: Die von Karl Marx und dem Bund der Kommunisten verfochtene revolutionäre Strategie, die zunächst auf den Umsturz von Staat und Gesellschaft zielte, und die in Stephan Born verkörperte gewerkschaftliche Konzeption, die eine Verbesserung der Lage der Arbeiterschaft durch soziale Reformen im Rahmen des bestehenden politischen Systems für möglich hielt. Schon damals also stand die deutsche Arbeiterbewegung zwischen den beiden Polen, innerhalb derer sich ihre Geschichte bis in die Gegenwart hinein abspielen sollte.

Karl Marx war bis zum Frühjahr 1843 Chefredakteur der »Rheinischen Zeitung« in Köln gewesen und war nach deren Verbot ins Exil nach Paris gegangen, wo er in Emigrantenvereinen und im Umgang mit französischen und deutschen Frühsozialisten (s. S. 61) seine geschichtsphilosophischen und politischen Grundauffassungen weiterentwickelte. Dort lernte er auch Friedrich Engels kennen, den Sohn eines Barmer Fabrikanten, der 1845 sein aus eigener Anschauung erwachsenes Buch »Über die Lage der arbeitenden Klasse in England« veröffentlichte. 1845 aus Paris ausgewiesen, schlossen sich Marx und Engels in Brüssel dem »Bund der Gerechten« an, der sich 1847 unter ihrem Einfluß in »Bund der Kommunisten« umbenannte.

In dessen Auftrag verfaßten Marx und Engels um die Jahreswende 1847/48 das »Manifest der kommunistischen Partei«, das als die bis heute verführerischste und wirkungsmächtigste politische Kampfschrift der Weltgeschichte bezeichnet werden kann.

Grundlage ist die Deutung des bisherigen Verlaufs der Geschichte als Abfolge unterschiedlicher Klassenkämpfe, welche sich in der modernen bürgerlichen Industriegesellschaft auf den Kampf zwischen einer immer schmaler werdenden Schicht der alles besitzenden Bourgeoisie und dem immer zahlreicher werdenden besitzlosen Proletariat reduzieren. Gleichzeitig erwächst eine zunehmende Spannung zwischen der dynamischen Entwicklung der Produktivkräfte (Kapital, technische Intelligenz, Maschinen usw.) und den relativ statischen Produktionsverhältnissen (Staatsverfassung, Rechtsordnung usw.). Diese Spannung entlädt sich schließlich in der Revolution, die über die vorübergehende Diktatur des Proletariats zu der von der Herrschaft des Privateigentums befreiten, klassenlosen kommunistischen Gesellschaft führt. Deutschland ist für Marx und Engels noch nicht im Stadium des bipolaren Klassengegensatzes angelangt. Hier hat das Bürgertum zunächst noch die Herrschaft des Adels und des Feudalismus zu beseitigen, und dabei muß das Proletariat auf seiner Seite stehen, um sofort nach dem gemeinsamen Sieg seine Waffen gegen die Bourgeoisie zu wenden. Die bürgerliche Revolution ist insofern nur ein Vorspiel zur proletarischen, und die kommunistische Partei hat in diesem zweistufigen Klassenkampf auf Grund ihrer Einsicht in die naturnotwendigen Entwicklungsgesetze der Weltgeschichte die Führung des Proletariats zu übernehmen. Die Zwecke der Partei, so heißt es abschließend, können nur erreicht werden »durch den gewaltsamen Umsturz aller bisherigen Gesellschaftsordnung. Mögen die herrschenden Klassen vor einer kommunistischen Revolution zittern. Die Proletarier haben nichts zu verlieren, als ihre Ketten. Sie haben eine Welt zu gewinnen. Proletarier aller Länder, vereinigt Euch.«

Für die Organisationsform der Diktatur des Proletariats und der anschließenden klassenlosen Gesellschaft haben Marx und Engels weder hier noch später ein konkretes Modell entwickelt. Dies war für sie ein zweitrangiges Problem, dessen Lösung sich nach der proletarischen Revolution mehr oder weniger von selbst ergeben würde. Als »endlich gefundenes Vorbild« dafür hat Marx später die Pariser Kommune von 1871 und ihr Rätesystem bezeichnet.

Das kommunistische Manifest war Ende Januar 1848 fertiggestellt und wurde noch im Februar unter die einzelnen »Gemeinden« des Bundes der Kommunisten verteilt. Es hatte jedoch auf den Ausbruch der Revolution in Frankreich oder Deutschland keinen Einfluß. Ihr konkretes aktuelles Programm für die deutsche Revolution haben Marx und Engels erst Ende März in den »Forderungen der kommunistischen Partei in Deutschland« formuliert.

Die Partei verlangte danach die Errichtung einer unitarischen deutschen Republik, die Einführung des allgemeinen, gleichen Wahlrechts, die allgemeine Volksbewaffnung, eine unentgeltliche Rechtspflege, die entschädigungslose Aufhebung aller Feudallasten und die Verstaatlichung sonstiger Grundabgaben, die Umwandlung aller adeligen Güter, der Bergwerke und sonstigen Bodenschätze in Staatseigentum, Ersetzung aller Banken durch eine Staatsbank, Verstaatlichung des Verkehrswesens, Einführung einer Einheitsbesoldung für Beamte, Trennung von Kirche und Staat, Beschränkung des Erbrechts, Abschaffung der indirekten Steuern durch Übergang zur stark progressiven Einkommensteuer, Einrichtung von Nationalwerkstätten und Übernahme einer staatlichen Garantie für die menschenwürdige Existenz aller Arbeiter, Einrichtung eines allgemeinen, aus öffentlichen Mitteln finanzierten Erziehungswesens.

Von den üblichen demokratischen Programmen der Zeit unterschieden sich die Forderungen der kommunistischen Partei vor allem durch das Verlangen nach Verstaatlichung des Großgrundbesitzes, der Bodenschätze, des Bankwesens und der Verkehrseinrichtungen. Eine generelle Enteignung des Privateigentums an Produktionsmitteln wurde allerdings nicht gefordert.

Nachdem Marx Anfang April über Brüssel und Paris nach Köln zurückgekehrt war, hat er im weiteren Verlauf der Revolution strikt an seiner im voraus festgelegten Taktik festgehalten. Er wollte die Arbeiterbewegung zu einem Bündnis mit dem Bürgertum zum Zweck der politischen Revolution führen und versuchte daher, für die Kommunisten in der demokratisch-republikanischen Partei ein möglichst hohes Maß an Einfluß zu gewinnen. Gleichzeitig mußte aber die Einsicht vom fundamentalen Klassengegensatz zwischen Bürgertum und Proletariat verbreitet und gestärkt, die Vorbereitung auf den entscheidenden Endkampf der beiden Klassen nicht vernachlässigt werden. Zur Propagierung ihrer Politik diente den Kommunisten vom 1. Juni 1848 an die »Neue Rheinische Zeitung« als »Organ der Demokratie«, wie es auf dem Titelblatt hieß. Mit rund 6 000 Abonnenten wurde sie zu einem der auflagenstärksten Blätter der Revolutionszeit. Die Kölner Kommunisten konnten jedoch weder in der demokratischen Bewegung des Rheinlandes noch in den dortigen Arbeitervereinen einen maßgeblichen Einfluß gewinnen.

Bei ihrem Bemühen, die Führung der Arbeiterbewegung zu übernehmen, stieß die Kommunistische Partei auf die Konkurrenz der »Arbeiterverbrüderung« Stephan Borns.

Dieser war 1840 als Druckerlehrling nach Berlin gekommen, hatte sich in leidenschaftlichem Selbststudium mit der Literatur zur sozialen Frage vertraut gemacht und auch selbst Publikationen darüber veröffentlicht, bevor er 1847/48 in Brüssel mit Marx und Engels in Verbindung trat. Er kehrte Ende März 1848 nach Berlin zurück, und als sich dort als Verbindung mehrerer Arbeitervereine am 12. April ein »Zentralkomitee für Arbeiter« bildete, wurde er zum Präsidenten gewählt. In einer von ihm verfaßten programmatischen Erklärung lehnte das Zentralkomitee die Vorstellung von einer proletarischen Revolution ab, da es in Deutschland noch kein klassenbewußtes Proletariat gebe:

> »Wir wissen sehr wohl, daß wir bei dem unklugen Versuche einer neuen Revolution in die sehr nahe Gefahr kommen würden, alles das noch zu verlieren, was wir eben erst errungen, und Deutschland in eine Anarchie zu versetzen, in welcher aber, wissen wir es wer, zur Herrschaft gelangen kann? Hier begegnen sich unsere Interessen mit denen der Kapitalisten, wir wollen beide den Frieden, wir müssen ihn wollen!« (nach Quarck Nr. 77, S. 59).

Jede Bevormundung durch bürgerliche Honoratioren, wie sie z. B. der Berliner »Zentralverein für das Wohl der arbeitenden Klassen« praktizierte, wurde jedoch energisch zurückgewiesen: »Wir nehmen unsere Angelegenheiten selbst in unsere Hände, und niemand soll sie uns wieder entreißen«. Als Organ des Zentralkomitees erschien ab Ende Mai die Zeitung »Das Volk«.

Am 10. Juni veröffentlichte das Zentralkomitee sein sozialpolitisches Programm, das als Petition auch der deutschen und der preußischen Nationalversammlung zugeleitet wurde. Es verlangte die Festsetzung eines Mindestlohnes und der Arbeitszeit durch paritätisch besetzte Kommissionen von Arbeitnehmern und Arbeitgebern, die Anerkennung gewerkschaftlicher Zusammenschlüsse, die Ersetzung der indirekten Steuern durch eine progressive Einkommensteuer, unentgeltlichen Schulunterricht, Einrichtung von Volksbibliotheken, Festlegung einer Höchstzahl von Lehrlingen pro Betrieb, Beschäftigung von Arbeitslosen in Staatsanstalten zur Sicherung einer »ihren menschlichen Bedürfnissen angemessenen Existenz«, Errichtung von Musterwerkstätten »zur Heranbildung tüchtiger Arbeiter«, staatliche Fürsorge für Hilfsbedürftige und Invaliden, Schutz vor willkürlicher Entlassung sowie allgemeine Freizügigkeit.

Nachdem das Zentralkomitee bis dahin ausschließlich von der Berliner Arbeiterschaft getragen worden war, versammelten sich vom 23. August bis zum 3. September 40 Delegierte von 34 deutschen Arbeitervereinen in Berlin, um ein detailliertes Sozialprogramm zu verabschieden und eine umfassende Arbeiterorganisation für ganz Deutschland zu gründen.

Die Beschlüsse dieses Kongresses wurden der deutschen Nationalversammlung mit einem einleitenden Manifest zugesandt. Dieses geht von der Erkenntnis aus, daß die Arbeiterinteressen in den Grundrechten des deutschen Volkes offensichtlich genausowenig berücksichtigt werden sollen, wie in den anderen europäischen Verfassungen der Zeit. Besitz und Eigentum würden garantiert, die Arbeit als solche werde jedoch nicht als schützenswertes Gut angesehen. »Um ihr Arbeiten als einen bestimmten Besitz in das Grundgesetz des Staates einzuführen«, wollen sich die Arbeiter deshalb zu einer festen Assoziation zusammenschließen, und sie fordern für diese Assoziation nicht nur die im Rahmen der allgemeinen Vereinigungsfreiheit gegebenen Möglichkeiten, sondern darüber hinaus einen gesetzlich verbrieften öffentlich-rechtlichen Status.

Diese staatliche Anerkennung ist deshalb nötig, weil alle Arbeiter, wie im zweiten Teil der Beschlüsse ausgeführt wird, zur Zwangsmitgliedschaft in der

Assoziation verpflichtet werden sollen. Ihre lokalen Komitees übernehmen nicht nur die gesamte Arbeitsvermittlung, die Vereinbarung der örtlichen Mindestlöhne, und die Sicherung eines Kündigungsschutzes von vierzehn Tagen, sondern vor allem die Auszahlung sämtlicher Löhne. Dabei werden bis zu 10 Prozent zur Bildung einer Kreditkasse einbehalten, und diese Einlage ist für die Dauer von zehn Jahren unkündbar und unverzinslich. Erst danach wird man am Gewinn der Kasse beteiligt, die einerseits Darlehen für Investitionen zur Verfügung stellt, in gleichem Maße aber auch Land zur Parzellierung und Siedlung kaufen sowie Häuser mit gesunden und billigen Wohnungen für Arbeiter errichten soll. Eine staatliche Beteiligung an der Finanzierung dieser Kasse wird nicht gefordert. Der letzte Paragraph lautet bemerkenswerterweise: »Von allen diesen Bestimmungen sind die weiblichen Arbeiter nicht ausgeschlossen und geniessen unter gleicher Verpflichtung gleiche Rechte« (nach Quarck Nr. 77, S. 355).

Der organisatorische Aufbau der Assoziation mit Orts- und Bezirkskomitees, einem Zentralkomitee und den entsprechenden Versammlungen wurde im ersten Teil der Beschlüsse skizziert.

Die im dritten Teil der Beschlüsse zusammengefaßten Forderungen an den Staat enthalten zum einen die immer wieder vorgebrachten Vorstellungen der Arbeiterbewegung zum Wahlrecht, zur Steuerpolitik, zur allgemeinen Volksbewaffnung und zur Freizügigkeit. In dem sehr detaillierten, 34 Paragraphen zählenden Forderungskatalog wird des weiteren unter anderem eine Begrenzung der Arbeitszeit auf 10 Stunden verlangt, ein Vorrang von Lohnforderungen im Konkursfall, die Mitbestimmung der Arbeiter bei der Einstellung von »Werkführern«, genaue Vorschriften für die Lehrlingsausbildung, Verbot preisdrückender Zuchthausarbeit, Vergabe öffentlicher Aufträge über die Komitees der Arbeiterorganisation, zollfreie Einfuhr von Rohstoffen, Möglichkeit zu direktem Warenverkauf ohne privilegierten Zwischenhandel. Die in der damaligen Arbeiterbewegung immer wieder aufbrechenden maschinenstürmerischen Affekte kommen in dem Programm nur insofern zum Ausdruck, als der Staat für die Herstellung von Vorprodukten geeignete Maschinen anschaffen und für die gemeinschaftliche Nutzung der Gewerbetreibenden zur Verfügung stellen soll. Vom Staat erwartete man außerdem die Parzellierung großer Güter und Domänen für Siedlungszwecke.

Im vierten Teil schließlich wurde ein Schulprogramm aufgestellt, das nicht nur die Forderung nach Verstaatlichung und Unentgeltlichkeit des Schulunterrichts enthält, sondern auch das Verlangen nach Verbot der Kinderarbeit bis zum vollendeten vierzehnten Lebensjahr. Eigene Unterrichtsanstalten sollen für die Fortbildung der Lehrlinge geschaffen werden. Deren Lehrgegenstände »müssen sich besonders auf das gewerbliche und technische Fach beziehen, damit der Lehrling den innigen Zusammenhang von Theorie und Praxis erkenne und die gegenseitige Anwendung erlerne. Besonders also Mathematik, Physik, Chemie, Technologie, Zeichnen, Kalligraphie, und zur körperlichen Ausbildung Turnen«. Für die

Fortbildung der Gesellen und anderen Arbeiter sollen ebenfalls »technische Bildungsschulen« und Volksbibliotheken eingerichtet werden.

Über dem ganzen Programm stand noch einmal die Aussage, daß die Arbeiter selbst das größte Interesse an der Aufrechterhaltung von Ruhe und Ordnung haben und daß sie zu diesem Zweck allen Mitbürgern und den Gesetzgebern die Hand reichen.

Die Hoffnung auf Aussöhnung von Kapital und Arbeit, die Bereitschaft zu Integration und Mitarbeit im Rahmen der bestehenden gesellschaftlichen Ordnung bestimmten auch weiterhin die Politik dieses Teils der deutschen Arbeiterbewegung, der sich während des Berliner Kongresses die Bezeichnung »Allgemeine Arbeiter-Verbrüderung« gab, und der jetzt auch seine Zeitung in »Verbrüderung« umbenannte. Deren erste Nummer erschien am 3.Oktober in Leipzig, wo auch das Zentralkomitee seit Mitte September seinen Sitz hatte.

Das Programm der Arbeiterassoziation Stephan Borns zielte auf die Schicht der qualifizierten, gelernten Arbeiter, der Gesellen, der künftigen selbständigen Meister und Kleineigentümer, soweit sie nicht in Zunft- oder Innungsdenken befangen waren. Es läßt erkennen, mit welchen Problemen diese Schicht damals zu kämpfen hatte und wie man sich ganz konkret die Abhilfe vorstellte. Es enthielt viele zukunftsweisende Aspekte, auch wenn die Idee einer Zwangsassoziation aller Arbeiter wenig glücklich war.

Außerordentlich bemerkenswert ist die Tatasache, daß sich Stephan Born dem Werben der Schutzzoll-Bewegung verschloß, die unter der Parole »Schutz der nationalen Arbeit« auch die Arbeiter für ihre Ziele zu mobilisieren suchte und dabei nicht ganz erfolglos blieb (s. S. 178). Born verfaßte sogar mehrere Schriften, in denen er sich für die Gewerbefreiheit und den Freihandel einsetzte.

Der Arbeiterverbrüderung gelang es nicht, die deutsche Nationalversammlung für ihre Forderungen zu gewinnen. Ihre Eingabe landete dort, wie viele andere sozialpolitische Petitionen, in den Akten des für Arbeiterfragen zuständigen Volkswirtschaftlichen Ausschusses. Nicht besser erging es Stephan Born, als er das Programm Ende Oktober dem zweiten Kongreß der demokratisch-republikanischen Partei (s. S. 156) in Berlin vorlegte. Dieser erklärte nur kühl, daß ihn die Arbeiterfrage interessiere. Als Grundlage für weitere Beratungen darüber übersandte er den Mitgliedsvereinen jedoch nicht das Programmm der Verbrüderung, sondern die 17 Forderungen der kommunistischen Partei vom April des Jahres.

Neben der revolutionär-sozialistischen und der reformerisch-gewerkschaftlichen Variante der deutschen Arbeiterbewegung gab es in der Revolutionszeit noch eine weitere Spielart, die sich mit dem Namen des Marburger Nationalökonomen Professor Winkelblech verbindet. Dieser versprach sich eine Lösung der sozialen Frage von der Abschaffung der Gewerbefreiheit durch eine Art reformierte korporative Zunftverfassung, welche die Interessen von Meistern und Gesellen gleichermaßen befriedigen könnte. Auf seine Initiative hin war am 15. Juli in Frankfurt ein Allgemeiner Handwerker- und Gewerbekongreß zusammengetreten, auf dem sich sofort die antikapitalistischen und antisozialistischen Ängste der Handwerksmeister durchsetzten, den ebenfalls anwesenden Gesellen aber das geforderte und auch von Winkelblech befürwortete Mitspracherecht verweigert wurde. Unter der Bezeichnung »Allgemeiner deutscher Arbeiterkongreß« tagten diese vom 20. Juli bis zum 20. September getrennt von den Meistern und verabschiedeten am Ende eine Resolution, deren Kernsatz lautete: »Nur in einer zeitgemäßen, von der früheren ganz verschiedenen, auf die gleichen Rechte aller Bürger gegründeten, d. h. föderalen Innungsverfassung ist unser Heil zu suchen und zu finden«. Eine nennenswerte Resonanz hat diese Position in der Arbeiterschaft offenbar nicht gehabt. Born hat sich später in seinen Erinnerungen weidlich über den »Propheten« Winkelblech mokiert, der die Beglückung der ganzen Menschheit auf einem Wege suche, »der zurückführt in die dichterisch verklärten Hallen des erneuerten mittelalterlichen Zunftwesens«, der nicht einsähe, »daß der moderne Fabrikherr ein notwendiges Glied in der neuen Gesellschaft war«, und der nicht wahrhaben wolle, »daß man zu einer geschichtlich überwundenen wirtschaftlichen Periode unmöglich zurückkehren kann« (nach Quarck Nr. 77, S. 227).

Ende Januar fand dann in Heidelberg eine Versammlung südwestdeutscher Arbeitervereine statt, an der auch Born, Winkelblech und Vertreter der Kölner Kommunisten teilnahmen. Nach einer heftigen Diskussion zwischen Winkelblech und Born, die zugunsten des letzteren ausging, wurde hier beschlossen, Ende Mai in Leipzig einen Kongreß zur Gründung eines »Allgemeinen deutschen Arbeiter-Bundes« zu veranstalten und dort ein gemeinsames Programm zu verabschieden. Diese Einigungsbemühungen kamen jedoch nicht mehr zum Tragen. Es darf aber als sicher gelten, daß Marx jedes Programm abgelehnt hätte, das nicht auf dem Boden des kommunistischen Manifestes stand.

Daß es zwischen Marx und Born unterschiedliche Auffassungen über die beste Arbeiterpolitik gab, scheint ihre guten persönlichen Beziehungen nicht getrübt zu haben. Born besuchte Marx und den ganzen Kreis um die Neue Rheinische Zeitung nach der Heidelberger Tagung in Köln, wohnte bei ihm, und die beiden sind danach offenbar in alter Freundschaft auseinandergegangen.

Die Verbrüderung veranstaltete zu Beginn des Jahres 1849 acht regionale Kongresse, wobei sie auch Landarbeiter und Frauen als neue Zielgruppen ins Auge faßte. Eine für Ende Mai in Leipzig parallel zum anvisierten Gründungskongreß des allgemeinen Arbeiterbundes geplante Generalversammlung konnte wegen der revolutionären Unruhen in Sachsen erst im Februar 1850 stattfinden. Dort vertraten 24 Delegierte mindestens 52 Lokal- oder Bezirksvereine und rund 18 000 Mitglieder der Verbrüderung. Die Versammlung faßte diesmal realitätsnähere Beschlüsse über Arbeitslosenhilfe, Arbeitsvermittlung, Krankenversicherung und Unterstützung wandernder Gesellen. Beratungen über eine generelle Altersversorgung wurden wegen fehlender statistischer Daten auf die nächste Generalversammlung vertagt. Der unglückliche Gedanke an eine Zwangsorganisation aller Arbeiter wurde fallengelassen. Man entschied sich jetzt eindeutig für die genossenschaftliche Selbsthilfe auf der Basis freiwilliger Assoziation.

Stephan Born konnte freilich an dieser Versammlung nicht mehr teilnehmen. Er hatte im Mai in führender Position am Dresdner Aufstand teilgenommen, war durch Böhmen nach Süddeutschland entkommen und konnte über Frankreich in die Schweiz flüchten. Dort studierte er und wurde später Professor für deutsche und französische Literatur an der Universität Basel sowie Herausgeber der »Basler Nachrichten«.

Die Verbrüderung wurde in einigen Ländern schon 1850 verfolgt, doch erstaunlicherweise wurde sie trotz der Reaktionsbeschlüsse des Deutschen Bundes vom August 1851 (s. S. 235 f.) erst 1854 allgemein verboten.

Die Kommunisten versuchten seit dem Herbst 1848 vor allem, über den Kölner Arbeiterverein, dessen Leitung Marx Mitte Oktober anstelle des inhaftierten Andreas Gottschalk übernommen hatte, einen möglichst großen Einfluß auf die Arbeitervereine und die demokratische Bewegung des Rheinlands zu gewinnen. Auch auf der zentralen Ebene waren sie innerhalb der demokratisch-republikanischen Partei aktiv, die während des Berliner Demokratenkongresses Ende Oktober die Forderungen der kommunistischen Partei als Grundlage für weitere Programmdiskussionen akzeptierte (s. S. 156). Als Verbindungsglied wirkte hier vor allem der Kölner Arzt Karl d'Ester, der durch den Kongreß in den dreiköpfigen Zentralausschuß der Partei gewählt worden war. Auch dieser verlegte im Winter seinen Sitz nach Leipzig, beschäftigte sich dort mit Projekten über die Entfesselung einer zweiten Revolution, gewann als Parteizentrale für Deutschland jedoch keine nennenswerte Bedeutung mehr. Auch d'Ester beteiligte sich am pfälzisch-badischen Aufstand und flüchtete danach in die Schweiz. Engels nahm an diesen Kämpfen ebenfalls aktiv teil, flüchtete über die Schweiz nach Frankreich und begann 1850 in Manchester seine Tätigkeit als erfolgreicher Unternehmer.

Karl Marx war Anfang Februar in Köln in zwei Schwurgerichtsprozessen wegen Unterstützung der Steuerverweigerungskampagne angeklagt und beide Male freigesprochen worden. Er blieb bis zum Verbot der »Neuen Rheinischen Zeitung« am 19. Mai in Köln, liquidierte sein Unternehmen, bezahlte als ordentlicher Bürger seine Schulden und ging dann ebenfalls in die Pfalz. Im Auftrag des dortigen demokratischen Zentralausschusses reiste er nach Paris weiter, um seine Verbindungen zu französischen Radikalen für die Sache der südwestdeutschen Revolution fruchtbar zu machen. Er wurde jedoch schon bald ausgewiesen und siedelte im August nach London über, wo er sich dann vor allem seinem Hauptwerk widmete, dem »Kapital, Kritik der politischen Ökonomie«.

Trotz der allgemein schlechten Beschäftigungslage kam es im Umfeld der Märzbewegung auch zu Lohnbewegungen und ersten, allerdings erfolglosen Streiks, so z. B. Ende April bei den Berliner Buchdruckergehilfen, die im August noch einmal die Arbeit niederlegten. 400 von 600 Druckern waren damals im Ausstand. Der von den Druckern verfolgte Plan, sich auf nationaler Ebene in einem »Gutenbergbund« zu organisieren, konnte im Juli 1849 nur noch ansatzweise verwirklicht werden. Außer den Buchdruckern betrieben damals vor allem die Zigarrenarbeiter den Aufbau einer gewerkschaftlichen Organisation, die sich bereits im September 1848 über 60 Hauptorte der Zigarrenproduktion erstreckte, einen nationalen Unterstützungsverband gründete und sich mit der Zeitung »Concordia« ein eigenes Presseorgan schuf.

Daß auch die Kirchen bei der Einrichtung von Selbsthilfeorganisationen für Gesellen und Arbeiter nicht untätig blieben, beweist vor allem der katholische »Kolpingverein« (s. S. 181).

8.4 Berufsständische Assoziationen und wirtschaftliche Interessenverbände

In der gesellschaftswissenschaftlichen Diskussion des Vormärz wurde häufig die Auffassung vertreten, daß die überkommene Strukturierung der Bevölkerung in Stände und Korporationen mit Zwangscharakter in einer freien Bürgergesellschaft überholt sei. Da die Gesellschaft aber nicht aus verbindungslos nebeneinander stehenden Individuen bestehen könne, wurde die Bildung von freiwillig geschlossenen Assoziationen auf der Grundlage gemeinsamer beruflicher, bürgerlicher oder lokaler Interessen empfohlen. Die Umsetzung dieses Assoziationsgedankens erfolgte nach der Märzrevolution gleichfalls mit überraschender Schnelligkeit.

Sofort nach Verkündung der Vereinigungsfreiheit bildeten sich überall in Deutschland nicht nur politische Vereine, sondern auch berufsständische Interessenvertretungen jeder Art. Man kann geradezu von einem Fieber der Vereinsgründung sprechen, wenn man aus der zeitgenössischen »Berliner Revolutionschronik« erfährt, daß es bereits im April in der preußischen Hauptstadt folgende Vereinigungen gab:

> »Künstler-, Professoren-, Studenten-, Mediziner-, Juristen-, und Lehrervereine. Zentral- und Lokalvereine für das Wohl der arbeitenden Klassen. Pestalozzistiftung; Bürgergesellschaft; protestantische Freunde; polytechnische Gesellschaft; Handwerkervereine. Hilfs- und Unterstützungsvereine. Assoziationen der Viktualienhändler, Obsthändler, Fuhrherren, Möbelhändler, der deutschen Köche, der Kellnerschaft in den Hotels, der Lehrlinge in Materialwarenläden etc. etc. Vereine der Handlungsgehilfen, Grundbesitzer, Schiffahrtsinteressenten, Schiffseigentümer, Mechaniker, Steinsetzer etc. etc., Assoziationen der Geheimen Kanzleisekretäre, Kanzlisten, Diätarien etc., der Zivil-Supernumerarien, der Eisenbahnbeamten, der Berliner Postbeamten, der Landwehrmänner etc.« (Wolff Nr. 96, Bd. 2, S. IX).

Auch anderenorts entwickelte sich ein vergleichbar reiches, häufig vielleicht nur kurzlebiges Spektrum von berufsständischen Organisationen. Auf nationaler Ebene sind hier vor allem die Verbände der Ärzte, der Rechtsanwälte, der Lehrer und der Handwerker zu nennen, die letztlich alle die Einrichtung berufsständischer Kammern vorschlugen, welche Regierungen und Volksvertretungen fachlich beraten und außerdem als Organe berufsständischer Selbstverwaltung und Rechtssprechung tätig sein sollten. Mit einer Fülle von Petitionen trugen die Verbände ihre Anliegen der Nationalversammlung und den einzelstaatlichen Landtagen vor. Die Anfänge dieser berufsständischen Bewegung lassen sich häufig bis in den Vormärz hinein zurückverfolgen.

Die Ärzteschaft hatte seit 1822 jedes Jahr eine Versammlung deutscher Ärzte und Naturforscher abgehalten, bei denen es aus ärztlicher Sicht vor allem um eine allgemeine deutsche Medizinalordnung ging. In der Revolutionszeit hat besonders Rudolf Virchow für die Einrichtung von Ärztekammern der oben charakterisierten Art geworben und sich dafür ausgesprochen, die ersten Kammern der Landtage überhaupt aus den berufsständischen Organisationen hervorgehen zu lassen. Eine geplante allgemeine deutsche Ärzteversammlung kam nicht zustande, weil die preußische Regierung die Teilnahme nicht nur von Ärzten, sondern auch von Rechtsanwälten und Lehrern an nationalen Organisationsbestrebungen nicht wünschte. Lediglich auf regionaler Ebene kam es zu Ärztekongressen. Ein allgemeiner deutscher Apothekerkongreß konnte jedoch im September 1848 in Leipzig stattfinden.

Die deutschen Rechtsanwälte hatten zuerst im Jahre 1844 zu einem Anwaltstag nach Mainz eingeladen, der einerseits Fragen einer einheitlich geregelten Gebührenordnung behandeln, andererseits über eine allgemeine deutsche Gerichtsverfassung und Prozeßordnung diskutieren sollte. Diese Tagung wurde verboten, doch 1846 und 1847 durften sich die Advokaten in Hamburg versammeln, und 1848 konnte in Dresden der Deutsche Anwaltsverein gegründet werden. Er forderte für die Anwälte das Recht zu vollkommen freier Berufsausübung ohne staatliche Eingriffsmöglichkeiten, Zulassungsordnungen und dergleichen. Für die berufsständische Selbstverwaltung wurden auch hier die Einrichtung von Anwaltskammern und die Verabschiedung einer Anwaltsordnung vorgeschlagen.

Die Organisationsbestrebungen der deutschen Lehrer waren im Vormärz am Widerstand der Behörden gescheitert. Sofort nach der Revolution erhob die Lehrerschaft jedoch die Forderung nach einer allgemeinen Reform der deutschen »Nationalerziehung«, womit sie ganz bewußt einen zentralen Begriff der Reformpolitik Wilhelm von Humboldts wiederbelebte. Während einer im Berliner »Tivoli« Ende April abgehaltenen Versammlung verlangte man konkret die Umwandlung aller Schulen in Einrichtungen des Staates, unbedingte Lehrfreiheit, Einrichtung von besonderen Schulministerien und die Verwirklichung der deutschen Einheitsschule. Auf Vorschlag der sächsischen Volksschullehrer-Bewegung fand im September eine erste allgemeine Lehrerversammlung in Eisenach statt.

Sie begründete den allgemeinen deutschen Lehrerverein. In vielen Staaten wurden danach regionale Unterverbände gegründet. Auch die Lehrer verlangten unter Berufung auf ihre Fachkompetenz einen maßgeblichen Einfluß auf die Gestaltung des Schulwesens. Nach den Vorstellungen des in der Bewegung zur Volksschulreform herausragenden Adolf Diesterweg allerdings sollten nicht nur die Lehrer, sondern auch Eltern und Gemeindevertreter den von ihm vorgeschlagenen Kreis-, Provinzial- und Reichssynoden angehören. Im Oktober wurde ein Kongreß deutscher Volksschullehrer in Frankfurt abgehalten, der sich mit den Schulartikeln der Reichsverfassung beschäftigte und auch von Abgeordneten der Paulskirche besucht wurde.

Der allgemeine Lehrerverein wollte die Lehrer aller Schularten unter seinem Dach vereinigen, doch dies gelang ihm nicht. Die Gymnasial- oder Oberlehrer, die schon 1837 einen »Verein deutscher Schulmänner und Philologen« gegründet hatten, veranstalteten vielmehr zusammen mit den Realschullehrern zwei eigene Tagungen.

Die preußischen Gymnasiallehrer waren am 8. Juni 1848 vom Kultusministerium aufgefordert worden, ihre Reformvorstellungen dem Ministerium mitzuteilen, und so erhielt ihre Partizipationsbewegung eine amtliche Legitimation. Von allen Seiten ging eine große Zahl von Reformvorschlägen ein, aber die geplante Landesschulkonferenz konnte nicht, wie vorgesehen, bereits im Juli 1848, sondern erst im April 1849 stattfinden. Ihre Ergebnisse wurden auch bei den Beratungen über ein umfassendes preußisches Unterrichtsgesetz berücksichtigt, das noch im Entwurf fertiggestellt, den Kammern aber nicht mehr zur Verabschiedung vorgelegt wurde.

Die Ansätze zu einer Volksschulreform aus der Revolutionszeit wurden mit den »Stiehlschen Regulativen« von 1854 wieder begraben. Diesterweg war schon 1850 in den Ruhestand versetzt worden, konnte jedoch als Landtagsabgeordneter seinen Kampf für eine Erneuerung des preußischen Schulwesens erfolgreich fortsetzen.

Auch die Universitätsprofessoren regten sich und veranstalteten im September 1848 in Jena eine Tagung über Fragen der Hochschulreform. Dabei ging es vor allem um die Gewährleistung von Lehr- und Lernfreiheit, um die Beteiligung der Nicht-Ordinarien an der akademischen Selbstverwaltung und um eine Begrenzung von Rechtsprivilegien der Universitätsangehörigen.

Die preußischen Hochschulen waren in Jena nicht vertreten, da auch in ihrem Falle die Regierung eine Beteiligung an Reformbestrebungen auf nationaler Ebene untersagt hatte. Das Ministerium hatte allerdings bereits Mitte April 1848 alle preußischen Hochschulen aufgefordert, Vorschläge zur Universitätsreform einzureichen, doch es dauerte bis September/Oktober 1849, bis eine Konferenz dazu in Berlin zusammentrat. Im Kern standen die gleichen Fragen wie in Jena auf der Tagesordnung, wobei man besonders intensiv über die Grenzen des Staatseinflusses auf die Universitätsverwaltung diskutierte.

Rund 1200 Studenten hatten sich in Erinnerung an die Tradition von 1817 schon Pfingsten 1848 erneut auf der Wartburg versammelt, mehrere Adressen unterschiedlicher politischer Färbung an die Nationalversammlung verabschiedet und für Ende September nicht nur die Burschenschaftler, sondern bewußt Studenten jeder Couleur zu einem deutschen Studentenparlament nach Eisenach eingeladen. Ähnlich wie beim Wartburgfest 1817 sollten die Fronten zwischen den Verbindungskartellen durch eine nationale Organisation überbrückt werden. Nach Aussage eines Zeitgenossen waren alle Teilnehmer Demokraten. Die aus 57 Deputierten bestehende Versammlung verabschiedete ein Statut für die Organisation einer allgemeinen deutschen Studentenschaft sowie Resolutionen zur Lehr- und Lernfreiheit, der Einschränkung der akademischen Gerichtsbarkeit, der Abschaffung von Kolleggeldern und zur Selbstorganisation der Studenten. Besonders radikal war der Vorschlag, die Leitung der Universität einem paritätisch aus Professoren und Studenten zusammengesetzten Ausschuß zu übertragen.

Nach dieser Tagung bildeten sich überall an den deutschen Universitäten Studentenausschüsse, die dann auch die Wahlen zu den Studentenparlamenten durchführten. Dabei haben sich offenbar durchweg die radikalen Kräfte durchgesetzt.

Eine sehr viel breitere Basis als die bisher charakterisierten Organisationen hatte die Handwerkerbewegung. Die Interessen des Handwerks wurden damals naturgemäß durch die Auswirkungen der schweren Wirtschaftskrise und die Sorge vor den Folgen der beginnenden Industrialisierung geprägt. Es verlangte zum überwiegenden Teil die Aufrechterhaltung oder Wiedereinführung einer korporativ geordneten Gewerbeordnung und die Abkehr vom Gedanken der Gewerbefreiheit. An die Spitze der Handwerkerbewegung setzte sich zunächst der Nationalökonom und Professor an der Baugewerbeschule Kassel, Karl Georg Winkelblech, dem eine egalitäre Gesellschaft auf der Basis mittelständischer, zünftlerisch organisierter Kleinbetriebe vorschwebte (s. S. 171 f.).

Ein am 2. Juni in Hamburg zusammentretender Handwerkerkongreß forderte die Einrichtung einer deutschen Gewerbekammer, der Abgeordnete von Innungen und Gilden, von Gesellen sowie Sachverständige angehören sollten. Die Mitglieder eines Gewerberates wären zum Teil von der Gewerbekammer gewählt, zum Teil vom Staat ernannt worden. Als drittes Organ war ein Gewerbegericht vorgesehen.

Zur weiteren Diskussion der Handwerkerfragen wurde für Mitte Juli ein Deutscher Handwerker- und Gewerbekongreß nach Frankfurt einberufen, von dem zur Enttäuschung Winkelblechs die Gesellen ausgeschlossen wurden. Der Kongreß protestierte mit höchstem Nachdruck gegen die Gewerbefreiheit und verlangte stattdessen eine Organisation der gewerblichen Wirtschaft durch Innungen mit Zwangscharakter. Die Handwerksmeister sprachen sich für die Bewahrung der Monarchie aus und polemisierten gegen Sozialismus und Kommunismus. Auch antisemitische Töne waren zu hören. Der Kongreß faßte den

Beschluß, den Entwurf für eine Handwerker- und Gewerbeordnung auszuarbeiten. Zusammen mit einer Fülle von Handwerkerpetitionen wurde er am 15. August der Nationalversammlung zugestellt, die ihrerseits durch den Volkswirtschaftlichen Ausschuß den Entwurf für eine allgemeine deutsche Gewerbeordnung erarbeiten ließ. Dieser war im Februar 1849 fertiggestellt. Darin wurden zwar die Gewerbekammern und -Räte akzeptiert, doch die Reichsverfassung garantierte in § 133 allen Deutschen das Recht, in ganz Deutschland »jeden Nahrungszweck zu betreiben«. Einzelheiten sollten durch die allgemeine Gewerbeordnung geregelt werden.

Winkelblech konnte sich mit den Beschlüssen des Handwerker- und Gewerbekongresses nicht befreunden. Er versuchte danach, auf die Gesellen- und Arbeiterbewegung Einfluß zu gewinnen, blieb jedoch auch hier eine Randerscheinung.

Parallel zum Frankfurter Handwerkerkongreß fand in Berlin vom 17. bis 30. Juli ein Preußischer Handwerkerkongreß statt, der ebenfalls eine Rückkehr zum Zunftwesen verlangte und mit seiner Forderung nach einer entsprechenden Revision der preußischen Gewerbeordnung von 1845 auch Erfolg hatte. In einer Neufassung vom 9. Februar 1849 wurde für 70 Gewerbe deren selbständige Ausübung vom Beitritt zur Innung oder einem besonderen Befähigungsnachweis abhängig gemacht. Die Handwerksmeister blieben in Preußen eine wichtige Stütze der konservativen Partei, während die Handwerksgesellen von ihnen in die Arme der »Arbeiterverbrüderung« (s. S. 168 ff.) getrieben wurden.

Auch die deutschen Kaufleute und Gewerbetreibenden hatten sich schon im Vormärz zu regionalen und fachspezifischen Vereinigungen zusammengeschlossen, die in zwei große Lager geschieden waren: Die Freihändler und die Schutzzöllner. Beide Richtungen erkannten frühzeitig die Möglichkeit und die Notwendigkeit, die deutsche Nationalversammlung in ihrem Sinne zu beeinflussen, und begannen schon im Mai, ihre Anliegen durch Delegationen und Eingaben, später mit Massenpetitionen der Nationalversammlung vorzutragen. Als Dachverband der Schutzzöllner wurde Anfang September 1848 der »Allgemeine deutsche Verein zum Schutze vaterländischer Arbeit« gegründet, der dann die Petitionsbewegung in großem Stil organisierte und sich bemühte, möglichst viele Berufsgruppen vor allem auch aus der Landwirtschaft (wie z. B. die Winzer) für den Schutzzollgedanken zu mobilisieren. Auch Arbeitervereine forderten den »Schutz der deutschen Arbeit«. Bis zum Ende des Jahres gelang es den Schutzzöllnern, ein System »zur Mobilisierung plebiszitärer Massenunterstützung aufzubauen« (Best Nr. 78, S. 139), und der Januar brachte dann den Höhepunkt der Schutzzollbewegung. So erhielt z. B. eine in Sachsen verbreitete Massenpetition in 324 Orten 84 629 Unterschriften.

Anfang August begann auch die Freihandelsbewegung mit der Koordinierung überregionaler Petitionen. Diese Aufgabe übernahm offenbar der im August in Frankfurt gegründete »Verein von Abgeordneten des Handelsstandes«. Die

Freihändler konnten jedoch für ihre Ziele bei weitem nicht so viele Anhänger mobilisieren, wie die Schutzzöllner. Während diese 2511 Petitionen mit rund 370 000 Unterschriften an die Paulskirche richteten, trugen die 246 freihändlerischen Petitonen nur etwa 20 000 Unterschriften.

Die Freihandelsbewegung stützte sich zum überwiegenden Teil auf die Kaufmannschaft, der in weitem Abstand Staatsbeamte, Angehörige akademischer Berufe und Landwirte aus exportorientierten Agrargebieten folgen. Industrielle, Gewerbetreibende, Wein- und Tabakbauern hingegen stellten das herausragende Mobilisierungspotential für die Schutzzollbewegung. Die deutsche Nationalversammlung hat sich von der Stärke dieser »Lobby« jedoch nicht für den Schutzzollgedanken gewinnen lassen.

Die deutschen Landwirte hatten sich im Vormärz auf nationaler Ebene zunächst in der Form von Fachverbänden organisiert. Im Zuge der Agrarreformen hatte der preußische Staat schon 1811 im Landeskulturedikt zur Bildung landwirtschaftlicher Vereine aufgerufen, durch die Maßnahmen zur Modernisierung der Landwirtschaft diskutiert, propagiert und umgesetzt werden sollten. Preußen war bald von einem Netz von derartigen, rein auf den praktischen Zweck ausgerichteten Vereinen überzogen. Seit 1837 wurde jährlich eine »Versammlung deutscher Land- und Forstwirte« abgehalten. Im Jahre 1847 zählte man rund 2 500 Teilnehmer. Die für 1848 geplante Versammlung wurde nach Frankfurt verlegt, wo sie als »Kongreß der landwirtschaftlichen Vereine« vom 6. bis zum 14. November tagte. Sie beschäftigte sich vor allem mit der Frage, ob »eine Vertretung der Interessen der deutschen Landwirtschaft bei der Zentralgewalt und bei der Nationalversammlung als ein dringendes Bedürfnis zu erkennen« sei (Suhr Nr. 89, S. 150) und auf welchem Wege auch auf die Agrargesetze der Einzelstaaten Einfluß zu nehmen sei. Man plante, das landwirtschaftliche Vereinswesen zu einer »politischen Macht« weiterzuentwickeln, eine dreistufige Organisation der landwirtschaftlichen Selbstverwaltung aufzubauen, Landwirtschaftskammern einzurichten und ein Ministerium für Ackerbau zu schaffen.

Schon vor der Frankfurter Versammlung war in Preußen im Juli das erste Musterbeispiel für die Vertretung materieller großagrarischer Interessen zusammengetreten, das »Junkerparlament«, das massiven Protest gegen die Pläne des Ministeriums Hansemann zur Agrar- und Steuerreform erhob (vgl. S. 161 f.). Das Junkerparlament forderte damit den Widerspruch der bäuerlichen »Rustikalvereine« heraus, welche die sofortige und entschädigungslose Aufhebung der Grundlasten forderten, politisch der demokratischen Partei nahestanden und besonders in Schlesien weit verbreitet waren. Ähnliche bäuerliche Protestbewegungen gab es auch in anderen Teilen Deutschlands.

8.5 Die Kirchen: Reformbestrebungen, Mobilisierung der Gläubigen, soziales Engagement

Die katholische Kirche hat sich sehr schnell zur Vertretung ihrer Anliegen die neuen Bedingungen der politischen Öffentlichkeit zunutze gemacht. Noch vor den Maiwahlen begann sie mit dem Aufbau der »Piusvereine für religiöse Freiheit«, welche sich zusammen mit katholischen Wahlkomitees und dem örtlichen Klerus für die Wahl kirchentreuer Kandidaten einsetzten. Sie wurden im Verlauf des Revolutionsjahres zu einer breiten Massenbasis des politischen Katholizismus. Mit ihrer Hilfe organisierte die Kirche auch vor der Beratung der Grundrechte einen Petitionssturm für die Durchsetzung uneingeschränkter religiöser Freiheit bei gleichzeitiger Aufrechterhaltung des staatlichen Schutzes und der rechtlichen Privilegierung der Kirchen. Sie führte bei der Beratung der Religions-, Kirchen- und Schulartikel der Grundrechte die katholischen Abgeordneten der Paulskirche zu einem fraktionsübergreifenden »Katholischen Klub« zusammen und konnte so alle ihre wesentlichen Anliegen durchsetzen. Die herausragende Gestalt dieses politischen Katholizismus war der Kölner Erzbischof und spätere Kardinal Johannes Geissel, der Mitglied der preußischen Nationalversammlung war und auch direkte Verhandlungen mit der preußischen Regierung über das Verhältnis von Staat und Kirche führte. Er konnte es erreichen, daß die liberalen Zugeständnisse an die Kirchen in die preußische Verfassung übernommen wurden, darüber hinaus die Einführung der Zivilehe verschoben und die Konfessionalisierung der Elementarschulen ermöglicht wurde. Preußen galt danach als Musterland der religiösen Freiheit, und so erklärt es sich auch, daß die Zentrumspartei sich später dafür aussprach, die Religions- und Kirchenartikel der preußischen Verfassung zum Bestandteil der Reichsverfassung von 1867/71 zu machen.

Anfang Oktober fand dann der erste deutsche Katholikentag in Mainz statt, ganz bewußt unter dem Präsidium eines Laien, des Freiburger Professors Buß, der als Mitglied der zweiten badischen Kammer mit Forderungen nach politischen und sozialen Reformen in ganz Deutschland bekannt geworden war. Der Kirchentag diskutierte über eine Festigung des nationalen Zusammenhaltes der katholischen Kirche in Deutschland. Er richtete noch einmal eine Petition an die deutsche Nationalversammlung und erreichte so eine Ergänzung der Grundrechte. Die Kirchen durften danach nur den »allgemeinen Staatsgesetzen« unterworfen werden, spezielle Kirchengesetze waren also ausgeschlossen. Er nahm mit allgemeiner Zustimmung eine Rede des damaligen westfälischen Pfarrers und späteren Bischofs von Mainz, Wilhelm Freiherr von Ketteler, entgegen, der den Kirchen die Aufgabe zuwies, die soziale Frage und mit ihr das schwerste Problem der Zeit zu bewältigen. Er beschloß, unter dem Namen des heiligen Vinzenz von Paul Vereine praktischer Nächstenliebe zu gründen, und forderte schließlich alle lokalen oder auch schon regional organisierten Piusvereine auf, sich unter dem Dach des »Katholischen Vereins Deutschlands« zusammenzuschließen.

Weitere Katholikentage fanden noch 1849 in Breslau und Regensburg statt. Hier wurde vor allem beschlossen, den »Katholischen Verein« nicht zu einer Partei mit allgemeinem, umfassendem politischen Programm weiterzuentwickeln (wie es später die Zentrumspartei tat), sondern sich streng auf die Vertretung kirchlicher Anliegen zu beschränken. Für die kirchliche Sozialarbeit wurden folgende Einrichtungen ins Auge gefaßt: Kleinkinderverwahranstalten, spezielle Bildungsprogramme für Lehrlinge und Gesellen, Lese- und Aufenthaltsräume sowie Volksbibliotheken. Die Förderung des katholischen Bücher- und Bibliothekswesens wurde in die Hände des schon 1844 gegründeten, bis heute bestehenden Borromäus-Vereins gelegt. Nicht selbstverständlich war der Beschluß, Frauen »als Zuhörer«, d. h. mit passiver Mitgliedschaft, in die katholischen Vereine aufzunehmen.

Die wohl bedeutendste sozialpolitische Initiative der katholischen Bewegung war die Begründung der katholischen Gesellenvereine 1848 in Köln durch den Pfarrer Adolf Kolping. Er wollte den durch die Sozial- und Wirtschaftskrise entwurzelten, desorientierten und verelendeten Gesellen und Handwerkern in Konkurrenz mit den Arbeitervereinen eine neue Lebensperspektive auf christlicher Grundlage geben. Mit Unterstützung durch den Klerus gelang es Kolping, bis zu seinem Tode im Jahre 1865 über 400 Gesellenvereine im ganzen deutschsprachigen Raum ins Leben zu rufen. Bis heute sind die Kolpingvereine eine der stärksten Säulen der katholischen Laienbewegung.

Noch Ende Oktober 1848 tagte auch die erste deutsche Bischofskonferenz in Würzburg. Als Beratungsgrundlage diente ihr eine unter der Federführung Geissels entstandene Vorlage, die nicht nur generell Kirchenfreiheit, sondern auch Veränderungen in der Kirchenverfassung zur Stärkung der Selbständigkeit des deutschen Episkopats und Reformen in Liturgie und Verkündigung vorschlug. Geissel stellte auch größere Einflußmöglichkeiten für den niederen Klerus und die Laien sowie eine stärkere Berücksichtigung der deutschen Sprache in der Messe zur Diskussion.

Die Konferenz folgte weitgehend den Anregungen Geissels. In einer umfangreichen Denkschrift an alle deutschen Regierungen formulierte sie ein Höchstmaß kirchenpolitischer Ansprüche. »Der gesamte Episkopat trat damit an die Spitze der kirchlichen Freiheitsbewegung« (Lill in Nr. 9, S. 499). Die Mehrzahl der Bischöfe forderte auch einen nationalkirchlichen Zusammenschluß unter einem Primas sowie Reformen in der Kirchenordnung und der Liturgie. Der Papst wurde um die Einberufung eines deutschen Nationalkonzils gebeten.

Die unter dem Schock der Revolution vollends ins hochkonservative Fahrwasser gedrängte Kurie (s. S. 241) war dazu jedoch nicht bereit, und die deutschen Bischöfe haben sich damit abgefunden. In der Ernüchterung des Jahres 1849 hatte Geissel vielleicht auch Bedenken gegenüber der nationalkirchlichen Erneuerungsbewegung bekommen, als er von Geistlichen seiner Diözese mit weitgehenden Mitbestimmungsforderungen konfrontiert worden war.

In Wien fand von Ende April bis Mitte Juni 1849 auch eine gesamtösterreichische Bischofskonferenz statt. Sie verlangte von der Regierung die endgültige Beseitigung der Reste des rationalistischen josephinischen Staatskirchentums aus der zweiten Hälfte des 18. Jahrhunderts und den Abschluß eines Konkordates. Die Regierung kam den Wünschen des Klerus weitgehend entgegen. Der freie Verkehr zwischen dem Episkopat und der Kurie wurde freigegeben, die Notwendigkeit staatlicher Genehmigung für den Druck kirchlicher Schriften aufgehoben und die geistliche Disziplinargewalt den Bischöfen allein übertragen. Die noch offenen Fragen wurden dann im Konkordat von 1855 geregelt. Es brachte der Kirche erhebliche Privilegien im Unterrichtswesen und verfügte eine strenge Unterordnung der Priester unter die Bischöfe. In der liberalen Öffentlichkeit wurde es als Neuauflage des Bündnisses von Thron und Altar gewertet und mit dafür verantwortlich gemacht, daß Österreich weithin als klerikal dominierter rückständiger Staat angesehen wurde.

Der »Deutschkatholizismus« hat sich auch in der Revolutionszeit nicht zu einer Massenbewegung entwickelt. Er war 1844 aus dem Protest zweier Geistlicher gegen die Ausstellung des Heiligen Rockes von Trier entstanden, der nach kirchlicher Tradition die ungenähte Tunika Jesu Christi ist. Die Wallfahrt zu dieser Reliquie war die größte Manifestation katholischer Massenreligiosität, die Deutschland bis dahin erlebt hatte. Mindestens eine halbe Million Menschen pilgerte mit Fahnen, Liedern und Gebeten nach Trier. Nach Ansicht der schlesischen Kapläne Ronge und Czerski handelte es sich dabei um einen bigotten Reliquienkult, ja eine unchristliche Manifestation reinsten Aberglaubens. Sie bezeichneten den Trierer Bischof Arnoldi unter Anspielung auf den Ablaßhandel am Vorabend der Reformation als »Tetzel des 19. Jahrhunderts« und riefen zur Bildung einer deutschen Nationalkirche auf antirömischer, antihierarchischer und aufgeklärter Grundlage auf. Die Deutschkatholiken kannten als Sakramente nur die Taufe und das Abendmahl und organisierten sich in einer der christlichen Urgemeinde nachempfundenen Presbyterialverfassung. 1847 gab es etwa 250 Gemeinden mit ungefähr 60 000 Mitgliedern, darunter etwa ein Drittel Protestanten. Die meisten Gemeinden gab es in Schlesien, Sachsen und den Rheinlanden. Ihre Angehörigen entstammten überwiegend dem unteren Mittelstand. Schon im Vormärz hatte Ronge enge Kontakte zu prominenten Vertretern der politischen Linken, und in der Revolutionszeit standen die deutschkatholischen Gemeinden häufig in enger Verbindung zu den demokratischen Vereinen. Der bekannteste deutsch-katholische Politiker der Revolutionszeit war der sächsische Demokratenführer Robert Blum. Die Deutschkatholiken haben nie eine einheitliche Theologie entwickelt, sich vielmehr eher in Richtungskämpfen zerstritten. Nach der Revolutionszeit sank die Zahl der Anhänger, und die Gemeinden schlossen sich dann häufig mit freiprotestantischen Gemeinden zusammen.

Zu den freireligiösen Gemeinden stießen 1859 auch die »Protestantischen Freunde«, die allgemein unter dem von ihren Gegnern geprägten Spottnamen »Lichtfreunde« bekannt sind. Um 1840 entstanden, waren sie seit 1845 aus den evangelischen Kirchen hinausgedrängt worden, weil sie jede autoritäre Bevormundung in Glaubensfragen ablehnten und sogar erklärten, daß nicht die Heilige Schrift, sondern der jedem Menschen innewohnende Geist Quelle des wahren protestantischen Bewußtseins sei. Im Verlauf der Märzbewegung nahm die Zahl ihrer Anhänger rasch zu, und ähnlich wie die Deutschkatholiken identifizierten sie sich mit den politischen Zielen der demokratischen Bewegung. Seit 1850 wurden die Lichtfreunde immer schärfer verfolgt und unterdrückt. Der preußische Staat sprach den freireligiösen Gemeinden im September 1851 sogar den Charakter von Religionsgemeinschaften ab und bezeichnete sie als politische Vereine, welche den Umsturz von Staat und Gesellschaft zum Ziel hätten.

Die protestantischen Kirchen Deutschlands konnten sich im Revolutionsjahr 1848/49 nicht zu einer handlungsfähigen Organisation zusammenfinden. Sie standen der Revolution eher hilflos gegenüber, erlagen aber auch nicht der Versuchung, die Forderungen des Liberalismus als Erbgut der Reformation zu interpretieren. Die Mehrheit der Geistlichen »verharrte abwartend, hin- und hergerissen zwischen der Hoffnung auf Erfüllung eigener politischer Wünsche und der Sorge vor weiteren Unruhen« (Nowak Nr. 10, S. 123).

Höhepunkt der evangelischen Kirchengeschichte dieses Jahres war die »Versammlung für die Gründung eines deutschen evangelischen Kirchenbundes« vom 21. – 23. September, der »Wittenberger Kirchentag«. Er setzte sich zum Ziel, alle Kirchengemeinschaften zu vereinigen, »welche auf dem Grunde der reformatorischen Bekenntnisse stehen, namentlich die lutherische, die reformierte, die unierte und die Brüdergemeinde« (Krumwiede Nr. 8, S. 126). Es sollte ein gemeinsames »Zeugnis gegen das Unevangelische« abgelegt werden. Man beschloß, den Kirchenbund durch eine baldigst einzuberufene allgemeine evangelische Kirchenversammlung ins Leben treten zu lassen, doch kam dieser umfassende evangelische Kirchentag wegen unüberbrückbarer Gegensätze zwischen den evangelischen Kirchen nicht zustande.

Noch vor dem Wittenberger Kirchentag war in Köthen eine Versammlung autonomistischer Protestanten zusammengetreten, die die Errichtung einer Nationalkirche aus selbständigen Ortsgemeinden vorschlug und allen dazwischen angeordneten Kreis- oder Provinzialsynoden allenfalls beratende oder vermittelnde Funktionen zugestehen wollte. Diese »Minimalisierung der Kirchenorganisation« (Krumwiede Nr. 8, S. 126) wurde allerdings schon von Zeitgenossen als völlig unrealistisch verworfen, und die Köthener Konferenz hatte offensichtlich keine weiteren Wirkungen.

Die strengen Lutheraner, welche die in Aussicht genommene Föderation aller evangelischen Kirchen von vornherein ablehnten, hatten sich schon am 30./31. August in Leipzig getroffen. Sie betonten dabei die unbedingte Gültigkeit der Bekenntnisschriften Luthers. Sie stellten fest, daß das landesherrliche Kirchenregiment durch die Revolution erschüttert sei und daß daher die Kirche ihre Angelegenheiten jetzt durch Synoden stärker gegenüber einem säkularisierten Staat vertreten müßte. Sie sprachen sich für eine allmähliche Zusammenführung der einzelnen lutherischen Landeskirchen aus, schlossen dabei aber die 1817 in Preußen gegründete und vom Herrscherhaus geförderte »Evangelische Kirche der Altpreußischen Union« und die reformierten Kirchen aus. Auch die häufig dem Pietismus zuneigenden preußischen Hochkonservativen lehnten einen allgemeinen Kirchenbund ab und wollten allenfalls eine lockere Konföderation der evangelischen Landeskirchen akzeptieren.

So wenig Ergebnisse der Wittenberger Kirchentag für die Zusammenführung der Vielzahl evangelischer Kirchen hatte, so bedeutsam wurde er für das soziale Engagement der Protestanten. Johann Hinrich Wichern entwickelte dort in einer großen Rede sein Programm der »Inneren Mission« zur Überwindung der sozialen Not in Deutschland. Wichern wollte eine Erneuerung der Volkskirche, indem er neben das Pfarramt mit seinen geistlichen Aufgaben die »Tat der rettenden Liebe« stellte, zu der auch jeder Laie berufen sei. Männer und Frauen sollten sich an Brennpunkten der sozialen Not zusammenfinden, um Behinderten und Bedürftigen aller Art zu helfen. Der Kirchentag sprach sich danach für die Unterstützung von Vereinen und Anstalten mit christlich-sozialen Aufgaben aus, und 1849 wurde der »Centralausschuß der Inneren Mission« als Dachverband für Pflegeanstalten, Krankenhäuser, Heime und soziale Einrichtungen jeder Art gegründet. Ebenso wie die katholische, stellte sich auch die evangelische Kirche den sozialen Herausforderungen der Zeit. Das bereits 1833 von Wichern in Hamburg gegründete »Rauhe Haus« und die seit 1872 von Friedrich von Bodelschwingh geleiteten »Bethelschen Anstalten« bei Bielefeld wurden zu Musteranstalten der evangelischen Sozialfürsorge. Bis heute hat die Diakonie eine zentrale Bedeutung als Trägerin der evangelischen Sozialarbeit.

Für die Freiheit und Selbständigkeit der protestantischen Kirchen hatte die Revolutionszeit letztlich negative Konsequenzen. Im Juni 1850 wurde vom preußischen Staat ein »Evangelischer Oberkirchenrat« gebildet, dem alle wesentlichen geistlichen Zuständigkeiten der bisherigen evangelischen Abteilung im Kultusministerium übertragen wurden. Die Mitglieder des Kirchenrates wurden vom König ernannt, und so diente er nicht zuletzt der Wiedererrichtung und Festigung des landesherrlichen Kirchenregimentes. Das Recht der Kirchen zur selbständigen Verwaltung ihrer Angelegenheiten wurde in Preußen dazu benutzt, die protestantischen Kirchenfragen der konstitutionellen Kontrolle zu entziehen und über den landesherrlichen Summepiskopat eine absolutistische Herrschaft über die Kirche neu zu begründen.

8.6 Die deutschen Juden zwischen Verfolgung, Emanzipation und Assimilation

Auch die deutschen Juden versuchten, die Möglickeiten auszunutzen, welche die uneingeschränkte Vereinigungs- und Versammlungsfreiheit ihnen eröffnete.

Noch im Vormärz war es in Deutschland zu einer lebhaften Diskussion über die »Judenfrage« gekommen (dieses Schlagwort kam damals in allgemeinen Gebrauch). Es ging dabei sowohl um ein »innerjüdisches Dilemma der Selbstidentifizierung« (Toury Nr. 92, S. 361), als auch um das Verhältnis des gesellschaftlich und rechtlich noch nicht voll integrierten jüdischen Bürgertums zu Staat und Gesellschaft. Aktuell wurde die »Judenfrage«, als der preußische Staat seit 1842 Pläne zu einer korporativen Judengesetzgebung verfolgte, das heißt: die Juden erneut unter Sonderrecht stellen wollte. Diese Pläne wurden von den überwiegend auf volle Emanzipation und Gleichberechtigung drängenden Wortführern der Juden energisch bekämpft. 1847 wurde ein Judengesetz aber doch durch den Vereinigten Landtag verabschiedet, wenn auch in einer gegenüber den ursprünglichen Regierungsentwürfen wesentlich abgeschwächten Form.

In der Anfangsphase der Revolution waren Juden Opfer von vielerlei Ausschreitungen gewesen (s. S. 72), doch gab es keine vom Judentum inspirierte Reaktion auf diese Exzesse, und es entwickelte sich auch keine organisierte Emanzipationsbewegung. Juden identifizierten sich vielmehr mit der allgemeinen Freiheitsbewegung. Diese eröffnete ihnen die Perspektive auf ein Ende ihrer religiösen Diskriminierung, einen Abschluß der Emanzipationsgesetzgebung und die Zubilligung der vollen staatsbürgerlichen Gleichheit, wie es dann ja auch in den Grundrechtsbeschlüssen sowohl der deutschen als auch der preußischen Nationalversammlung geschehen sollte. In der Verwirklichung der allgemeinen Gewerbefreiheit sahen die Juden die Chance, aus ihrer fatalen Beschränkung auf Geldverleih und Handel herauszukommen und sich in stärkerem Maße der Landwirtschaft und dem Handwerk zuzuwenden. Eine ganze Reihe von Juden wurde in die deutschen Parlamente der Revolutionszeit gewählt, hat dort als deutsche Mitbürger ohne jede Diskriminierung an den Verhandlungen teilgenommen und auch hohes Ansehen erworben.

In konservativen jüdischen Kreisen wurde in der Befreiungseuphorie jedoch weniger eine Chance als vielmehr die Gefahr gesehen, daß der Prozeß schleichender oder bewußter jüdischer Assimilation an die christliche Umwelt durch die totale Emanzipation noch beschleunigt werden könnte.

Vor allem von den jüdischen Gemeinden in Karlsruhe, München und Worms wurden seit Anfang Juni Pläne zur Einberufung einer »Jüdischen Nationalversammlung« betrieben, und infolgedessen kamen am 23./24. Oktober in Frankfurt 68 Männer, darunter 10 Rabbiner, zu einer »Vorsynode« zusammen. Sie bejahten fast einstimmig die Zweckmäßigkeit der Einberufung einer Generalsynode, doch diese kam wegen tiefer Gegensätze unter den Juden nie zustande. Streng orthodoxe Juden standen den modernen und reformfreundlichen Kreisen unversöhnlich gegenüber. Man konnte sich nicht einigen, ob die Synode nur die jüdischen Glaubensgemeinden oder alle Juden umfassen müßte, ob es eine Art Zwangsmitgliedschaft in der jüdischen Organisation geben würde, welchen Grad an Verbindlichkeit die Beschlüsse der Synode haben sollten und ob nicht die politische

Vertretung der Gemeinden allein den Rabbinern zustünde. Besonders die orthodoxe Frankfurter Gemeinde machte vielerlei Schwierigkeiten. So kamen die Pläne für die Generalsynode über die Vorbereitungsphase nicht hinaus, und ebenso erging es einem im Februar 1850 initiierten Versuch, zumindest einen Zentralausschuß für die Angelegenheiten der jüdischen Gemeinden Preußens zu bilden. Letztlich scheiterte dieser Anlauf an der Tatsache, daß Spaltung und Indifferentismus, Säkularisierung des Judentums und Identifizierung mit dem Deutschtum während der Revolution in weiten jüdischen Kreisen rasante Fortschritte gemacht hatten. »Der traditionsgebundene, primär religiös orientierte Jude hatte sich zu einem neuen säkularisierten und politisierten, im Deutschtum akkulturierten Bürger jüdischer Konfession gewandelt« (Toury Nr. 92, S. 376).

8.7 Die Presse

Ungeachtet der ständig drohenden Zensurmaßnahmen hatte die deutsche Tagespresse noch im Vormärz eine beachtliche Vielfalt erlangt. Das bedeutendste Blatt war dabei die in Augsburg erscheinende »Allgemeine Zeitung«, die umfassende Informationen aus Deutschland und ganz Europa brachte (häufig, wie damals üblich, durch Übernahme von Artikeln aus anderen Zeitungen) und in ihren Wertungen bewußt unterschiedliche Meinungen zu Worte kommen ließ. Sie hatte 1847 eine Auflage von gut 10 000 Exemplaren und wurde in ganz Europa gelesen. Während der Revolutionszeit tendierte die Allgemeine Zeitung nach rechts und nahm als Gegenpol zur »Deutschen Zeitung« (s. S. 187) einen ausgeprägt großdeutschen Standpunkt ein.

Als zweite kann hier die »Kölnische Zeitung« genannt werden, die im Januar 1814 als katholisches Nachrichtenblatt gegründet worden war, seit 1844 jedoch eine entschieden liberale Position vertrat und 1847 eine Auflage von rund 9 000 Exemplaren erreichte. Ihre Kulturbeilagen waren von besonderer Qualität.

Politisch farblos war die in Berlin erscheinende »Vossische Zeitung«, die aber trotzdem eine Auflage von 20 000 Exemplaren erzielte, während es die »Haude-Spenersche Zeitung« auf 10 000 brachte.

Das herausragende liberale Blatt der 1840er Jahre in Preußen war die »Königsberger Hartungsche Zeitung«, welche den ganzen Reichtum der politischen und geistigen Bewegung im damaligen Ostpreußen widerspiegelte. Ihre Leitartikel galten 1842 »als die unbedingt besten, die jemals in deutscher Sprache geschrieben wurden« (Koszyk Nr. 83, S. 16). Sie hatte eine Auflage von rund 3 000 Exemplaren.

Der »Hamburgische Korrespondent« (Auflage: 2 000 Exemplare) suchte es angeblich mit keiner der politischen Strömungen zu verderben, galt aber doch als konservativ, ja reaktionär, während die Frankfurter »Ober-Post-Amts-Zeitung«

zumindest von den Liberalen als »Postille aller biedermeierlichen Spießer« verachtet wurde (Koszyk Nr. 83, S. 20). Im Revolutionsjahr galt sie als offiziöses Blatt der Provisorischen Zentralgewalt.

In das so umrissene Spektrum der überregionalen deutschen Tagespresse kam mit dem Erscheinen der Heidelberger »Deutschen Zeitung« seit dem Juli 1847 ein neues Element. Es war die erste bewußt als Parteiblatt gegründete deutsche Tageszeitung, die es sich zur Aufgabe setzte, die nationale Einigung Deutschlands ebenso nach Kräften zu fördern wie die Verwirklichung des Prinzips der konstitutionellen Monarchie »in einem freien Sinne«. Der Gründungskreis der Zeitung bestand überwiegend aus prominenten Wortführern des Liberalismus, darunter auch zahlreiche spätere Märzminister. Zu ihren Mitarbeitern zählte praktisch die ganze Professoren-Elite der Fraktion »Casino« der deutschen Nationalversammlung. So wurde die Zeitung zum Sprachrohr des gemäßigten Liberalismus. Sie setzte sich für die »kleindeutsche« Reichsgründung unter preußischer Führung ein und befürwortete demgemäß auch die Unionspolitik (s. S. 246 ff.), doch dabei ging die Zahl ihrer Abonnenten von 4 000 auf 1 700 zurück, und im September 1850 mußte das Unternehmen unter erheblichen Verlusten liquidiert werden. Es erlitt also das gleiche Schicksal wie die »Gothaer Partei«.

Nach der Märzrevolution kam es zu einer Welle von Neugründungen überregionaler und lokaler Blätter. So entstand jetzt die von Karl Marx als Organ des Sozialismus und der demokratischen Republik redigierte »Neue Rheinische Zeitung« und ihr konservatives Gegenstück, die »Neue Preußische Zeitung « (Kreuzzeitung). Das Blatt des preußischen Liberalismus war die Berliner »Nationalzeitung«, während die »Urwählerzeitung«, später »Berliner Volkszeitung« für die Demokraten sprach. Zum zentralen Organ des politischen Katholizismus entwickelte sich seit dem Mai 1848 die in Köln erscheinende »Rheinische Volkshalle«. Das bedeutendste Blatt der gemäßigten Arbeiterbewegung war die von Stephan Born herausgegebene »Verbrüderung«. Für das Jahr 1849 schätzt man für ganz Deutschland die Zahl der Tageszeitungen auf 1700, und sehr viele von ihnen hatten eine deutliche politische Ausrichtung. So wurde das Jahr 1848 zum »Geburtsjahr der modernen Tendenzpresse« in Deutschland (Siemann Nr. 53, S. 117). Eine kaum zu übersehende Fülle regionaler oder lokaler, häufig nur kurzlebiger Blätter ist charakteristisch vor allem für die demokratische Presse der Zeit. Die Wirkung der einzelnen Zeitungen wurde dadurch vervielfacht, daß sie in Gasthäusern oder anderen öffentlich zugänglichen Orten auslagen und auch z. B. für Analphabeten vorgelesen wurden. Bürgervereine und politische Klubs hielten häufig eine Mehrzahl von Zeitungen. Die Tübinger »Museumsgesellschaft« z. B. hatte 1848/49 nicht weniger als 34 Periodika aus Deutschland, der Schweiz und Frankreich abonniert.

Eine neue Erscheinung der Revolutionszeit war das Bemühen um Beeinflussung der Öffentlichkeit durch Berichte aus den Parlamenten. Die meisten Fraktionen der deutschen und der preußischen Nationalversammlung verschickten seit dem Sommer regelmäßig Parlamentskorrespondenzen, das „Casino" schließlich täglich in lithographierter Vervielfältigung. Diese Korrespondenzen erhielten sowohl die in Frankfurt oder Berlin in großer Zahl präsenten Journalisten als auch die regionale Presse oder die Wahlkomitees und andere „Multiplikatoren" in den Wahlkreisen der Abgeordneten. Zum Teil schrieben diese auch persönlich Berichte für die Presse ihrer Heimat. Auf der Grenze zwischen Zeitung und Parlamentskorrespondenz stand Robert Blums »Deutsche Reichstagszeitung«. Auch in Wien erschien eine »Stenographische Correspondenz«, welche die deutschen Zeitungen über die Verhandlungen des österreichischen Reichstags informierte.

Eine weitere Variante im deutschen Blätterwald war die seit 1843 und bis 1942 erscheinende Leipziger »Illustrierte Zeitung«. Sie brachte reich bebilderte Informationen aus Politik, Kultur und Technik und ist eine bis heute nicht ausgeschöpfte Quelle zur Geschichte der damaligen Zeit. Auch die »Neuruppiner Bilderbögen« veranschaulichten die Revolutionsereignisse mit erläuternden Untertexten von zunehmend antirevolutionärer Tendenz. Ein anderer Neuruppiner Verlag hingegen feierte die Vorkämpfer der demokratischen Bewegung wie Kossuth und Blum. So war für Leser jeder politischen Couleur gesorgt. Weitere Bilderbögen wurden in Magdeburg, Mainz, München, Nürnberg, Stuttgart, Weißenburg/Elsaß und Straßburg gedruckt, ein Beweis für ihre sehr große Beliebtheit und Verbreitung. Als Teil einer »kommunikativen Revolutionskultur« (Siemann Nr. 53, S. 123) erreichten sie über Märkte, Kirchweih- und andere Volksfeste auch die kleinstädtisch-ländliche Bevölkerung.

Besonders in Berlin erschien eine große Zahl von Witzblättern, wie z. B. der »Kladderadatsch«, der »Berliner Krakehler« oder die »Buddelmeyer-Zeitung«. Karikaturen und Spottblätter jeder Art waren an allen Straßenecken zu haben, wurden aber auch oft einfach an die Mauern geklebt. Ähnlich war es in Frankfurt, wo ein Berg von Flugblättern und Karikaturen auf dem Markt war, die sich zunehmend gegen die Prominenz des Liberalismus und die Provisorische Zentralgewalt richteten. In Frankfurt konnte man natürlich auch seriöse Ansichten aus der Paulskirche oder lithographierte Porträts von Abgeordneten erwerben. Hier erschien auch die von dem prominenten konservativen Abgeordneten Detmold verfaßte Bildsatire »Thaten und Meinungen des Herrn Piepmeyer, Abgeordneten zur constituirenden Nationalversammlung zu Frankfurt am Main«, in der auf eine bis heute nicht übertroffene Weise das Treiben eines parlamentarischen Hinterbänklers der Paulskirche verspottet wird.

Überall in Deutschland, von den Großstädten bis zu den kleinen Orten auf dem Lande, entstand so im Wirtshaus, auf dem Markt und in den Straßen eine lebendige, alle Volksschichten umfassende politische Öffentlichkeit, aus der in angespannten Situationen auch sehr schnell Pöbeleien, Unruhen und Tumulte entstehen konnten.

8.8 Vergebliche Hoffnung: »Die Guillotine wird uns retten und die Leidenschaft der Weiber«

Als unmittelbar Betroffene und für die Ernährung der Familien Verantwortliche haben Frauen bei den Brotkrawallen und Marktunruhen des Vormärz (s. S. 67) eine zentrale Rolle gespielt, und Frauen beteiligten sich dann auch in nicht bestimmbarer Zahl während der Märztage an Katzenmusiken, Krawallen, Tumulten und Demonstrationen gegen die lokalen Obrigkeiten. Auch bei den Barrikadenkämpfen waren sie dabei, versorgten die Männer mit Essen und Trinken, pflegten Verwundete, brachten Material zum Barrikadenbau oder Steine, die aus den oberen Stockwerken der Häuser auf die Soldaten geworfen wurden. Auf den Listen der Gefallenen finden sich immer auch einige Namen von Frauen. Je mehr diese Aktionen den Charakter der Spontaneität verloren und zu organisierten politischen Demonstrationen wurden, desto weniger scheinen sich die Frauen daran beteiligt zu haben. Daß Emma Herwegh und Frau v. Struve zu Pferd, bewaffnet und in Männerkleidung die Freischarzüge der badischen Revolutionäre nicht nur begleiteten, sondern auch durch die Vermittlung von Munitionslieferungen oder in Verhandlungen mit lokalen Autoritäten aktiv unterstützten, war zumindest ungewöhnlich. Unermüdlich setzte sich Johanna Kinkel in der Öffentlichkeit für ihren angeklagten und mit dem Todesurteil bedrohten Gatten ein. Aus Süddeutschland gibt es Beispiele dafür, daß Frauen während der Reichsverfassungskampagne im Mai 1849 ihre eher zögerlichen Männer zum Aufstand gegen die Regierung drängten.

Die Frauen interessierten sich für die Ereignisse des Revolutionsjahres offensichtlich stärker, als es ihren Männern lieb war. Daß sie Zeitungen und Anschläge lasen, an den Straßenecken politisierend zusammenstanden und in Salons und Teegesellschaften über Fragen der hohen Politik plauderten, wurde mit erstauntem Mißbehagen kommentiert und in den Witzblättern boshaft karikiert.

Während des ganzen Revolutionsjahres beteiligten sich Frauen als Zuhörerinnen an Volksversammlungen und Veranstaltungen politischer Vereine (von einigen wurden sie auf die Zuhörertribünen verbannt). Bei politischen Festen und Feiern war ihre Anwesenheit als Ehren- und Festdamen ein fester Bestandteil des Protokolls, so auch beim Trauerzug für die Berliner Märzgefallenen. Hier gingen unmittelbar vor den Särgen 15 junge Mädchen in schwarzen Kleidern, von denen jedes ein schwarzes Kissen mit einem weißen Kranz trug (Hachtmann Nr. 80, S. 507).

Frauen schmückten die Säle für politische Versammlungen, machten Schärpen, Binden, Fahnen und Kokarden, und sie veranstalteten Geldsammlungen und Lotterien z. B. zugunsten der deutschen Flotte oder für den Krieg in Schleswig-Holstein. Auch neue karitative Frauenvereine wurden gegründet.

Mit geradezu leidenschaftlichem Interesse drängten Frauen auf die Zuhörertribünen der Parlamente und Landtage, obwohl dies wegen chronischer Überfüllung mit erheblichen Strapazen verbunden war. Eine Württembergerin schildert das in einem Brief aus Frankfurt:

> »Um halb 10 Uhr wurde die Türe eröffnet. Wollte man einen Platz bekommen, mußte man sich gefallen lassen, anderthalb Stunden vor der Türe zu stehen. [...] In kurzer Zeit waren Vorplatz und Stiege besetzt, voll der angesehensten Damen und Herren. Wurde dann geöffnet, kam man halb tot auf dem Platz an, und die Damen strichen sich gegenseitig mit kölnisch Wasser die Schläfe. Ich habe mich aber auch noch nie besser unterhalten als hier; oft kam man neben gebildete Männer, die sich belehrend über die jetzigen Zeitverhältnisse unterhielten, Aufschlüsse gaben über Dieses und Jenes, was mich interessierte, und so verstrich die Zeit, wir wußten nicht wie« (nach Lipp in Nr. 84, S. 292).

Natürlich beteiligten sich die Frauen auch an den Beifalls- und Mißfallensäußerungen der Galerie, und angeblich galten ihre Sympathien dabei eher den Abgeordneten der Linken als denen der Rechten. Als das Frankfurter Rumpfparlament aus dem Stuttgarter Landtag in eine Reithalle umsiedeln mußte (s. S. 272 f.), schmückten Stuttgarter und Esslinger Frauen den Saal mit Girlanden und Kränzen. Sie brachten eine Tafel mit der Inschrift an: »Die deutschen Frauen den deutschen Männern«, und das Parlament dankte es ihnen »mit einstimmigem Hoch auf Schwabens Frauen« (nach Lipp in Nr. 84, S. 293).

Nicht in allen deutschen Staaten bekamen Frauen Zugang zu den Galerien. In einigen wurde er ihnen verwehrt, weil es der überkommene Brauch nicht erlaube oder weil es nicht möglich sei, den Forderungen der Schicklichkeit mit der Einrichtung getrennter Tribünen und Toiletten für Männer und Frauen zu entsprechen.

Während der Revolutionsmonate entstanden auch die ersten politischen Frauenvereine. In Berlin wurden demokratische Frauenvereine am 14. September und am 12. Oktober gegründet, bei deren Veranstaltungen sich anfänglich bis zu 150 Teilnehmerinnen einfanden, doch deren Zahl ging bald zurück. Auch in Mannheim hatten sich Frauen schon im Herbst 1848 zusammengeschlossen, um für eine Amnestie zugunsten politischer Gefangener zu wirken und Emigranten finanziell zu unterstützen. Ähnliche Vereine gab es im Sommer 1849 in Ulm und Heilbronn, und in Stuttgart wurde noch Ende Oktober 1849 von Frauen ein Hilfsverein für politische Emigranten gegründet, der bis zum Januar 1850 existierte.

Für die deutsche Frauenbewegung bedeutete die Revolution insofern einen wichtigen Entwicklungsschritt, als Luise Otto, ihre herausragende Gestalt im 19. Jahrhundert, in diesen Jahren erstmals eine breitere öffentliche Wirksamkeit entfalten konnte. Unter dem Motto: »Dem Reich der Freiheit werb' ich Bürgerinnen« erschien ab April 1849 ihre »Frauen-Zeitung«, in der sie für eine bessere Bildung und Ausbildung arbeitender Frauen kämpfte, für eine Verbesserung ihrer Arbeitsbedingungen, für eine Ausweitung ihrer Arbeitsmöglichkeiten und für ihre uneingeschränkte Gleichstellung mit den Männern. Konkrete Ergebnisse konnten diese Anfänge der deutschen Frauenbewegung noch nicht erzielen, aber vielleicht war es doch ein Erfolg, daß die Probleme weiblicher Berufstätigkeit und einige Vorschläge zu ihrer Lösung erstmals in der Öffentlichkeit diskutiert wurden. Emilie Wüstenfeld gründete damals in Hamburg eine besondere Hochschule für Frauen.

Groß war der Einfluß deutscher Frauen auf den Ablauf der Revolution nicht. Die deutschen Revolutionäre haben das bedauert. Georg Weerth zumindest verabschiedete sich in der letzten Nummer der »Neuen Rheinischen Zeitung« (s. S. 173) von ihnen mit einer »Proklamation an die Frauen«, in der er die totale politische Impotenz der deutschen Männer geißelte und alle Hoffnungen für Deutschlands Zukunft auf die Frauen setzte. Sie endet mit den Worten:

> »Von Anbeginn seid Ihr Frauen gescheiter gewesen, als alle Schriftgelehrten und Pharisäer, aber von Anbeginn wart Ihr auch leidenschaftlicher, als alle Schriftgelehrten und Pharisäer. So fahrt denn heraus mit Eurer flammenden Leidenschaft und ergreift Eure zahmen Männer bei ihren liederlichen Zöpfen und hängt sie als Vogelscheuchen, wohin Ihr wollt – nur fort mit ihnen! Die Guillotine wird uns retten und die Leidenschaft der Weiber.
>
> Im übrigen empfehle ich mich Euch von ganzem Herzen. Die Nachtigallen singen in den Büschen, die Kugeln pfeifen und meine Proklamation ist zuende!«

9. Kapitel

DIE DEUTSCHE NATIONALVERSAMMLUNG UND IHR VERFASSUNGSWERK

9.1 Die Fraktionen der Paulskirche

Als die deutsche Nationalversammlung zusammentrat, hatte sie noch keine klaren politischen Konturen. Die Auseinandersetzungen im Vorparlament hatten zwar schon zwei große politische Lager entstehen lassen, aber die meisten Abgeordneten mußten ihre Position zwischen den gegensätzlichen Polen doch erst noch bestimmen. Obwohl sich einzelne Parlamentarier bereits vor der offiziellen Eröffnung der Nationalversammlung darum bemühten, möglichst viele Abgeordnete für ein Fraktionsprogramm zu gewinnen, fand man sich zunächst vorwiegend auf landsmannschaftlicher Ebene zusammen. Die Debatte über die Einsetzung der Provisorischen Zentralgewalt (s. S. 96 ff.) hatte dann nicht nur zu einer weiteren Klärung der unterschiedlichen Standpunkte geführt. Man hatte überdies auch erkannt, daß in einer so großen Versammlung für die Handhabung einer sinnvollen Geschäftsordnung die Bildung von Fraktionen unerläßlich war, um die Flut von Einzelanträgen und die Zahl der Wortmeldungen einzudämmen, die Debatten abzukürzen und die Abstimmungen auf mehrheitsfähige oder zumindest von einer größeren Zahl von Abgeordneten unterstützte Anträge zu konzentrieren. So fanden sich die Parlamentarier bald in Fraktionen zusammen. Diese hatten relativ knapp gefaßte, zum Teil auch reichlich vage Grundsatzprogramme, trafen sich regelmäßig zur Vorbereitung auf die nächsten Sitzungen und bestimmten im voraus die Redner für die Plenardebatten. Sie kannten auch schon die Einrichtung des Fraktionszwangs, obwohl zunächst manchem Liberalen die Vorstellung zuwider war, daß er gelegentlich seine eigene politische Überzeugung den Ansichten der Mehrheit seiner Fraktion unterordnen müsse. Im Konfliktfall konnte er allerdings auch der Abstimmung fernbleiben. Die Fraktionen wurden nach dem Lokal benannt, in dem sie sich versammelten. Anfang Oktober hatte sich das Fraktionswesen auf folgendem Stand eingespielt:

Die äußerste Rechte der Versammlung nahm das »*Café Milani*« ein. Die Fraktion war der Auffassung, daß die Nationalversammlung die künftige Verfassung nicht allein verabschieden dürfe, sondern sie mit den Regierungen »vereinbaren« müsse. Sie war föderalistisch eingestellt und lehnte eine »kleindeutsche« Reichsgründung unter Ausschluß Österreichs ab. Über die Verfassungsberatungen hinausgehende Gesetzgebungskompetenzen gestand sie der Nationalversammlung nicht zu. Sie vertrat einen gemäßigten Konstitutionalismus. Ausgesprochen konservative Abgeordnete, wie sie den Kreis um die preußische Kreuzzeitung prägten, gehörten der Nationalversammlung nicht an. Die Fraktion hatte im Oktober ungefähr 40 Mitglieder (etwa 7 Prozent der knapp 600 Abgeordneten).

Die rechtsliberale Fraktion »*Casino*« war mit rund 150 Abgeordneten die stärkste Gruppierung der Paulskirche. Sie hat deren Erscheinungsbild wesentlich geprägt, nicht zuletzt durch ihr prominentestes Mitglied, den ersten Präsidenten der Nationalversammlung und späteren Reichsministerpräsidenten Heinrich von Gagern. Ein regelrechtes Programm hat sich das Casino nicht gegeben. Es verstand sich vielmehr bewußt als eine auf Grund gemeinsamer Überzeugungen pragmatisch entscheidende Gesinnungsgemeinschaft. Das Casino schloß Verhandlungen mit den Regierungen über die endgültige Gestalt der Reichsverfassung nicht aus, wollte der Nationalversammlung jedoch das letzte entscheidende Wort vorbehalten. Erst als sich am Ende des Jahres der »großdeutschen« Lösung der Verfassungsfrage unter Einbeziehung Österreichs unüberwindliche Hindernisse in den Weg zu stellen schienen, entschied sich die Fraktion für das kleindeutsche Programm, das eine Minderheit in ihr von Anfang an befürwortet hatte. Ein dissentierender Flügel von etwa 40 Abgeordneten schied danach aus, gründete den »*Pariser Hof*« und schloß sich wenig später mit dem Café Milani zur großdeutschen Rechten in der »*Mainlust*« zusammen. Bei den am härtesten umkämpften Verfassungsfragen wollte das Casino dem Reichsoberhaupt ein absolutes Veto zugestehen, und es sprach sich für massive Beschränkungen des aktiven Wahlrechts aus.

Schon Anfang September hatte sich vom Casino nach links der »*Landsberg*« abgespalten. Er nahm für die Nationalversammlung das Recht zur endgültigen Verabschiedung der Reichsverfassung in Anspruch, war unitarischer als das Casino und in der Wahlrechtsfrage offener. Ihm gehörten ungefähr 40 Abgeordnete an.

Das linke Zentrum der Nationalversammlung versammelte sich zunächst im »*Württemberger Hof*«. Die Fraktion bekannte sich zur Volkssouveränität, verwarf demgemäß das Vereinbarungsprinzip und verlangte ebenfalls die Beschränkung einzelstaatlicher Hoheitsrechte zugunsten einer starken Zentralgewalt. Alle übrigen Fragen erklärte sie in ihrem Programm für offen. Sie hatte anfänglich etwa 100 Mitglieder.

Schon im Juli verließ eine erste Gruppe von Abgeordneten den Württemberger Hof und gründete zusammen mit Vertretern der gemäßigten Linken die etwa 40 Abgeordnete zählende »*Westendhall*«. Sie befürwortete das allgemeine und gleiche Wahlrecht, trat auch in anderen Fragen für eine Verstärkung der freiheitlichen und demokratischen Elemente in der Verfassung ein, hatte auch starke republikanische Sympathien, erklärte dazu jedoch in ihrem Programm, »daß unter den obwaltenden Verhältnissen die demokratisch-konstitutionelle Monarchie die passendste und allein mögliche Regierungsform für Deutschland ist« (nach Botzenhart Nr. 59, S. 424).

Zu einer weiteren Abspaltung vom Württemberger Hof kam es nach der Septemberkrise. Im Unterschied zur Mehrheit der Fraktion hatte eine Minderheit die Annahme des Waffenstillstands von Malmö befürwortet und die Verfügungen der Zentralgewalt zur Wiederherstellung von Sicherheit, Ruhe und Ordnung gutgeheißen. Sie gründete jetzt ihre eigene Fraktion im *»Augsburger Hof«*. Ihre Verfassungsvorstellungen zielten auf die Begründung einer parlamentarischen Monarchie ohne Vetorecht des Herrschers auf der Basis eines leicht eingeschränkten Wahlrechts. Auch der Augsburger Hof hatte ungefähr 40 Mitglieder. Er bildete zusammen mit dem Casino und dem Landsberg eine Art von Regierungskoalition, die zusammen mit fraktionslosen Abgeordneten eine parlamentarische Mehrheit für die Reichsregierungen Leiningen, Schmerling und Gagern bildete.

Von allen in der Nationalversammlung vertretenen Parteien haben sich die Republikaner, der *»Donnersberg«*, am frühesten konstituiert. Schon Anfang Juni veröffentlichten sie ein von 18 Abgeordneten unterzeichnetes »Manifest der radikaldemokratischen Partei in der konstituierenden Nationalversammlung« mit folgenden Forderungen für die deutsche Verfassung: Republik, Einkammersystem, allgemeines, gleiches und direktes Wahlrecht, Übertragung der exekutiven Gewalt an einen »Vollziehungsausschuß«, der vom Vertrauen des Parlaments abhängig ist und von ihm jederzeit abberufen werden kann. Die deutschen Einzelstaaten dürfen ihre bisherige Staatsform beibehalten, doch die Nationalversammlung hat ein für alle Staaten verbindliches Minimum an Grundrechten festzulegen und ab sofort die Leitung der inneren und äußeren Politik Deutschlands zu übernehmen. Das Vereinbarungsprinzip wird konsequenterweise abgelehnt. Die Republikaner forderten für alle Völker das Recht zu freier Selbstbestimmung und zogen daraus die Konsequenz: »Alle Eroberungs- und Unterdrückungsgelüste der Deutschen gegen ihre Nachbarn und nichtdeutsche Staatsgenossen sollen aufhören« (Boldt Nr. 57, S. 189). Die äußerste Linke schloß auch die revolutionäre Aktion zur Verwirklichung ihrer Ziele nicht aus. Sie tagte im »Donnersberg« und hatte ebenfalls ungefähr 40 Mitglieder.

Das Programm der Demokraten des *»Deutschen Hofes«* ist demgegenüber insofern gemäßigter, als das Zweikammersystem nicht unbedingt ausgeschlossen wird und als Staatsspitze ein auf Zeit gewählter, also nicht jederzeit abberufbarer Präsident vorgeschlagen wird, der durch ein politisch-parlamentarisch verantwortliches Ministerium handelt. Als Verfassungsform für die Einzelstaaten wird die »demokratische Monarchie« ausdrücklich zugelassen. Der Deutsche Hof verlangte ferner eine auf das Prinzip der Volkswehr gegründete Militärverfassung, humane Strafgesetzgebung, soziale Reformen und ein an der Leistungsfähigkeit des Einzelnen orientiertes Steuersystem. Der Deutsche Hof hatte bei seiner Gründung etwa 100 Mitglieder. Ein Teil von ihnen schloß sich jedoch später dem »Donnersberg«, ein anderer Teil der »Westendhall« an, so daß er im Oktober nur noch etwa 60 Abgeordnete umfaßte.

Zu erwähnen ist schließlich noch die *»Katholische Vereinigung«*, welche die geistlichen Würdenträger vom Erzbischof auf der rechten bis zum polnischen Landpfarrer auf der linken Seite der Versammlung auf eine gemeinsame Linie zur Durchsetzung der Anliegen der katholischen Kirche in der Grundrechtsdebatte verpflichtete. Nach der Verabschiedung der Grundrechte löste sich die Vereinigung wieder auf. Eine Fraktion mit allgemein-politischem Anspruch hat sie nie werden wollen.

9.2 Die Verfassungsberatungen: Verabschiedung der Grundrechte

Der Bundestag hatte bereits am 10. März eine Verfassungskommission eingesetzt, der für jede der 17 Stimmen im engeren Bundesrat ein Mitglied angehörte (s. S. 97). Nach einem Entwurf der Staatsrechtler Wilhelm Albrecht und Friedrich Christoph Dahlmann (beide später Mitglieder des Casino) hatte diese bis zum 26. April den Text einer Verfassung für ein deutsches Reich mit erblichem Kaisertum und einer am Schema der konstitutionellen Monarchie mit parlamentarischem Regierungssystem orientierten Gewaltenteilung fertiggestellt. Der Kaiser sollte von den deutschen Fürsten gewählt werden. Die als »große Mai-Versammlung zu Frankfurt« bezeichnete Nationalversammlung hätte nur noch das Recht gehabt, die von den Regierungen verabschiedete Verfassung zur Kenntnis zu nehmen und den Kaiser durch Akklamation zu bestätigen. Dieser letzte Versuch zu einer Verfassungsgründung »von oben« war jedoch von vornherein ein totgeborenes Kind. Österreich, Preußen, Hannover und Bayern lehnten den Entwurf sofort ab, und die Nationalversammlung hätte sich ihre Aufgabe sicher nicht in einer solchen Form aus der Hand nehmen lassen. Daß sich die Siebzehn einer solchen illusionären Vorstellung hingeben konnten, ist unverständlich.

Gleich in den ersten Tagen ihrer Tätigkeit setzte die Nationalversammlung einen 30köpfigen Ausschuß für die Ausarbeitung eines eigenen Verfassungsentwurfes ein, in dem Mitglieder des »Casino« einen dominierenden Einfluß hatten. Dieser arbeitete so zügig, daß die Nationalversammlung bereits am 3. Juli mit der Plenardebatte über die Grundrechte beginnen konnte, obwohl der Entwurf vorher noch in den 15 »Abteilungen« beraten werden mußte, in welche die Versammlung durch Los eingeteilt worden war.

In den Debatten zeigte sich, daß über den Kernbestand des Grundrechtskatalogs unter den Fraktionen weitgehend Einigkeit bestand. Versuche der Linken, neben den klassischen liberalen Freiheitsrechten auch soziale Grundrechte zu verankern, scheiterten jedoch weitgehend. So wurde z. B. der Vorschlag, ein »Recht auf Arbeit« festzuschreiben, von der Mehrheit als illusionär und weltfremd abgelehnt, obwohl die Antragsteller ihn dahin interpretierten, daß damit nichts anderes gemeint sei als ein Anspruch von Arbeitslosen und Notleidenden auf Unterstützung durch die Gesellschaft. Mit einer solchen Regelung hätte die Nationalversammlung allerdings auch einen Schritt in ein neues Jahrhundert vollziehen müssen. So blieb unter sozialpolitischer Perspektive neben der endgültigen Aufhebung aller Formen persönlicher Unfreiheit nur der allgemeine Anspruch auf unentgeltlichen Unterricht in den Volksschulen und niederen Gewerbeschulen, für Unbemittelte auch in den höheren Lehranstalten.

Von diesen Einschränkungen abgesehen, war der Grundrechtskatalog der Paulskirche die erste umfassende Kodifikation freiheitlicher Grundrechte in Deutschland. Noch der Vater der Reichsverfassung von Weimar, Hugo Preuß, hielt ihn für so vorbildlich, daß er ihn für die Verfassung der ersten deutschen Republik übernehmen wollte.

Im einzelnen verbürgten die Grundrechte ein einheitliches Reichsbürgerrecht. Jeder Deutsche konnte sich künftig in jedem deutschen Staat niederlassen, Grundbesitz erwerben, ein Gewerbe aufnehmen und jeden Beruf ausüben. Die Grundrechte gewährleisteten die Gleichheit aller Bürger vor dem Gesetz, gleiche Zugangschancen zu allen Ämtern und die Aufhebung aller Steuerprivilegien, führten aber auch die allgemeine Wehrpflicht ein. Von einer allgemeinen Volksbewaffnung, wie die Linke sie immer wieder gefordert hatte, war nicht die Rede.

Mit besonderem Nachdruck wurde die Freiheit der Person geschützt. Für Verhaftungen war künftig ein richterlicher Haftbefehl erforderlich. Die Unverletzlichkeit der Wohnung wurde ebenso verbürgt wie das Briefgeheimnis. Mit der Abschaffung der Todesstrafe ging die Paulskirche ihrer Zeit weit voraus. Auch entehrende Strafen wie Pranger, Brandmarkung oder körperliche Züchtigung wurden verboten.

Ein weiterer Komplex der Grundrechte betraf den Schutz der Glaubens- und Gewissensfreiheit, die Freiheit von Forschung und Lehre, die Freiheit der Religionsgesellschaften von staatlicher Aufsicht sowie deren rechtliche Gleichbehandlung. (In diesem Zusammenhang wurde allerdings auch die obligatorische Zivilehe eingeführt). Mit der Pressefreiheit, der Versammlungsfreiheit und der Vereinigungsfreiheit wurden die wichtigsten politischen Grundrechte gewährleistet.

Die Grundrechte verbürgten des weiteren die Unverletzlichkeit des Eigentums, bestimmten aber auch, daß Grundeigentum grundsätzlich frei erwerbbar, veräußerlich und teilbar sei (adelige Fideikommisse z. B. waren danach verboten). Alle Feudalrechte wurden entschädigungslos aufgehoben (Erbuntertänigkeit, Patrimonialgerichtsbarkeit, Jagdrecht auf Bauernland, örtliche Polizeigewalt u. dgl.). Zehnten und Grundlasten sollten grundsätzlich ablösbar sein.

Bestimmungen über die Unabhängigkeit der Rechtspflege, Trennung von Justiz und Verwaltung, Öffentlichkeit und Mündlichkeit des Gerichtsverfahrens, Einsetzung von Schwurgerichten zumindest für schwere Strafsachen und politische Vergehen fanden sich im letzten Abschnitt der Grundrechte, ebenso eine

Bestimmung über die generelle Einführung der gemeindlichen Selbstverwaltung. Außerdem wurde hier ein Minimum der Rechte normiert, die in den Landesverfassungen den Landtagen einzuräumen waren: Gesetzgebung, Steuerbewilligung, Budgetrecht, Initiativrecht, Verantwortlichkeit der Minister. Schließlich wurde noch allen nationalen Minderheiten in Deutschland ihre »volkstümliche Entwicklung« gewährleistet, »namentlich die Gleichberechtigung ihrer Sprachen, soweit deren Gebiete reichen, in dem Kirchenwesen, dem Unterricht, der inneren Verwaltung und der Rechtspflege« (§ 188).

Nach der ersten Lesung der Grundrechte behandelte die Nationalversammlung zunächst die anderen Abschnitte der Verfassung, beschloß dann aber nach der zweiten Lesung des Grundrechtskatalogs am 21. Dezember, ihn sofort im Vorgriff auf die endgültige Verfassung als einfaches Reichsgesetz in Kraft zu setzen. Sie konnte sich dabei nicht nur auf das Gesetz über die Einsetzung der Provisorischen Zentralgewalt berufen, sondern auch auf ein eigenes Gesetz vom 27. September, demzufolge Reichsgesetze mit ihrer Verkündung im Reichsgesetzblatt in Kraft traten, ohne daß es dazu noch eines zusätzlichen Aktes der Bundesstaaten bedurfte. Die größeren deutschen Staaten, voran Österreich und Preußen, hatten diesem Gesetz jedoch widersprochen, und die Reichsregierung konnte die Anwendung der Grundrechte in ihnen nicht erzwingen. Baden, Württemberg, Sachsen und andere Staaten publizierten die Grundrechte in ihren Gesetzblättern und machten sie auf diese Weise durch einen nach Auffassung der Nationalversammlung überflüssigen Schritt zu unbestritten gültigem Recht. Andere Länder ließen es bei der Publikation im Reichsgesetzblatt bewenden. Der Grundrechtskatalog der Paulskirche war also in Teilen Deutschlands vorübergehend geltendes Recht.

Der Nationalversammlung ist später häufig vorgeworfen worden, daß sie mit der vorrangigen Behandlung der Grundrechte zu viel Zeit verbracht und so die Chance vertan habe, den von der Märzbewegung noch angeschlagenen deutschen Dynastien ihre Vorstellungen über Staatsform und Organisation des künftigen Deutschland aufzuzwingen. Dem ist entgegenzuhalten, daß sich die Einzelstaaten auch im Herbst 1848 kaum unter ein Diktat der Nationalversammlung gebeugt hätten. Außerdem bestand über die Grundrechte weitgehender Konsens, während sich die Vorstellungen über die deutschen Grenzen und die Form der obersten Reichsgewalt erst noch klären mußten.

9.3 Der deutsche Nationalstaat: Kleindeutschland, Grossdeutschland oder 70-Millionen-Reich?

In den ersten Artikeln der Verfassung mußte festgelegt werden, welche Gebiete dem künftigen Reich angehören sollten. Dabei ging es vor allem um Schleswig, die preußischen Besitzungen des ehemaligen Königreichs Polen und um die Zukunft des Vielvölkerstaates der Habsburger Monarchie.

Grenzfragen hatten schon bei der Vorbereitung der Wahlen zur Nationalversammlung eine Rolle gespielt. So hatte noch der Bundestag auf Antrag Preußens die Aufnahme der bisher nicht zum Bunde gehörenden Provinzen Ost- und Westpreußen in den Bund beschlossen sowie der Abhaltung von Wahlen zur deutschen Nationalversammlung in dem zu Preußen gehörenden, überwiegend jedoch von Polen besiedelten Großherzogtum Posen zugestimmt. Auch in Schleswig wurden die Wahlen durchgeführt, obwohl es nicht zum Deutschen Bund gehörte und der Bundestag es vermied, einen förmlichen Beschluß über die Annexion Schleswigs zu fassen. Zurückgewiesen wurde selbstverständlich der Protest der tschechischen Nationalbewegung, deren Sprecher Palacky in einem viel beachteten Manifest gegen die Eingliederung einer großen slavischen Minorität in den deutschen Nationalstaat protestiert und die Stärkung der Habsburger Monarchie als einigendes Band um eine Vielzahl autonomer Völker und Ordnungsmacht im Balkanraum gefordert hatte (s. S. 82). In einer Vielzahl böhmischer und mährischer Wahlkreise kamen die Wahlen wegen des tschechischen Boykotts nicht zustande.

Die Schleswig-Holstein-Frage wurde in der Nationalversammlung zum ersten Male bereits Anfang Juni behandelt, und diese hatte damals eine Resolution verabschiedet, in der die Angelegenheit zur Sache der deutschen Nationalversammlung erklärt und gefordert wurde, daß bei einem Friedensschluß nach dem deutsch-dänischen Krieg »das Recht der Herzogtümer Schleswig und Holstein und die Ehre Deutschlands gewahrt werde« (s. S. 109).

Nach der damaligen leidenschaftlichen Debatte und den Auseinandersetzungen über den Waffenstillstand von Malmö im September wurde die Schleswig-Holstein-Frage während der Verfassungsberatungen nur relativ kurz angesprochen. Man war offenbar zu der Überzeugung gekommen, daß nichts anderes übrigbleibe, als den endgültigen Friedensschluß abzuwarten. So wurde das Problem in der Reichsverfassung ausgeklammert: »Die Festsetzung der Verhältnisse des Herzogtums Schleswig bleibt vorbehalten«, heißt es in § 1, Abs. 2.

Die große Polendebatte der deutschen Nationalversammlung im Juli 1848 wurde durch die Frage nach der Anerkennung der Mandate der in der Provinz Posen gewählten Abgeordneten ausgelöst. Sie entwickelte sich jedoch zu einer Grundsatzdiskussion über das Lebensrecht der polnischen Nation.

Nachdem das Königreich Polen infolge der Teilungen von 1772, 1792 und 1795 durch Preußen, Österreich und Rußland vernichtet worden war, hatte Napoleon nach dem Sieg über Preußen 1807 ein neues polnisches Staatsgebilde unter der Bezeichnung »Großherzogtum Warschau« ins Leben gerufen. Dieses wurde jedoch während des Wiener Kongresses 1814/15 erneut aufgeteilt. Aus den so gewonnenen Gebieten bildete Preußen das Großherzogtum (ab 1830 nur noch Provinz) Posen, während der größere Teil Polens als Königreich in Personalunion mit Rußland verbunden wurde. Österreich behielt das Königreich Galizien, dem nach einem Aufstand im Jahre 1846 auch die bis dahin Freie Stadt Krakau eingegliedert wurde. Im preußischen Polen lebten etwa 400 000 Deutsche (überwiegend in den Städten), rund 800 000 Polen und ungefähr 50 000 Juden.

Nach einem großen, zunächst erfolgreichen Aufstand gegen die russische Herrschaft im Jahre 1830/1831 herrschte in Deutschland ebenso wie in anderen Ländern Europas eine große Begeisterung und viel Sympathie für das polnische Volk als Vorkämpfer der europäischen Freiheit gegen die russische Despotie und das System der Heiligen Allianz. Es blieb allerdings unbestimmt, für welches Polen man die Wiederherstellung seiner nationalen Unabhängigkeit forderte. War man bereit, auch überwiegend oder teilweise deutsch besiedeltes Gebiet an einen neuen polnischen Staat abzutreten, oder dachte man nur an die Territorien unter russischer Herrschaft, wenn man Freiheit für Polen forderte?

Nach der Märzrevolution hatte die preußische Regierung beschlossen, nicht nur die Provinzen Ost- und Westpreußen dem Deutschen Bund einzugliedern, sondern auch den überwiegend von Deutschen besiedelten Teil des Großherzogtums Posen mit rund 800 000 Einwohnern. Der so gut wie ausschließlich von Polen besiedelte Rest erhielt die Bezeichnung »Herzogtum Gnesen«, und seinen Bewohnern wurde eine »Nationale Reorganisation« in Aussicht gestellt. Nur im westlichen Teil fanden demgemäß Wahlen zur deutschen Nationalversammlung statt. Die polnische Nationalbewegung protestierte jedoch vehement gegen diese »fünfte Teilung Polens«, und in Preußisch-Polen kam es zu bürgerkriegsähnlichen Kämpfen zwischen Deutschen und Polen (s. S. 31 f.).

Im Bericht des auch in dieser Frage zuständigen völkerrechtlichen Ausschusses wurden die Forderungen des polnischen Nationalkomitees zurückgewiesen. Polen, so hieß es dort, sei nach seiner Glanzzeit im 17. Jahrhundert durch eigene Schuld, politische Zerrissenheit und soziale Gegensätze verfallen, habe dadurch die Intervention der Nachbarstaaten herausgefordert und sei in seinem preußischen Teil zunächst durch planmäßige Kolonisation seit der Herrschaft Friedrichs des Großen und später durch eine bewußte Germanisierungspolitik nach 1830 wieder zu angemessenem Wohlstand und gesetzmäßiger Ordnung gelangt. Die von den Polen geforderte Wiederherstellung ihres Staates im Umfang von 1772 sei nicht möglich. Eine Teilung der Provinz Posen entsprechend der jeweils vorherrschenden Nationalität hingegen sei sinnvoll und würde in Gestalt des Herzogtums Gnesen die Keimzelle für die Wiedergeburt eines freien und selbständigen Polen schaffen. Eine Abweichung von diesem Nationalitätsprinzip allerdings sei nötig: Die Festung Posen müsse wegen ihrer großen strategischen Bedeutung an der Grenze zu Rußland mit einem Landkorridor nach Westen und einem Vorfeld im Osten in deutscher Hand bleiben.

Der Berichterstatter des Ausschusses, der Breslauer Historiker Stenzel (Casino), nannte in diesem Zusammenhang auch die Voraussetzungen, die ein Volk für die Gründung eines nationalen Staates mitbringen müsse: nicht nur eine Basis in gemeinsamer Kultur, in Volkstum, Sprache und Geschichte und einem darauf begründeten Nationalbewußtsein, sondern auch die Fähigkeit, allen in seinem Gebiet lebenden Menschen, welcher Nationalität auch immer, Freiheit der Person und Sicherheit des Eigentums zu garantieren, alle geistigen und materiellen Interessen zu fördern und auf diese Weise bürgerliche Kultur zu entwickeln und angemessenen Wohlstand zu erreichen. So sollten sich auch die Polen »würdig« auf den Augenblick vorbereiten, »den die Zukunft ihnen jetzt noch verhüllt und den sie in sehr verzeihlicher Weise vielleicht zu stürmisch herbeizurufen suchen« (Sten. Ber. Nr. 67, Bd. 2, S. 1128).

Die Polendebatte erhielt ihren besonderen Charakter durch die Ausführungen Wilhelm Jordans vom Deutschen Hof (aus dem er wegen dieser Rede ausgeschlossen wurde). In von der Geschichtsphilosophie Hegels geprägten leidenschaftlichen, mehrstündigen Ausführungen (ebd., S. 1143 ff.) verurteilte er jede Form von kosmopolitischem Idealismus zugunsten der Wiederherstellung Polens als liberale Sentimentalität, als »träumerische Selbstvergessenheit und Schwärmerei«. Er rief zu einem »gesunden Volksegoismus« auf, »welcher die Wohlfahrt und Ehre des Vaterlandes in allen Fragen obenan stellt [...]. Unser Recht« so fuhr er fort, »ist kein anderes als das Recht des Stärkeren, das Recht der Eroberung«. Vor dem unerbittlichen Gericht der Weltgeschichte hätten weder die Polen noch irgend ein anderes Volk ein Recht auf selbständige Existenz. Wer nicht stark genug sei, sich selbst zu behaupten, werde vom unaufhaltsamen Mühlrad der Geschichte zermahlen. Die Überlegenheit der deutschen Stämme gegenüber den Slawen (mit Ausnahme der Russen) sei ein Naturgesetz. Bei den Teilungen Polens habe kein Völkermord stattgefunden, sondern nur die »Bestattung einer längst in Auflösung begriffenen Leiche«. Das Verdikt der Geschichte über Polen sei nicht zuletzt deshalb notwendig und berechtigt, weil es in Polen keinen Dritten Stand gebe, der zur Verwirklichung der Freiheit imstande sei. Ganz im Sinne Stenzels meinte auch Jordan, daß die Polen erst einmal beweisen sollten, daß sie sich »im Sinne des 19. Jahrhunderts« selbst regieren könnten. Jordans Rede endete unter »andauerndem, stürmischem Beifall«.

Der erschreckende Sozialdarwinismus Jordans blieb in der Paulskirche nicht ohne Widerspruch. Mehrere Redner sahen in seiner Rede eine Beleidigung und Verunglimpfung des polnischen Volkes. Man beklagte dessen Leid und Unglück, mehrheitlich allerdings unter dem Aspekt, daß man hier ohnmächtiger Zeuge einer unabwendbaren welthistorischen Tragödie sei und daß alle Sympathien für das unglückliche Polen der Pflicht zu nationaler Machterweiterung unterzuordnen seien. Es wurde auch darauf hingewiesen, daß der polnische Staat nicht untergegangen, sondern planmäßig vernichtet worden sei. Besonders der Demokrat Robert Blum würdigte den ehrenvollen Platz Polens in der europäischen Geschichte und sprach unter vielseitigem Beifall von der Verpflichtung Deutschlands, das an Polen begangene Unrecht zu sühnen, seinen Wiederaufstieg zu fördern und Polen als Damm gegen Rußland wiederherzustellen. Da er gleichzeitig aber auch sagte, daß polnisches Land an Deutschland abgetreten werden müsse und daß man dies auch den Polen einsichtig machen könne, dachte er wohl eher an eine Wiederherstellung Polens auf der Grundlage der von Rußland annektierten und jetzt zurückzufordernden Gebiete, wie denn auch der Abgeordnete Ostendorff vom linken Zentrum forderte, man solle Polen von Warschau und Wilna aus, nicht aber in Posen und Bromberg wiedererrichten. Die Vorstellung Blums, Polen könne ein Schutzwall gegen den russischen Despotismus werden, wurde von denjenigen Abgeordneten zurückgewiesen, die im Gegensatz dazu die Gefahr des Panslawismus beschworen. Für die polnische Nationalbewegung lehnte der Abgeordnete Janiszewski aus Posen die Teilung der Provinz mit allem Nachdruck ab und kritisierte voller Indignation die These von der naturgegebenen Überlegenheit des deutschen Volkes.

Für die Wiederherstellung des alten Polen setzte sich nur ein Abgeordneter ein, der Linkshegelianer Arnold Ruge, ein zur Fraktion Donnersberg zählender Außenseiter der Paulskirche. Er sagte, daß Polen für Europa gebraucht werde, daß sich sein Volk sehr wohl selbst regieren könne und daß sich die Slawen überhaupt ohne Schwierigkeit in die große Familie der europäischen Völker integrieren ließen. Er forderte die Einberufung eines Kongresses für die Grundlegung eines neuen Völkerrechts, das allen Nationen ihre Freiheit und Sicherheit verbürgen müsse. Als er in diesem Zusammenhang sagte, er wünsche den Italienern einen Sieg über die österreichischen Truppen, kam es wegen eines solchen »Landesverrats« zu lebhaften Tumulten in der Paulskirche.

Die Polendebatte zeigt, in welch großem Maß damals bereits die Vorstellung von einem unausweichlichen Lebenskampf der Völker in der Paulskirche verbreitet war. Es klang zwar weniger brutal als bei Jordan, besagte aber im Grunde das gleiche, wenn der Abgeordnete Ostendorff (Württemberger Hof) vom »Recht der Eroberung durch den Pflug« sprach, einem Recht, »welches auch der freie Nordamerikaner dem eingeborenen Indianer gegenüber ausübt« (Sten. Ber. Bd. 2, S. 1175).

Die Mandate der in Westposen gewählten Abgeordneten wurden selbstverständlich anerkannt. Die Nationalversammlung bestätigte die Bundesbeschlüsse vom 22. April und 2. Mai über die Einverleibung eines Teils der Provinz Posen in den Bund und schloß ihn somit in den Geltungsbereich der Reichsverfassung ein. Über den besten Grenzverlauf suchte sich die Paulskirche durch einen nach Polen entsandten Reichskommissar ein selbständiges Urteil zu bilden. Im Ganzen siegte letztlich auch in Preußen die Tendenz, die Grenze zum Nachteil der Polen immer weiter nach Osten zu verschieben. Nach der Wiederherstellung des Bundestags erklärte Preußen 1851 mit fragwürdiger Begründung, es betrachte die Aufnahme Ost- und Westpreußens sowie Westposens in den Deutschen Bund als nicht erfolgt, und der Bundestag widersprach nicht.

Die Debatten über Schleswig-Holstein und Polen zeigen, daß die deutsche Nationalversammlung in ihrer ganz großen Mehrheit dazu neigte, das Nationalstaatsprinzip bei allen strittigen Fragen kompromißlos zugunsten Deutschlands auszulegen. Bis zu einem gewissen Grade wird man das verstehen können. Nimmt man aber hinzu, daß in der Paulskirche auch gelegentlich Visionen von einem Wiedergewinn der noch im ausgehenden Mittelalter mit dem deutschen Reich verbundenen Schweiz, von Elsaß-Lothringen und den Niederlanden anklangen und daß von einer Ausdehnung des deutschen Herrschaftsbereichs bis ans Schwarze Meer geträumt wurde, ist es nicht weniger verständlich, daß die europäischen Nachbarstaaten durch diese Äußerungen deutschen Nationalgefühls und deutschen Sendungsbewußtseins beunruhigt wurden.

Zur eigentlichen Kernfrage der deutschen Nationalstaatsgründung kam die Nationalversammlung, als sie Mitte Oktober mit der Diskussion über die Stellung Österreichs im künftigen deutschen Reich begann. Ging es dabei ja doch nicht nur um die territoriale Ausdehnung des Reiches, sondern auch um die Grundprobleme seiner inneren Struktur. Dabei standen im Prinzip drei Möglichkeiten zur Diskussion:

1. Die Einbeziehung aller auch bislang zum Deutschen Bund gehörenden Gebiete Österreichs in das Reich. Mit Böhmen und Mähren wäre dann eine starke slawische Minorität dem deutschen Nationalstaat eingegliedert worden. Bei dieser Lösung mußte einerseits eine Lösung für den preußisch-österreichischen Dualismus gefunden werden, andererseits das Verhältnis der zu Deutschland gehörenden Teile der Monarchie zu den anderen Ländern geklärt werden. Nur eine stark föderative Struktur des Reiches konnte diesen Bedingungen genügen.

2. Der Ausschluß aller Länder der Habsburger Monarchie aus dem Reich und die Begründung eines relativ unitarischen deutschen Nationalstaates unter preußischer Führung. Das konnte auch zur Stärkung des Zusammenhaltes des österreichischen Gesamtstaates führen. Wie dessen Verhältnis zum deutschen Reich sich gestalten würde, bedurfte der Klärung.

3. Die Aufnahme der gesamten Habsburger Monarchie in das Reich, also auch des polnischen Königreichs Galizien, des magyarisch dominierten Ungarn, der oberitalienischen Lombardei und Venetiens. Dann wäre ein mitteleuropäisches Großreich entstanden, kein Nationalstaat, und kaum mehr als eine lockere Föderation kleinerer und größerer Staatsgebilde, wahrscheinlich nicht mehr als eine Art Erweiterung des bisherigen Deutschen Bundes.

Anfänglich neigte die Nationalversammlung nahezu einhellig zur ersten dieser Möglichkeiten. Man war allgemein der Auffassung, daß mit den Revolutionen von 1848 die Stunde der Neuordnung Mitteleuropas nach nationalstaatlichen Prinzipien gekommen sei, und der Verfassungsausschuß zog daraus nur die nach seiner Ansicht unausweichliche Konsequenz, wenn er für die ersten Paragraphen der Verfassung folgende Formulierungen vorschlug:

»§ 1. Das deutsche Reich besteht aus dem Gebiete des bisherigen deutschen Bundes [...].

§ 2. Kein Teil des deutschen Reiches darf mit nichtdeutschen Ländern zu einem Staat vereinigt sein.

§ 3. Hat ein deutsches Land mit einem nichtdeutschen Lande dasselbe Staatsoberhaupt, so ist das Verhältnis zwischen beiden Ländern nach den Grundsätzen der reinen Personal-Union zu ordnen« (Sten. Ber. Nr. 67, Bd. 4, S. 2717).

Damit stand die Auflösung der Habsburger Monarchie in mehrere, nur noch durch das gemeinsame Herrscherhaus zusammengehaltene selbständige Nationalstaaten zur Diskussion. Dies wurde von den liberalen Fraktionen als historische Notwendigkeit akzeptiert und von der Linken im Interesse der Freiheit Europas ausdrücklich begrüßt. Sie erklärte, daß die Habsburger Monarchie schon seit längerer Zeit nur noch ein Konglomerat von Nationalitäten sei, das mit dem »Kitt der Despotie« zusammengehalten werde. Man solle daher auch den Slawen, den Magyaren und Italienern das Recht zur Bildung eigener, freiheitlicher Nationalstaaten geben. Die Rolle Österreichs als Ordnungsmacht im Donauraum sei ausgespielt, und die Vorherrschaft der Deutschen über die anderen Nationalitäten sei nicht mehr aufrechtzuerhalten. Mit besonderer Schärfe formulierte Karl Vogt vom Deutschen Hof diesen Standpunkt. Das Habsburger Reich sei ein Haus aus Leichen, das mit Blut gekittet sei: »Es ist ein Verdienst, den Scheiterhaufen unter diesem eklen Gebäude anzuzünden, damit der Phönix des vereinigten Deutschlands aus der Flamme sich erheben könne« (Sten. Ber. Nr. 67, Bd. 8, S. 5823). Vogt erhielt für seine Ausführungen lauten und anhaltenden Beifall von der Linken und Teilen des Zentrums.

Daß eine nationalstaatliche Neuordnung Mitteleuropas und damit die Auflösung der Habsburger Monarchie das Gebot der Zeit sei, war auch im Casino die überwiegende Ansicht. Waitz, Droysen, Dahlmann, Beseler und Gagern sprachen sich im Plenum dafür aus. Für Gagern waren einige Nationalitäten in der Habsburger Monarchie zur Gründung eigener Staaten reif, vor allem die Italiener und Ungarn, die Polen jedoch nicht. Die zu nationaler Selbstbestimmung noch nicht befähigten Völker sollte man »wie Trabanten in unser Planetensystem einfassen« (Sten. Ber. Nr. 67, Bd. 4, S. 2898).

Es gab natürlich auch eine ganze Reihe von Abgeordneten auf der rechten Seite des Hauses, die der Auffassung von einem naturnotwendigen baldigen Zerfall der Habsburger Monarchie widersprachen. Sie erklärten, daß die deutsch-österreichische Kulturmission im Donauraum noch längst nicht abgeschlossen sei. Nach wie vor sei es »die edelste Aufgabe der Deutschen, [...] die deutsche Gesittung, die deutsche Freiheit nach dem barbarischen Osten zu tragen«, so der Österreicher v. Arneth (Sten. Ber. Nr. 67, Bd. 4, S. 2780). Die Vorstellung, Österreich könne sich als »Völkerbund der Freiheit« regenerieren, war für den schon aus der Polendebatte her bekannten Wilhelm Jordan illusionär. Er forderte stattdessen eine konsequente Germanisierungspolitik gegenüber den Völkern des Donauraums.

Da die Deutschen in der Habsburger Monarchie nur eine Minderheit von etwa 40 Prozent waren, wurde in den Diskussionen über die Zukunft Österreichs naturgemäß auch immer wieder die »slawische Gefahr« beschworen. So unterstellte man den Slawen vielfach, daß sie sich zum eigentlichen Reichsvolk der Habsburger Monarchie machen wollten und die Deutschen deshalb von Entrechtung und Unterdrückung bedroht seien. Um dieser Gefahr zu begegnen, wurden zwei gegensätzliche Strategien empfohlen:

Nach der einen durften die deutsch-österreichischen Provinzen auf keinen Fall von den anderen Ländern der Habsburger Monarchie getrennt werden. Sie mußten vielmehr in engster Verbindung mit diesen bleiben, um so das Deutschtum in ihnen zu stärken. Mit dem Rückhalt eines machtvollen deutschen Nationalstaates könne die Habsburger Monarchie dann die Stellung des Deutschtums im Donauraum sichern und ausbauen.

Gegenüber dieser offensiven Strategie wurde von anderen Abgeordneten eine defensive Alternative empfohlen: Hiernach waren die Deutsch-Österreicher aufs engste in den deutschen Nationalstaat einzubinden, und dieser sollte als Ganzes zum Bollwerk gegen den Panslawismus gemacht werden.

Wie weit einzelne Abgeordnete das Argument der »slawischen Gefahr« nur als Instrument für die Begründung ihrer kleindeutschen, großdeutschen oder großösterreichischen Verfassungskonzeptionen benutzten, ist schwer zu entscheiden. Es gab außerdem auch Abgeordnete, die in den Slawen keine nennenswerte Gefahr sahen, auf ihre politische und ethnische Zersplitterung hinwiesen und daran erinnerten, daß auch die Slawen nur eine Minderheit in der Habsburger Monarchie seien. Auch von einem Bündnis mit den Westslawen gegen den russischen Despotismus war wieder die Rede. Weder die Paulskirche als Ganze noch die einzelnen Fraktionen haben zur slawischen Frage eine einheitliche Stellung eingenommen. Eine Mehrheitsmeinung ist nicht erkennbar. Das Gefühl einer potentiellen Bedrohung deutschen Volkstums und deutscher Interessen war aber sicherlich weit verbreitet. Das in der Polendebatte artikulierte maßlose Überlegenheitsgefühl gegenüber den Slawen steht dazu in merkwürdigem Kontrast.

Auf dem Hintergrund dieser Gegensätze und Unsicherheiten über die Zukunftsperspektiven der Habsburger Monarchie sind die Abstimmungen über die ersten Paragraphen des Verfassungsentwurfes zu sehen. Die Ausschußvorlage zu Paragraph 1 wurde am 19., die zu den Paragraphen 2 und 3 am 27. Oktober mit mehr als zwei Dritteln der Stimmen angenommen. Damit war schon im Urteil der Zeitgenossen die »Frage an Österreich« gestellt, wie es sich zum Prozeß der deutschen Nationalstaatsgründung stelle.

In Österreich war mittlerweile die Wiener Oktoberrevolution ausgebrochen (s. S. 137) und das Ministerium Schwarzenberg gebildet worden. Dessen Haltung zur deutschen Frage schien hinreichend deutlich zu werden, als Schwarzenberg bei der Wiedereröffnung des nach Kremsier verlegten österreichischen Reichstags am 27. November erklärte:

> »Nicht in dem Zerreißen der Monarchie liegt die Größe, nicht in ihrer Schwächung die Kräftigung Deutschlands. Österreichs Fortbestand in staatlicher Einheit ist ein deutsches, wie europäisches Bedürfnis [...]. Erst wenn das verjüngte Österreich und das verjüngte Deutschland zu neuen und festen Formen gelangt sind, wird es möglich sein, ihre gegenseitigen Beziehungen staatlich zu bestimmen. Bis dahin wird Österreich fortfahren, seine Bundespflichten treulich zu erfüllen« (Huber Nr. 48, S. 360).

Schwarzenberg sprach sich also unzweideutig für den Fortbestand der Habsburger Monarchie als staatliche Einheit aus. Er befürwortete offenbar eine getrennte Neukonstituierung Deutschlands und Gesamtösterreichs und eine spätere Regelung ihrer gegenseitigen Beziehungen.

Mit der Erklärung von Kremsier wurde innerhalb der Nationalversammlung ein Stimmungsumschwung ausgelöst. Vor allem konnten sich im Casino jetzt diejenigen Kräfte durchsetzen, die von Anfang an eine Reichsgründung unter preußischer Führung gewollt hatten. Die Gegner dieser Konzeption schieden aus der Fraktion aus, und es entstanden die Lager der »Großdeutschen« und der »Kleindeutschen« (nach ihren Versammlungslokalen auch »Mainlust« und »Weidenbusch« genannt). Heinrich von Gagern aber entwickelte jetzt endgültig sein Programm des engeren und des weiteren Bundes: Gründung eines unitarischen deutschen Nationalstaates unter preußischer Führung ohne Deutsch-Österreich, aber völkerrechtliche Union dieses »Kleindeutschland« mit der gesamten Habsburger Monarchie zum Zweck einer gemeinsamen Außen- und Handelspolitik. Der bisherige Reichsministerpräsident, der Österreicher Schmerling, trat zurück, und Gagern übernahm dessen Amt. Mitte Januar billigte die Nationalversammlung mit 262:224 das Regierungsprogramm Gagerns und ermächtigte ihn gleichzeitig zu Verhandlungen mit Österreich über das Konzept des engeren und weiteren Bundes. Dabei wurden allerdings noch viele Vorbehalte geäußert, und es blieb offen, ob Gagerns Mehrheit halten würde, wenn Österreich sich seinem Vorschlag versagte.

Dem Konzept Gagerns wurden in der Paulskirche verzweifelte Versuche der Großdeutschen entgegengestellt, Deutsch-Österreich ohne Lösung seiner Bindungen zu den anderen Ländern der Monarchie in den deutschen Nationalstaat einzugliedern und zu diesem Zweck die Entscheidung über die Paragraphen 1-3 zu revidieren. Alle diese Vorschläge beruhten jedoch auf realitätsfernen, überkomplizierten und kaum praktikablen Konstruktionen und waren in der Paulskirche nicht mehrheitsfähig.

Außerdem wurde jetzt aber auch der schon bald nach Eröffnung der Nationalversammlung einmal zur Diskussion gestellte Vorschlag erneuert, die gesamte

Habsburger Monarchie mit Deutschland zu einem mitteleuropäischen Reich mit einer Bevölkerung von rund 70 Millionen Menschen zu vereinigen. Die Propagandisten dieser Idee, sie stammten vorwiegend aus Württemberg, Bayern und Österreich, entwarfen in leuchtenden Farben die glänzenden politischen und wirtschaftlichen Zukunftsperspektiven eines solchen Großreiches. Es würde, so der bayerische Abgeordnete Sepp (Casino), ein Übergewicht in Mitteleuropa haben und so die »Geschicke des Weltteils entscheiden« (Sten. Ber. Nr. 67, Bd. 4, S. 4609). Der Württemberger Moritz Mohl erklärte, weder Frankreich noch Rußland könnten gegen ein derartiges Reich aufkommen, und fuhr fort: »Ich frage, ob dieses deutsche Reich dann nicht imstande ist, Krieg und Frieden der ganzen Welt zu diktieren. Ich bitte Sie, dies zu bedenken. Es ist, glaube ich, einer der größten Gedanken unseres Jahrhunderts« (ebd., S. 4621). Ähnlich äußerte sich der Österreicher Würth. Der Donauraum bis zum Schwarzen Meer und bis nach Konstantinopel wurde als altes Ziel deutscher Auswanderung und natürlicher Raum deutscher Machterweiterung bezeichnet sowie die glänzenden Aussichten einer derartigen Großreichsbildung für Wirtschaftsentwicklung und allgemeinen Wohlstand Mitteleuropas beschworen.

Dem wurde in der Paulskirche allerdings vor allem von Abgeordneten des Casino entgegengehalten, daß ein mitteleuropäisches Großreich mit 39 Millionen Deutschen und 31 Millionen Nicht-Deutschen ein »politisches Ungetüm« (ebd., S. 4627, Beseler), ja eine »monströse Mißgeburt« wäre (ebd., S. 4635, Vincke), die der Tendenz der Zeit zu Gründung von Nationalstaaten widerspräche. Seine Errichtung würde außerdem von den europäischen Mächten nie geduldet werden. Die Bildung einer Universalmonarchie mit Kern in Mitteleuropa sei seit den Tagen Kaiser Karls V. immer wieder versucht worden, habe aber für Deutschland nichts als Unheil gebracht (so der Vorsitzende des Verfassungsausschusses, der Historiker Droysen). Andere Abgeordnete lehnten es kategorisch ab, die Reichsgründung durch Einbeziehung vielfältiger Völkerschaften zu belasten, welche die Deutschen mehrheitlich geradezu haßten.

Als über den Mitteleuropa-Plan abgestimmt werden sollte, zeigte sich, daß er von nicht einmal 20 Abgeordneten unterstützt wurde. Trotz des großen rhetorischen Aufwandes, mit dem er propagiert wurde, hatte er in der Paulskirche also nur ganz wenige Anhänger, und es ist daher verfehlt, wenn er in der Literatur gelegentlich als Beleg für die imperialistischen Großmachtträume der deutschen Nationalversammlung angeführt wird.

Mit dem Plan des engeren und weiteren Bundes war für Gagern notwendig die Entscheidung für ein mit der Krone Preußens untrennbar verbundenes erbliches Kaisertum verbunden. Ob er dafür eine Mehrheit in der Paulskirche finden würde, war jedoch buchstäblich bis zum letzten Tage offen. Sowohl für die demokratische Linke als auch für die föderalistisch-großdeutsche Rechte war ein solches Kaisertum unannehmbar. Auch viele Abgeordnete der Mittelfraktionen konnten sich nur schwer oder gar nicht mit einer Nationalstaatsgründung ohne die Deutschen in Böhmen, Mähren und Österreich abfinden, und anderen war die drohende Mediatisierung ihrer Heimatländer durch Preußen zuwider.

Gagerns Programm erhielt jedoch neue Befürworter, als die österreichische Regierung Anfang März eine Verfassung für das gesamte Staatsgebiet der Habsburger Monarchie oktroyierte, den Verzicht auf die Gründung eines deutschen Nationalstaates verlangte und stattdessen die Errichtung eines locker strukturierten 70-Millionen-Reiches vorschlug, in dem Österreich das Übergewicht gehabt hätte. Damit war das Band zwischen Österreich und der deutschen Nationalbewegung endgültig zerschnitten, aber auch dies brachte noch keine Mehrheit für das Gagernsche Programm. Es bedurfte vielmehr vorher noch erheblicher verfassungspolitischer Zugeständnisse des Casino an eine für die Mehrheitsbildung entscheidende Splitterfraktion der Linken.

9.4 Föderale Elemente in der Reichsverfassung

Nach den Beschlüssen über den Grundrechtskatalog und der Vorentscheidung über den Umfang des Reichsgebietes befaßte sich die Nationalversammlung mit der inneren Struktur des Reiches und entschied sich dabei für einen Mittelweg zwischen dem von der Linken vertretenen Unitarismus und dem von der Rechten favorisierten Föderalismus. Sie verzichtete auf die im Prinzip für erwünscht gehaltene umfassende oder partielle Neugliederung des Reichsgebietes und auf eine Mediatisierung oder Zusammenlegung von Kleinstaaten.

Auch die im Hintergrund diskutierte, besonders von Gagern und seinen Freunden befürwortete Auflösung Preußens und die Umwandlung seiner Provinzen in reichsunmittelbare Gebiete unterblieb. Das Übergewicht Preußens im kleindeutschen Nationalstaat wäre dadurch gemildert, das Wort des Königs von einem »Aufgehen Preußens in Deutschland« aus den Märztagen erfüllt worden. Gagern versuchte im November in Berlin persönlich, mit dem Köder der Kaiserkrone die preußische Regierung für diesen Plan zu gewinnen, mußte jedoch ohne Erfolg nach Frankfurt zurückkehren.

Als Organ des Föderalismus setzte die Nationalversammlung ein Staatenhaus ein, keinen Senat nach amerikanischem Vorbild, wie die Linke es vorgeschlagen hatte. Die Mitglieder des Staatenhauses sollten zur Hälfte von den Regierungen der Einzelstaaten bestimmt, zur anderen Hälfte von den Landtagen gewählt werden. Sämtliche Mitglieder, auch die Regierungsvertreter, hätten ein freies Mandat gehabt. Die einzelnen Länder waren im Staatenhaus mit einer unterschiedlichen Zahl von Stimmen vertreten, doch wurde dabei das Übergewicht der größeren Staaten zugunsten der kleineren gedämpft.

Nachdem die Linke das Einkammersystem nicht hatte durchsetzen können, versuchte sie die Kompetenzen des Staatenhauses im Kern auf ein aufschiebendes Veto gegenüber den Beschlüssen des Volkshauses zu begrenzen, drang damit aber ebenfalls nicht durch. Die Mehrheit entschied sich für eine Gleichrangigkeit beider Häuser bei der Gesetzgebung. Kam es in Fragen der Steuerbewilligung und der Verabschiedung des Haushaltes zu einem Dissens zwischen den beiden Häusern, so gab das Volkshaus den Ausschlag. Bei der Gesetzgebung war also eine gegenseitige Blockade der beiden Häuser des Reichstags möglich, bei Finanzfragen nicht. Für die Verabschiedung eines Gesetzes war ein übereinstimmender Beschluß der Reichsregierung und beider Häuser des Reichstags notwendig. Ein in drei Sitzungsperioden nacheinander gefaßter Beschluß des Reichstags wurde jedoch auch ohne Zustimmung der Regierung zum Gesetz, sogar bei Verfassungsänderungen, die im übrigen einer Zwei-Drittel-Mehrheit bedurften. Diese Entscheidung gegen ein absolutes Veto des Reichsoberhauptes gehörte in Verbindung mit der Wahlrechtsfrage und der Einrichtung eines erblichen Kaisertums zu den in der Endphase der Beratungen am heftigsten umkämpften Bestimmungen der Reichsverfassung (s. S. 209 ff.).

Beide Häuser des Reichstags hatten das Recht der Gesetzesinitiative. Sie konnten Untersuchungsausschüsse einsetzen, Auskünfte von der Regierung verlangen und im äußersten Fall die Minister vor dem Reichsgericht anklagen. Sie allein entschieden über die Legitimation ihrer Mitglieder, bestimmten ihre Geschäfts- und Tagesordnungen und wählten ohne Mitwirkung der Regierungen ihr Präsidium. Die Abgeordneten standen unter dem vollen Schutz der parlamentarischen Immunität: Alles dies waren prinzipielle Neuerungen gegenüber dem vormärzlichen deutschen Konstitutionalimus. Diäten gab es allerdings weiterhin nicht. Beibehalten blieb das Recht der Regierung zur Auflösung des Volkshauses und zur auf zwei Wochen beschränkten Vertagung beider Häuser.

Der Reichsgewalt allein stand die außenpolitische Vertretung und völkerrechtliche Repräsentation des Reiches zu, sowie – ohne Mitwirkung des Reichstags – die Entscheidung über Krieg und Frieden. Sie hatte den Oberbefehl über alle Streitkräfte, deren Finanzierung und Organisation im einzelnen Ländersache blieb. Beim Reich lag die Gesetzgebung für Verkehr, Post, Zölle, Münz-, Maß- und Gewichtssystem, für bürgerliches Recht, Strafrecht, Handelsrecht und Gerichtsverfahren. Das Reich hatte auch die Befugnis, eigene direkte Steuern auszuschreiben, war für seine Ausgaben jedoch zunächst auf die Einnahmen aus Zöllen, Verbrauchssteuern und Verkehrseinrichtungen oder auf Zuschüsse aus den Landeskassen, die »Matrikularbeiträge«, angewiesen.

Den Ländern standen die übrigen Steuern zu, aus denen sie den Aufwand für die bei ihnen verbleibenden bedeutenden Zuständigkeiten zu decken hatten: Heerwesen, Innere Verwaltung, Rechtspflege, Kirchen-, Universitäts- und Schulangelegenheiten.

Prinzipiell galt der Grundsatz, daß Reichsrecht Landesrecht bricht und daß im Zweifelsfalll die Zuständigkeitsvermutung für die Reichsgewalt spricht. Das Reich hatte die Möglichkeit, durch verfassungsänderndes Gesetz seine Kompetenzen zu Lasten der Länder auszuweiten.

Ein wichtiges unitarisches Element in der Reichsverfassung stellte schließlich auch das Reichsgericht dar. Es war vor allem zuständig für die Entscheidung in Konflikten zwischen Reich und Ländern, für Streitigkeiten zwischen Reichsregierung, Staatenhaus und Volkshaus, Streitfälle zwischen einzelnen deutschen Staaten, innerstaatliche Verfassungskonflikte, Verfassungsklagen einzelner deutscher Staatsangehöriger, Ministeranklagen sowie Fälle von Hoch- oder Landesverrat.

9.5 Der Verfassungskompromiss: Suspensives Veto, allgemeines Wahlrecht, Erbkaisertum

Der nächste Abschnitt der Verfassung, »Das Reichsoberhaupt«, war unter den Fraktionen erneut hart umkämpft, und lange schien es so, als ob überhaupt keine der vorgeschlagenen Lösungen eine Mehrheit finden würde.

Ihrer großdeutschen und föderalistischen Einstellung entsprechend favorisierte die Rechte die Einsetzung eines kollektiven Reichsoberhaupts in Gestalt eines Direktoriums, das aus einer Mehrzahl deutscher Fürsten gebildet werden sollte. Als Alternative dazu stellte sie einen periodischen Wechsel der Würde des Reichsoberhauptes zwischen Österreich und Preußen zur Diskussion, etwa im Abstand von sechs Jahren.

Die Fraktionen des Zentrums favorisierten demgegenüber eine unitarische monarchische Lösung, wie sie bereits bei der Einsetzung der Provisorischen Zentralgewalt präjudiziert worden war. Ein Kaisertum entspräche der dynastischen Staatenwelt Deutschlands. Es war nach Ansicht seiner Befürworter besser geeignet, Macht und Einheit Deutschlands nach Außen und Innen zur Geltung zu bringen, als ein stets von Uneinigkeit und daraus resultierender Lähmung bedrohtes Direktorium. Während das Casino für die Erblichkeit dieses Kaisertums eintrat, sprachen sich andere Fraktionen für eine Wahl auf Zeit aus. Vom linken Zentrum kam außerdem noch der Vorschlag, das Reichsoberhaupt auf Zeit vom Volke direkt wählen zu lassen, die Wählbarkeit dabei jedoch auf Mitglieder regierender Fürstenhäuser zu beschränken.

Die Linke schließlich verlangte die Einsetzung eines Reichspräsidenten, der vom Volk oder vom Reichstag für begrenzte Zeit gewählt werden sollte. Die Linke meinte, wenn die Revolution in Deutschland auch vor den Thronen stehen geblieben sei, so müsse man doch nicht unbedingt eine neue Monarchie begründen und damit einen anachronistischen und letztlich doch vergeblichen Schritt vollziehen. Die Verwirklichung einer auf die Volkssouveränität begründeten demokratischen Republik sei auf die Dauer nicht zu verhindern.

Die erste Lesung der Verfassungsvorlage endete Ende Januar, ohne daß sich eine konstruktive Mehrheit für eines der skizzierten Modelle gefunden hätte: Die demokratische Präsidentschaft wurde mit 339:122 Stimmen, ein dynastisches mehrköpfiges Direktorium mit 361:97 und ein turnusmäßiger Wechsel der Oberhauptswürde mit 337:80 Stimmen verworfen. Für die Übertragung der Oberhauptswürde an einen deutschen Fürsten fand sich zwar eine Mehrheit von 258:211 Stimmen. Deren Erblichkeit wurde jedoch mit 263:211 Stimmen abgelehnt, und die Wahl auf Lebenszeit mit 413:39 Stimmen. Von den verschiedenen Möglichkeiten einer Wahl auf Zeit fand eine Amtsdauer von 6 Jahren mit 196 Stimmen die relativ meisten Befürworter.

Nach der ersten Lesung war also nur entschieden, daß das künftige Reichsoberhaupt aller Wahrscheinlichkeit nach einer der regierenden deutschen Fürsten sein würde. Dementsprechend wurde dieser Kaiser mit allen Attributen eines konstitutionellen Monarchen ausgestattet. Er war persönlich unverletzlich, hatte die ihm übertragene Gewalt jedoch durch von ihm ernannte, verantwortliche Minister auszuüben. Diese durften von jedem der beiden Häuser des Reichstags vor dem Reichsgericht angeklagt werden. Nach einem von der Nationalversammlung nicht mehr verabschiedeten Gesetz zur Ministerverantwortlichkeit konnte eine solche Anklage nicht nur wegen Verstoßes gegen Gesetze oder Pflichtvergessenheit angestrengt werden, sondern auch wegen der Weigerung, Beschlüsse der Nationalversammlung zu vollziehen. Bereits die Eröffnung des Verfahrens hätte für den betroffenen Minister die Suspension vom Amt zur Folge gehabt. Wäre ein solches Gesetz auch als Ergänzung der Reichsverfassung beschlossen worden, hätte es die Rechtsgrundlage für die Einführung des parlamentarischen Regierungssystems in Deutschland geboten.

Unter den Rechten des Kaisers war das Vetorecht gegenüber Beschlüssen des Reichstags besonders umstritten. Für das Casino galt das uneingeschränkte Vetorecht als notwendiges Attribut einer monarchischen Reichsgewalt. Nur dadurch erhielt der Kaiser nach seiner Ansicht eine eigenständige Funktion als Regulativ im System der Gewaltenteilung, als Garant für den Sieg der politischen Vernunft und als Schutz der Minoritäten gegen eine mögliche Tyrannei der Majorität. 47 Abgeordnete des Casino warnten in einer Verwahrung davor, das Reichsoberhaupt zum bloßen Vollstrecker von Reichstagsbeschlüssen herabzuwürdigen; es sei unvorstellbar, »daß deutsche Fürsten einen so untergeordneten Beruf zu übernehmen sich entschließen werden« (Sten. Ber. Nr. 67, Bd. 6, S. 4105). Durch ein bloß suspensives Veto werde die künftige deutsche Regierung von Anfang an in einem unerträglichen Maße geschwächt; man dürfe ihr, so Dahlmann, »das Recht der rettenden Tat« nicht vorenthalten (S. 4097).

Für die Linke stand man mit der Entscheidung über das Vetorecht »auf den Grenzmarken zwischen dem alten Recht und dem neuen Recht« (S. 4077, Rödinger). Letztlich müsse der im Parlament ausgesprochene Wille des Volkes den Ausschlag im Leben der Nation geben. Daß dies im Vormärz nicht der Fall gewesen sei, habe ja doch die Revolution ausgelöst. Die Linke war jedoch bereit, der Reichsregierung ein einmaliges Einspruchsrecht gegen Reichstagsbeschlüsse zuzugestehen.

Von den Fraktionen des linken Zentrums beantragte der Augsburger Hof, daß ein in drei Sitzungsperioden nacheinander in beiden Häusern des Reichstags unverändert gefaßter Beschluß auch ohne Zustimmung der Reichsregierung Gesetzeskraft erlangen sollte. Ein derartiges Verfahren bot nach Ansicht der Fraktion hinreichende Sicherheiten gegen übereilte Mehrheitsbeschlüsse und eine gute Garantie dafür, daß in dem fraglichen Beschluß der vernünftige Volkswille zum Ausdruck komme, vor allem dann, wenn die Regierung zwischen den Legislaturperioden von ihrem Recht zur Reichstagsauflösung Gebrauch gemacht und auf diese Weise an das Volk appelliert hätte. Nach dem Antrag des Landsberg konnte ein Veto der Regierung schon in der nächsten Sitzungsperiode außer Kraft gesetzt werden, allerdings nur mit Zweidrittelmehrheit in beiden Häusern des Reichstags.

Bei der Abstimmung wurde das absolute Veto gegen die Stimmen der Rechten und des rechten Zentrums mit 267:207 Stimmen verworfen, danach die Anträge der Linken und schließlich der Antrag des Augsburger Hofes mit 274:187 Stimmen angenommen. Er ist im wesentlichen unverändert in den Text der Reichsverfassung eingegangen.

Für die Anhänger eines preußischen Erbkaisertums war diese Entscheidung die schwerste Hypothek aus der ersten Lesung der Reichsverfassung, konnte man sich doch nach den Vorgängen in Berlin unschwer ausmalen, was Friedrich Wilhelm IV. von einer mit diesem Makel versehenen Verfassung halten würde.

Nachdem die Verfassung soweit in erster Lesung fertiggestellt war, wurde ihr Text am 28. Januar den Landesregierungen mit der Bitte um Stellungnahme zugesandt, und die Nationalversammlung begann mit der Debatte über das Wahlrecht. Dabei befand sich das Casino in einem kaum lösbaren Dilemma. Der deutsche Liberalismus stand dem allgemeinen Wahlrecht bis zum Jahre 1918 skeptisch gegenüber. Politische Mitwirkungsrechte mußten nach seiner Ansicht an politisches Urteilsvermögen und ein durch privates Eigentum vermitteltes vitales Interesse an staatlicher Ordnung gebunden sein. Beides sprach man im Casino der Mehrheit der Bevölkerung ab. Beckerath sagte dazu in der Paulskirche, daß rund zwei Drittel des Volkes den Klassen angehörten, »bei denen in der Regel eine Einsicht in die öffentlichen Angelegenheiten nicht vorausgesetzt werden kann« (Sten. Ber. Nr. 67, Bd. 7, S. 5247). Bassermann fürchtete um das Privateigentum, wenn proletarische Bevölkerungsschichten das Wahlrecht erhielten, die »sich den sozialistischen Lehren des bloß tierischen, augenblicklichen Genießens hingegeben« (ebd., S. 5252). Man malte die Gefahr des Übergangs zur plebiszitären Diktatur, die Vernichtung der Freiheit und die Verhinderung des Fortschritts als Folge des allgemeinen Wahlrechts an die Wand und wollte sicherstellen, daß nicht die numerische Masse, sondern der »vernünftige Volkswille« herrsche (ebd., S. 5246, Bassermann). Dahlmann hatte den Mittelstand schon im Vormärz als »Kern der Bevölkerung« und »Schwerpunkt des Staates« bezeichnet, und Gagern brachte die Sache schließlich auf den Punkt, wenn er in der Wahlrechtsdebatte sagte: »Den Mittelklassen den überwiegenden Einfluß im Staat zu sichern, ist die Richtung unserer Zeit« (ebd., S. 5303).

Die Liberalen rechtfertigten ihr Bestreben, den Mittelstand zur politischen Klasse schlechthin zu machen, vor sich und vor der Öffentlichkeit mit dem Argument, daß jeder Staatsangehörige durch Arbeit und Fleiß in diese mittleren Klassen aufsteigen könne. Ihr zunehmend sozial-konservative Züge annehmendes Gesellschaftsmodell war das einer offenen klassenlosen Mittelstandsgesellschaft (Gall in Nr. 61, S. 176). Ob sie dessen Verwirklichung angesichts der sozialen Gegensätze ihrer Zeit wirklich für möglich hielten, sei dahingestellt. Im Vergleich mit den Wahlrechtsbestimmungen anderer europäischer Verfassungen dieser Zeit gingen ihre Wahlrechtsvorstellungen aber noch immer weit über das hinaus, was in anderen Staaten zugelassen wurde.

Das Casino wußte, daß es sich mit seinen Anträgen auf Einführung erheblicher Wahlrechtsbeschränkungen notwendig »depopularisieren« mußte. Der Mehrheit der Wähler, die die Abgeordneten der Nationalversammlung gewählt hatten, wurde schließlich damit die politische Urteilsfähigkeit abgesprochen. Um einer Entscheidung auszuweichen, hätte das Casino die Behandlung der Wahlrechtsfrage am liebsten vertagt, bis die Verfassung in dritter Lesung verabschiedet war, doch die Linke konnte in einer Geschäftsordnungsdebatte durchsetzen, daß das Wahlrecht sinnvollerweise gleich nach der ersten Lesung auf die Tagesordnung kam.

Der Wahlrechtsentwurf des Verfassungsausschusses war von den Vorstellungen des Casino geprägt, das in ihm die Mehrheit hatte. Das Wahlrecht sollte den »Selbständigen« vorbehalten bleiben. Als nicht selbständig wurden nicht nur Entmündigte und Empfänger von Armenunterstützung bezeichnet, sondern auch Dienstboten, Gewerbegehilfen, und überhaupt alle, die für Tage-, Wochen- oder Monatslohn arbeiteten sowie schließlich auch diejenigen, deren Jahreseinkommen unter 300 Gulden lag oder die keine Einkommensteuer zu zahlen hatten. Nach den Berechnungen eines zeitgenössischen Statistikers wären danach knapp 70 Prozent der volljährigen Männer vom Wahlrecht ausgeschlossen gewesen.

Als Alternative zu derart massiven Wahlrechtsbeschränkungen wurden im Casino auch unterschiedliche Modelle für ein zwar allgemeines, aber ungleiches Wahlrecht diskutiert, die zum Teil dem späteren preußischen Dreiklassenwahlrecht (s. S. 230 f.) sehr nahe kamen .

Die Fraktionen des linken Zentrums konnten sich mit den Wahlrechtsvorstellungen des Casino nicht befreunden. Sie wollten im Prinzip das Wahlrecht beibehalten, das bei den Wahlen zur Nationalversammlung im Mai angewendet worden war. Als Voraussetzung dafür sollten für ganz Deutschland einheitliche Merkmale der »Selbständigkeit« gefunden werden, wofür verschiedene Vorschläge gemacht wurden: Eigener Hausstand, Besitz des Gemeindebürgerrechts, ein Minimum von Grundeigentum oder Einkommen von einer gewissen, regional auch verschieden zu definierenden Höhe.

Die Linke trat demgegenüber kompromißlos für das allgemeine, gleiche und direkte Wahlrecht ein. Man warf dem Casino zum einen vor, daß es mit seinen Wahlrechtsvorstellungen lediglich das Instrument zur Errichtung einer bürgerlichen Klassenherrschaft schaffen wolle, und diese könnte in Deutschland nur noch schlimmer werden als in Frankreich. »Bei uns würde der Egoismus der vielbesitzenden Klasse mit krämerischer Beschränktheit, mit Pfahlbürgertum und Zopfphilisterei alles, was an großem Leben in der Nation ist, unterdrücken« (Sten. Ber. Nr. 67, Bd. 7, S. 5244, Löwe). Zum anderen geißelte man die überhebliche Verachtung des einfachen Volkes. Man betonte, daß sich die deutsche Nation aus diesem Volk heraus ständig regeneriere, und Hildebrand von der Westendhall sagte dazu emphatisch: »Jene verachteten niederen Schichten der Gesellschaft sind die geheimen Werkstätten des menschlichen Geistes; hier werden die Genies und großen Reformatoren geboren, hier wird die Weltgeschichte produziert« (S. 5286).

In keiner anderen Debatte der Nationalversammlung sind die sozialen Gegensätze der Zeit und das Ringen um politische Einflußchancen in einer bürgerlichen Klassengesellschaft so deutlich zum Ausdruck gekommen wie in der Wahlrechtsdiskussion. Die Sorge des Bürgertums, in einem demokratisch verfaßten Staat von den handarbeitenden Klassen majorisiert zu werden, wurde unumwunden eingestanden und durch aggressive Geringschätzung des Volkes kompensiert. Nach den Landtagswahlen des Winters 1848/49 (s. S. 164 f.) war diese Sorge auch nicht unberechtigt. Daraus resultierte wohl auch zu einem großen Teil die Bereitschaft des Casino, der Reichsregierung gegen Mehrheitsentscheidungen des Reichstags ein unbeschränktes Einspruchsrecht zuzubilligen und sich auf diese Weise eine Auffangstellung im Schutz des alten Obrigkeitsstaates zu sichern.

Für den weiteren Gang der Dinge wurde die Reihenfolge der Abstimmung wichtig. Zunächst verabschiedete die Paulskirche vorbehaltlich etwa noch zu beschließender Einschränkungen den Satz: »Wähler ist jeder unbescholtene Deutsche, welcher das 25. Lebensjahr zurückgelegt hat«. Danach verfiel der Ausschußantrag mit 422:21 Stimmen der Ablehnung: das größte Debakel für eine derartige Vorlage in der Geschichte der deutschen Nationalversammlung überhaupt. Jeweils etwa 120 Stimmen erhielten danach die vom Casino eingebrachten Anträge auf Einführung eines ungleichen oder durch Zensusbestimmungen eingeschränkten Wahlrechts, und etwa 200 Stimmen entfielen anschließend auf die Anträge der Fraktionen des linken Zentrums. Am Ende waren alle Vorschläge zur Einschränkung des allgemeinen Wahlrechts abgelehnt. Doch dies stellte nur eine Vorentscheidung dar. War es doch durchaus vorstellbar, daß sich die Fraktionen des Zentrums und der Rechten für die zweite Lesung doch noch auf einen gemeinsamen Antrag verständigen würden. Zunächst allerdings hatte der Verlauf der ersten Lesung von Verfassung und Wahlgesetz gezeigt, daß sogar innerhalb der Regierungskoalition in zentralen verfassungspolitischen Fragen erhebliche Differenzen bestanden.

In die letzten Vorbereitungen der Fraktionen für die zweite Lesung der Verfassung, in die Bemühungen um Sammlung und Disziplinierung ihrer Mitglieder, in die nicht allzu erfolgversprechenden Versuche links und rechts, auf der Basis der Direktoriums-Lösung ein Gegenprojekt zum Gagernschen Programm zu erarbeiten, platzte am 11. März die Nachricht von der Oktroyierung einer Verfassung für den Gesamtstaat Österreich. In ihrem Rahmen sollten alle deutschen und nicht-deutschen Länder der Habsburger Monarchie fester als je zuvor zu einem zentralisierten Staat zusammengefaßt werden.

Die österreichische Regierung erhob gleichzeitig in ultimativer Form die Forderung, auf die Konstituierung eines deutschen Nationalstaates überhaupt zu verzichten und stattdessen alle Länder der Donaumonarchie mit den Staaten des Deutschen Bundes zu einer staatenbündischen mitteleuropäischen Föderation zusammenzuschließen. Als Volksvertretung war lediglich ein auf beratende Funktionen beschränktes Staatenhaus vorgesehen, dessen Mitglieder nicht direkt vom Volk, sondern indirekt von den einzelstaatlichen Kammern gewählt werden sollten. Die Wiener Regierung hatte so den endgültigen Bruch mit der deutschen Nationalbewegung vollzogen.

Damit waren alle verzweifelten Bemühungen der Großdeutschen gescheitert, vielleicht doch noch über eine Modifikation der Paragraphen 1-3 die Möglichkeit für einen Eintritt Deutsch-Österreichs in den deutschen Nationalstaat zu schaffen. Selbst bisherige prominente Sprecher der großdeutschen Partei, wie Karl Theodor Welcker, sprachen sich jetzt für die sofortige Verabschiedung der kleindeutschen Verfassung aus. Die erbkaiserliche Mitte hatte aber noch immer keine Mehrheit, und diese wurde erst durch den »Pakt Simon-Gagern« gesichert.

Darin versprach die vom Deutschen Hof abgespaltene Fraktion »Braunfels« mit ihren rund 20 Stimmen die Mehrheit für die Annahme des Erbkaisertums zu sichern, stellte dafür jedoch folgende Bedingungen: Eine hinreichende Zahl von Abgeordneten der Zentrumsfraktionen mußte schriftlich versichern, daß sie in den abschließenden Lesungen für das Suspensiv-Veto und das Wahlgesetz in der Fassung der ersten Lesung stimmen würde. So wurde verhindert, daß es vielleicht doch noch zu einer Mitte-Rechts-Koalition im Hinblick auf Wahlrechtsbeschränkungen und das absolute Vetorecht kommen könnte. Sehr groß war diese Wahrscheinlichkeit allerdings nicht, da die Rechte es in der Schlußphase der Beratungen darauf anlegte, die Verfassung durch ein Höchstmaß demokratischer Elemente für den preußischen König unannehmbar zu machen. Für die Vetofrage war dieses Versprechen erfüllbar, ohne daß eine nennenswerte Zahl von Abgeordneten ihr Votum aus der ersten Lesung ändern mußte. Zum Wahlgesetz fand keine namentliche Abstimmung mehr statt, so daß der erbkaiserlichen Mehrheit in diesem Punkt der Offenbarungseid erspart blieb.

In einem zweiten Revers verpflichteten sich 86 Abgeordnete der erbkaiserlichen Partei außerdem, daß sie die Verfassung in der von der Nationalversammlung verabschiedeten Form als endgültig anerkennen und sich zu keinerlei Veränderung an ihr bereitfinden würden. Für den Fall, daß der König von Preußen die Annahme der Kaiserkrone von irgendwelchen Bedingungen abhängig machen würde, legten sich diese Abgeordneten also auf ein kompromißloses Nein fest. Die »Gothaer« haben diese Zusage später nicht eingehalten (s. S. 247).

Nach diesem Koalitionsvertrag, der von einigen Zeitgenossen als empörender Kuhhandel mit politischen Überzeugungen verurteilt wurde, konnte die zweite Lesung der Verfassung zwischen dem 23. und 27. März durchgeführt werden. Dabei wurde die Erblichkeit des Kaisertums nur mit der hauchdünnen Mehrheit von 267:263 Stimmen angenommen.

Eine Überraschung brachte die zweite Lesung noch insofern, als dem Kaiser jetzt auch in Verfassungsfragen nur noch ein suspensives Veto zugebilligt wurde. 51 meist österreichische und bayerische Abgeordnete der Rechten, die bei der ersten Lesung noch für das absolute Veto gestimmt hatten, unterstützten jetzt die Position der Linken mit der offen eingestandenen Absicht, dem König von Preußen die Verfassung endgültig unannehmbar zu machen. Nachdem die Gegner des preußischen Erbkaisertums auf der Rechten und der Linken nicht in der Lage gewesen waren, dem kleindeutschen Konzept eine konstruktive Alternative entgegenzustellen, nahmen sie jetzt ihre Zuflucht zu einer Politik reiner Obstruktion. Entsprechend groß waren Empörung und Verbitterung bei der erbkaiserlichen Koalition, die auf diese Weise auch mit den Schattenseiten parlamentarischer Mehrheitsbildung konfrontiert wurde. Eine Schlußabstimmung über die Verfassung als Ganzes fand nicht statt.

Am 28. März nahm die Nationalversammlung das in den gesetzlichen Grundlagen ihrer Einberufung eigentlich nicht begründete Recht zur Wahl des Kaisers in Anspruch. 248 Abgeordnete enthielten sich, 290 stimmten für König Friedrich Wilhelm IV. von Preußen.

Aus dem Kräftespiel der Fraktionen der Nationalversammlung war eine Verfassung hervorgegangen, auf deren Boden sich die demokratischen und liberalen Strömungen der deutschen Revolution zusammenfinden konnten. Sie war nicht das Werk einer einzigen Partei, sondern sie war durch Kompromisse gekennzeichnet, deren Tragfähigkeit nie erprobt wurde. Sie sollte einen freiheitlichen deutschen Nationalstaat in der Form einer parlamentarischen Monarchie auf demokratischer Grundlage errichten. Daß Deutsch-Österreich aus diesem Nationalstaat ausgeschlossen worden wäre, wurde in der Paulskirche als sehr bitter empfunden, doch Gagerns Plan, die Habsburger Monarchie mit dem deutschen Nationalstaat in einer unauflöslichen Union zu verbinden, war vielleicht eine bessere Lösung für den Donauraum, als die von den Großdeutschen betriebene Trennung Deutsch-Österreichs von den anderen Ländern der Monarchie. Mit ihren unitarischen Zügen forderte die Reichsverfassung den Widerstand der größeren deutschen Staaten heraus, und diese fanden ihren Rückhalt bei den europäischen Großmächten, die aus eigenem Interesse die Errichtung eines machtvollen deutschen Staates nicht wünschen konnten und in Österreich dafür einen zuverlässigen Verbündeten hatten. Es wäre jedoch falsch zu behaupten, daß die Gründung des deutschen Nationalstaates 1848/49 an den europäischen Mächten gescheitert wäre.

10. Kapitel

DIE LIQUIDIERUNG DER REVOLUTION IN DEN STAATEN DEUTSCHLANDS

10.1 Die Ablehnung der Kaiserkrone

Friedrich Wilhelm IV. hatte schon im Dezember an den ihm persönlich als Berater nahestehenden preußischen Gesandten in London, Freiherrn von Bunsen, geschrieben, daß er ihm nicht folgen könne, wenn er zur Annahme der Kaiserkrone riete: »Die Krone, die die Ottonen, die Hohenstaufen, die Habsburger getragen, kann natürlich ein Hohenzoller tragen. Sie ehrt ihn überschwenglich mit tausendjährigem Glanze. Die aber, die Sie – leider – meinen, verunehrt überschwenglich mit ihrem Ludergeruch der Revolution von 1848, der albernsten, dümmsten, schlechtesten, wenn auch gottlob nicht der bösesten dieses Jahrhunderts. Einen solchen imaginären Reif, aus Dreck und Lettern gebacken, soll ein legitimer König von Gottes Gnaden, und nun gar der König von Preußen sich geben lassen!« Nur er und die deutschen Fürsten könnten die altehrwürdige Krone des deutschen Reiches wieder vergeben (Huber Nr. 48, S. 403.)

Tief verwurzelt im Glauben an eine von Gott begründete und deshalb allein gültige monarchische Legitimität, von abgrundtiefem Abscheu gegen die Revolution und deren Kinder, die Nationalversammlung und die Reichsverfassung erfüllt, wurde Friedrich Wilhelm IV. zum »Mann des Schicksals« für die deutsche Revolution.

Als ihm die Kaiserkrone am 3. April von einer Deputation der Nationalversammlung angetragen wurde, antwortete der König, er wisse das Angebot zu schätzen, könne die Krone jedoch nur mit Zustimmung der deutschen Fürsten und der Freien Städte annehmen, und die Regierungen müßten die Verfassung vorher auf ihre Zweckmäßigkeit hin überprüfen. Dem Werk der Nationalversammlung wurde also nicht mehr als der Charakter eines Entwurfs zugebilligt. Das preußische Staatsministerium hatte dem König zwar zu einer bedingten Annahme geraten, der König entschied sich jedoch für eine bedingte Ablehnung. Die Kaiserdeputation machte sich darüber keine Illusion.

In Übereinstimmung mit der Erklärung des Königs forderte Preußen noch am gleichen Tage die deutschen Regierungen auf, in Frankfurt Verhandlungen über die Errichtung eines engeren Bundesstaates auf der Grundlage freiwilligen Beitritts aufzunehmen, sich dort auch auf eine gemeinsame Haltung gegenüber den Beschlüssen der deutschen Nationalversammlung zu verständigen und das Verhältnis zu den Staaten zu klären, die dem engeren Bund nicht beitreten würden.

Diese preußische Initiative hatte keinen Erfolg. Einerseits gelang es dem Ministerium Gagern, 28 deutsche Regierungen zur Unterzeichnung einer Kollektivnote zu bewegen, in der sie am 14. April ihr Einverständnis mit der Kaiserwahl erklärten, die Reichsverfassung vorbehaltlos akzeptierten und Preußen aufforderten, sich dieser Haltung anzuschließen. Sachsen, Bayern und Württemberg hatten diese Kollektivnote nicht unterzeichnet. Das heißt andererseits jedoch nicht, daß sie den preußischen Vorschlag akzeptierten. Sie wollten sich vielmehr, so der König von Württemberg, nicht dem Hause Hohenzollern unterwerfen. Österreich hatte das preußische Projekt sofort verworfen.

Nach dem Fehlschlag dieses Versuches lehnte Preußen am 28. April Reichsverfassung und Kaiserkrone endgültig ab, wobei jetzt weniger ihre angeblich illegitime Geburt, als vielmehr inhaltliche Bedenken geltend gemacht wurden: Die Verfassung sei zu unitarisch, und einzelne (nicht genauer bezeichnete) Grundrechte seien unannehmbar. Vor allem aber bedrohe die Beschränkung der Reichsgewalt auf ein bloß suspensives Veto auch bei Verfassungsfragen das konstitutionell-monarchische Prinzip in seinem innersten Kern. In Verbindung mit dem »alle Schranken niederwerfenden Wahlgesetze« würde so die Möglichkeit geschaffen, »auf anscheinend legalem Wege die oberste Gewalt zu beseitigen und die Republik einzuführen«. (Huber Nr. 48, S. 415).

10.2 Die Reichsverfassungskampagne und der Dresdener Aufstand

Die Nationalversammlung beantwortete die preußische Erklärung mit einer Resolution vom 4. Mai. Sie rief darin »die Regierungen, die gesetzgebenden Körper, die Gemeinden der Einzelstaaten, das gesamte deutsche Volk« dazu auf, die Reichsverfassung »zur Anerkennung und Geltung zu bringen«. Am 15. Juli sollten die Wahlen zum Volkshaus stattfinden, am 22. August der erste Reichstag zusammentreten und nötigenfalls der Herrscher des größten vertretenen Staates als »Reichsstatthalter« vorläufig die Rechte und Pflichten des Reichsoberhauptes wahrnehmen.

Bei diesem mit 190:188 Stimmen gefaßten Beschluß hatte sich noch einmal die erbkaiserliche Partei mit einer mittleren Linie durchgesetzt, doch war es ihr nicht gelungen, in den Appell an das Volk eine Beschränkung auf gesetzliche Aktionen hineinzuschreiben. Die Rechte hatte die Verabschiedung der Resolution überhaupt abgelehnt, während die Linke sie zu einem Aufruf an Volk und Militär zu einer revolutionären Erhebung für die Reichsverfassung hatte machen wollen.

Noch am gleichen Tage beschloß die Nationalversammlung auch mit 188 Stimmen der Linken und des linken Zentrums gegen 147 Stimmen des Casino und der Rechten, die Zentralgewalt aufzufordern, alle verfügbaren Kräfte gegen die preußische Intervention in Sachsen zu mobilisieren. Dort hatten sich in einigen Städten Teile der Bevölkerung unter dem Banner des Kampfes für die Reichsverfassung gegen die Regierung erhoben. Der Mehrheitsbeschluß verlangte also von der Zentralgewalt nichts anderes, als den Bürgerkrieg um die Reichsverfassung zu eröffnen.

Die Nationalversammlung war jetzt gespalten in einen Mehrheitsblock, der auch gewaltsame Mittel zur Durchsetzung der Reichsverfassung nicht ausschloß, und eine Minderheit, die den Boden des Gesetzes nicht verlassen wollte. Dies war der Beginn eines Prozesses, der mit der Auflösung des »Rumpfparlamentes« in Stuttgart enden sollte.

Das Ministerium Gagern trat nach den Beschlüssen vom 4. Mai zurück. Zum neuen Ministerpräsidenten ernannte der Reichsverweser den Hannoveraner Grävell vom Café Milani, der in seiner Regierungserklärung betonte, daß die Zentralgewalt auf Anforderung der betreffenden Regierung »allen ungesetzlichen und gewaltsamen Bewegungen, welche die Durchführung der Verfassung zum Vorwand oder Anlaß haben«, entgegentreten werde. Die große Mehrheit der infolge zahlreicher Austritte mittlerweile auf rund 250 Mitglieder zusammengeschmolzenen Nationalversammlung sprach ihm danach das Mißtrauen aus.

Schon unmittelbar nach der Ablehnung der Kaiserkrone durch Friedrich Wilhelm IV. hatte der Zentralmärzverein (s. S. 157) damit begonnen, eine allgemeine Volksbewegung zugunsten der Reichsverfassung zu organisieren. Am 5. April bereits fand eine Konferenz von Abgeordneten der Nationalversammlung und süddeutscher Landtage in Heidelberg statt, bei der beschlossen wurde, in den einzelstaatlichen Landtagen von den Regierungen die Anerkennung der Reichsverfassung zu fordern, und ähnlich entschied sich der Zentralmärzverein am 11. April, obwohl die Linke der Nationalversammlung die Reichsverfassung mehrheitlich abgelehnt hatte. Die ganz erheblichen demokratischen Komponenten in der Verfassung ermöglichten es der gemäßigten Linken jedoch, sich ohne Preisgabe von Grundüberzeugungen im Kampf für die Verfassung zu engagieren.

Die vom sächsischen Abgeordneten Trützschler geführte Mehrheit der Fraktion Donnersberg erklärte jedoch, daß die Oberhauptsfrage nunmehr in republikanischem Sinne gelöst werden müsse. Sie trennte sich am 20. April vom Zentralmärzverein, trat in Verbindung zum Zentralausschuß der republikanischen Partei und beteiligte sich aktiv an der badisch-pfälzischen Erhebung vom Mai 1849. Trützschler wurde nach deren Ende gefangengenommen und standrechtlich erschossen. Auch gegen neun andere Mitglieder des Donnersberg ergingen Todesurteile.

Die ganz große Mehrheit des Zentralmärzvereins blieb demgegenüber bei der bereits in seinem Programm enthaltenen Absage an gesetzwidrige Aktionen. Eine am 6. Mai in Frankfurt abgehaltene Generalversammlung der Märzvereine forderte zwar zur Bildung von Wehrvereinen in ganz Deutschland auf, lehnte aber alle Anträge auf aktive Unterstützung der revolutionären Erhebungen in Sachsen und der bayerischen Pfalz ab. Dementsprechend haben auch die Redner des Zentralmärzvereins auf den großen Volksversammlungen dieser Tage eher mäßigend als aufputschend zu wirken gesucht, so z. B. der Abgeordnete Karl Vogt vom Deutschen Hof, der am 13. Mai vor mehr als 20 000 Menschen auf dem Judenbühl bei Nürnberg sprach.

Die Märzvereine versuchten ganz offensichtlich, die Kampagne für die Annahme der Reichsverfassung ähnlich wie die Märzbewegung 1848 zu einer Welle von Petitionen, Demonstrationen, Volksversammlungen, Kundgebungen, und Landtagsresolutionen zu kanalisieren und dadurch widerstrebende Regierungen zum Nachgeben zu veranlassen.

Daß diese Konzeption nicht ganz unrealistisch war, zeigte sich in Württemberg. Hier gelang es dem noch amtierenden Märzministerium nicht, den König zur Anerkennung der Reichsverfassung zu bewegen. Als dann jedoch die ganze Öffentlichkeit, der Landtag, die Presse und die politischen Vereine über alle Parteigrenzen hinweg die Reichsverfassungskampagne unterstützten, gab der König am 25. April nach. Vorher hatte die württembergische Generalität bei einer Kommandeurstagung erklärt, daß sie im Ernstfall nicht für die Treue der Truppen garantieren könne, und dies dürfte die Entscheidung des Königs letztlich bestimmt haben.

Auch in der bayerischen Armee kriselte es damals. Verbreitete Insubordinationen führten zu einem allgemeinen Zerfall der Disziplin, die Mannschaften zahlreicher Truppenteile sympathisierten mit den demokratischen Freiheitsbewegungen, und so wäre die bayerische Armee »ohne Zweifel im Falle des Ausbruches einer allgemeinen Revolution im Frühjahr 1849 kaum fähig gewesen, die Autorität des Systems durchzusetzen« (Callies Nr. 79, S. 202). Der Versuch, die Armee gegen eine allgemeine Erhebung einzusetzen, wäre offenbar in allen drei süddeutschen Staaten mit erheblichen Risiken verbunden gewesen, und vielleicht gilt dies auch für andere deutsche Länder.

Nach dem Sieg der Revolution in Baden (s. S. 223 ff.) fühlten sich die Württemberger Volksvereine verpflichtet, die Bevölkerung zu deren Unterstützung aufzurufen. Sie veranstalteten an den Pfingsttagen (27./28. Mai) in Reutlingen eine Volksversammlung, an der rund 20 000 Menschen teilnahmen. Diese verabschiedete ein Programm, das nicht nur die Unterstützung der pfälzischen und der badischen Bewegung verlangte, sondern auch zentrale sozialpolitische Anliegen der Zeit erneuerte (so vor allem das Verlangen nach unentgeltlicher Aufhebung aller Feudallasten und Einführung der progressiven Einkommensteuer). Als das Ministerium diese Forderungen ablehnte, kam es nicht zu der von den Initiatoren der Volksversammlung vielleicht erhofften allgemeinen Erhebung gegen die Regierung. Nach amtlichen Ermittlungen haben nur gut 400 Württemberger aktiv am badischen Aufstand teilgenommen.

Auch in Preußen, wo sich beide Kammern für die Annahme der Kaiserwürde ausgesprochen hatten und deshalb aufgelöst worden waren, kam es zu einer landesweiten Volksbewegung. An deren Zentren reagierte die Regierung mit der Ausrufung des Belagerungszustandes und der Mobilisierung der Landwehr zur Aufrechterhaltung der inneren Ordnung. An einigen Orten verweigerte die Landwehr diesen Dienst, so etwa in Breslau, am Niederrhein und im Sauerland, wo vor allem die Städte Elberfeld und Iserlohn von der Landwehrmeuterei erfaßt wurden. In Elberfeld konnte sie durch das Eingreifen des gemäßigten Bürgertums beigelegt werden, bevor reguläre Truppen eintrafen. In Iserlohn hingegen mußte die Rebellion mit Gewalt niedergeschlagen werden, wobei es 100 Tote gab.

In Sachsen herrschte bereits seit längerem eine spannungsgeladene innenpolitische Atmosphäre. Nachdem die Landtagswahl vom November in der zweiten Kammer eine überwältigende Mehrheit der Demokraten gebracht hatte, war es zu ständigen Konflikten zwischen dem im März 1848 eingesetzten liberalen Ministerium und dem Landtag gekommen. Eine konstruktive Gesetzgebungstätigkeit war nicht mehr möglich. Das Ministerium war deshalb schließlich zurückgetreten, und es wurde durch eine Regierung aus Mitgliedern der hohen Beamtenschaft ersetzt, die nur noch verwalten, aber nicht mehr regieren konnte. Der so entstandene permanente latente Konflikt zwischen Regierung und politischer Öffentlichkeit wurde durch die Reichsverfassungskampagne in einem solchen Maße verschärft, daß die Regierung zur Aufrechterhaltung der öffentlichen Ordnung um die Entsendung preußischer Truppen bat. Auch hier gab es Zweifel an der Loyalität der Soldaten bei den befürchteten bürgerkriegsähnlichen Unruhen.

Als das Hilfsersuchen am 3. Mai in Dresden bekannt wurde und gleichzeitig eine Parade der Kommunalgarde verboten wurde, brach dort der Aufstand aus. Ein Sicherheitsausschuß wurde eingesetzt und eine provisorische Regierung gebildet. Die königliche Familie und die rechtmäßige Regierung flohen auf die Festung Königstein. Die von den Dresdner Revolutionären erhoffte Ausbreitung der Revolution auf das ganze Land blieb jedoch aus. Im Vogtland und im Erzgebirge kam es zu lokalen Unruhen, und vereinzelt zogen auch bewaffnete Gruppen zur Unterstützung des Aufstandes nach Dresden. Die breite Masse des Bürgertums ließ sich jedoch nicht mitreißen. Vier Tage lang konnten die Dresdner Freiheitskämpfer den preußischen Truppen Widerstand leisten, bevor sie nach beiderseits verlustreichen Straßen- und Barrikadenkämpfen besiegt waren.

Die bis heute bekanntesten Dresdner Revolutionäre waren der anschließend steckbrieflich gesuchte und bis zu einer Amnestie im Jahre 1861 ins Exil getriebene Hofkapellmeister Richard Wagner und der mit ihm befreundete Architekt Gottfried Semper, der sich mit fachmännischem Rat am Barrikadenbau beteiligte und später die in den Revolutionstagen abgebrannte Hofoper durch einen glanzvollen Neubau ersetzen durfte.

10.3 Der Abfall der Pfalz von Bayern

Trotz einzelner Unruhen vor allem in Franken hielt sich die Reichsverfassungskampagne in den bayerischen Kernprovinzen weitgehend im gesetzlichen Rahmen – anders dagegen in der linksrheinischen bayerischen Pfalz. Seit der Zugehörigkeit zur französischen Republik und dem napoleonischen Kaiserreich war die Pfalz ein Zentrum liberaler und demokratischer Bewegungen. Hier wurde im Jahre 1832 das große Nationalfest auf der Burgruine Hambach veranstaltet, das mit rund 20 000 Teilnehmern die erste politische Massendemonstration für nationale Freiheit und Einheit auf deutschem Boden gewesen ist. Fast alle pfälzischen Abgeordneten in der Paulskirche und im bayerischen Landtag gehörten den Fraktionen der Linken an.

Als in der Pfalz die endgültige Ablehnung der Reichsverfassung durch Preußen bekannt geworden war, wurde am 2. Mai in Neustadt durch eine Versammlung von Delegierten der Pfälzer Volks- und Vaterlandsvereine ein Landesverteidigungsausschuß gebildet, der die Verwirklichung der Reichsverfassung durch das Volk organisieren sollte. Fast alle in der Pfalz stationierten Truppen gingen zu den Aufständischen über, der Regierungspräsident floh in die Festung Germersheim, die Justiz erklärte sich für neutral, die Beamten waren zur Anerkennung der Reichsverfassung bereit. Der von der Provisorischen Zentralgewalt als Reichskommissar in die Pfalz geschickte Abgeordnete Eisenstuck vom Deutschen Hof trieb die Bewegung im Widerspruch zu seinen Instruktionen noch weiter voran, indem er den Verteidigungsausschuß anerkannte und seine Maßnahmen zum Aufbau einer allgemeinen Volkswehr legitimierte. Am 17. Mai wurde in Kaiserslautern eine provisorische Regierung eingesetzt; die Pfalz hatte sich damit von Bayern losgesagt. Die provisorische Regierung versuchte sofort, sich auf den unvermeidlichen Kampf um die Reichsverfassung vorzubereiten, und die Pfalz konnte auch einen erheblichen Zustrom an revolutionären Republikanern, Flüchtlingen, Emigranten, kampferprobten Freischärlern usw. verzeichnen. Die erhoffte Anerkennung und Unterstützung durch Frankreich blieb jedoch aus, und eine effektive Zusammenarbeit mit der politischen und militärischen Führung der badischen Revolution kam nicht zustande. Auch im eigenen Lager herrschten nahezu chaotische Zustände: Desorganisation und Kompetenzstreitigkeiten, mangelnde Bewaffnung und Unfähigkeit der militärischen Führer ermöglichten es den Anfang Juni in die Pfalz einrückenden preußischen Truppen, den Aufstand verhältnismäßig schnell niederzuschlagen. Bayern hätte die staatliche Autorität lieber mit eigenen Truppen wiederhergestellt, doch Preußen bekräftigte auch hier seinen Führungsanspruch in deutschen Angelegenheiten, indem es die blutige Liquidierung der Revolution ohne Zögern selbst in die Hände nahm.

Mit der Reichsverfassungskampagne konnten sich noch einmal alle liberalen und demokratischen Kräfte identifizieren, die seit dem März 1848 für die Verwirklichung des freiheitlichen, nationalen Verfassungsstaates in Deutschland eingetreten waren, mochten ihre Vorstellungen darüber im einzelnen auch noch so unterschiedlich sein. Über der ganzen Bewegung lag aber nicht mehr die hoffnungsfrohe Zuversicht des vergangenen Frühjahrs, sondern der Schatten der Resignation. Wer konnte sich angesichts der österreichischen und preußischen Politik seit dem Oktober ernsthaft der Illusion hingeben, mit auf dem Boden der Legalität bleibenden Massendemonstrationen den König von Preußen zur Annahme einer verachteten Krone zwingen zu können?

Wo sich die Reichsverfassungskampagne zu gewaltsamen Aktionen ausweitete, hielt sich das besitzende Bürgertum von ihr fern. Es war ja doch unübersehbar, daß hier unter dem Motto des Kampfes für die Reichsverfassung noch einmal das Verlangen nach einer revolutionären Umgestaltung von Staat und Gesellschaft zum Ausdruck kam, das die Märzbewegung mitgetragen und den Boden für die Unruhen im Herbst abgegeben hatte. So bestanden die Volkswehren in der Pfalz fast ausschließlich aus Handwerkern und Gesellen, Knechten und Tagelöhnern, Kleinbauern sowie desertierten Soldaten, die sich von einem politischen Umsturz eine Besserung ihrer halbproletarischen sozialen Existenz erhofften (Klessmann Nr. 82, S. 312 f.). In den leitenden Ausschüssen spielte das akademisch gebildete Bürgertum die herausragende Rolle: Juristen, Ärzte, Lehrer, Geistliche und Literaten. Vergleichbare Befunde ergeben sich aus den Akten der rund 870 Gerichtsverfahren, die gegen die Beteiligten am Dresdner Aufstand angestrengt wurden.

10.4 Sieg und Niederlage der Revolution in Baden

Die Reichsverfassungskampagne gab auch den Anstoß für den Ausbruch der Revolution in Baden, doch zeigt sich hier besonders deutlich, daß sie nur der Anlaß war, der die im Verlauf des Revolutionsjahres aufgestauten Spannungen zur Entladung brachte.

Seit den Märztagen war Baden in einem Zustand permanenter Gärung geblieben. Das schnelle Scheitern des Heckerzugs im April und des putschistischen Unternehmens Struves im September 1848 (s. S. 89 und S. 114) darf nicht darüber hinwegtäuschen, daß die Unzufriedenheit in der badischen Bevölkerung groß blieb. Die Repressionsmaßnahmen, zu denen die Regierung griff, erhöhten den allgemeinen Mißmut. Die öffentlichen Prozesse gegen die an den Umsturzversuchen Beteiligten ermöglichten den Angeklagten häufig eine glänzende Rechtfertigung ihres Handelns und gaben so der Kritik an der Regierung neue Nahrung. Die Sympathien für Hecker fanden in einem ausgeprägten Kult um seine Person ihren Ausdruck. Im gesamten staatlichen Machtapparat machte sich eine schleichende Zersetzung breit, und diese griff auch auf das Militär über. Der dem gemäßigten Liberalismus zuzurechnende leitende Minister Bekk stand dieser

Entwicklung mit einem Hang zu stoischem Fatalismus gegenüber. Ein erneutes Verbot der badischen demokratischen Vereine lehnte er noch Anfang Mai ab, weil nur aus dem ungehinderten Kräftespiel der Parteien die Lösung der politischen Probleme der Gegenwart erwachsen könne.

Nachdem durch die Verkündung der Grundrechte des deutschen Volkes Ende Dezember die Vereinigungsfreiheit auch in Baden umfassender als je zuvor gewährleistet worden war, hatte die badische Linke um Brentano und Goegg eine neue Landesorganisation ins Leben gerufen. Die demokratisch-republikanischen Vereine, die trotz aller Verbote weiterbestanden hatten, traten wieder an die Öffentlichkeit, neue Vereine wurden gegründet, und nach kurzer Zeit bestanden im ganzen Land über 400 Vereine, denen z. T. unter Führung des Gemeinderates die ganze Bevölkerung angehörte. Um erneuter Verfolgung zu entgehen, verzichtete der Landesausschuß auf die Veröffentlichung eines detaillierten Programms. Die Vereine konzentrierten ihre Agitation zunächst auf den Kampf gegen das liberale Ministerium. Sie verlangten, daß in Baden ebenso wie in anderen deutschen Mittelstaaten der noch im Vormärz gewählte Landtag aufgelöst und zumindest ein neues Wahlrecht verabschiedet, besser sogar eine konstituierende Versammlung für Baden einberufen werde. Daß das Ministerium nicht einmal die Wahlrechtsfrage in Angriff nahm und selbst Neuwahlen nach altem Recht wegen des mit Sicherheit vorherzusehenden Siegs der Linken ablehnte, verschaffte den Demokraten eine sehr griffige und allgemein einleuchtende Propagandaformel.

Daß Baden als einer der ersten deutschen Staaten die Reichsverfassung anerkannt hatte, nahm die Linke zum Anlaß, um den Einsatz badischer Truppen für die Verwirklichung der Reichsverfassung in den Nachbarstaaten zu fordern, d. h. in erster Linie durch militärische Hilfe für die abtrünnige Pfalz. Bei einer Tagung der Volksvereine in Offenburg am 12. Mai wurde zunächst nur der Rücktritt des Ministeriums, die Einberufung einer verfassunggebenden Versammlung und die Freilassung aller politischen Gefangenen gefordert.

Als die Regierung dies ablehnte, verabschiedeten die Volksvereine ein sehr viel weiter gehendes Programm mit folgenen Forderungen: Militärische Unterstützung aller Bewegungen für die Durchführung der Reichsverfassung, Volksbewaffnung auf Staatskosten, Aufhebung der Militärgerichtsbarkeit, freie Wahl der Offiziere, Verschmelzung von stehendem Heer und Volkswehr, unentgeltliche Streichung aller Grundlasten, kommunale Selbstverwaltung in weitester Ausdehnung, Aufhebung aller von den Kammern seit Verkündung der deutschen Grundrechte verabschiedeten Gesetze, Einrichtung von Geschworenengerichten für alle Kriminalprozesse, »Errichtung einer Nationalbank für Gewerbe, Handel und Ackerbau zum Schutze gegen das Übergewicht der großen Kapitalisten«, Ersetzung des bestehenden Steuersystems durch eine progressive Einkommensteuer, Gründung eines allgemeinen Pensionsfonds zur Unterstützung aller arbeitsunfähig gewordenen Bürger: Mit aller Deutlichkeit kommen so die ungelösten sozialen Probleme der Zeit in diesem letzten größeren Manifest der deutschen Revolution noch einmal zum Ausdruck. Utopisch waren die hier formulierten Anliegen nicht, wenn man bedenkt, daß in dieser Zeit die ersten genossenschaftlich organisierten Kreditanstalten auch für den kleinen Mann gegründet wurden, daß 35 Jahre später im Deutschen Reich die Kranken- und Rentenversicherung eingeführt wurde und daß die in der Revolutionszeit noch als kommunistisch und besitzvernichtend verteufelte progressive Einkommensteuer zuerst 1878 in Sachsen, 1891 in Preußen und anschließend in weiteren Staaten des Deutschen Reiches eingeführt wurde.

Den Übergang zur revolutionären Aktion brachte dann die Meuterei der Garnisonen in Karlsruhe und Rastatt. Im badischen Militär hatten sich im Revolutionsjahr die Disziplinschwierigkeiten gesteigert, auf die von den Offizieren oftmals mit unangemessener Härte reagiert wurde. Die nach Verkündung der Grundrechte beschlossene Einführung der allgemeinen Wehrpflicht hatte bei denjenigen Soldaten Unwillen erregt, die bisher gegen gute Bezahlung als »Einsteher« den Platz eines eingezogenen Sohnes aus gutem Hause eingenommen hatten. Die politische Agitation der Volksvereine war auch bei den Soldaten auf fruchtbaren Boden gefallen. Als einige Soldaten vergeblich die Freilassung von wegen Insubordination inhaftierten Kameraden verlangten, brach die Meuterei zunächst in Rastatt aus und erfaßte von dort aus in kürzester Zeit die ganze badische Armee. Der Großherzog und die Regierung flohen in der Nacht vom 13. zum 14. Mai zunächst ins Elsaß und von dort unter den Schutz preußischer Truppen in die Bundesfestung Mainz. Allein die Militärmeuterei beraubte die großherzogliche Regierung ihrer Autorität. Weiterer revolutionärer Aktionen bedurfte es nicht!

In das so entstandene Machtvakuum trat der Landesausschuß der Volksvereine, weil er allein für einen halbwegs geordneten Fortgang des öffentlichen Lebens sorgen konnte. Er bemühte sich redlich, wenn auch nicht immer mit Erfolg, um die Aufrechterhaltung von Sicherheit und Ordnung, verzichtete auf jede Art von Terror, und die von ihm eingesetzte Exekutivkommission konnte an die Stelle des großherzoglichen Ministeriums treten, ohne daß es zu Widerstand in der Beamtenschaft kam. Diese arbeitete vielmehr im alten Stile weiter, ohne sich viel um die Anweisungen der neuen Minister zu kümmern. Die Kammern wurden für aufgelöst erklärt, und am 3. Juni fanden nach allgemeinem und gleichem Wahlrecht die Wahlen für eine verfassunggebende Versammlung statt.

Nach dem kampflosen Sieg der Revolution wurde Baden zu einem Sammelplatz von Mitgliedern der deutschen Linken, die hier bewiesen, daß sie für ihre Überzeugung auch mit dem Leben einzustehen bereit waren, so z. B. der sächsische Republikaner Tzschirner. Auch Struve und andere Emigranten aus der Schweiz und aus Frankreich kamen zurück, und dazu gesellten sich »Berufsrevolutionäre« aus ganz Europa. Die Polen und die Ungarn bildeten sogar eigene Legionen.

Die badische Konstituante trat am 10. Juni zusammen, doch ihre Mitglieder verständigten sich sofort darauf, daß jetzt keine Zeit für langwierige Verfassungsdiskussionen sei, daß vielmehr die einzige Aufgabe die Organisation des militärischen Widerstandes gegen die heranziehenden Interventionstruppen sei. Die Konstituante verabschiedete dazu in großer Hast eine Vielzahl von Gesetzen, mußte aber bereits am 23. Juni zusammen mit der von ihr eingesetzten Regierung von Karlsruhe nach Freiburg flüchten, wo sie noch bis zum 1. Juli einige Sitzungen abhielt.

Die badische Regierung hat erst nach langem Zögern die Provisorische Zentralgewalt um militärische Intervention gebeten, und als sie es Anfang Juni tat, verband sie damit die Hoffnung, daß sich die badischen Revolutionäre einer mit weißen Fahnen nach Baden einrückenden Bundesarmee kampflos ergeben würden, der Großherzog sein Land also nicht von fremden Truppen zurückerhalten müßte. Die Reichsregierung, Österreich und die süddeutschen Staaten befürworteten eine derartige »weiche Lösung«, doch Preußen setzte sich mit dem Verlangen nach einer harten Linie durch. Es unterstellte seine Interventionstruppen zwar formell der Reichsgewalt, doch den Oberbefehl erhielt Prinz Wilhelm von Preußen, der »Kartätschenprinz« der Berliner Märztage. Rund 90 000 Mann wurden schließlich mobilisiert, davon 50 000 Preußen.

Die badische Revolutionsregierung konnte den Reichstruppen nur ungefähr 20 000 Mann reguläres Militär entgegenstellen. Dazu kamen etwa 25 000 Angehörige von Volks- und Bürgerwehren, deren Kampfkraft nicht besonders hoch war. Den Oberbefehl übernahm der Pole Mieroslawski, ein hoch befähigter Offizier, der schon im Frühjahr 1848 im sizilischen Aufstand hervorgetreten war. Unter seiner Führung leisteten die badischen Truppen tapferen Widerstand, wurden aber am 21. Juni bei Waghäusel nördlich von Karlsruhe entscheidend geschlagen. Die Festung Rastatt hielt sich noch bis zu ihrer Kapitulation am 23. Juli. Eine Serie kriegsgerichtlicher Todesurteile, die in der Regel sofort vollstreckt wurden, leitete danach die Wiederherstellung der alten Ordnung unter preußischer Vormundschaft ein. Das Heimatland des politischen deutschen Liberalismus, das Zentrum der Freiheitsbewegungen der Märzrevolution wurde durch scharfe Unterdrückung und eine Fülle von Strafverfahren »zur Räson gebracht«. Noch für Jahre sollte hier die Ruhe eines Friedhofes herrschen.

10.5 Das Ende der deutschen Nationalversammlung

Angesichts einer zunehmend als peinlich und ausweglos empfundenen Situation waren seit Mitte April zahlreiche Abgeordnete vor allem der Rechtsfraktionen aus der deutschen Nationalversammlung ausgetreten, teils freiwillig, teils auf Grund von Anordnungen ihrer Regierungen, auch wenn diese eigentlich rechtlich unverbindlich waren. Die Linke und das linke Zentrum hatten so das Übergewicht gewonnen, und als diese Koalition sich am 19. Mai dafür entschied, die

Beschlüsse vom 4. Mai über die Einsetzung eines Reichsstatthalters und die Durchführung von Wahlen nunmehr auszuführen, legte die Mehrheit der Abgeordneten des Casino, darunter auch Gagern, Dahlmann und Droysen, am 20. Mai ihre Mandate mit der Begründung nieder, daß sie keine Möglichkeit mehr sähen, in der Nationalversammlung auf gesetzlichem Wege für die Verwirklichung der Reichsverfassung zu wirken. Mit der Begründung, daß auch die Minorität eine Mitverantwortung für die Majoritätsentscheidungen der Versammlung trage und daß man sich davon nur durch den Austritt befreien könne, legte am 26. Mai eine weitere Gruppe von Abgeordneten der Zentrumsfraktionen ihr Mandat nieder, nachdem die Mehrheit zum Kampf für die Verteidigung der Reichsverfassung aufgerufen hatte.

Ende Mai waren nur noch etwa 130 Abgeordnete der Linken und des linken Zentrums in Frankfurt versammelt. Angesichts der Truppenkonzentrationen, die sich im Rhein-Main-Gebiet für den Kampf gegen die badische Revolution vollzogen, mußten sie zu Recht fürchten, daß ihnen früher oder später die Fortführung ihrer Sitzungen unmöglich gemacht werden würde. Sie beschlossen daher am 30. Mai, ihren Tagungsort nach Stuttgart zu verlegen, in den bedeutendsten deutschen Staat, der bis dahin die Reichsverfassung anerkannt hatte und in dem die Bevölkerung eine breite Basis für die Reichsverfassungskampagne geboten hatte. Daß man die Sitzungen ungeachtet einer fast aussichtslosen Lage fortsetzte, wurde mit zwei gegensätzlichen Argumenten begründet: Die gemäßigte Seite wollte für das »Rumpfparlament« nur eine Art Platzhalterfunktion bis zum Zusammentreten des ersten frei gewählten deutschen Reichstags in Anspruch nehmen, während die radikale Seite es an die Spitze der direkten Aktion für die Verwirklichung der Reichsverfassung und darüber hinausführender sozialrevolutionärer Ziele stellen wollte.

Nur noch 104 Abgeordnete versammelten sich am 6. Juni im Sitzungssaal der württembergischen Kammer der Abgeordneten. Sie installierten noch am selben Tag unter der Bezeichnung »Reichsregentschaft« einen Vollziehungsausschuß, dem sie die Befugnisse der Provisorischen Zentralgewalt nach dem Gesetz vom 28. Juni 1848 (s. S. 98 f.) übertrugen. Dieser forderte das deutsche Volk am nächsten Tag in einer Proklamation auf, überall für die Reichsverfassung einzutreten und den »unvermeidlichen Kampf zwischen dem Absolutismus und der Freiheit« mit aller Entschlossenheit durchzufechten.

Die württembergische Regierung hat dem Rumpfparlament zunächst keine Schwierigkeiten in den Weg gelegt, obwohl die Zentralgewalt, Preußen und andere Regierungen dagegen schwerste Bedenken äußerten. Daß die Versammlung in den Räumen des Landtags tagen durfte, bedeutete sogar eine Art von Anerkennung, und es ist davon auszugehen, daß man die Sitzungen auch in aller Gelassenheit weiter geduldet hätte, wenn sich das Rumpfparlament auf eine »Platzhalterfunktion« beschränkt hätte. Einmischungen in innere Angelegenheiten Württembergs (wie z. B. die Beanspruchung von Finanzmitteln oder von Behörden) hatte die Regierung jedoch von Anfang an strikt zurückgewiesen. Sie sah sich daher zum Handeln gezwungen, als das Rumpfparlament ein Volkswehrgesetz verabschiedete, daß der Regentschaft die Mobilisierung aller mehr als 16 Jahre alten Württemberger zum Kampf für die Reichsverfassung erlaubte. Sie untersagte dem Rumpfparlament am 17. Juni weitere Sitzungen in Württemberg, da es mit seinen illusionären und jeden politischen Augenmaßes baren Beschlüssen schwerste innere und äußere Gefahren für Württemberg heraufbeschwöre.

Als das Rumpfparlament am nächsten Tag seine Sitzungen dennoch in einer Reithalle fortsetzen wollte, wurde der Saal von Truppen besetzt und seine Inneneinrichtung demoliert. Vom alten Württemberger Freiheitsdichter Ludwig Uhland angeführt, zogen die Abgeordneten in geschlossener Formation vor den Saal. Die Verlesung eines Manifestes wurde durch Trommelwirbel übertönt, und schließlich drängte Kavallerie mit gezogenem Säbel die Abgeordneten auseinander, ohne daß es zu ernsthaften Verletzungen kam. Die Stuttgarter Bevölkerung blieb passiv. Die Abgeordneten konnten sich noch am selben Tage ungestört im Hotel Marquardt versammeln und ein Protokoll über die Ereignisse aufsetzen. Am nächsten Tag wurden die Nicht-Württemberger unter ihnen des Landes verwiesen.

Die deutsche Nationalversammlung hat kein würdiges Ende gefunden. Vielleicht hätte sie sich nach der endgültigen Ablehnung der Kaiserkrone durch Friedrich Wilhelm IV. und ihrem Beschluß vom 4. Mai in einem feierlichen Akt auf unbestimmte Zeit vertagen sollen. So aber spaltete sie sich in zwei Lager. Rechte und rechtes Zentrum wollten den Boden der Legalität beim Kampf für die Reichsverfassung nicht verlassen und traten aus der Nationalversammlung aus, als sich deren Mehrheit für einen anderen Kurs entschied. Diese schloß auch Waffengewalt zur Durchsetzung der Reichsverfassung nicht aus. In einer Mischung aus Überzeugungstreue und Trotz und ohne eine realitätsnahe Einschätzung der Erfolgschancen war sie bereit, einen steinigen Weg ehrenvoll bis zum bitteren Ende zu gehen. Man wollte die Reichsverfassung nicht ohne Kampf preisgeben, obwohl der Demokrat Venedey noch während der letzten Sitzung in der Paulskirche davor warnte, die Nationalversammlung durch ihre Verlegung nach Stuttgart zu einer reinen Parteiveranstaltung der Linken zu degradieren. Es sei bessser, in Frankfurt ein ehrenvolles Ende zu erwarten, als in Stuttgart erbärmlich zugrundezugehen.

10.6 Der Sieg der Reaktion

Bei der Liquidierung des Erbes der Revolution übernahmen die beiden Vormächte des alten Deutschen Bundes wieder die Vorreiterrolle.

In *Österreich* war nach der Wiener Oktoberrevolution der Reichstag durch ein kaiserliches Patent vom 15. Oktober vertagt und für den 15. November nach

Kremsier, eine südmährische Kleinstadt mit Bischofssitz, wieder einberufen worden (s. S. 139). Eine Reihe von Abgeordneten hatte Wien schon vorher verlassen, die zurückgebliebene Mehrheit protestierte gegen die Vertagung, wurde aber nach der Eroberung Wiens durch militärische Absperrung des Sitzungslokals an der Fortsetzung ihrer Tagungen gehindert. Trotz dieses Protestes trat der Reichstag Mitte November mit beschlußfähiger Mitgliederzahl in Kremsier zusammen.

Nachdem Ministerpräsident Schwarzenberg am 22. November 1848 mit seiner Regierungserklärung zur deutschen Frage (s. S. 205) die Sitzungen des Reichstags eröffnet hatte, nahm dessen Verfassungskommission unter größtmöglicher Beschleunigung ihre Arbeit wieder auf. Sie ging dabei ganz im Sinne des Programms Schwarzenbergs von einer getrennten Konstituierung Deutschlands und Österreichs aus, bezog jedoch die im Reichstag nicht vertretenen Königreiche Ungarn und Lombardo-Venetien in ihre Konzeption vorerst nicht mit ein.

Der nach heftigen Diskussionen am 4. März fertiggestellte Entwurf versuchte einen Mittelweg zwischen Unitarismus und Föderalismus zu gehen. Die fortbestehenden Kronländer sollten weitgehende Autonomie in inneren Angelegenheiten erhalten und im übrigen in insgesamt 32 Kreise gegliedert werden, deren Kreistage wichtige Befugnisse zur Entschärfung der Nationalitätenfrage erhalten hätten, so vor allem die Festsetzung der Sprache des Schulunterrichts. Kreistage und Provinziallandtage sollten die 116 Mitglieder der Länderkammer des Reichstags wählen, während die 360 Abgeordneten der Volkskammer nach einem durch Zensusbestimmungen beschränkten und durch höhere Gewichtung der städtischen Wahlkreise ungleichen Wahlrecht gewählt worden wären. Abgesehen von Verfassungsfragen wurde ein dreimal übereinstimmend gefaßter Reichstagsbeschluß auch ohne Zustimmung des Kaisers zum Gesetz.

Ein Vorbehalt für den Fall eines Beitritts Deutsch-Österreichs zu einem deutschen Reich findet sich in der Verfassung nicht. Offensichtlich favorisierte auch der österreichische Reichstag die kleindeutsche Lösung. Nach dem Zerfall der Habsburger Monarchie im Jahre 1918 wurde das Verfassungsprojekt des Reichstags von Kremsier als einziger aus dem freien Willen der Völker des Reiches hervorgegangener, weitsichtiger und konstruktiver Vorschlag für die Lösung der Strukturprobleme der Habsburger Monarchie gewürdigt.

Um der ständig drohenden Auflösung zu entgehen, hat der Reichstag den Entwurf der Kommission am 4. März in einer einzigen Abstimmung als Ganzes gebilligt, doch das hinderte die Regierung nicht daran, am 7. März eine auf den 4. März zurückdatierte Verfassung zu oktroyieren, die für die ganze Habsburger Monarchie unter Einschluß von Ungarn und Lombardo-Venetien gelten sollte. Diese Verfassung war jedoch nicht mehr als ein taktischer Schachzug bei der Entwicklung des Projektes für ein mitteleuropäisches 70-Millionen-Reich. Sie wurde nie in Kraft gesetzt und mit den Silvesterpatenten des Jahres 1851 auch formal aufgehoben. Während Preußen infolge der Revolution zur konstitutionellen Monarchie wurde, entstand in Österreich das System des »Neoabsolutismus«.

Die wichtigste Voraussetzung für die Rückkehr der Habsburger Monarchie zum Status einer europäischen Großmacht war im übrigen die Wiederherstellung der österreichischen Herrschaft in Ungarn (s. S. 237 ff.).

In *Preußen* war das Jahr 1848 mit der Oktroyierung der Dezember-Verfassung zuende gegangen, die den Entwurf der Nationalversammlung in überraschend starkem Maße übernahm (s. S. 150 f.). In ihren Übergangsbestimmungen wurde festgelegt, daß sie den nächsten Kammern zur Revision vorgelegt werden würde und daß die Vereidigung des Königs auf die Verfassung erst nach dieser Revision erfolgen würde. Aus den Wahlen vom Januar 1849 ging eine Zweite Kammer hervor, in der sich ein demokratisch-linksliberaler und ein konservativ-rechtsliberaler Block von annähernd gleicher Stärke gegenüberstanden. In der unter erheblichen Zensusbeschränkungen gewählten Ersten Kammer hatten hingegen die Rechtsliberalen und Konservativen eine überwältigende Mehrheit. Nach der Eröffnung der Kammern Ende Februar boten die Debatten über den Wortlaut einer an den König zu richtenden Adresse den Fraktionen die Gelegenheit, in scharfen Diskussionen zu allen tagespolitischen Fragen Stellung zu nehmen, insbesondere zur Rechtsgültigkeit der oktroyierten Verfassung. In beiden Kammern sprach sich eine Mehrheit dafür aus, daß der König die Kaiserkrone unter dem Vorbehalt der Zustimmung der deutschen Regierungen annehmen sollte. Mit diesem Vorschlag der bedingten Annahme hatte sich in der zweiten Kammer die rechte Seite durchgesetzt (mit 156:151 Stimmen bei Stimmenthaltung der polnischen Abgeordneten). Später fand dann die Linke eine Mehrheit von 175:159 Stimmen für ihren Antrag, mit dem die von der preußischen Nationalversammlung »vollendete« Verfassung als rechtsgültig anerkannt wurde (21. April).

Beide Kammern hatten also die deutsche Politik der Regierung mißbilligt. Als die zweite Kammer außerdem am 26. April mit der gleichen Mehrheit die Aufhebung des Belagerungszustandes in Berlin verlangte, wurde sie aufgelöst, und die erste Kammer gleichzeitig vertagt. Zur Begründung hieß es, die zweite Kammer habe mit den Beschlüssen über die Anerkennung der Reichsverfassung und die Ungesetzlichkeit des Belagerungszustandes ihre Kompetenzen überschritten, und außerdem sei es nicht zu verantworten, einer Kammer mit ständig wechselnden Mehrheiten ein so verantwortungsvolles Geschäft wie die Revision der preußischen Verfassungsurkunde zu übertragen.

Diese Maßnahme traf nicht die Demokraten, die vom Ministerium Brandenburg ohnehin nichts anderes erwartet hatten. Sie war vielmehr ein schwerer Schlag für die Liberalen und gemäßigten Konservativen, die ungeachtet des Staatsstreiches vom November/Dezember weiterhin um Preußen als Vormacht eines einigen und freien Deutschland geworben hatten.

Für die nächsten Wahlen wurde ein Wahlrecht oktroyiert, das die Wähler nach der Höhe ihrer Steuerzahlung in drei Klassen von jeweils gleicher Gesamtsteuerschuld einteilte. Das Wahlverfahren war indirekt, und von den Urwählern jeder Steuerklasse wurde ein Drittel der Wahlmänner gewählt, die dann nach freiem

Ermessen die Abgeordneten bestimmten. Wie sich zeigte, umfaßte bei den ersten Wahlen nach diesem Gesetz die obere Steuerklasse 4,7 Prozent, die mittlere 12,6 und die untere die restlichen 82,7 Prozent der Wahlberechtigten. Die Stimme eines wohlhabenden Bürgers wog also etwa 18mal soviel wie die Stimme eines einfachen Handwerkers.

Vorbilder für dieses preußische »Dreiklassenwahlrecht« gab es bereits im deutschen Vormärz in der badischen und rheinpreußischen Gemeindeordnung. In der Paulskirche hatten sich vor allem Abgeordnete des Casino für vergleichbare Modelle ausgesprochen, und auch bei den Vorbereitungen für den Wahlrechtsoktroi in Preußen wurden rheinische Liberale wie der frühere Minister Hansemann beratend hinzugezogen. Es wäre demnach völlig verfehlt, den preußischen Konservativen die Erfindung des Dreiklassenwahlrechts in die Schuhe zu schieben. Im Gegenteil: ein Wahlsystem, in dem das Maß politischer Einflußchancen von der Höhe der Steuerzahlung abhing, war ihnen ein Greuel und Inbegriff einer kapitalistischen Gesellschaft. Sie hätten lieber auf ständestaatliche Modelle zurückgegriffen, denen auch der König zuneigte, doch diese hatten in der damaligen regierungsinternen Diskussion keine Chance. Das Ministerium Brandenburg hat nicht versucht, das Rad der Geschichte zurückzudrehen. Der letztlich doch bürgerliche Charakter der preußischen Verfassung von 1848/1850 kommt nirgendwo so deutlich zum Ausdruck wie im Dreiklassenwahlrecht.

Die ersten Wahlen nach diesem Wahlrecht fanden am 17. Juli 1849 statt. Zum Zeichen des Protestes gegen den erneuten Staatsstreich hatte die Linke zum Wahlboykott aufgerufen und keine Kandidaten aufgestellt. Sowohl das veränderte Wahlrecht, als auch die Wahlenthaltung der Linken sorgten dafür, daß das politische Profil der Zweiten Kammer völlig verändert wurde. Demokraten und Linksliberale waren überhaupt nicht mehr vertreten, und der linke Flügel des früheren liberal-konservativen Blockes bildete jetzt vielmehr mit rund 20 Prozent der Abgeordenten die äußerste Linke. Der Rechtsliberalismus stellte rund 40 Prozent der Abgeordneten, und der Rest galt als konservativ oder »ministeriell«. Die Erste Kammer trat in der Zusamensetzung des Frühjahrs wieder zusammen.

Vordringliche Aufgabe dieser Kammern war die »Revision« der Verfassung »auf dem Wege der Gesetzgebung«. Das bedeutete, daß für eine Änderung des Verfassungstextes ein übereinstimmender Beschluß von Regierung, Erster und Zweiter Kammer erforderlich war. Unter diesen Umständen hatten die liberalen Mehrheiten in beiden Kammern überhaupt keine Chance, substantielle Verbesserungen durchzusetzen. Sie bemängelten vor allem, daß die Regierung Verordnungen mit Gesetzeskraft erlassen konnte, wenn sie der Verfassung nicht widersprachen und die beiden Kammern nicht versammelt waren. Daß das Dreiklassenwahlrecht auf diesem Wege eingeführt woren war, hatte die Abgeordneten hellhörig gemacht. Die Liberalen kritisierten, daß die Regierung die Voraussetzung für die Anwendung dieses Notverordnungsrechtes jederzeit selbst durch Vertagung oder Auflösung der Kammern herbeiführen konnte, und sie wollten die Bestimmung streichen, daß einmal eingeführte Steuern und Abgaben bis zu ihrer Änderung durch Gesetz weitergezahlt werden mußten, weil dadurch ein periodisches Budgetrecht des Parlaments zur Illusion wurde. Mit bemerkenswerter Hellsicht haben die Wortführer der Liberalen hier die Finger auf die Punkte gelegt, welche aus heutiger Sicht die Deutung der Verfassung als Instrument eines »Scheinkonstitutionalismus« oder »Krypto-Absolutismus« nahegelegt haben. Schon im preußischen Heeres- und Verfassungskonflikt von 1862-1866 sollte die ganze Problematik dieser Artikel deutlich werden.

Das Dreiklassenwahlrecht wurde von den Revisionskammern nicht infragegestellt. Sie öffneten überdies von sich aus die Tür zu Beschränkungen des bis dahin allgemeinen aktiven Wahlrechts, indem sie es an die Zahlung einer direkten Staatssteuer und an das Recht zur Teilnahme an den Gemeindewahlen banden.

Hart umkämpft aber war wieder die künftige Zusammensetzung der Ersten Kammer, die zunächst aus Angehörigen des Hochadels, vom König ernannten Pairs und gewählten Vertretern von besitzendem Adel und Großbürgertum bestehen sollte, schon 1853/54 jedoch in ein »Herrenhaus« umgewandelt wurde, dessen Mitglieder allein der König ernannte.

Obwohl alle substantiellen Anträge der Liberalen bei den Revisionsverhandlungen gescheitert waren, haben sie die Verfassung schließlich resignierend akzeptiert. Sie waren sogar außerordentlich erleichtert, als der König sie am 31. Januar 1850 endlich beschworen hatte. Bis zuletzt nämlich war er von hochkonservativen Kräften in seiner Umgebung gedrängt worden, diese letztlich eben doch moderne Verfassung ganz zu verwerfen und nur aus eigenem Majestätsrecht heraus einen königlichen »Freibrief« zu erlassen. »Der Vogel sitzt im Käfig, und das ist die Hauptsache«, schrieb der ehemalige Märzminister Ludolf Camphausen am Tag nach der Eidesleistung (nach Botzenhart Nr. 59, S. 766).

Während Österreich 1850 zum System des »Neoabsolutismus« überging und Preußen nur unter erheblichen Schwierigkeiten den Weg zum modernen Verfassungsstaat fand, konnte *Bayern* das Erbe der Revolutionszeit ohne nennenswerte Brüche bewältigen, wenn man einmal von den Ereignissen in der Pfalz absieht. In Bayern war bereits am 4. Juni 1848 nach Beratung durch die Ständeversammlung ein neues Wahlgesetz verkündet worden. Bestand die zweite Kammer bis dahin zu je einem Achtel aus Abgeordneten des Adels und der Geistlichkeit, zu einem Viertel aus Vertretern der städtischen und zur Hälfte aus Vertretern der Landgemeinden, so wurden die 136 Abgeordneten jetzt ohne ständische Untergliederung in indirektem Wahlverfahren von allen Staatsangehörigen gewählt, die eine direkte Staatssteuer zahlten. Das bayerische Oberhaus, die Kammer der Reichsräte, blieb unverändert.

Die ersten Wahlen nach diesem Gesetz fanden erst im Dezember 1848 statt und erbrachten eine knappe Mehrheit für die aus Demokraten und Linksliberalen zusammengesetzte Linke. Diese setzte im Rahmen der Adreßdebatte durch, daß sich der Landtag am 9. Februar mit 72:61 Stimmen für die sofortige Verkündung der in der Paulskirche verabschiedeten Grundrechte und die unbedingte Anerkennung aller künftigen Beschlüsse der Nationalversammlung aussprach. Das Ministerium Beisler, das stets auf dem Vereinbarungsstandpunkt beharrt hatte, trat danach zurück, blieb aber geschäftsführend im Amt, bis am 18. April Ludwig v. d. Pfordten als erster bayerischer Ministerpräsident sein Amt antrat. Er lehnte eine Anerkennung der Reichsverfassung kategorisch ab, und als die Kammer der Abgeordneten ihm deshalb am 21. Mai das Mißtrauen aussprach, wurde sie am 10. Juni aufgelöst. Die im Juli durchgeführten Neuwahlen brachten eine sichere Majorität für die Regierung und deren deutsche Politik. Für einen Staatsstreich bestand daher kein Anlaß. Die Wahlrechtsreform in Bayern gehört somit ebenfalls zu den bleibenden Ergebnissen der Revolution. Erst 1906 wurde in Bayern ein neues Wahlrecht verabschiedet. Es führte die direkte Wahl nach relativem Mehrheitswahlrecht ein, behielt die Zensusbeschränkungen jedoch bei.

Wieder anders war die Situation in *Württemberg*. Hier war von dem nach altem Wahlrecht im Mai 1848 gewählten, erst für den September einberufenen »langen Landtag« vor dem Hintergrund der Reichsverfassungskampagne und der badischen Revolution Ende Mai 1849 das Gesetz über die Einberufung einer konstituierenden Landesversammlung verabschiedet worden, d. h. einer Versammlung, die im Unterschied zum bisherigen Landtag nur aus einer Kammer bestand und auch in Verfassungsfragen Beschlüsse mit einfacher Mehrheit fassen konnte. Das aktive Wahlrecht hatte jeder Bürger, der eine direkte Staatssteuer zahlte.

Obwohl der Sieg der Gegenrevolution in Deutschland schon längst besiegelt war, ließ das noch amtierende linksliberale württembergische Märzministerium unter Friedrich Römer am 1. August die Wahlen stattfinden, fraglos ein bizarrer Zug im Verlauf der deutschen Revolution. Die württembergischen Demokraten gewannen gut zwei Drittel der Sitze.

Zwischen der Landtagsmehrheit und dem mittlerweile gebildeten Ministerium Schlayer kam es sofort zu grundsätzlichen Konflikten. Sie entzündeten sich an der Frage, ob der bisherige Landtag durch das Gesetz über die Einberufung der Landesversammlung endgültig aufgehoben sei oder ob er in seine Rechte wieder eintreten könnte, wenn es zwischen Regierung und Landesversammlung nicht zu einer Einigung über eine neue Verfassung kam. Die Landesversammlung wurde danach am 22. Dezember aufgelöst. Weder die im Februar 1850 noch die im September 1850 abermals durchgeführten Neuwahlen brachten ein anderes Ergebnis. Der von der Linken ausgearbeitete detaillierte Verfassungsentwurf hatte keine Chance, von der Regierung akzeptiert zu werden. Als sich die Versammlung überdies weigerte, angesichts der Kriegsgefahr im Deutschen Bund Gelder für württembergische Rüstungen zu bewilligen, wurde sie am 6. November erneut aufgelöst, diesmal allerdings mit der Maßgabe, daß nunmehr die alten vormärzlichen Verfassungszustände wiederhergestellt würden. Gegen diesen offenkundigen Staatsstreich konnte die Versammlung nur noch ohnmächtig Protest erheben.

Einen einzigartigen Zug erhielten die württembergischen Konflikte zusätzlich durch die Tatsache, daß die zweite Landesversammlung vergeblich versuchte, durch Anklage des Außenministers Karl von Wächter vor dem Staatsgerichtshof die deutsche Politik Württembergs im Sommer 1850 als verfassungswidrig verurteilen zu lassen. Zu den von der Landesversammlung in den paritätisch besetzten Staatsgerichtshof gewählten Richtern gehörte auch Ludwig Uhland, und dieser kam nach dem Abschluß des Verfahrens zu der bis heute gültigen Einsicht, »daß es unfruchtbar und nachteilig sei, die politischen Kämpfe der Gegenwart in den Prozeßweg einzuleiten« (nach Botzenhart Nr. 59, S. 744).

In *Sachsen* war es seit Mitte März zu schweren Konflikten zwischen den Kammern und der Regierung gekommen, als diese sich weigerte, die Reichsverfassung anzuerkennen. Sie führten schließlich am 30. April zur Auflösung der Kammern. Nach der Niederschlagung des Dresdner Maiaufstandes blieb der Kriegszustand in Kraft, die demokratischen Vereine wurden verboten. Im September 1849 fanden dann Neuwahlen nach dem Wahlgesetz vom 15. November 1848 statt. Das Hauptproblem der sächsischen Innenpolitik war damals die Haltung zur preußischen Unionspolitik. Die Liberalen sprachen sich dabei einheitlich für einen Beitritt Sachsens zur Union aus, während es sowohl bei den Konservativen als auch bei den Demokraten Anhänger und Gegner der pro-österreichischen Regierungspolitik gab. Als das Ministerium sich im Frühjahr 1850 für die Wiederherstellung der Bundesverfassung in ihrer alten Form aussprach, konnte es einem Mißtrauenvotum der zweiten Kammer nur durch Auflösung des Landtags zuvorkommen. Danach schritt es zum offenen Staatsstreich. Es setzte das Wahlgesetz vom November 1848 außer Kraft und hob die Presse-, die Vereinigungs- und die Versammlungsfreiheit auf. Die Ständeversammlung wurde auf der Grundlage der Verfassung von 1831 wieder einberufen. Die Universität Leipzig protestierte gegen diesen Rechtsbruch, was drei Professoren mit ihrer Amtsenthebung zu büßen hatten. Im Jahre 1837 war es sieben Göttinger Professoren ebenso ergangen. Der nach altem Recht am 15. Juli 1850 wieder zusammengetretene Landtag erwies sich als williges Werkzeug der Regierung bei der Durchführung einer reaktionären Innenpolitik.

In *Hannover* hatten die Wahlen vom Januar 1849 eine Mehrheit für den gemäßigten Liberalismus gebracht. Hier kam es aber bald zu Konflikten mit dem Ministerium Stüve, das in der deutschen Verfassungsfrage im Unterschied zur Landtagsmehrheit auf dem Vereinbarungsstandpunkt beharrte, sich weigerte, die Grundrechte in Hannover zu publizieren und im März seinen Rücktritt einreichte, aus Mangel an Alternativen jedoch weiter amtierte. Am 25. April wurden die Kammern aufgelöst, doch die Neuwahlen im August brachten keine wesentliche Änderung der Mehrheitsverhältnisse. Die Mehrheit der Abgeordneten war jetzt jedoch mit dem Ministerium einig in der Ablehnung der Unionspolitik und dem Verlangen nach Einberufung eines neuen deutschen Parlaments zur Vereinbarung einer Verfassung mit den Regierungen: immerhin eine denkbare Alternative zur

Unionspolitik. Eine Wiederherstellung des Bundestages lehnte Stüve ab, und er wurde deshalb im Oktober 1850 entlassen. Vorher aber waren in konstruktiver Zusammenarbeit zwischen dem Ministerium und den Kammern noch Gesetze zu tiefgreifenden Reformen des hannoverschen Justizwesens und der Kommunalverfassung verabschiedet worden, und diese Reformgesetze blieben auch in Gültigkeit, als die Verfassungsrevision von 1848 in den Jahren 1851 bis 1854 auf Betreiben des Bundes wieder rückgängig gemacht werden mußte. Von allen Märzministerien hatte das Ministerium Stüve die längste Lebensdauer.

In *Kurhessen* war im Februar 1849 ein neues Wahlgesetz verabschiedet worden, das anstelle des Adels den »Höchstbesteuerten« ein Drittel der Sitze im Landtag vorbehielt. Die Linke hatte dieses Wahlrecht als empörende Privilegierung der Geldaristokratie und voraussichtliche Ursache schwerer Klassenkonflikte bekämpft. Sie konnte sich jedoch gegen die liberale Landtagsmehrheit nicht durchsetzen. Die ersten Wahlen nach dem neuen Gesetz erbrachten eine knappe absolute Mehrheit für die Liberalen. Sie stellten sich hinter das auch hier noch amtierende Märzministerium, das die Unionspolitik billigte und vom Kurfürsten deshalb im Februar entlassen wurde. Die Ernennung des schon im Vormärz als Vorkämpfer reaktionärer Politik profilierten Ludwig Hassenpflug zum neuen leitenden Minister führte anschließend zu schwersten Konflikten. Der Landtag bekämpfte ihn mit den Mitteln des Budgetrechts und der Steuerverweigerung. Gerichte, Behörden und Armee gingen zum passiven Widerstand über. Das Offizierskorps verweigerte der Regierung unter Berufung auf seinen Verfassungseid den Gehorsam und erbat am 10. Oktober fast geschlossen den Abschied. Der wieder in Funktion gesetzte Bundestag (s. S. 248 ff.) mobilisierte daraufhin süddeutsche Truppen zur Wiederherstellung der staatlichen Autorität in Kurhessen, provozierte damit jedoch den Protest Preußens, da Kurhessen der Union angehörte und von Preußen als sein Einflußgebiet angesehen wurde. Preußen stand damit an der Seite eines Landtags, der mit dem Budgetrecht das parlamentarische System durchzusetzen versuchte, an der Seite einer Armee, die dem Landesherrn unter Berufung auf ihren Verfassungseid den Gehorsam aufkündigte, und an der Seite von Gerichten, welche die Verfassungsmäßigkeit landesherrlicher Verordnungen bestritten: eine seltsame Ironie der Geschichte am Ende der Revolutionszeit.

Nachdem es beinahe sogar zum Krieg gekommen wäre, mußte Preußen in der Olmützer Punktation vom Dezember 1850 seinen Widerstand gegen die Bundesintervention in Kurhessen aufgeben (s. S. 249). Im April 1852 wurde dann eine Verfassung oktroyiert, die noch hinter die des Jahres 1831 zurückging.

Deutschland bietet also ein breites und variationsreiches Spektrum von reaktionärer Politik zur Liquidierung des Erbes der Revolutionszeit, dem noch weitere Facetten hinzugefügt werden könnten.

Eine Art abschließende Regelung für den Prozeß der Verfassungsrevision brachte der Reaktionsbeschluß des mittlerweile wieder hergestellten Deutschen

Bundes vom 23. August 1851. Gestützt auf Artikel 2 der Bundesakte und die Wiener Schlußakte von 1820 beschloß der Bundestag auf Antrag Österreichs und Preußens, alle Regierungen aufzufordern, die seit 1848 geschaffenen staatlichen Einrichtungen und verabschiedeten Gesetze auf ihre Übereinstimmung mit dem Bundesrecht zu überprüfen und dafür zu sorgen, daß von keinem Staat eine Bedrohung der öffentlichen Ruhe und Ordnung im Bunde ausgehen könne. Zur Durchsetzung dieses Beschlusses nahm der Bund ein Interventionsrecht in Anspruch, und er setzte einen Ausschuß ein, der die Notwendigkeit der Bundesintervention für jeden Bundesstaat zu überprüfen hatte. Den Regierungen wurde außerdem aufgegeben, sämtliche Presseerzeugnisse zu unterdrücken, »welche atheistische, sozialistische, kommunistische oder auf den Umsturz der Monarchie gerichtete Zwecke verfolgen« (Huber Nr. 47, Bd. 3, S. 135). Der Bund erklärte außerdem den Beschluß der deutschen Nationalversammlung über die Verkündung der Grundrechte für unwirksam. Ein Bundespressegesetz und ein Bundesvereinsgesetz ergänzten diese Reaktionsbeschlüsse.

11. Kapitel

DIE NIEDERLAGE DER REVOLUTION IN MITTELEUROPA

11.1 Die Unterwerfung Ungarns

Seit den Reichstagsbeschlüssen vom 8. Oktober 1848 (s. S. 130) regierte Lajos Kossuth in Ungarn mit diktatorischer Gewalt. Die Revolution in Wien und die Vorbereitungen zu ihrer Niederwerfung verzögerten zunächst nicht nur den Einmarsch österreichischer Truppen nach Ungarn, sondern eröffnete den Ungarn sogar die Möglichkeit zu einer Offensive. Der Versuch, den Wiener Revolutionären mit einer viel zu geringen Streitmacht von 25 000 Mann zur Hilfe zu kommen, wurde jedoch vor den Toren Wiens abgewehrt (s. S. 138).

Mit der Führung der ungarischen Truppen im bevorstehenden Krieg wurde Arthur Görgey betraut, der sich bei den bisherigen Kampfhandlungen durch Umsicht und Tatkraft ausgezeichnet hatte. Sein Verhältnis zu Kossuth war und blieb allerdings von Spannungen geprägt, da er im Unterschied zu diesem eine defensive Kriegführung bevorzugte und außerdem der ungarischen »Friedenspartei« nahestand, welche die Tür zu einem Ausgleich mit Österreich auf der Basis der Gesetze vom April 1848 offenhalten wollte. Sie setzte es im Dezember auch durch, daß eine Delegation mit Batthyány und Deák an der Spitze zu Windischgrätz geschickt wurde, doch dieser erklärte, daß es mit Rebellen keine Verhandlungen geben könne. Damit war die Fortsetzung des Krieges unvermeidlich geworden.

Dabei konnten sich die Ungarn lange Zeit behaupten, obwohl sie an fünf Fronten zu kämpfen hatten. Im Westen standen sie den Truppen Windischgrätz' gegenüber, der zwar Anfang Januar Buda und Pest besetzen konnte, den Krieg aber mit einer Mischung von Vorsicht und Unterschätzung der Ungarn führte und ihnen deshalb immer wieder Erfolge ermöglichte. In Siebenbürgen konnte General Bem gegen die mit Wien sympathisierenden Rumänen und Siebenbürger Sachsen Erfolge erringen, während im Norden die Slowaken den Vormarsch österreichischer Einheiten von Galizien her unterstützten. In den serbischen Gebieten tobten weiterhin die Nationalitätenkämpfe, und schließlich drohte ständig der Einmarsch russischer Verbände. Die militärischen Aktionen der Ungarn wurden überdies durch dauernde Querelen zwischen politischer und militärischer Führung erschwert; mehrfach wurde Görgey als Oberbefehlshaber oder Kriegsminister ab- und wieder eingesetzt. Die größten und spektakulärsten Erfolge der ungarischen Truppen waren die Rückeroberung von Pest am 23. April und die Erstürmung der Festung Ofen am 30. Mai 1849.

Kurz vor der Besetzung der ungarischen Hauptstadt hatte die Regierung ihren Sitz nach Debrezin verlegt. Von den 801 Mitgliedern der Magnatentafel folgten ihr allerdings nur 28, von den Abgeordneten der Ständekammer aber doch etwa drei Viertel, von denen die Mehrheit der Friedenspartei angehörte. Um auch die Bauern für den Unabhängigkeitskrieg zu gewinnen, wurden ihnen jetzt weitere Zugeständnisse in Aussicht gestellt, doch suchte man andererseits auch den grundherrlichen Adel nicht zu verprellen. So schwelte der Gegensatz zwischen Bauern und Grundadel weiter, und im Frühjahr 1849 kam es verbreitet zu Bauernunruhen. Im nicht-magyarischen Ungarn sahen die Bauern zum Teil in den einrückenden österreichischen Truppen sogar ihre Verbündeten gegen den Adel.

Zu den innerungarischen Nationalitäten-Problemen nahm die Regierung jetzt eine flexiblere Haltung ein. In Regierungskreisen wurde schon im Frühjahr darüber diskutiert, Ungarn zu einem Vielvölkerstaat gleichberechtigter Nationalitäten und zum Kern einer auch Bulgarien, Serbien und die Walachei umfassenden Donaukonföderation zu machen. Am 28. Juli, 14 Tage vor der Kapitulation Ungarns, aber mehr als ein Jahr zu spät, verabschiedete das Abgeordnetenhaus noch einen Beschluß, in dem allen Völkern des ungarischen Reiches »die freie nationale Entwicklung« gewährleistet wurde (Niederhauser Nr. 40, S. 174).

Als Antwort auf die oktroyierte österreichische Verfassung vom März 1849, welche die nationale Selbständigkeit Ungarns unter Mißachtung aller historischen Rechte aufhob, proklamierte das Parlament am 14. April die Absetzung der Habsburger Dynastie als ungarisches Herrscherhaus und die Selbständigkeit des souveränen ungarischen Staates unter Einschluß Siebenbürgens und aller anderen mit Ungarn verbundenen Territorien und Provinzen. Kossuth wurde zum Reichsverweser gewählt und ein neues Ministerium gebildet.

Die österreichische Regierung hatte von Windischgrätz einen schnellen Sieg über die ungarischen Rebellen erwartet. Als die erhofften Erfolge ausblieben, wurde er abgesetzt, doch auch seine Nachfolger mußten einsehen, daß sie alleine mit den Ungarn nur schwer fertig werden würden. Rußland hatte schon vorher Militärhilfe angeboten, und davon machte Österreich am 1. Mai schließlich Gebrauch. Es wurde aber doch Mitte Juni, bis russische Truppen in Stärke von mehr als 200 000 Mann nach Ungarn einrückten. Danach wendete sich das Blatt endgültig gegen die Ungarn.

Um eine Konzentration der Truppen gegen die einmarschierenden Russen zu ermöglichen, mußten Buda und Pest Anfang Juli wieder preisgegeben werden. Regierung und Parlament flohen diesmal nach Szegedin und Ende Juli weiter in Richtung Südosten in die Festung Arad. Nachdem die ungarischen Truppen am 31. Juli bei Schäßburg in Siebenbürgen, am 2. August bei Debrezin und am 9. August bei Temesvar weitere Niederlagen erlitten hatten und das Einflußgebiet der Regierung auf Südungarn zusammengeschmolzen war, führte an Waffenstillstandsverhandlungen kein Weg mehr vorbei. Görgey hatte eigenmächtig schon

Ende Juli entsprechende Fühler zur russischen Armeeführung ausgestreckt. Am 11. August übertrug Kossuth ihm diktatorische Vollmachten und trat vom Amt des Reichsverwesers zurück. Die Hauptmacht der ungarischen Streitkräfte kapitulierte am 13. August bei Világos vor den Russen. Daß der Zar das zugelassen und nicht nur Österreich, sondern der ganzen europäischen Öffentlichkeit auf diese Weise gezeigt hatte, wem die Unterwerfung Ungarns zu verdanken sei, wurde in der österreichischen Generalität zu recht als bewußte Demütigung verstanden und mit entsprechender Empörung aufgenommen. Die uneinnehmbare Festung Komorn zwischen Preßburg und Buda-Pest kapitulierte erst am 2. Oktober 1849.

Die österreichische Regierung war jetzt in Ungarn durch General Haynau repräsentiert, der sich bereits bei der Niederwerfung des Aufstandes in der Lombardei durch besondere Grausamkeit hervorgetan hatte und seitdem als »Hyäne von Brescia« tituliert wurde. Er war das geeignete Instrument für die unerbittliche Rache, welche die österreichische Regierung an den ungarischen Freiheitskämpfern übte. Am 6. Oktober, dem Jahrestag der Ermordung Latours in Wien (s. S. 137 f.), wurden 13 ungarische Generäle in Arad hingerichtet. Der ehemalige Ministerpräsident Batthyány, der in der Haft einen Selbstmordversuch unternommen hatte, wurde als halbtoter Mann zur Hinrichtungsstätte geschleift und erschossen, was bei Haynau einen Wutausbruch auslöste. Er hatte ihn lieber am Strick des Henkers hängen sehen. Hunderte von Todesurteilen wurden gefällt, 114 vollstreckt, der Rest in lange Haftstrafen umgewandelt.

Wer hatte flüchten können, wurde symbolisch (»in effigie«) aufgehängt. So erging es auch Kossuth, der zunächst auf das Gebiet des Osmanischen Reiches entkommen war und von dort über England nach Nordamerika ging, wo er in den folgenden Jahrzehnten unablässig für die Unabhängigkeit Ungarns arbeitete. Während des italienisch-österreichischen Kriegs von 1859 organisierte er eine ungarische Legion. Zu Recht wird er bis heute in Ungarn als Nationalheld gefeiert.

Erstaunlich milde wurde Görgey behandelt. Er wurde nur in Klagenfurt interniert und konnte 1868 nach Ungarn zurückkehren. Offenbar wurde ihm so auf Intervention des Zaren hin honoriert, daß er den Weg zur Beendigung des Krieges geebnet hatte, doch mag auch diese auffällige Schonung dazu beigetragen haben, daß sein Bild bis heute in der ungarischen Geschichtswissenschaft äußerst umstritten ist.

11.2 Die Restauration in Italien

Das Königreich Sardinien-Piemont hatte sich im März 1849 entschlossen, den Krieg gegen Österreich wiederaufzunehmen, war jedoch schnell besiegt worden, und diese Niederlage öffnete die Tür für die Intervention Österreichs und Frankreichs zur Wiederherstellung der vormärzlichen Verhältnisse in ganz Italien mit Ausnahme Piemonts.

Nach dem Waffenstillstand vom 9. August 1848 (s. S. 42) hatten sich in Piemont die Gegensätze zwischen Liberalen und Demokraten verschärft. Dabei gewannen die Demokraten, denen sich jetzt auch Gioberti zuwandte, die Oberhand. Sie betrieben, bestärkt von Mazzini und seinen Anhängern, die Wiederaufnahme des Krieges gegen Österreich, wobei sie auf französische Hilfe hofften. Sie konnten schließlich auch König Karl Albert für sich gewinnen, und so wurde am 12. März 1849 unter völliger Verkennung der militärischen Kraftverhältnisse der Krieg wieder eröffnet, der schon 10 Tage später mit der vernichtenden Niederlage von Novara endete. Der König dankte sofort zugunsten seines Sohnes Viktor Emanuel II. ab, und dieser mußte am 26. März einen harten Waffenstillstand unterschreiben, der den Krieg endgültig beendete. Der am 6. August unterzeichnete Friede war für Piemont relativ günstig. Es mußte zwar eine hohe Kriegsentschädigung zahlen, blieb jedoch stark genug, um auch im folgenden Jahrzehnt unter der politischen Führung Camillo Cavours die führende Rolle im Prozeß der nationalen Einigung Italiens spielen zu können. Als wichtigste Errungenschaft der Revolution blieb das »Statuto Albertino« erhalten. Die Demokraten wurden aus der politischen Macht verdrängt, und die gemäßigten Liberalen übernahmen wieder die Regierung.

Mit österreichischer Truppenhilfe wurde noch im April 1849 Großherzog Leopold II. von der Toscana in seine Herrschaft wiedereingesetzt. Hier war das liberale Ministerium im Oktober 1848 von der demokratischen Bewegung zum Rücktritt gezwungen worden, und diese nahm so radikale Züge an, daß der Großherzog im Februar ebenso wie vorher der Papst nach Gaeta unter den Schutz König Ferdinands II. von Neapel flüchtete. Noch bevor österreichische Truppen im April die Toscana besetzten, war es hier allerdings zu einem innenpolitischen Umschwung gekommen. Die Gemäßigten waren wieder an die Macht gekommen, und diese forderten jetzt auch ihrerseits den Großherzog zur Rückkehr auf.

Weniger leicht war die Wiederherstellung der Regierung des Papstes im Kirchenstaat. Kardinal Antonelli, dem der Papst nach seiner Flucht (s. S. 39) die Regierungsgewalt übertragen hatte, versuchte gegen die politischen Kräfte in der Stadt eine kompromißlose Politik durchzuhalten. Er forderte am 4. Januar die europäischen Mächte zur Intervention im Kirchenstaat auf und brachte durch seine unnachgiebige Haltung die gemäßigten Politiker Roms endgültig in Mißkredit. Bei den Wahlen zur konstituierenden Versammlung am 21. Januar gewannen die Radikalen die Mehrheit, und so wurde Ende Januar in »denkwürdiger Verbindung nationaldemokratischer Ideen und antiker Reminiszenzen« (Lill Nr. 23, S. 137) mit der knappen Mehrheit von 134 gegen 123 Stimmen die »Repubblica Romana« ausgerufen. Sie entwickelte sich im Zuge des schrittweisen Vordringens der Gegenrevolution zum Sammelpunkt der nationalen Freiheitsbewegung

Italiens. An der Spitze eines Triumvirats führte hier jetzt Mazzini die Regierung. Er leitete Reformen im Bildungswesen und eine Umverteilung des Landes ein, und es wurde eine demokratisch-republikanische Verfassung verabschiedet, welche die fortschrittlichste im damaligen Italien war, vor dem Ende der römischen Republik jedoch nicht mehr in Kraft trat. Die zentrale Aufgabe aber wurde bald die Verteidigung der Republik gegen die von allen Seiten her anrückenden Truppen der europäischen Mächte.

Auch der Papst hatte diese nach seiner Flucht aus Rom um Intervention gebeten, und dazu war jetzt vor allem Frankreich bereit. Der im Dezember 1848 zum Präsidenten der Republik gewählte Louis Napoleon Bonaparte (s. S. 243) wußte, daß ihm eine Hilfsaktion zugunsten des Papstes erhebliche Sympathien bei den französischen Katholiken einbringen konnte. Ein außenpolitischer Erfolg würde seine innenpolitische Stellung stärken, und vor allem galt es auch, Österreich bei der Restauration des Kirchenstaates zuvorzukommen, um einer weiteren Ausdehnung des österreichischen Einflusses in Italien vorzubeugen. An und für sich sympathisierte Louis Napoleon mit dem italienischen Risorgimento, aber die Zeit zum Ausspielen dieser Karte war noch nicht gekommen. So setzte er über See ein Interventionskorps in Marsch, das bei Civitavecchia an Land ging. Ein erster Angriff auf Rom blieb erfolglos, und auch die von Süden vorrückenden, durch Spanier verstärkten Truppen des Königs von Neapel wurden abgewehrt. Als Führer des römischen Militärs zeichnete sich schon damals Giuseppe Garibaldi aus, der bis heute populäre Held des Krieges zwischen Italien und dem Königreich Neapel 1860. Mitte Juni begannen die Franzosen mit der Beschießung der Stadt, die am 3. Juli nach blutigen Kämpfen besetzt wurde. Eine nach Gaeta einberufene Konferenz legte im September die Grundlagen für die Restauration im Kirchenstaat. Das Statuto vom März 1848 wurde aufgehoben und durch ein »Motu proprio« vom 12. September 1849 ersetzt, das für die kommunale Ebene große Freiheiten in Aussicht stellte und Reformen in Verwaltung und Gerichtswesen ankündigte, der Bevölkerung des Kirchenstaates jedoch keinerlei politische Rechte zubilligte.

Papst Pius IX. hatte sich unter dem Eindruck der revolutionären Ereignisse des Jahres 1848/49 während seines 17 Monate dauernden Exils in Gaeta von den früheren liberalen Elementen in seinen geistlichen und politischen Überzeugungen vollständig abgewandt. Kampf gegen den Liberalismus in jeder Form wurde jetzt seine Devise. Nirgendwo in Italien wurde die Rückkehr zu den vorrevolutionären Verhältnissen so konsequent betrieben wie in Rom, und in den Schriften des Papstes aus dem Frühjahr 1849 sind im Kern bereits die Grundsätze formuliert, mit denen er 1864 im »Syllabus Errorum« den Geist der modernen Welt verurteilte.

Sizilien war schon im April 1849 für das Königreich Neapel zurückerobert worden. Unter dem Einfluß Englands und Frankreichs hatte Ferdinand II. im Februar 1849 den Sizilianern noch einmal regionale Autonomie, die Einsetzung eines Vizekönigs und die Einrichtung eines eigenen Parlamentes angeboten, war jedoch auf hartnäckige Ablehnung gestoßen. Als die Truppen Neapels nach Ablauf des sechsmonatigen Waffenstillstandes (s. S. 37) im April mit ihrem Vormarsch begannen, trafen sie jedoch fast nirgends auf ernsthaften Widerstand. Die politischen Führungsgremien fielen auseinander. Die Zwangsanleihen und die sozialen Unruhen der vergangenen Monate, die Zerstörung von Eigentum und der Ruin des Handels führten dazu, daß die Wiederherstellung der bourbonischen Herrschaft von der sizilianischen Oberschicht sogar mit Erleichterung begrüßt wurde. Francesco Crispi, der wohl bedeutendste sizilianische Politiker des 19. Jahrhunderts, schrieb damals: »Die Gemäßigten fürchteten den Sieg des Volkes mehr, als den der bourbonischen Truppen« (nach Finley Nr. 16, S. 223). Der neue Gouverneur von Sizilien, Prinz Carlo Filangieri, übte sein schwieriges Amt mit Mäßigung und Pragmatismus aus. Der König gewährte eine Amnestie, von der nur wenige politische Führungspersönlichkeiten ausgeschlossen waren, doch auch diese konnten ins Exil gehen. Sizilien erhielt wieder ein gewisses Maß an Autonomie in rechtlichen, finanziellen, kirchlichen und polizeilichen Angelegenheiten, doch von einer grundlegenden Reform der sozialen Verhältnisse konnte jetzt noch weniger als im Vormärz die Rede sein.

Den Abschluß der Restauration in Italien bildete die endgültige Liquidierung der Republik Venedig. Nachdem am 23. März 1848 durch Daniele Manin die Republik Venedig proklamiert worden war (s. S. 41), hatten dort am 3. Juli Wahlen zu einer Konstituierenden Versammlung stattgefunden. Nach der Schlacht von Custozza und dem Waffenstillstand zwischen Österreich und Sardinien-Piemont wurde Manin an der Spitze eines Triumvirates von dieser »Assemblea« mit diktatorischen Vollmachten ausgestattet, um die Verteidigung Venedigs gegen die österreichischen Truppen zu organisieren. Diese konnten schnell das ganze venetianische Festland besetzen, doch die äußeren Festungsanlagen und die geographische Situation der Lagunenstadt erlaubten den Österreichern zunächst keinen direkten Angriff. Aufgrund der österreichischen Blockade war die Lage in der Stadt jedoch prekär. Der Zusammenbruch des Handels ließ die Staatseinnahmen schrumpfen. Vergeblich wandte sich Venedig mit der Bitte um finanzielle Hilfe an die anderen italienischen Staaten, und vergeblich war auch der Versuch, Frankreich oder England für die Sache Venedigs zu gewinnen. Nach der erneuten Niederlage Sardinien-Piemonts gegen Österreich bei Novara war Venedig endgültig auf sich allein gestellt.

Dort war es mittlerweile unter dem Druck der Blockade zu erheblichen Spannungen gekommen. Ein Volksklub forderte nach dem Beispiel der Französischen Revolution eine Säuberung der Stadt von allen oppositionellen Kräften, eine Vertreibung namentlich aller Anhänger einer Verständigung mit Österreich. Das Triumvirat antwortete mit der Einsetzung von Überwachungsausschüssen. Neuwahlen zur »Assemblea« im Januar 1849 erbrachten erneut eine Mehrheit für die Gemäßigten um Manin, und dieser konnte seine Stellung auch behaupten, als sich die verbreitete Unzufriedenheit am 5. März in einem Sturm auf die Assemblea Luft machte.

Am 26. März forderte der später auch in Ungarn mit der Niederwerfung der Revolution beauftragte General Haynau (s. S. 239) Venedig zur Kapitulation auf, es ergab sich jedoch nicht. In der jetzt hermetisch abgeschnittenen Stadt machte sich der Hunger breit, und eine Choleraepidemie forderte rund 3 000 Tote. Militärisch konnte sich Venedig noch immer behaupten, doch angesichts der auf die Dauer aussichtslosen Lage mußte es am 22. August kapitulieren. Es erhielt dabei jedoch relativ milde Bedingungen. Mit dem Einzug Feldmarschall Radetzkys in die Stadt am 30. August war die österreichische Herrschaft über ganz Venedig wiederhergestellt.

11.3 Das plebiszitäre Kaisertum Napoleons III.

Nach der »Junischlacht« von 1848 hatte sich die innenpolitische Situation in Frankreich beruhigt, und die Nationalversammlung (s. S. 46) begann mit den Beratungen über eine republikanische Verfassung. Sie wurde mit Datum vom 4. November 1848 verabschiedet und schuf eine demokratische, unitarische und unteilbare Republik. Sie gewährleistete den Kanon der liberalen Menschen- und Bürgerrechte, die von der Linken geforderte Garantie eines Rechtes auf Arbeit wurde jedoch abgelehnt. Die gesetzgebende Gewalt lag in den Händen einer einzigen Kammer, deren 750 Abgeordnete alle drei Jahre nach allgemeinem und gleichem Wahlrecht gewählt wurden. Die Exekutivgewalt wurde einem Präsidenten übertragen, den das Volk für vier Jahre wählte. Wiederwahl war nicht zulässig. Der Präsident konnte die Gesetzgebende Versammlung nicht auflösen und deren Beschlüsse nur einmal zu erneuter Beratung zurückverweisen. Er bestimmte zwar die Mitglieder der Regierung, doch die Versammlung ging davon aus, daß die Abgeordneten die Möglichkeit hätten, Minister zu stürzen und auf diese Weise die parlamentarische Regierungsweise einzuführen. Verfassungsänderungen waren an eine Dreiviertel-Mehrheit gebunden.

Die Präsidentenwahlen fanden am 10. Dezember 1848 statt und brachten ein überwältigendes Plebiszit für Louis Napoleon Bonaparte, den Neffen des ehemaligen Kaisers. Dieser hatte schon in der Zeit der Julimonarchie die Wiedererrichtung eines auf die Zustimmung der Masse des Volkes gestützten bonapartistischen Systems betrieben, wurde nach zwei gescheiterten Putschversuchen inhaftiert, konnte aber 1846 nach England fliehen, von wo aus er im Februar 1848 nach Frankreich zurückkehrte. Seine politischen und gesellschaftlichen Leitvorstellungen hatte er schon um 1839/40 in mehreren Schriften niedergelegt, in denen er die Errichtung eines autoritären, an keine gesellschaftliche Klasse gebundenen Regierungssystems und den Aufbau einer liberalen Gesellschaft des technischen und sozialen Fortschritts propagierte, so wie sie unter dem Kaisertum Napoleons I. bestanden habe. Mit dem Mittel dieser »napoleonischen Legende« empfahl er sich als Retter Frankreichs aus den Wirren der Gegenwart. Dabei kam ihm zugute, daß die in der Junischlacht aufgebrochenen Gegensätze weiterbestanden, das Mißtrauen der Landbevölkerung gegen den Pariser Republikanismus andauerte und die Wirtschaftskrise trotz leichter Besserung im Jahre 1850 nicht überwunden wurde.

Die Februarrevolution hatte zu einer bis dahin unbekannten Lähmung des gesamten Wirtschaftslebens und zu einer bis 1851 anhaltenden Depression geführt. Sie war gekennzeichnet durch stark fallende Börsenkurse, Rückgang der Notierungen staatlicher Anleihen auf etwa die Hälfte, Preisverfall und Produktionsrückgang in der Industrie, Stagnation beim Eisenbahnbau und im ganzen Bauwesen. Die Arbeitslosigkeit war im Sommer 1848 in Paris nach Branchen verschieden auf 40 bis 74 Prozent der normalerweise Beschäftigten gestiegen; eine Ausnahme machte allein das Nahrungsmittelgewerbe mit 19 Prozent.

Im Unterschied zu den Jahren 1845 und 1846 waren die Ernten zwar glänzend, doch dies führte zu einem katastrophalen Preisverfall für agrarische Erzeugnisse. Die Krise der Unterproduktion der vorrevolutionären Zeit wurde durch eine Krise der Überproduktion abgelöst. Die Landwirte klagten, daß die Preise nicht mehr die Kosten deckten, daß sie deshalb Arbeiter entlassen müßten und daß es nicht mehr lohne, in landwirtschaftliche Betriebe zu investieren. Häufig reichten die Erlöse nicht mehr aus, um die in den Vorjahren aufgenommenen Schulden zu begleichen.

Die französische Linke gab der Bourgeoisie die Schuld an der wirtschaftlichen Misere. Sie forderte mehr Investitionen und größere Bereitschaft zum Konsum und warf dem Adel und dem Bürgertum Egoismus und mangelndes soziales Gewissen vor. Deren Sprecher hingegen sahen die Ursache der Krise in der allgemeinen Unsicherheit und in dem Mangel an Vertrauen in die Zukunft, sowie in der ständigen Bedrohung von Recht, Eigentum und Ordnung durch politische Unruhe und sozialistische Agitation.

Bei den Präsidentenwahlen erhielt Louis Napoleon 5,5 von 7,5 Millionen abgegebenen Stimmen. Der einzige ernsthafte Gegenkandidat, der von den gemäßigten Republikanern unterstützte General Cavaignac , bekam nur knapp 1,5 Millionen Stimmen und übergab seine Amtsgewalt am 20. Dezember dem Wahlsieger. Im Mai 1849 fanden dann auch mit einer beachtlichen Beteiligung von knapp 70 Prozent die Wahlen zur Nationalversammlung statt. Sie brachten für die gemäßigten Republikaner, die das Gesicht der vorherigen Kammer geprägt hatten, eine vernichtende Niederlage: Sie gewannen nur noch 10 Prozent der 750 Mandate. Die Linke brachte es demgegenüber auf rund 200 Sitze, doch die eigentlichen Wahlsieger waren die konservativen Verteidiger von Ordnung und Eigentum um jeden Preis, die Monarchisten, Legitimisten und Sprecher des politischen Katholizismus. Die Regierung wurde umgebildet. Ihr bis heute bekanntestes Mitglied war der bedeutende Historiker und Politikwissenschaftler Alexis de Tocqueville.

Die gesetzgebende Versammlung verabschiedete in den folgenden zwei Jahren eine Reihe von Gesetzen zur Stärkung der konservativen Positionen. In einem Universitäts- und Schulgesetz vom 15. März 1850 wurde zwar die Freiheit des Unterrichts von staatlicher Aufsicht verkündet, doch an die Stelle des Staates rückte weithin die Kirche, und binnen kürzester Zeit entstanden eine große Zahl kirchlicher Schulen. Im Mai 1850 wurde das Wahlrecht auf die seit drei Jahren in einer Gemeinde ansässigen Bürger beschränkt, welche direkte Staatssteuern bezahlten. Tagelöhner, Gesellen, Gesinde, Knechte und dergleichen verloren dadurch wieder das Wahlrecht. Auf ganz Frankreich berechnet war das ein knappes Drittel aller erwachsenen Männer, in Paris mit seinem besonders hohen Anteil abhängig Beschäftigter fast zwei Drittel.

Im Verlauf des Jahres 1851 verschärften sich die von Anfang an virulenten Gegensätze zwischen dem Präsidenten und der Nationalversammlung. Deren konservative Rechte wünschte offensichtlich die Restauration einer Monarchie von Gottes Gnaden aus dem Hause Orléans, während der Präsident das seinerzeit durch ein Plebiszit des Volkes legitimierte Kaisertum Napoleons I. wiederherstellen wollte. In einer Rede am 1. Juni 1851 erklärte er: »Frankreich will weder die Rückkehr zum Ancien Régime, in welcher Form es auch immer verkleidet wird, noch will es unheilvolle und unrealisierbare Utopien versuchen. Denn weil ich der natürlichste Gegner des einen wie des anderen bin, hat Frankreich sein Vertrauen in mich gelegt« (nach Tulard Nr. 30, S. 465). Er warf der Nationalversammlung vor, von ihm vorgeschlagene Maßnahmen zur Verbesserung der Lage der Bauern und zur sozialen Reform abgeblockt zu haben. Er startete eine Kampagne für eine Verfassungsreform, welche die Wiederwahl des Präsidenten erlauben sollte, doch das entsprechende Gesetz erhielt nicht die erforderliche Dreiviertel-Mehrheit. Danach entschloß er sich zum Staatsstreich.

Durch Dekret vom 2. Dezember 1851 wurde die Nationalversammlung aufgelöst, das allgemeine Wahlrecht wieder eingeführt und der Belagerungszustand über Paris verhängt. Gleichzeitig wurde der Entwurf für eine neue Verfassung publiziert und das Volk aufgefordert, den Staatsstreich nachträglich durch plebiszitäre Entscheidung zu legitimieren. Nennenswerten Widerstand gab es nicht. Trotzdem kam es zu rund 27 000 Verhaftungen, und Napoleon benutzte die Gelegenheit, um zahlreiche politische Gegner auszuweisen. Mindestens 9 000 von ihnen wurden nach Algerien deportiert. Das am 21. Dezember durchgeführte Plebiszit brachte über 7,3 Millionen Ja-Stimmen und nur knapp 650 000 Gegenstimmen. Das war das Ende der zweiten französischen Republik, auch wenn sie formell noch weiterbestand, bis Napoleon III. ein Jahr später auf Grund eines erneuten Plebiszits zum erblichen Kaiser der Franzosen ausgerufen wurde.

Nicht anders als in Deutschland vollzog sich die Entwicklung der modernen Industriegesellschaft auch in Frankreich nicht auf dem Boden einer demokratischen Republik, sondern im Rahmen eines autoritären Herrschaftssystems.

11.4 Das Scheitern der preussischen Unionspolitik und die Wiederbelebung des Bundestages

Nachdem Preußen Ende April die Paulskirchenverfassung endgültig verworfen und die deutschen Staaten zu Verhandlungen über eine andere Form der Reichsgründung eingeladen hatte, legte es ihnen am 9. Mai den Entwurf zu einer Unionsakte vor. Danach sollten möglichst alle deutschen Staaten mit Ausnahme Österreichs auf freiwilliger Basis einen engeren Bundesstaat bilden, dessen Beziehungen zu Österreich in der Form eines weiteren Bundes auf völkerrechtlichem Wege zu regeln wären. Preußen nahm also insoweit die Grundzüge des Gagernschen Programms wieder auf und suchte auch die Zustimmung Österreichs zu diesem Projekt zu gewinnen. Österreich lehnte es jedoch ab, und danach zogen sich auch Bayern und Württemberg von den Vorberatungen zurück, so daß vorerst nur das »Dreikönigsbündnis« vom 26. Mai zwischen Preußen, Hannover und Sachsen zustandekam. Die Vertragspartner verpflichteten sich, für die Verwirklichung einer zeitgemäßen Reichsverfassung einzutreten und eine gemeinsame Außen- und Innenpolitik zu führen. Die Leitung der gemeinschaftlichen Politik wurde – zunächst für ein Jahr – Preußen übertragen. Der Beitritt zu diesem Bündnis stand allen deutschen Staaten offen.

Der Ende Mai vorgelegte Entwurf für die Verfassung des engeren Bundesstaates schloß sich eng an die Paulskirchenverfassung an, modifizierte diese jedoch vor allem in föderalistischem Sinne. So war das »Reich« (an dieser Bezeichnung wurde zunächst festgehalten) für seine Einnahmen allein auf Zahlungen der Länder in der Form von »Matrikularbeiträgen« angewiesen; es hatte keine eigenen Steuer- oder Zolleinnahmen. Die Reichsregierung lag in der Hand eines sechsköpfigen Fürstenkollegiums, in dem Preußen und Bayern je eine Stimme hatten, während die übrigen vier Stimmen auf die anderen Bundesstaaten verteilt waren. Mit der preußischen Krone war die Würde des »Reichsvorstandes« verbunden. Dieser übte die exekutive Gewalt aus, während das Fürstenkollegium als Ganzes die legislativen Befugnisse der Reichsregierung wahrnahm und dabei auch ein absolutes Vetorecht gegenüber Beschlüssen des Reichstags besaß.

Der Grundrechtskatalog wurde weitgehend übernommen, die Todesstrafe allerdings wieder eingeführt und bei einigen Grundrechten, wie z. B. der Pressefreiheit, Möglichkeiten zu ihrer Einschränkung geschaffen.

Das Staatenhaus war jetzt dem Volkshaus gleichgestellt. Für die Wahlen zum Volkshaus sollte das preußische Dreiklassenwahlrecht eingeführt werden, und dies wurde jetzt noch insofern verschärft, als auch in der dritten Klasse nur diejenigen wählen durften, die eine direkte Staatssteuer zahlten und an den Kommunalwahlen ihrer Heimatorte teilzunehmen berechtigt waren. In einer Denkschrift, die dem Verfassungsentwurf beigegeben war, wurde es überdies als dringendste Aufgabe der künftigen Reichsgesetzgebung bezeichnet, die Einführung dieses Wahlrechts in allen Staaten des engeren Bundes vorzuschreiben.

Allen deutschen Staaten war es freigestellt, sich auf dieser Basis dem engeren Bund anzuschließen, keiner sollte dazu gezwungen werden.

In der deutschen Öffentlichkeit löste dieser Entwurf keine Begeisterung aus. Die Linke lehnte ihn selbstverständlich ab, aber auch Sprecher der preußischen Konservativen verwarfen ihn. Sie sahen in der Unionsverfassung eine Knebelung Preußens durch das Erbgut der Revolution und die für so viel Unheil der Zeit verantwortliche Idee des Nationalstaates. Sie prophezeiten das Ende der Existenz Preußens als selbständige europäische Großmacht und forderten, daß zumindest das Recht Preußens gewahrt werde, auch ohne Zustimmung des Fürstenkollegiums Krieg zu führen und Frieden zu schließen.

Besonders schwierig war die Lage für die Liberalen. Sie hatten sich im »Pakt Simon-Gagern« (s. S. 214) zum Teil verpflichtet, an der Paulskirchenverfassung unbedingt festzuhalten, und sie sahen sich jetzt vor der Frage, ob sie dieses Bekenntnis verleugnen und sich mit der erheblich verwässerten Fassung als Optimum des gegenwärtig Erreichbaren abfinden sollten. Auf einer Parteiversammlung Ende Juni in Gotha entschied man sich mit sehr großer Mehrheit, aber ohne Begeisterung für die Unionspolitik. Einer der Teilnehmer schrieb damals in einer Mischung von Skepsis, Resignation und bangen Vorahnungen an einen Parteifreund: »Es hilft nichts, wir müssen es tun, auch wenn wir uns noch einmal blamieren« (nach Botzenhart Nr. 59, S. 722). In der Tat wurde dann auch die Bezeichnung »Gothaer« zum Inbegriff eines grundsatzlosen und wetterwendischen Politikers.

Im Entwurf für die Unionsverfassung war vorgesehen, daß sie dem Staaten- und dem Volkshaus des Unionsparlaments bei ihrem ersten Zusammentreten vorgelegt werden sollte, und demgemäß fanden auch am 31. Januar Wahlen zum Volkshaus statt. Mittlerweile hatten sich allerdings auch Sachsen und Hannover von der Union wieder zurückgezogen, da sie ihre Beteiligung von vornherein davon abhängig gemacht hatten, daß alle nicht-österreichischen Staaten Deutschlands ihr beitreten würden. Die Wahlen fanden zum Teil gegen den Protest der noch von demokratischen Mehrheiten geprägten einzelstaatlichen Landtage statt, und die Wahlbeteiligung war so gering, daß sie als Plebiszit gegen die Unionspolitik gedeutet werden muß.

Das Parlament trat dann am 30. März 1850 in Erfurt zusammen. Um jeder Verzögerung zuvorzukommen und weitere Verschlechterungen seines Inhalts zu vermeiden, nahm die liberale Mehrheit in beiden Häusern den Verfassungsentwurf Mitte April ohne Einzeldiskussion im Ganzen an. Erst danach wurden noch einige Verbesserungsvorschläge verabschiedet, über welche die Regierungen abschließend beraten sollten. Aber auch dieser Versuch, die Regierungen gleichsam in ihrem eigenen Netz zu fangen, scheiterte.

Bereits Anfang Mai fand in Berlin ein Fürstenkongreß der 26 Staaten der Union statt, doch nur 12 von ihnen waren bereit, dem preußischen Vorschlag zu folgen und den in Erfurt verabschiedeten Text ohne Änderungen zu akzeptieren.

Mittlerweile hatte Österreich, das von Anfang an die Abwendung der größeren deutschen Staaten von der Unionspolitik betrieben hatte, die deutschen Fürsten für den 10. Mai zu Beratungen über die Zukunft des Deutschen Bundes nach Frankfurt eingeladen. Dieser Aufforderung folgten zwar nur Bayern, Sachsen, Württemberg, Hannover und fünf Kleinstaaten, doch die Wiederherstellung des Bundestages war damit in greifbare Nähe gerückt.

Parallel dazu entwickelte der österreichische Ministerpräsident Schwarzenberg in Verhandlungen mit dem preußischen Botschafter in Wien ein Programm für eine Verständigung zwischen Preußen und Österreich. Ganz Deutschland und die gesamte Habsburger Monarchie wären danach zu einem Bundesstaat mit 70 Millionen Einwohnern zusammengeführt worden. Die Handhabung einer starken Bundeszentralgewalt sollte Österreich und Preußen gemeinsam übertragen werden. Preußen könne zwar auf der Basis freiwilligen Beitritts einen engeren Bund gründen, doch dürfe weder für diesen noch für den Gesamtstaat eine gewählte Volksvertretung eingerichtet werden. Der Gesamtstaat müsse die Aufrechterhaltung der österreichischen Herrschaft in Ungarn und Oberitalien garantieren, und durch Errichtung einer Zollunion schließlich sollte die Existenz dieses 70-Millionen- Reiches »als politischer und wirtschaftlicher Schwerpunkt des Weltteils« untermauert werden (Huber Nr. 47, Bd. 2, S. 901).

Preußen hat es nach langen regierungsinternen Auseinandersetzungen abgelehnt, auf diesen Vorschlag einzugehen, weil es nach wie vor einer Politik nationalstaatlicher Einigung Deutschlands den Vorrang einräumte. Zusammen mit 22 der Union treuen Staaten lehnte es daher auch die Beteiligung an der Wiedereröffnung des Bundestages ab, die am 2. September unter dem Vorsitz des österreichischen Präsidialgesandten Friedrich Graf von Thun-Hohenstein stattfand. Um irgendwelchen Beschlüssen oder Aktionen dieses »Rumpfbundestages« z. B. in Kurhessen begegnen zu können, begann Preußen sogar, Truppen zu mobilisieren, und provozierte damit den Abschluß eines Bündnisses zwischen Österreich, Bayern und Württemberg, in dem sich diese Staaten am 12. Oktober verpflichteten, jeden Widerstand von Mitgliedern der Union gegen die Durchführung von Bundesbeschlüssen notfalls mit militärischer Gewalt zu brechen.

Angesichts der akuten Kriegsgefahr suchte die preußische Regierung nach einem diplomatischen Ausweg, und unter Vermittlung des russischen Zaren schlossen die Ministerpräsidenten Schwarzenberg und Brandenburg am 28. Oktober in Warschau eine Übereinkunft, in der die Errichtung des 70-Millionen-Reiches in Aussicht genommen und die preußische Unionspolitik preisgegeben wurde, im Unterschied zu früher jedoch weder die unbedingte Parität Preußens mit Österreich in der Führung des Bundes noch die Möglichkeit zur Gründung eines engeren Bundes zugestanden wurde. Trotz dieser offensichtlichen Niederlage stimmte die preußische Regierung wegen ihrer außenpolitischen Isolierung der Warschauer Übereinkunft zu. Trotzdem wäre es Anfang

November noch beinahe wegen des Streites um Kurhessen zum Krieg gekommen, da Preußen die Anfang November begonnene Intervention des Rumpfbundestages in Kurhessen als Eingriff in preußische Interessensphären betrachtete und einen kampflosen Rückzug als schweren Prestigeverlust ansah. schließlich gab Preußen aber doch nach, und durch die in Olmütz unterzeichnete »Punktation« vom 29. November 1850 wurde die Union endgültig liquidiert, der Streit um Kurhessen beigelegt und die Basis für eine gemeinsame Intervention in Holstein geschaffen.

Der Vertrag von Olmütz wurde vom überwiegenden Teil der preußischen Öffentlichkeit abgelehnt. Liberale und Demokraten hatten in der Doppelkrise des Herbstes 1850 gefordert, daß Preußen an seiner nationalen Politik festhalten und sie nötigenfalls auch durch einen Krieg verteidigen sollte. Für viele Konservative war ein Zurückweichen vor den österreichischen Drohungen mit der Ehre Preußens und seiner Armee schlechtweg unvereinbar. Die Mehrheit der zweiten preußischen Kammer war gegen den Olmützer Vertrag, konnte dessen Ratifizierung aber nicht verhindern. Deren prinzipielle Bedeutung brachte Ministerpräsident Manteuffel mit den Worten zum Ausdruck, es müsse jetzt endlich »entschieden mit der Revolution gebrochen werden« (nach Huber Nr. 47, Bd. 2, S. 922.). Bismarck hat den Olmützer Vertrag in einer seiner ersten ganz großen Parlamentsreden mit Nachdruck verteidigt. Er sah in der Unionspolitik von Anfang an ein für Preußen verderbliches Nessushemd, das die Eigenstaatlichkeit Preußens ohne angemessenes Äquivalent bedrohe, und vertrat demgemäß die Auffassung, daß weder die Union noch die kurhessische oder die holsteinische Sache den Tod eines einzigen pommerschen Grenadiers wert seien. Für die preußischen Liberalen hingegen wurde es zu einem nie vergessenen Anliegen, früher oder später die »Schmach von Olmütz« zu sühnen.

Mit dem Olmützer Vertrag war allerdings die Frage nach der Zukunft des Deutschen Bundes noch nicht entschieden. Vom Dezember 1850 bis zum Mai 1851 fanden deshalb in Dresden Konferenzen über eine Reform der Bundesverfassung statt, bei denen Österreich weiterhin das Projekt des 70-Millionen-Reiches verfolgte, nach wie vor aber nicht bereit war, als Gegenleistung für die Garantie der österreichischen Herrschaft in Ungarn und Oberitalien Preußen eine gleichberechtigte Rolle in der Führung der Bundespolitik und die Möglichkeit zur Errichtung eines engeren Staatenbundes zuzugestehen. Um den österreichisch-preußischen Konflikt zu beenden, blieb schließlich nur die Wiederherstellung des alten Bundestags übrig, und der spätere Begründer des preußisch-deutschen Kaiserreiches, Otto von Bismarck, trat am 15. Juli 1851 das Amt des preußischen Bundestagsgesandten an.

11.5 Das Ende des deutsch-dänischen Krieges

Als Erblast des »Völkerfrühlings« vom März 1848 war schließlich auch noch der deutsch-dänische Konflikt um Schleswig und Holstein beizulegen. Die seit dem Waffenstillstand von Malmö (s. S. 109) geführten Friedensverhandlungen hatten wegen der Unnachgiebigkeit Dänemarks zu keinem Ergebnis geführt, und so war Anfang April der Krieg wieder ausgebrochen. In dessen Verlauf wurde am 5. Juni eine Verfassung für Dänemark verkündet, die das Königreich zu einer konstitutionellen Monarchie mit allgemeinem Wahlrecht und Zweikammersystem machte. Sie sollte auch für Schleswig gelten. Die deutschen Truppen konnten im Verlauf des Frühsommers bis nach Jütland hinein vordringen, doch Rußland, England und Frankreich setzten sich für die Aufrechterhaltung der Rechte des Königs von Dänemark in Schleswig und Holstein ein und erzwangen so erneut einen am 10. Juli 1849 abgeschlossenen Waffenstillstand. Preußen entschloß sich jetzt, die deutschen Ansprüche auf Schleswig preiszugeben, und im Berliner Frieden vom 2. Juli 1850 wurde nicht nur die Herrschaft Dänemarks in Schleswig und Holstein wieder anerkannt, sondern der dänischen Krone auch das Recht zugesprochen, die Intervention des Deutschen Bundes gegen die schleswig-holsteinischen Selbständigkeitsbestrebungen anzurufen.

Durch das »Londoner Protokoll« vom 4. Juli 1850 billigten die europäischen Großmächte diesen Frieden, doch die provisorische Regierung von Schleswig-Holstein wollte sich ihm nicht beugen. Sie setzte den Krieg fort, aber ihre Truppen wurden Ende Juli bei Idstedt geschlagen. Preußen widersetzte sich weiterhin einer Besetzung Holsteins durch dänische Truppen, und so kam es vorerst nicht zu einer Wiedererrichtung der dänischen Herrschaft über Holstein.

Der restituierte Bundestag beschloß dann jedoch unter österreichischem Einfluß am 25. Oktober, die Rechte des Königs von Dänemark als Herzog von Holstein nötigenfalls mit den Mitteln der Bundesintervention durchzusetzen. Die deutschen, überwiegend preußischen Truppen, die bislang gegen Dänemark gekämpft hatten, sollten jetzt also an der Seite ihrer vorherigen Gegner gegen die deutsche Nationalbewegung in Schleswig und Holstein eingesetzt werden. Auch in dieser Frage sah sich Preußen schließlich zum Nachgeben gezwungen. Im Vertrag von Olmütz ließ es die provisorische Regierung fallen und gab den Weg frei für die Durchführung des Bundesbeschlusses vom 25. Oktober durch den Einsatz österreichischer Truppen.

Damit war der Weg zur Regelung der Schleswig-Holstein-Frage geebnet. Nach langen Verhandlungen wurde im Januar 1852 eine Übereinkunft erzielt, in der König Friedrich VII. von Dänemark auf die Eingliederung Schleswigs in den dänischen Staat verzichtete, in Schleswig die Gleichberechtigung der deutschen und der dänischen Nationalität zugestand und, abgesehen von Fragen der Außenpolitik, beide Herzogtümer nur in der Form einer Personalunion mit Dänemark zu verbinden versprach. Die deutschen Truppen zogen sich daraufhin aus Holstein zurück, und der König von Dänemark nahm das Herzogtum wieder in Besitz. Das »Londoner Protokoll«, das am 8. Mai 1852 zwischen den europäischen Großmächten sowie Schweden und Dänemark abgeschlossen wurde, regelte außerdem die Nachfolge auf dem dänischen Thron für den Fall, daß Friedrich VII. ohne männlichen Erben sterben würde. Es sollte sich allerdings zeigen, daß die Schleswig-Holstein-Frage trotz aller Vorsorge damit nicht endgültig gelöst war. Nach dem Tode des Königs im Jahre 1863 brach sie wieder auf und führte erneut zu einem Krieg, der diesmal den Prozeß der nationalstaatlichen Einigung Deutschlands durch Preußen einleiten sollte.

EPILOG

Die Revolution von 1848/49 ist gescheitert. Sie hat den Völkern Mitteleuropas nicht die ersehnten freiheitlichen Nationalstaaten gebracht und Frankreich nicht die soziale Republik, die das Ziel der Pariser Februarrevolution gewesen ist. Welches waren die Gründe?

In *Frankreich* dürften es vor allem die tiefen politischen und sozialen Gräben gewesen sein, die das konservative ländliche Frankreich vom großstädtischen Bürgertum und seinen politischen Parteikämpfen trennten. Wahrscheinlich konnte nur ein autoritäres Präsidialsystem einen Ausgleich zwischen den Klassen der bürgerlichen Gesellschaft herstellen, den Übergang von der Monarchie der ersten Hälfte des 19. Jahrhunderts zu der 1870 geborenen Zweiten Republik vermitteln, dem Prozeß der Industrialisierung einen festen staatlichen Rahmen geben und die überseeische Expansion Frankreichs vorantreiben. Daß Frankreich nach 1848 ein völlig anderes politisches und gesellschaftliches Profil erhalten hatte als zur Zeit der Julimonarchie, dürfte kaum zu bestreiten sein. Es durchlief in den Jahren 1850-1870 einen Modernisierungsprozeß, zu dessen Beschleunigung die Februarrevolution das Tor weit geöffnet hatte und den Napoleon III. bewußt und auch gegen gesellschaftliche Widerstände vorantrieb. Insofern blieb die »gescheiterte« Revolution nicht ohne erhebliche Auswirkungen.

In *Italien* ist für das Scheitern der Freiheitsbewegungen in erster Linie die ausländische Intervention verantwortlich zu machen. Welche Gestalt Italien angenommen hätte, wenn Österreich sich im Sommer 1848 aus Oberitalien hätte zurückziehen müssen, ist schwer zu sagen. Wäre die Zeit schon damals dazu reif gewesen, unter Führung des Königreichs Piemont und mit französischer Hilfe den italienischen Nationalstaat zu gründen? Hätte der Partikularismus des Kirchenstaates und des Königreichs Neapel-Sizilien bereits 1848/49 überwunden werden können? Die nationalstaatliche Einigung Italiens wurde jedoch durch den vorrübergehenden Sieg der Gegenrevolution nur verzögert und nicht verhindert. Nach der Niederlage gegen das mit Frankreich verbündete Sardinien-Piemont mußte Österreich Ende 1859 die Lombardei preisgeben, 1861 wurde das Königreich Neapel-Sizilien durch oberitalienische Truppen zum Anschluß an das jetzt proklamierte Königreich Italien gezwungen, und im Jahre 1866 trat Österreich auch Venetien an Italien ab.

Nur der Kirchenstaat behauptete jetzt noch unter dem Schutz einer französischen Garnison seine Unabhängigkeit. Als diese jedoch aus Anlaß des deutsch-französischen Krieges abgezogen werden mußte, wurde Rom von italienischen Truppen besetzt und der Kirchenstaat dem Königreich Italien eingegliedert. Die

»römische Frage« blieb allerdings noch lange ein Problem der internationalen Diplomatie und Ursache für eine tiefe Entfremdung zwischen den italienischen Katholiken und ihrem nationalen Staat.

Daß sich dieser ganze Einigungsprozeß im verfassungsrechtlichen Rahmen des »Statuto Albertino« vom März 1848 (s. S. 39) vollzog, kann man auch als weiterwirkende Kraft der Revolution deuten, und man darf die Frage stellen, ob das italienische »Risorgimento« ohne die Erfahrungen und die Enttäuschungen des Jahres 1848/49 so schnell die Energie und die politische Reife für die Gründung des Königreichs Italiens aufgebracht hätte, z. B. die Einsicht, daß ohne Unterstützung einer europäischen Großmacht Österreich aus Oberitalien nicht zu verdrängen war.

Ungarn hatte seine nationale Freiheit am Ende des Jahres 1848 erkämpft, doch die massive militärische Intervention Österreichs und Rußlands erstickte dieses leuchtende Fanal der europäischen Freiheitsbewegungen des Jahres 1848 gnadenlos. Ungarn war nach dem Urteil der Zeitgenossen damals reif für die Bildung eines eigenen Staates, fraglich war nur, ob es den nicht-magyarischen Völkern innerhalb Ungarns den angemessenen Minderheitenschutz gewähren würde. Die Niederwerfung Ungarns hat sich für Östereich nicht ausgezahlt. Nach der Niederlage gegen Preußen mußte es Ungarn im »Ausgleich« von 1867 die vollkommene innere Selbständigkeit gewähren, ohne damit die weitgehende Entfremdung Ungarns von der Gesamtmonarchie rückgängig machen zu können.

Für das Scheitern der Revolution in *Deutschland* sind vielerlei Faktoren verantwortlich gemacht worden: Der unüberwindbare preußisch-österreichische Dualismus, ihr auf viele Zentren aufgesplitterter Verlauf, die Gegensätze zwischen Liberalen und Demokraten, die antirevolutionäre Grundhaltung des deutschen Bürgertums, die Gegnerschaft der europäischen Großmächte, die Bedeutung des preußischen Königs als »Mann des Schicksals« der Revolution, eine durch den leichten Sieg der Märzbewegung verursachte unrealistische Erwartungshaltung, die Überforderung der Akteure, die gleichzeitg einen Nationalstaat gründen, ihm eine freiheitlich-demokratische Ordnung geben und eine Vielfalt sozialer Spannungen ausgleichen sollten. Alle diese Faktoren haben eine Rolle gespielt, doch es wird gegenwärtig gerne vermieden, eine Gewichtung unter ihnen vorzunehmen. Zu viele Probleme waren gleichzeitig zu bewältigen: so kann man den gemeinsamen Nenner des aktuellen Forschungsstandes bei Langewiesche, Wehler und Siemann zusammenfassen. Wie schwer es selbst in einem gefestigten Nationalstaat wie Frankreich war, die freiheitlichen und sozialen Bewegungen der Revolutionszeit in eine feste Ordnung zu überführen, sollte vor einem allzu schnellen Verdikt über die deutsche Nationalversammlung warnen.

Der Blick auf die *internationalen Dimensionen* der Revolution von 1848 könnte es demgegenüber nahelegen, die eigentlich entscheidende Ursache für das Scheitern der Revolution in der Geschichte und der Politik der Habsburger

Monarchie zu sehen. Der Schlüssel für den Weg zur deutschen Einheit lag in Wien, nicht in Berlin oder Frankfurt. Wäre die Habsburger Monarchie im März 1848 auseinandergebrochen, so hätte sich Österreich entweder selbst an die Spitze einer großdeutschen Nationalbewegung setzen können, und der König von Preußen hätte sich dann wohl gerne mit dem Amt eines »Reichserzfeldherrn« abgefunden. Oder Österreich hätte den Weg zu einer kleindeutschen Reichsgründung durch Preußen freigeben müssen und sich daneben als eigenes Kaisertum konstituiert, wie es dann 1866/1871 geschah. Da sich die Habsburger Monarchie aber 1848/49 noch einmal für knapp zehn Jahre konsolidierte, wurde sie durch ihre allzu kurzsichtig definierte Staatsräson dazu gezwungen, die nationalstaatliche Einigung Deutschlands zu hintertreiben und schließlich mit Hilfe Rußlands zu verhindern. Was aber wäre geschehen, wenn sich Rußland schon 1849 auf die Seite Preußens gestellt hätte, und nicht erst 1866-1871?

Dies führt zu einer bitteren Einsicht: Letztlich wurden die großen Entscheidungen des Revolutionsjahres durch die »Große Politik der europäischen Kabinette« oder sogar, um mit Bismarck zu sprechen, »durch Eisen und Blut« und nicht durch die Reden in den Parlamenten entschieden. Die Ansätze zur sozialen französichen Republik endeten im Blutbad der Pariser Junischlacht. Militär schlug den Prager Aufstand im Juni, die Frankfurter Septemberunruhen und die Wiener Oktoberrevolution nieder, es erstickte die italienischen Freiheitsbewegungen sowie die sächsische und die badisch-pfälzische Erhebung im Mai. Auch Ungarn war nur durch brutale Gewalt wieder zu unterwerfen. So wurde die Loyalität der Truppen zum entscheidenden Faktor für den Ausgang der Revolution. Ohne den sicheren Rückhalt in seiner Armee hätte der König von Preußen den Staatsstreich vom November/Dezember 1848 kaum wagen können. Der deutschen Nationalversammlung stand demgegenüber kein Heer zur Verfügung, mit dem sie die Anahme der Reichsverfassung in ganz Deutschland hätte erzwingen können, wenn sie denn überhaupt zur Entfesselung eines Bürgerkrieges bereit gewesen wäre, was mehr als unwahrscheinlich ist.

Immerhin bleibt die Bilanz der Revolutionszeit auch für Deutschland nicht ganz ohne positive Züge. Viele liberale Gesetze der Märzministerien behielten Gültigkeit, so vor allem im Bereich der Rechts- und Verwaltungsreformen und bei der abschließenden Regelung der seit mehr als 50 Jahren laufenden »Bauernbefreiung«.

Von nicht zu überschätzender Bedeutung war außerdem, daß Preußen im Unterschied zu Österreich nicht zu den vormärzlichen Zuständen zurückkehrte, sondern zum konstitutionellen Verfassungsstaat wurde. Durch eine grundsätzliche Liberalisierung der Wirtschaftsordnung öffnete Preußen das Tor zu einem jetzt mit großer Dynamik einsetzenden Industrialisierungsprozeß, an dem über den »Zollverein« von 1834 auch die anderen deutschen Staaten mit Ausnahme Österreichs beteiligt waren. Die aus der politischen Entwicklung resultierende Kluft wurde so durch die wirtschaftliche Entwicklung vertieft, der »kleindeutschen« Reichsgründung insofern ungewollt vorgearbeitet. Ob der sich auf vielen Gebieten zeigende beschleunigte Modernisierungsprozeß so rasch vorangegangen wäre, wenn deutsche Staatsmänner und Unternehmer nicht in der Revolutionszeit das engräumige Denken des Vormärz abgelegt hätten, darf bezeifelt werden. Die Frankfurter Reichsverfassung blieb für Verfassungspolitik und Rechtsdenken der kommenden Generationen Vorbild und Maßstab.

Die Jahre 1848-1850 waren die politischen Lehrjahre Otto von Bismarcks, des »weißen Revolutionärs« (Gall). Sie boten viele Argumente für die Auffassung, daß die Gründung eines kleindeutschen Nationalstaates unter allen Möglichkeiten die beste, für die europäischen Großmächte erträglichste und auch vom deutschen Liberalismus gewünschte Lösung der nationalen Frage sei. Die Liberalen haben Bismarck dementsprechend im Jahre 1866 mit überschwänglichem Enthusiasmus als den Staatsmann gefeiert, der alle ihre Träume und Hoffnungen erfüllt habe. Daß die Reichsgründung nicht in einen Prozeß ständiger Liberalisierung und Demokratisierung münden würde, war 1866/71 noch nicht erkennbar. Der Verlauf der Geschichte hat nur selten dem politischen Wunschdenken späterer Generationen entsprochen.

Im Vergleich zum Jahre 1847 ist das nicht-österreichische Deutschland durch die Revolutionszeit tief verändert worden. Es hatte das Metternichsche System abgeschüttelt, und der 1848 begonnene Prozeß gesellschaftlicher Selbst- und Neuorganisation war nicht mehr aufzuhalten. Auch eine gescheiterte Revolution kann den Aufbruch in eine neue Zeit markieren.

AUSGEWÄHLTE LITERATUR

(Die Zählung bezieht sich auf die Literaturverweise in der Darstellung.)

Europa vom Vormärz bis zum Ende der Revolutionen

1. *Cipolla, Carlo M.*: Europäische Wirtschaftsgeschichte. Bd. 4: Die Entwicklung der industriellen Gesellschaften, Stuttgart 1977.
2. *Craig, Gordon A.*: Geschichte Europas 1815-1980, New York 1974/1983, dt. Ausg. München 1983.
3. *Doering-Manteuffel, Anselm*: Die deutsche Frage und das europäische Staatensystem 1815-1871, München 1993.
4. *Fischer, Wolfram u. a.* (Hrsg.): Handbuch der europäischen Wirtschafts- und Sozialgeschichte. Bd. 4, hrsg. von Ilja Mieck, Stuttgart 1993.
5. *Godechot, Jacques*: Les Révolutions de 1848, Paris 1971.
6. *Jedin, Hubert* (Hrsg.): Handbuch der Kirchengeschichte. Bd. VI: Die Kirche in der Gegenwart, Freiburg 1978.
7. *Langewiesche, Dieter*: Europa zwischen Restauration und Revolution 1815-1849, 2. Aufl. München 1989.
8. *Krumwiede, Hans-Walter*: Geschichte des Christentums. III: Neuzeit. 2., durchges. und erg. Aufl., Stuttgart 1977.
9. *Mayeur, Jean-Marie u.a.* (Hrsg): Geschichte des Christentums. Bd. 11: Liberalismus, Industrialisierung, Expansion Europas (1830-1914). Dt. Ausg. Freiburg 1997.
10. *Nowak, Kurt*: Geschichte des Christentums in Deutschland. Religion, Politik und Gesellschaft vom Ende der Aufklärung bis zur Mitte des 20. Jahrhunderts, München 1995.
11. *Schieder, Theodor*: Propyläengeschichte Europas. Bd. 5: Staatensystem als Vormacht der Welt, Frankfurt/M. 1982.
12. *Schieder, Theodor* (Hrsg.): Handbuch der europäischen Geschichte. Bd. 5, Stuttgart 1981.
13. *Stearns, Peter N.*: The Revolutions of 1848, London 1974.
14. *Sternberger, Dolf und Vogel, Bernhard*: Die Wahl der Parlamente und anderer Staatsorgane. Ein Handbuch. Band I: Europa. 2 Halbbände, Berlin 1969.
15. *Stuke, Horst und Forstmann, Wilfried* (Hrsg.): Die europäischen Revolutionen von 1848, Königstein 1979.

Einzelne europäische Länder

(ohne Habsburger Monarchie und Deutscher Bund)

16. *Finley, Moses I., Mack Smith, Denis und Duggan, Christopher*: Geschichte Siziliens und der Sizilianer, München 1989.
17. *Ginsborg, Paul*: Daniele Manin and the Venetian Revolution of 1848-49, Cambridge 1979.
18. *Hallmann, Hans*: Neugriechenlands Geschichte 1820-1948, Bonn 1949.
19. *Jaworski, Rudolf und Luft, Robert*: 1848/49 – Revolutionen in Ostmitteleuropa, München 1996.
20. *Jennings, Lawrence C.*: France and Europe in 1848, Oxford 1973.
21. *Kluxen, Kurt*: Geschichte Englands von den Anfängen bis zur Gegenwart. 4. Aufl., Stuttgart 1991.

22. *Lademacher, Horst*: Die Niederlande. Politische Kultur zwischen Individualität und Anpassung, Berlin 1993.
23. *Lill, Rudolf*: Geschichte Italiens vom 16. Jahrhundert bis zu den Anfängen des Faschismus, Darmstadt 1980.
24. *Luna, Frederick A. de*: The French Republic under Cavaignac 1848, Princeton 1969.
25. *Nifontow, A. S.*: Rußland im Jahre 1848, Berlin 1954.
26. *Price, Roger*: The French Second Republic, London 1972.
27. *Procacci, Giuliamo*: Geschichte Italiens und der Italiener, München 1983.
28. *Rhode, Gotthold*: Kleine Geschichte Polens, Darmstadt 1965.
29. *Stöckl, Günther*: Russische Geschichte. Von den Anfängen bis zur Gegenwart. 4. Aufl., Stuttgart 1983.
30. *Tulard, Jean*: Frankreich im Zeitalter der Revolutionen 1789-1851, Stuttgart 1989.
31. *Woolf, Stuart*: A History of Italy 1700-1860, London 1979.

Habsburger Monarchie

32. *Bosl, Karl* (Hrsg.): Handbuch der Geschichte der böhmischen Länder. Band III: Die böhmischen Länder im Habsburgerreich 1848-1919, Stuttgart 1968.
33. *Deák, István*: Die rechtmäßige Revolution. Lajos Kossuth und die Ungarn 1848-1849, Wien 1989.
34. *Gehler, Michael u.a.* (Hrsg.): Ungleiche Partner? Österreich und Deutschland in ihrer gegenseitigen Wahrnehmung. Historische Analysen und Vergleiche aus dem 19. und 20. Jahrhundert, Stuttgart 1996.
35. *Häusler, Wolfgang*: Von der Massenarmut zur Arbeiterbewegung. Demokratie und soziale Frage in der Wiener Revolution von 1848, Wien 1979.
36. *Jaworski, Rudolf und Luft, Robert*: 1848/49 – Revolutionen in Ostmitteleuropa, München 1996.
37. *Kann, Robert A.*: Das Nationalitätenproblem der Habsburgermonarchie. Geschichte und Ideengehalt der nationalen Bestrebungen vom Vormärz bis zur Auflösung der Reiches im Jahre 1918, 2. Aufl., Köln 1964.
38. *Kiszling, Rudolf*: Die Revolution im Kaisertum Österreich 1848-1849, 2 Bd., Wien 1948.
39. *Koralka, Jiri*: Tschechen im Habsburgerreich und in Europa 1815-1914, München 1991.
40. *Niederhauser, Emil*: 1848. Sturm im Habsburgerreich, Wien 1990.
41. *Pech, Stanley Z.*: The Czech Revolution of 1848, Chapel Hill 1969.
42. *Prinz, Friedrich*: Prag und Wien 1848, München 1968.
43. *Sked, Alan*: The survival of the Habsburg Empire. Radetzky, the imperial army and the class war, London 1979.
44. *Wandruzka, Adam und Urbanitsch, Peter* (Hrsg.): Die Habsburgermonarchie 1848-1918. Band III: Die Völker des Reiches 1848-1918, 2 Teilbände, Wien 1980.

Deutscher Bund

Gesamtdarstellungen und Quellensammlungen zu Vormärz und Revolution

45. *Droz, Jacques*: Les Révolutions Allemandes de 1848, Paris 1957.
46. *Grab, Walther*: Die Revolution von 1848/49. Eine Dokumentation, München 1980.
47. *Huber, Ernst Rudolf*: Deutsche Verfassungsgeschichte seit 1789. Bd. 1, 2. Aufl., Stuttgart 1975 und Bd. 2, 3. Aufl., Stuttgart 1988.

48. *Huber, Ernst Rudolf*: Dokumente zur deutschen Verfassungsgeschichte. Band 1, 3. Aufl., Stuttgart 1978.
49. *Jessen, Hans*: Die deutsche Revolution 1848/49 in Augenzeugenberichten, Düsseldorf 1968.
50. *Langewiesche, Dieter* (Hrsg.): Die deutsche Revolution von 1848/49, Darmstadt 1983.
51. *Nipperdey, Thomas*: Deutsche Geschichte 1800-1850. Bürgerwelt und starker Staat, München 1983.
52. *Obermann, Karl* (Hrsg.): Flugblätter der Revolution 1848/49, München 1972.
53. *Siemann, Wolfram*: Die deutsche Revolution von 1848/49, Frankfurt 1985.
54. *Valentin, Veit*: Geschichte der deutschen Revolution von 1848-49. 2 Bd., Berlin 1930-1931.
55. *Wehler, Hans Ulrich*: Deutsche Gesellschaftsgeschichte. 2. Bd.: Von der Reformära bis zur industriellen und politischen »Deutschen Doppelrevolution«: 1815-1845/49, München 1987.

Deutsche Nationalversammlung, Parlamentarismus, Parteiwesen

56. *Bauer, Sonja Maria*: Die Verfassunggebende Versammlung in der badischen Revolution von 1848, Düsseldorf 1991.
57. *Boldt, Werner*: Die Anfänge des deutschen Parteiwesens. Fraktionen, politische Vereine und Parteiwesen in der Revolution 1848, Paderborn 1971.
58. *Boldt, Werner*: Die württembergischen Volksvereine von 1848 bis 1852, Stuttgart 1970.
59. *Botzenhart, Manfred*: Deutscher Parlamentarismus in der Revolutionszeit 1848-1850, Düsseldorf 1977.
60. *Eyck, Frank*: Deutschlands große Hoffnung. Die Frankfurter Nationalversammlung 1848/49, München 1973.
61. *Gebhardt, Hartwig*: Revolution und liberale Bewegung. Die nationale Organisation der konstitutionellen Partei in Deutschland 1848/49, Bremen 1974.
62. *Grünthal, Günther*: Parlamentarismus in Preußen 1848/49-1857/58, Düsseldorf 1982.
63. *Heikaus, Ralf*: Die ersten Monate der provisorischen Zentralgewalt für Deutschland (Juli bis Dezember 1848), Frankfurt 1997.
64. *Kühne, Jörg-Detlev*: Die Reichsverfassung der Paulskirche. Vorbild und Verwirklichung im späteren deutschen Rechtsleben, Frankfurt 1985.
65. *Schwentker, Wolfgang*: Konservative Vereine und Revolution in Preußen 1848/49, Düsseldorf 1988.
66. *Siemann, Wolfram*: Die Frankfurter Nationalversammlung 1848/49 zwischen demokratischem Liberalismus und konservativer Reform. Die Bedeutung der Juristendominanz in den Verfassungsverhandlungen des Paulskirchenparlaments, Frankfurt 1976.
67. Stenographischer Bericht über die Verhandlungen der deutschen konstituierenden Nationalversammlung zu Frankfurt am Main, hrsg. von Franz Wigard, 9 Bd., Frankfurt 1848-49.
68. *Wentzcke, Paul*: Ideale und Irrtümer des ersten deutschen Parlaments (1848-1849), Heidelberg 1959.
69. *Wollstein, Günter*: Das »Großdeutschland« der Paulskirche. Nationale Ziele in der bürgerlichen Revolution 1848/49, Düsseldorf 1977.

Soziale Frage und Arbeiterbewegung

70. *Balser, Frolinde*: Sozial-Demokratie 1848/49-1863. Die erste deutsche Arbeiterorganisation »Allgemeine deutsche Arbeiterverbrüderung« nach der Revolution. 2 Bd., Stuttgart 1962.
71. *Bergmann, Jürgen*: Wirtschaftskrise und Revolution. Handwerker und Arbeiter 1848/49, Stuttgart 1986.
72. *Dowe, Dieter*: Aktion und Organisation. Arbeiterbewegung, sozialistische und kommunistische Bewegung in der preußischen Rheinprovinz 1820-1852, Hannover 1970.
73. *Franz, Günther*: Die agrarische Bewegung im Jahre 1848, in: Ders.: Persönlichkeit und Geschichte. Aufsätze und Vorträge, Göttingen 1977.

74. *Gailus, Manfred*: Straße und Brot. Sozialer Protest in den deutschen Staaten unter besonderer Berücksichtigung Preußens 1847-1849, Göttingen 1990.
75. *Husung, Hans-Gerhard*: Protest und Repression im Vormärz. Norddeutschland zwischen Restauration und Revolution, Göttingen 1983.
76. *Koch, Rainer*: Die Agrarrevolution in Deutschland 1848, in Nr. 50, S. 362-394.
77. *Quarck, Max*: Die erste deutsche Arbeiterbewegung. Geschichte der Arbeiterverbrüderung 1848/49, Leipzig 1924.

Spezialbereiche

78. *Best, Heinrich*: Interessenpolitik und nationale Integration 1848/49. Handelspolitische Konflikte im frühindustriellen Deutschland, Göttingen 1980.
78. *Brederlow, Jörn*: »Lichtfreunde« und »Freie Gemeinden«. Religiöser Protest und Freiheitsbewegung im Vormärz und in der Revolution von 1848/49, München 1976.
79. *Callies, Jörg*: Militär in der Krise. Die bayerische Armee in der Revolution 1848/49, Boppard 1976.
80. *Hachtmann, Rüdiger*: Berlin 1848. Eine Politik- und Gesellschaftsgeschichte der Revolution, Bonn 1997.
81. *Hettling, Manfred*: Reform ohne Revolution. Bürgertum, Bürokratie und kommunale Selbstverwaltung in Württemberg von 1800 bis 1850, Göttingen 1990.
82. *Klessmann, Christoph*: Zur Sozialgeschichte der Reichsverfassungskampagne von 1849, in: Hist. Zeitschrift 218, 1974, S. 283-337.
83. *Koszyk, Kurt*: Deutsche Presse im 19. Jahrhundert, Berlin 1966.
84. *Lipp, Wilma* (Hrsg.): Schimpfende Weiber und patriotische Jungfrauen. Frauen im Vormärz und in der Revolution 1848/49, Bühl-Moos 1986.
85. *Rohrbacher, Stefan*: Gewalt im Biedermeier. Antijüdische Ausschreitungen in Vormärz und Revolution (1815-1848/49), Frankfurt 1993.
86. *Scharff, Alexander*: Die europäischen Großmächte und die deutsche Revolution. Deutsche Einheit und europäische Ordnung 1848-1851, Leipzig 1942.
87. *Schulte, Wilhelm*: Volk und Staat. Westfalen im Vormärz und in der Revolution 1848/49, Münster 1954.
88. *Siemann, Wolfram*: »Deutschlands Ruhe, Sicherheit und Ordnung«. Die Anfänge der politischen Polizei 1806-1866, Tübingen 1985.
89. *Suhr, Otto*: Die berufständische Verfassungsbewegung in Deutschland bis zur Revolution 1848, Phil. Diss. Leipzig 1923 (Masch.).
90. *Thielbeer, Heide*: Universität und Politik in der Deutschen Revolution von 1848, Bonn 1983.
91. *Toury, Jacob*: Soziale und politische Geschiche der Juden in Deutschland 1847-1871. Zwischen Revolution, Reaktion und Emanzipation, Düsseldorf 1977.
92. *Toury, Jacob*: Die Revolution von 1848 als innerjüdischer Wendepunkt, in: Das Judentum in der deutschen Umwelt 1800 -1850. Studien zur Frühgeschichte der Emanzipation, hrsg. von Hans Liebeschütz und Arnold Paucker, Tübingen 1977.
93. *Valentin, Veit*: Frankfurt am Main und die Revolution von 1848/49, Stuttgart 1908.
94. *Weber, Rolf*: Die Revolution in Sachsen 1848/49, Berlin 1970.
95. *Wettengel, Michael*: Die Revolution von 1848/49 im Rhein-Main-Raum, Wiesbaden 1989.
96. *Wolff, Adolf*:. Berliner Revolutions-Chronik. Darstellung der Bewegungen im Jahre 1848 nach politischen, sozialen und literarischen Beziehungen. 3 Bde., Berlin 1851-1854.

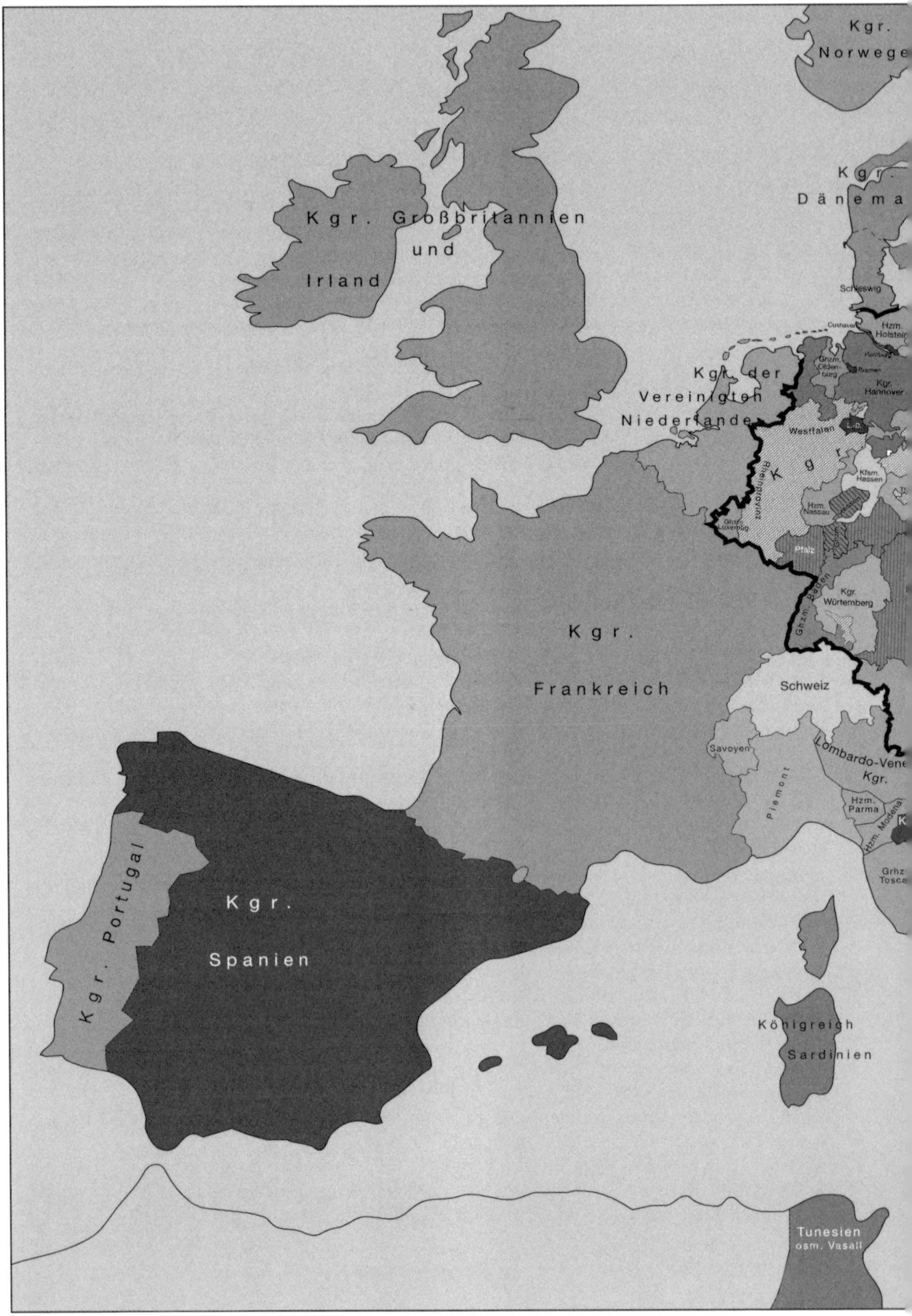
Kgr.
Norwege
Kgr.
Dänema
Kgr. Großbritannien
und
Irland
Schleswig
Cuxhaven
Hzm.
Holstein
Ghzm.
Oldenburg
Bremen
Kgr.
Hannover
Kgr. der
Vereinigten
Niederlande
Westfalen
L.D.
Kgr.
Rheinprovinz
Kfsm.
Hessen
Hzm.
Nassau
Ghzm.
Luxembg.
Pfalz
Ghzm. Baden
Kgr.
Württemberg
Kgr.
Frankreich
Schweiz
Savoyen
Piemont
Lombardo-Vene
Kgr.
Hzm.
Parma
Hzm. Modena
Grhz
Tosca
Kgr.
Portugal
Kgr.
Spanien
Königreich
Sardinien
Tunesien
osm. Vasall

Europa nach dem
Wiener Kongreß 1815
Kgr.
chweden
Kaiserreich
Rußland
Kgr.
Polen
Schlesien
Böhmen
Mähren
Kgr. Galizien
Österreichisch-
Ungarische
Monarchie
Ungarn
Kgr.
Nieder-
Österreich
Steiermark
Krain
Buko-
wina
Moldau
Siebenbürgen
Walachei
Kgr. Dalmatien
Osmanisches
Reich
Griechenland
Königreich
beider
zilien
Pommern
enburg

Kgr.
Dänemark
Hzm. Schleswig
Fünen
Sylt
Laaland
Falster
Fehmarn
Hzm. Lauenburg
zu Oldenbg.
Hzm. Holstein
Lübeck
Cuxhaven
Ghzm. Mecklenburg Schwerin
Hamburg
Bremen
Ghzm. Oldenburg
Kgr. Hannover
Hannover
Amsterdam
Kgr. Niederlande
zum Kfsm. Hessen
L.-D.
Detmold
Hzm. Braunschweig
Westfalen
Kgr.
Pr
Hzm.
Anhalt
Sachs
Hzm. Limburg
Rheinprovinz
Kgr. Belgien
Brüssel
Köln
Fsm. Waldeck
Kassel
Kfsm. Hessen
Thüringische Staaten
Hzm. Nassau
Hessen
Frankfurt
H.-H.
Mainz
Ghzm.
Ghzm. Luxembg.
Fsm. Birkenfeld
Fsm. Lichtenberg
Pfalz
Karlsruhe
Kgr. Würtemberg
Stuttgart
Kgr. Bayern
Ghzm. Baden
Hohenzollern
München
Frankreich
Salzburg
Bern
Schweiz
Tirol
Savoyen
Kgr. Sardinien - Piemont
Lombardo - Venetianisches Königreich
0 25 50 100 150 km

gr. Schweden
Bornholm
Ghzm. Mecklenbg.-Strelitz
Königsberg
Danzig
West-
Ost-
Preußen
Pommern
ußen
Posen
Posen
Ksrr. Rußland
Kgr. Polen
1815 russ.
b. 1831 autonom
Brandenburg
Breslau
Schlesien
öhmen
Österr. Schlesien
seit 1818 z. Dtsch. Bund
Mähren
Österreichisch-
Ungarische
Monarchie
Ober-
Österreich
Nieder-
Steiermark
Kärnten
Krain
Der Deutsche Bund
Grenze des Deutschen Bundes
1848–1851 zum Deutschen Bund
Abkürzungen:
H.-H. = Lgft. Hessen-Homburg
L.-D. = Fsm. Lippe-Detmold
S.-L. = Fsm. Schaumburg-Lippe

NIEDER-
SCHLESIE
Breslau
Elbe
Rhein
Main
Prag
Hzm
Schles
Kgr.
Böhmen
Olm
Mgft
Kremsi
Mähren
BAYERN
Donau
Ehzm.
Wien
Pre
Ober-
Nieder-
Österreich
Salzburg
Innsbruck
Hzm. Salzburg
Hzm. Steiermark
Graz
Raab
SCHWEIZ
Gft. Tirol
Hzm. Kärnten
Villach
Bozen
Lombardei
Venetien
Udine
Laibach
Hzm.
Krain
Küstenland
Zivil-Kroatien
Agram
Gardasee
Mailand
Custozza
Venedig
Triest
Novara
Kgr. Kroatien
BOS
ITALIENISCHE
HERZOGTÜMER
Adriatisches
Meer
Kgr. Dalmati
Ligurisches
Meer
KIRCHEN-
STAAT

KSRR. RUSSLAND
Weichsel
Krakau
Kgr. Galizien und Lodomerien
Lemberg
Hzm. Bukowina
Theiß
KGR. UNGARN
Komorn
Budapest
Debrezin
Klausenburg
Maros
Gftm. Siebenbürgen
Donau
Theiß
Vilagos
Arad
Temesvár
Belgrad
RUMÄNIEN
SERBIEN
0 km
100 km
200 km
300 km
Die Habsburger Monarchie
Das Gebiet der Habsburger Monarchie 1815
Die Länder der ungarischen Krone
Gebiet der Militärgrenze

Italien im 19. Jahrhundert

PERSONENREGISTER

LÄNDER- UND ORTSREGISTER

SACHREGISTER